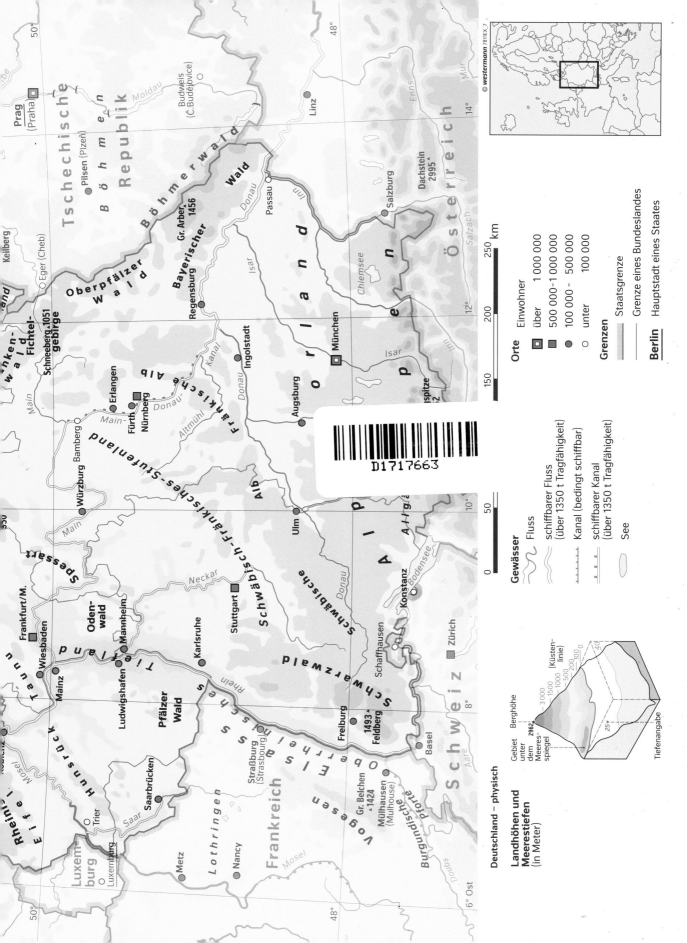

Deutschland – physisch

Landhöhen und Meerestiefen
(in Meter)

Orte   Einwohner
□ über 1 000 000
■ 500 000–1 000 000
● 100 000 – 500 000
○ unter 100 000

Grenzen
Staatsgrenze
Grenze eines Bundeslandes
Berlin Hauptstadt eines Staates

Gewässer
Fluss
schiffbarer Fluss (über 1350 t Tragfähigkeit)
Kanal (bedingt schiffbar)
schiffbarer Kanal (über 1350 t Tragfähigkeit)
See

0   50   150   200   250 km

© **westermann** 781TEX-7

D1717663

Heimat und Welt ✚

Gesellschaftswissenschaften

Berlin / Brandenburg

5/6

Moderator:

Jürgen Nebel

Autoren:

Thomas Eck

Peter Kirch

Uwe Marth

Wolfgang Moritz

Jürgen Nebel

Waltraud Rusch

unter Mitwirkung

der Verlagsredaktion

westermann

John L. Tiede
Klasse 5

Mit Beiträgen von:
Matthias Bahr, Edgar Brants, Jutta Brennecke, Thomas Brühne, Franz Bösl, Anette Dippold, Myrle Dziak-Mahler, Werner Eckert-Schweins, Dieter Engelmann, Martina Fättkenhauer, Peter Gaffga, Wilhelm Gödde, Jürgen Heller, Reinhard Hoffmann, Uwe Kehler, Norma Kreuzberger, Marco Krönke, Rainer Lacler, Wolfgang Latz, Karin Leditznig, Anne-Kathrin Lindau, Friedrich Pauly, Claudia Priester, Notburga Protze, Jens Siebert, Martina Weiser, Christine Wenzel, Roland Widmann, Axel Willmann, Klaus Wohlt, Jan Zeriadtke und Karin Zumpfort.

westermann GRUPPE

© 2016 Bildungshaus Schulbuchverlage
Westermann Schroedel Diesterweg Schöningh Winklers GmbH, Braunschweig
www.westermann.de

Das Werk und seine Teile sind urheberrechtlich geschützt. Jede Nutzung in anderen als den gesetzlich zugelassenen Fällen bedarf der vorherigen schriftlichen Einwilligung des Verlages.
Hinweis zu § 52a UrhG: Weder das Werk noch seine Teile dürfen ohne Einwilligung gescannt und in ein Netzwerk eingestellt werden. Dies gilt auch für Intranets von Schulen und sonstigen Bildungseinrichtungen. Für Verweise (Links) auf Internet-Adressen gilt folgender Haftungshinweis: Trotz sorgfältiger inhaltlicher Kontrolle wird die Haftung für die Inhalte der externen Seiten ausgeschlossen. Für den Inhalt dieser externen Seiten sind ausschließlich deren Betreiber verantwortlich. Sollten Sie daher auf kostenpflichtige, illegale oder anstößige Inhalte treffen, so bedauern wir dies ausdrücklich und bitten Sie, uns umgehend per E-Mail davon in Kenntnis zu setzen, damit beim Nachdruck der Verweis gelöscht wird.

Druck A³ / Jahr 2017
Alle Drucke der Serie A sind im Unterricht parallel verwendbar.

Redaktion: Lektoratsbüro Eck, Berlin

ISBN 978-3-14-**115120**-6

Zur Arbeit mit den Wahlthemen

Viele Kapitel in eurem neuen Buch „Heimat und Welt plus, Gesellschaftswissenschaften" enthalten jeweils drei Wahlthemen. Ihr könnt ein Thema zur Bearbeitung aussuchen. Die Themen sind mit den Farben grün, gelb und rot gekennzeichnet. Grüne Themen sind einfach, gelbe Themen sind etwas schwieriger und rote Themen sind am schwierigsten. Die Themen sind so gestaltet, dass ihr sie am besten in der Gruppe bearbeiten könnt. Dazu findet ihr Hinweise und Tipps zur Bearbeitung direkt auf diesen Seiten.

Geht bei der Bearbeitung der Wahlthemen folgendermaßen vor:

1. Wählt ein Thema aus.

Informiert euch über die drei Themen. Schaut euch die Überschriften, Bilder, Texte und Tipps an und wählt das Thema aus, das euch am meisten interessiert.

2. Bearbeitet in Gruppen das gewählte Thema.

- Lest zuerst im Farbkasten das Thema, zu dem ihr eine Präsentation erstellen sollt.
- Schaut euch dann die Bilder an. Sie gehören zum Thema und geben Hinweise auf den Inhalt der Texte. Lest auch die Bildunterschriften. Sie können weitere Informationen enthalten.
- Arbeitet jetzt die Texte durch. Lest einen Absatz nach dem anderen. Notiert zu jedem Absatz den wichtigsten Gedanken als einen Satz.
- Lest nun unten auf der Doppelseite die Tipps für die Bearbeitung. Entscheidet, welche Tipps ihr nutzt. Den letzten Tipp mit dem Auftrag, einen Merktext für die Klasse zu verfassen, solltet ihr immer aufgreifen.

3. Stellt eure Ergebnisse der Klasse vor.

In dem Farbkasten oben auf der Seite steht nach dem Thema häufig der Satz: „Entwickelt dazu eine Präsentation und stellt sie in der Klasse vor." Überlegt euch also, wie ihr das Thema präsentieren wollt. Legt fest, wie ihr euer Arbeitsergebnis der Klasse vorstellt. Ihr könnt:

- ein Referat halten (siehe S. 52),
- eine Wandzeitung gestalten (siehe S. 76),
- ein Rollenspiel vorstellen (siehe S. 239),
- ein Video erstellen oder
- etwas ganz anderes vortragen.

Auch die Methode „Ergebnisse präsentieren" (siehe S. 117) hilft. Überlegt auch, wie ihr Bilder, Grafiken und Schaubilder eures Wahlthemas in der Präsentation umsetzt. Ihr könnt auf die Seiten im Schulbuch hinweisen oder eigene Zeichnungen anfertigen. Diese müssen natürlich so groß sein, dass alle in der Klasse sie sehen können.

Die Wahlthemen können aber auch ganz normal im Unterricht bearbeitet werden.

Zeichenerklärung

Die Aufgaben in den Kapiteln des Buches sind mit den Farben grün, orange und rot gekennzeichnet. Grüne Aufgaben sind leicht, orangefarbige Aufgaben sind etwas schwieriger und rote Aufgaben am schwierigsten. Eine Vielzahl der grünen Aufgaben ist mit einer „Starthilfe" (↗) versehen. Die Starthilfe erleichtert euch die Lösung der Aufgabe.

M3 Materialien sind mit „M" gekennzeichnet. Zu ihnen zählen Grafiken, Tabellen, Fotos, Quellen- und Arbeitstexte.

ⓘ Zahlreiche Texte (Infotexte) geben weiterführende Informationen.

Wichtige Begriffe sind **fett** gedruckt. Sie werden im Anhang in einem Minilexikon erklärt.

Materialien

In eurem Schulbuch gibt es neben vielen Fotos und Zeichnungen auch Textboxen, mit denen ihr die Inhalte der jeweiligen Doppelseiten zusätzlich erschließen könnt. Die Texte in den gelben Boxen haben die Autorinnen und Autoren geschrieben. Die Texte in den grauen Boxen sind Quellentexte, wie zum Beispiel Zeitungsartikel oder geschichtliche Quellen.

Zusätzliche Kapitel ✚

Die im Inhaltsverzeichnis mit einem Pluszeichen versehenen Kapitel behandeln Themenfelder, von denen pro Schuljahr mindesten eins im Unterricht Berücksichtigung finden soll.

HWG-198
www.heimatundwelt.de

Durch Eingabe des Web-Codes unter der Adresse www.heimatundwelt.de gelangt man auf die passende Doppelseite im aktuellen Atlas „Heimat und Welt +, Weltatlas + Geschichte Berlin/Brandenburg". Auf den Internetseiten erhält man Hinweise zu ergänzenden Atlaskarten mit Informationen zu den Karten sowie weiterführende Materialien.

Inhaltsverzeichnis

Inhaltsverzeichnis

1

Zum ersten Mal das neue Fach:
Überlege, welche Fragen die Schülerinnen
und Schüler stellen könnten.

Gesellschaftswissenschaften – unser neues Fach

Am Ende des Kapitels kannst du:

- darlegen, welche Fachbereiche zum neuen Fach Gesellschaftswissenschaften gehören

- ein Zeitfries erstellen

- beurteilen, wer als Klassensprecher geeignet ist

- erklären, wie eine Klassensprecherwahl abläuft

- darstellen, welche Möglichkeiten zur Orientierung es gibt

- mit dem Atlas arbeiten

- mit dem Maßstab arbeiten

- mit physischen und thematischen Karten arbeiten

M1 *Nachbau eines römischen Reisewagens (Carruca) im Archäologischen Park Xanten*

M2 *Keine Stadt Europas zieht jährlich mehr Touristen an als London*

Drei auf einen Streich

Du hast jetzt ein neues Fach: Gesellschaftswissenschaften (GEWI). Es verbindet die Fachbereiche Geschichte, Politik und Geografie. Die Fachbereiche werden aber nicht getrennt unterrichtet. Sie haben viele inhaltliche Gemeinsamkeiten. Nehmen wir das Beispiel Freizeit: In Geschichte lernst du, wie man früher seine Freizeit verbrachte. In Geografie erfährst du, was die Menschen heute tun und wie ihr Lebensraum aussieht, in dem die Freizeit verbracht wird. In Politik erarbeitest du, welche politischen Entscheidungen die Freizeitgestaltung beeinflussen und welche Kosten entstehen.

Der Fachbereich Geschichte

In Geschichte geht es um die Vergangenheit und ihre Auswirkungen auf die Gegenwart und Zukunft. Du lernst, was in der Vergangenheit geschehen ist und wie die Menschen früher gelebt haben.

Bis ins 19. Jahrhundert reisten die meisten Menschen zu Fuß. Reiche Leute ritten auf einem Pferd. Alte Leute sowie Frauen mit Kindern reisten in einem Pferdewagen. Diese Wagen rumpelten und schaukelten. Schlaglöcher erschwerten die Fahrt. Bei Regen waren viele Wege voller Schlamm.

Starthilfe zu ➋ ↗
Denke zum Beispiel an das Thema Stadt.

➊ Die drei runden Abbildungen kennzeichnen die Fachbereiche der GEWI. Erläutere.

➋ ↗ Zeichne drei Bilder, die ebenfalls zu den GEWI-Fachbereichen passen würden.

Der Fachbereich Politik

Politik umfasst fast alles, was wir tun. Zum Beispiel geht es um unser Zusammenleben und welche Möglichkeiten der Mitbestimmung in der Gemeinde und Schule wir haben. Du lernst, die Handlungen der Menschen zu verstehen und ihr Handeln zu beurteilen.

Reisen werden durch politische Entscheidungen beeinflusst. Die Termine für die Sommerferien ändern sich jedes Jahr, so auch in Berlin und Brandenburg.

M3 *Stau zu Ferienbeginn*

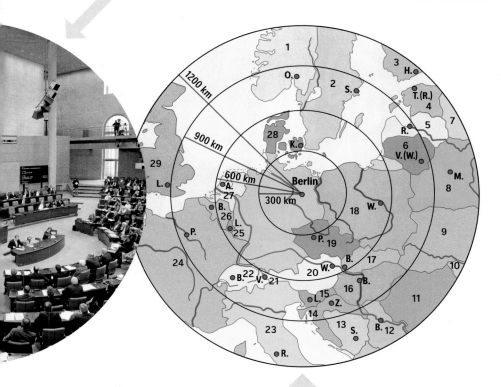

Der Fachbereich Geografie

In Geografie brauchst du deinen Atlas. Du erfährst, wo sich etwas auf der Erde befindet und wie die Bestandteile der Erde entstanden sind. Du lernst, wie die Menschen in den verschiedenen Gebieten der Erde leben.

Heute ist es selbstverständlich, zu reisen. Die Verkehrsmittel wurden immer schneller. Ein Passagierflugzeug fliegt 1000 km in einer Stunde. Die Zahl der Reisenden hat stark zugenommen. Gründe hierfür sind höhere Einkommen und kürzere Arbeitszeiten.

Merke
Das Fach Gesellschaftswissenschaften verbindet die Fächer Geschichte, Politik und Geografie.

----

3 M1, M2 und M3 behandeln das Thema „Reisen". Ordne sie den GEWI-Teilbereichen zu.

4 Die drei runden Abbildungen überlappen sich. Erkläre, was damit gemeint ist.

M1 *Im Jahr 1492 entdeckte Christoph Kolumbus Amerika. Das Gemälde zeigt die Ankunft auf der Insel Guanahani, die heute zu den Bahamas gehört (gezeichnet 1594 von Theodor de Bry).*

Aus den Augen – aus dem Sinn?

Der Fachbereich Geschichte beschäftigt sich mit der Vergangenheit. Du erfährst, wie Menschen früher gelebt und gehandelt haben und warum das so war. In der Vergangenheit gibt es viele Ereignisse, die auch dein heutiges Leben beeinflussen.

Deshalb ist es gut, dass du das Wichtigste über die Vergangenheit weißt. Spuren der Geschichte begegnen dir jeden Tag. Du kannst sie in Gebäuden, Gegenständen, Dokumenten, Bildern oder Erzählungen finden.

Das menschliche Leben hat sich über mehrere Millionen Jahre entwickelt. Seit dieser Zeit hat sich viel geändert. Über einige vergangene Zeitabschnitte wirst du in diesem Buch mehr erfahren.

---

❶ Berichte, was du selbst mit dem Begriff Geschichte verbindest.

❷ ↗ Erläutere, wo dir Geschichte in deinem Leben begegnet ist.

❸ Zähle auf, welche Themen in der Geschichte dich besonders interessieren. Begründe deine Wahl.

❹ Erkläre den Unterschied von Vorgeschichte und Geschichte (Text).

> ***Starthilfe zu*** ❷ ↗
> *Denke zum Beispiel an alte Häuser, Gebäude, Denkmäler, Sendungen im Fernsehen, … .*

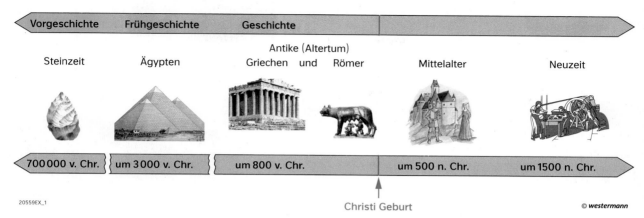

Antike (Altertum)

| Steinzeit | Ägypten | Griechen und Römer | Mittelalter | Neuzeit |

700 000 v. Chr. | um 3 000 v. Chr. | um 800 v. Chr. | um 500 n. Chr. | um 1500 n. Chr.

Christi Geburt

20559EX_1

© westermann

M2 *Epochen der Geschichte*

Die Abschnitte der Geschichte

Die Geschichte der Menschheit ist lang. Sie besteht aus vielen Ereignissen an verschiedenen Orten der Erde. So ist es schwer, den Überblick zu behalten. Deshalb haben Geschichtswissenschaftler die Geschichte in mehrere große Abschnitte aufgeteilt. Diese Abschnitte nennt man **Epochen**. Die einzelnen Epochen umfassen unterschiedlich lange Zeiträume. Die Grenzen dieser Epochen lassen sich nicht immer genau bestimmen. Die Epochen gehen ineinander über.

M3 *Schrifttafeln aus Mesopotamien vor etwa 5000 Jahren*

Vorgeschichte und Geschichte

Historiker bezeichnen die Zeit bis zur Überlieferung von schriftlichen Aufzeichnungen als **Vorgeschichte**. Die ersten Menschen entwickelten sich schon in der Steinzeit (siehe S. 42).
Im alten Ägypten und Mesopotamien (heutiges Land Irak) wurde die Schrift um 3000 vor Christus erfunden (siehe S. 105). Zu dieser Zeit lebten die Menschen bei uns noch als Jäger und Sammler. Die Zeit nach der Erfindung der Schrift ist die **Geschichte**, zu der auch die Frühgeschichte (M2) zählt.
Eine geschichtlich wichtige Epoche ist die **Antike**. Es ist der Zeitraum, in dem die Griechen und die Römer große Reiche gründeten. Daran schließt sich das **Mittelalter** an. Mit der Entdeckung Amerikas durch Christoph Kolumbus beginnt die **Neuzeit**.

Merke
Die Geschichte wird in verschiedene Epochen eingeteilt. Wichtige Epochen sind die Antike (das Altertum), das Mittelalter und die Neuzeit.

Grundbegriffe
- die Epoche
- die Vorgeschichte
- die Geschichte
- die Antike
- das Mittelalter
- die Neuzeit

5 Die Entdeckung Amerikas war ein Kennzeichen einer neuen Geschichtsepoche. Nenne die alte und die neue Epoche (M1, M2).

6 Erläutere die Epochen der Geschichte im Zusammenhang. Übertrage dazu M2 in einen zusammenhängenden Text.

7 Gestalte zu einer Epoche ein Plakat oder eine Seite in deinem Heft oder deiner Mappe.

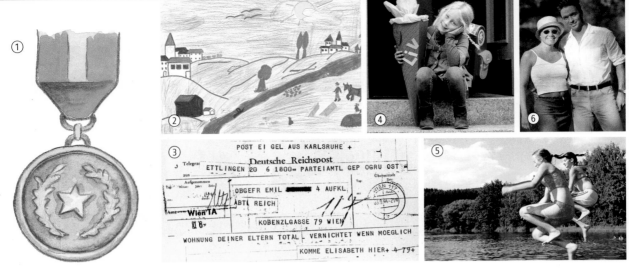

M1 *Aus der Geschichte von Sophie und ihrer Familie*

Auch du hast eine Geschichte

Deine Geschichte beginnt mit der Geburt. Seitdem sind etwa elf Jahre vergangen. Als du ungefähr ein Jahr alt warst, hast du laufen gelernt. Später bist du vielleicht in den Kindergarten gegangen. Dann wurdest du eingeschult. Eventuell gibt es ein Bild von dir mit einer Schultüte an deinem ersten Schultag. Sechs Jahre hast du die Grundschule besucht.

Deine Großeltern haben im Vergleich zu dir eine längere Lebensgeschichte. Sie haben möglicherweise den Bau der Berliner Mauer miterlebt. Alte Menschen können aus dieser Zeit erzählen.
Um einen Überblick zu bekommen, wie dein Leben verlaufen ist, kannst du ein **Zeitfries** anlegen.

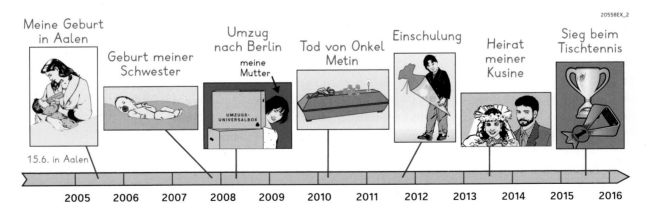

M2 *Abduls Zeitfries*

Starthilfe zu ➋ ↗
Denke an Erziehung, Schulzeit, Wohnen, Freizeit, Arbeit, Krieg. Frage auch nach Veränderungen, die stattgefunden haben.

➊ Berichte über deine Geschichte. Bringe Fotos und Gegenstände aus deiner Vergangenheit mit in die Schule und berichte.

➋ ↗ Befrage deine Eltern und Großeltern nach besonderen Ereignissen aus ihrem Leben und berichte.

➌ Gestalte ein Zeitfries mit Fotos von dir von der Geburt bis heute.

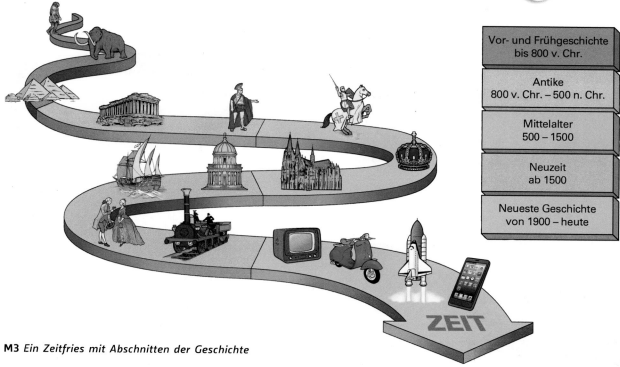

| Vor- und Frühgeschichte bis 800 v. Chr. |
| Antike 800 v. Chr. – 500 n. Chr. |
| Mittelalter 500 – 1500 |
| Neuzeit ab 1500 |
| Neueste Geschichte von 1900 – heute |

M3 *Ein Zeitfries mit Abschnitten der Geschichte*

Drei Schritte zur Erstellung eines Zeitfrieses

1. Schritt: Zeitfries planen
- Überlege, in wie viele Abschnitte du das Zeitfries unterteilen musst. Für ein größeres Zeitfries kannst du mehrere Blätter aneinander kleben oder ein Stück einer Tapetenrolle nutzen.
- Trage für deine Liste Kopien von Dokumenten und Fotos zusammen und fertige Skizzen oder Zeichnungen an.

2. Schritt: Material auswählen und ordnen
- Nachdem du verschiedene Materialien gefunden hast, überlege, welche von ihnen den Zeitabschnitt, den du zeigen willst, am besten darstellen.
- Beschrifte die Materialien mit der entsprechenden Zeit.

3. Schritt: Zeitfries anlegen und gestalten
- Unterteile das Zeitfries in gleich große Abschnitte.
- Schreibe unter jeden Strich eine Jahreszahl, ganz links das Jahr, mit dem du anfangen möchtest.
- Lege deine Materialien zunächst probehalber aus.
- Klebe sie dann an der richtigen Stelle auf und beschrifte sie mit dem entsprechenden Ereignis.
- Eventuell musst du die Materialien durch einen Strich mit dem Datum auf dem Zeitfries verbinden, damit man genau erkennt, was wozu gehört.

ⓘ Zeitfries
Auf einem Zeitfries werden geschichtliche Ereignisse anschaulich dargestellt.
Eine Linie wird in gleiche Abschnitte unterteilt und mit Jahreszahlen versehen. Darüber werden die geschichtlichen Ereignisse geschrieben. Das Zeitfries kann mit Bildern oder Texten ergänzt werden. Die Ereignisse sind in der Reihenfolge eingetragen, in der sie sich abgespielt haben.

④ Schreibe nach Abduls Zeitfries (M2) einen zusammenhängenden Text.

⑤ Ordne die Fotos und Gegenstände 1–6 in M1 folgenden Ereignissen zu:

a) Einschulung, b) Urlaub am See,
c) Urlaub der Eltern,
d) Auszeichnung des Großvaters,
e) Telegramm an die Urgroßeltern,
f) Kinderzeichnung.

Merke
Das Anlegen eines Zeitfrieses erleichtert den Überblick über die eigene Geschichte.

Grundbegriff
- das Zeitfries

M1 *Geschichtliche Quellen*

Orientierung in der Geschichte

Die Vergangenheit hat Spuren hinterlassen. Diese Überlieferungen nennen wir Quellen. So wie ein Fluss seinen Ursprung in einer Quelle hat, so hat auch unser Wissen über die Vergangenheit dort seinen Ursprung. Es gibt drei Arten von geschichtlichen Quellen:

Zu den **Textquellen** gehören Handschriften, Bücher, Urkunden, Chroniken, Gesetzestexte, Lebensbeschreibungen, Briefe oder Zeitungen.

Bildquellen sind Abbildungen aus der Vergangenheit. Es gibt Höhlenmalereien, Zeichnungen, Gemälde, Fotos, Karten, Filme oder Plakate.

Sachquellen sind Gegenstände aus der Vergangenheit. Wir unterscheiden zum Beispiel Bauwerke, Figuren, Münzen, Waffen, Kleidung, Werkzeuge, Knochen, Haushaltsgeräte oder Schmuck.

Quellen werden von Wissenschaftlern untersucht und ausgewertet, damit wir alle etwas über die Geschichte erfahren, zum Beispiel über vergangene Lebensweisen oder frühere Ereignisse.

Man kann verschiedene Quellen aus derselben Zeit miteinander vergleichen, um den Wahrheitsgehalt zu überprüfen.

Merke
Überlieferungen aus der Vergangenheit nennt man Quellen. Es gibt Textquellen, Bildquellen und Sachquellen.

Grundbegriffe
- die Textquelle
- die Bildquelle
- die Sachquelle

Starthilfe zu ❷ ↗
Lege eine Liste an mit den drei Arten von Quellen und trage die Dinge ein.

---

❶ Ordne die Quellen in M1 nach Text-, Bild- und Sachquellen.

❷ ↗ Auch wir hinterlassen Spuren, an denen Menschen in späteren Zeiten Interesse haben könnten.

Stelle Dinge zusammen, die der Nachwelt ein möglichst genaues Bild von dir und deinem Leben übermitteln.

Fünf Schritte für eine Internetrecherche

1. Schritt: Das Thema festlegen
Überlege vor Beginn der Suche genau, worüber du dich informieren willst. Notiere dir Stichwörter, die dir zu dem Thema einfallen.

2. Schritt: Die richtige Suchmaschine finden
Suchmaschinen helfen dir, viele verschiedene Seiten zu finden, die möglicherweise Informationen zu deinem Thema enthalten. Die bekannteste Suchmaschine ist „Google".

3. Schritt: Den Suchbegriff eingeben
Du gibst in das Schreibfeld einen Suchbegriff ein. Dann liefert die Suchmaschine eine Liste von Verweisen (Links) auf „Internet-Seiten", in denen der eingegebene Begriff steht. Bei Google kannst du wählen zwischen „Web", „Bilder", und „Videos".

4. Schritt: Keine Angst vor vielen Treffern
Die zuerst genannten Seiten sind die am meisten besuchten und daher oft sehr hilfreich bei der Informationssuche. Findest du aber hier nicht das Richtige, kannst du die Suche verfeinern. In einigen Suchmaschinen, wie zum Beispiel Google, kannst du zwei oder drei Begriffe eingeben. Es erscheinen dann nur noch Links, die alle diese Begriffe enthalten.

5. Schritt: Die Ergebnisse speichern (auf Festplatte, USB-Stick)
Wenn du die Ergebnisse speicherst, kannst du sie zu einem späteren Zeitpunkt lesen und verarbeiten, ohne mit dem Internet verbunden zu sein.

ℹ Internet
Das Internet ist ein weltweiter Zusammenschluss von Millionen Computern zu einem riesigen Netzwerk. Die Buchstabenfolge „www" ist die Abkürzung von „World Wide Web" (deutsch: weltweites Netz). Jeder kann ungeprüft Informationen abrufen und einstellen. Das Angebot von Informationen wächst täglich.

www.google.de
www.ecosia.de
www.altavista.de
www.bing.com

Weitere Hilfe zur Suche im Internet:
www.suchfibel.de

M2 *Ergebnis einer Suchmaschine (Web)*

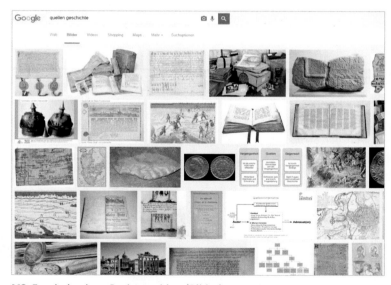

M3 *Ergebnis einer Suchmaschine (Bilder)*

❸ Sammle aus Zeitschriften und dem Internet verschiedene Arten von Quellen und gestalte dazu ein Plakat.

❹ Recherchiere im Internet zu einem selbstgewählten Thema, wie z.B. die Pyramiden in Ägypten, und berichte in der Klasse.

Spurensuche „live"

Nehmt euren Ort unter die Lupe. Erkundet die Veränderungen. Benutzt dabei Fotoapparat, Gerät für Tonaufnahmen, Fragebogen, Papier und Stift. Für die Spurensuche findet ihr hier drei Möglichkeiten.

Erstellt ein Fotoalbum über euren Ort – früher und heute

1. a) Informiert eure Eltern, Großeltern und Bekannten über euer Vorhaben und bittet sie um alte Fotos aus eurem Ort. Ihr findet auch im Internet eine Vielzahl an Fotos.
b) Wählt besonders eindrucksvolle Fotos für euer Album aus und fotokopiert sie.
c) Gebt die Fotos wieder an ihre Besitzer zurück.
Tipp: Fotos mit Personen und Fahrzeugen im Vordergrund sind besonders interessant.

2. Stöbert in der Schul-Chronik oder in der Gemeinde-Chronik nach weiteren Bildern oder anderen interessanten „Quellen". Das können zum Beispiel Urkunden, Zeugnisse oder Zeitungsberichte sein.

3. a) Sucht in Arbeitsgruppen die Standorte der fotografierten Gebäude und Straßen.
b) Fotografiert von der gleichen Stelle die heutige Situation.

4. a) Klebt alte und neue Fotos auf gegenüberliegende Seiten oder untereinander. Ihr könnt als Album zum Beispiel ein Ringbuch mit Pappseiten nehmen.
b) Beschreibt kurz die Veränderungen unter oder neben den Bildern.

5. Präsentiert das Album mit den Veränderungen in eurem Ort auf einem Elternabend.

Die Kreuzung 1935:

Auf der Straße Pferdefuhrwerke, ein Radfahrer und im Hintergrund ein Bus. Es ist kaum Verkehr.

M1 *Seiten im Fotoalbum*

Befragt Bürgerinnen und Bürger über euren Ort – früher und heute

1. Sammelt Fragen und stellt sie in einem Fragebogen zusammen.

2. Befragt zunächst zehn ältere Menschen.
   Beispiel: Wo wohnten Sie 1980?
   Welches Verkehrsmittel benutzten Sie, um zum Arbeitsplatz zu kommen?

3. Stellt für die Auswertung der einzelnen Fragen einen Auswertungsbogen zusammen.
   Beispiel: Schreibt alle möglichen Verkehrsmittel auf den Auswertungsbogen und macht für jedes genannte Verkehrsmittel einen Strich. Die Ergebnisse könnt ihr in Säulendiagrammen darstellen. Befragt anschließend zehn jüngere Menschen. Verändert die Fragen entsprechend. Vergleicht die Antworten und formuliert die Ergebnisse.

Befragt Fachleute über die Entwicklung in eurem Ort

Ladet eine Expertin oder einen Experten (Mitarbeiterin oder Mitarbeiter der Stadtverwaltung bzw. Gemeindeverwaltung, der Kirche oder des Heimatvereins) ein oder vereinbart einen Termin bei der Stadt oder Gemeinde, im Museum, im Pfarramt, im Vereinsheim ...

1. Überlegt euch Fragen, die ihr stellen wollt.
   Solche Fragen könnten zum Beispiel sein:
   • Wie viele Einwohner hatte unser Ort 1960 und wie viele Einwohner hat er heute?
   • Wie viele Menschen wohnen in dem Neubaugebiet?
   • Welche Berufe gab es in unserer Gemeinde 1960 und welche gibt es heute?
   • Welche Geschäfte gab es 1960, welche Geschäfte gibt es heute?
2. Überlegt, wie ihr die Fragen verteilt.

3. Vereinbart, wie ihr die Antworten festhalten könnt. Wenn ihr die Antworten mit einem Gerät, zum Beispiel einem Handy, aufnehmen wollt, müsst ihr die Gesprächspartnerin oder den Gesprächspartner vorher um Erlaubnis fragen.

Die Kreuzung heute:
Fußgängerüberweg mit Zebrastreifen. Pfeiler verhindern, dass Autos auf dem Gehweg parken. Kreuzung mit Autos. Viele Verkehrsschilder. Die Häuser sind renoviert.

M1 *Mach mit!*

Wir leben in einer Demokratie

Wie viele andere Staaten ist Deutschland eine **Demokratie**. Hier wählen die Bürger Volksvertreter, die dann die politischen Entscheidungen treffen.

In der Bundesrepublik Deutschland gibt es eine Vielzahl von Aufgaben zu lösen. Doch welche Aufgaben sind vorrangig? Dazu gibt es unterschiedliche Auffassungen. Deshalb versuchen viele Bürgerinnen und Bürger, ihre Interessen bei der Lösung gemeinsamer Aufgaben durchzusetzen.

Viele Ereignisse und politische Entscheidungen betreffen uns alle und bestimmen unseren Alltag. Trotzdem kümmern sich manche Erwachsene und Jugendliche nicht um **Politik**. Sie sagen: „Politik interessiert mich nicht."

Regierung beschließt Ausstieg aus der Atomenergie

Erhöhung der Benzinpreise

Parlament beschließt eine Verlängerung des Mandats für den Einsatz der Bundeswehr in Krisengebieten

Regierung plant eine Steuerentlastung für Familien

Kabinett beschließt Einschnitte im Sozialbereich

Lkw-Maut auf Landstraßen?

M2 *Zeitungsschlagzeilen*

---

❶ Listet gmeinsam auf, was ihr mit „Politik" in Verbindung bringt.

| *Starthilfe zu* ❸ ↗
| *Denke daran, was die Menschen tun.*

❷ Nenne die Schlagzeilen in M2, die dich betreffen. Begründe es an Beispielen.

❸ ↗ Finde für M1 eine andere Bildunterschrift.

❹ Begründe, ob und wo du dich in deiner Gemeinde politisch engagieren würdest.

◁ **M4** *Eine Jugendver-
sammlung bei der
Arbeit*

„Mitreden, mitbestimmen, mitwirken!"

Projekte der freien Träger der Jugendhilfe in
Berlin und Brandenburg tragen dazu bei, dass
junge Menschen sich in Politik einmischen. Damit
wird bürgerliches Engagement geschaffen und
gestärkt.
Kinder- und Jugendbeteiligungsbüro Marzahn-
Hellersdorf
Marzahner Promenade 51, 12679 Berlin
www.kijubue.de

**Das Kinder- und Jugendbeteiligungsbüro will
Schüler und Schülerinnen ...**
• über ihre Möglichkeiten zur Mitwirkung informieren.
• Fähigkeiten entwickeln lassen, damit sie sich
  gesellschaftlich beteiligen können.
• ermöglichen, die Bildungsmöglichkeiten vor Ort
  kennenzulernen.

M3 *Das Kinder- und Jugendbüro Marzahn-Hellersdorf – ein Beispiel aus Berlin, das zeigt, wie Kinder und Jugendliche
das Gemeindeleben mitgestalten können.*

Bolzplatz geschlossen – Empörung!

Etwa 40 Jugendliche waren gestern Nachmittag ins Rathaus zur ersten Jugendver-
sammlung gekommen. Nach einer kurzen Begrüßungsrede der Bürgermeisterin
ging es gleich zur Sache. Im Mittelpunkt
stand das Freizeitangebot der Gemeinde. Empört reagierten die Jugendlichen
auf die Schließung des Bolzplatzes, der
in einen Parkplatz umgewandelt werden
soll. Leon, ein 14-jähriger Basketballer,
fragte: „Wo sollen wir dann spielen? Die
Gemeinde muss Ersatz anbieten!" Auf
großes Interesse stießen die Pläne, eine
Freifläche neben der Schule umzugestal-
ten. „Bekommen wir dann endlich auch
eine Halfpipe?", wollte ein Mädchen aus
der Skatergruppe wissen.
Die Versammlung endete mit dem Vorschlag von dem Jugendbeauftragen Peter Bauer, bei einem weiteren Treffen die
Wünsche ausführlich zu diskutieren.

❺ Informiert euch, welche Möglichkeiten Jugendliche in eurer Gemeinde haben, sich zu engagieren
und das Gemeindeleben mitzugestalten (M3).

❻ a) Befragt 10- bis 12-Jährige nach
ihren Freizeitaktivitäten (Welche
sind beliebt, welche Einrichtungen
fehlen in eurer Gemeinde?). Ent-
werft einen Fragebogen.
b) Wertet diesen aus.

Merke
Unser Land heißt Bun-
desrepublik Deutsch-
land. Es ist eine
Demokratie.

Grundbegriffe
• die Demokratie
• die Politik

21

ICH BIN LARA, EURE GEWÄHLTE SCHÜLERSPRECHERIN. ICH SETZE MICH FÜR ALLE SCHÜLER EIN.

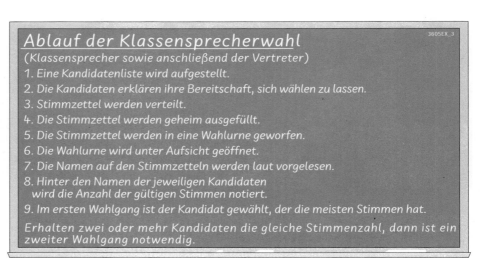

Ablauf der Klassensprecherwahl
(Klassensprecher sowie anschließend der Vertreter)
1. Eine Kandidatenliste wird aufgestellt.
2. Die Kandidaten erklären ihre Bereitschaft, sich wählen zu lassen.
3. Stimmzettel werden verteilt.
4. Die Stimmzettel werden geheim ausgefüllt.
5. Die Stimmzettel werden in eine Wahlurne geworfen.
6. Die Wahlurne wird unter Aufsicht geöffnet.
7. Die Namen auf den Stimmzetteln werden laut vorgelesen.
8. Hinter den Namen der jeweiligen Kandidaten wird die Anzahl der gültigen Stimmen notiert.
9. Im ersten Wahlgang ist der Kandidat gewählt, der die meisten Stimmen hat.

Erhalten zwei oder mehr Kandidaten die gleiche Stimmenzahl, dann ist ein zweiter Wahlgang notwendig.

3605EX_3

Spannung vor der Wahl

Nach drei Wochen ist es Zeit für die Klassensprecherwahl. Es müssen die Klassensprecherin oder der Klassensprecher und die Vertretung gewählt werden.

Im Sitzkreis erklärt die Lehrerin das **Wahlrecht** und informiert über die bevorstehende Wahl: „Zunächst geht es um die Aufgaben der Klassensprecher und welche Eigenschaften sie haben müssen, um dieses Amt auszuüben. Dann besprechen wir den Ablauf der Wahl. Die Klassensprecherin oder der Klassensprecher ist Mitglied der **Gesamtschülervertretung**. Im Übrigen leitet sie oder er bzw. die Vertreterinnen oder die Vertreter die **Klassenkonferenz**."

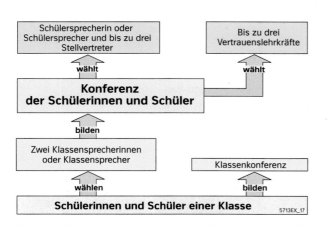

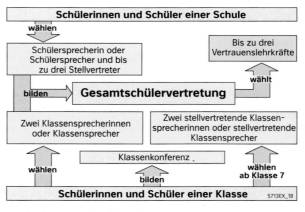

M1 *Schaubild der Schülervertretung (SV) einer Schule (links: Brandenburg, rechts: Berlin)*

Starthilfe zu ➋ ➚
Lege eine Tabelle an:

Zuständig	Nicht zuständig
...	...

➊ a) Notiere aus der Liste in M3 Eigenschaften, die ein Klassensprecher unbedingt haben muss.
b) Erstellt in der Klasse ein Plakat oder Tafelbild: Unsere Erwartungen an gute Klassensprecher.

➋ ➚ Lies die Aussagen in M2. Schreibe die Angelegenheiten und Situationen auf, in denen
– die Klassensprecherin und der Klassensprecher zuständig sind;
– sie nicht zuständig sind.

M2 *Ist die Klassensprecherin bzw. der Klassensprecher zuständig oder nicht?*

1. für Ruhe sorgen können, wenn keine Lehrerin oder kein Lehrer da ist
2. eine SV-Stunde in der Klasse gut leiten können
3. am besten über Fußball informiert sein
4. mit der Klassenlehrerin oder dem Klassenlehrer sachlich über Beschwerden von Jungen oder Mädchen sprechen
5. im Schülerrat die Meinung der Klasse vortragen können
6. eine Musterschülerin oder ein Musterschüler sein
7. nur die Meinung ihrer oder seiner Freunde vertreten
8. die kleineren und schwächeren Schüler beschützen
9. verschwiegen sein, wenn ihr oder ihm etwas anvertraut wird
10. ein Fan der coolsten Boygroup sein
11. bei Streitfällen auf Ausgleich bedacht sein
12. sich in die Situation von Schülerinnen und Schülern versetzen können
13. einen großen Anteil an der Lösung eines auftretenden Konfliktes haben
14. die Klasse über den Verlauf der Schülerratssitzung informieren können
15. immer gut gekleidet sein
16. Mut haben, auch etwas Unangenehmes zu sagen
17. kräftig sein, um einen Streit beenden zu können
18. immer als erste oder erster in der Klasse sein

M3 *Welche Eigenschaften braucht eine Klassensprecherin oder ein Klassensprecher?*

ⓘ SV

SV ist die Abkürzung für Schülervertretung. Sie ermöglicht den Schülerinnen und Schülern, dass sie ihre Interessen an der Schule vertreten können und das Schulleben mitgestalten.

Merke
Die Klassensprecherwahl wird geheim durchgeführt. Die Klassensprecher vertreten die Interessen der Schülerinnen und Schüler ihrer Klasse.

Grundbegriffe
- das Wahlrecht
- die Gesamtschülervertretung
- die Klassenkonferenz

❸ Beurteile folgende Vorschrift:
Die Jungen haben bei der Klassensprecherwahl in einer Schule zwei Stimmen, die Mädchen haben eine Stimme.

❹ Die Klassenlehrerin schlägt Nina zur Klassensprecherin vor und möchte, dass offen abgestimmt wird. Bewerte, wie die Wahl ausgeht, wenn auf diese Weise abgestimmt wird.

M1 *Gemälde „Die Dorfschule von 1848" (gezeichnet 1896 von Albert Anker)*

Eine Fahrt in die Vergangenheit

Vor 100 Jahren gingen in den Städten Jungen und Mädchen getrennt in die Volksschule. Nur ganz wenige besuchten das Gymnasium.

Auf dem Dorf gingen alle Kinder und Jugendlichen in eine Klasse. Sie wurden alle gleichzeitig unterrichtet – und zwar von dem Schulmeister, so wurde der Lehrer oft genannt. Während zum Beispiel die erste Klasse schreiben musste, lasen andere still einen Text und die Großen rechneten oder zeichneten. Die jüngeren Schülerinnen und Schüler benutzten eine Schiefertafel mit einem Griffel. Sie schrieben in der sogenannten deutschen Schrift. Die älteren waren bereits geübter und durften mit Stahlfeder oder Gänsekiel und Tinte in ein Heft schreiben.

Der Lehrer war sehr streng. Wenn ein Kind während des Unterrichts sprach, bekam es eine Strafe. Es war erleichtert, wenn es den Satz *„Ich darf während des Unterrichts nicht stören"* hundertmal abschreiben musste. Andere Kinder bekamen Schläge mit dem Stock auf die Hand oder mussten sich in die Ecke stellen. Kein Wunder, dass der Lehrer bei den Kindern gefürchtet war.

Im Winter ließen die Kinder und Jugendlichen Jacken und Mäntel an, weil nur bei großer Kälte geheizt wurde. Dann mussten die Schulkinder Kohlen mitbringen.

M2 *Schreibgeräte*

❶ ↗ Lies das Gedicht von Wilhelm Busch (M5). Schreibe auf, was Schülerinnen und Schüler in der Schule lernen sollen.

❷ Vergleiche die Schulordnung deiner Schule mit der Schulordnung um 1900 (M4).

❸ Schreibe deinen Namen in Sütterlin-Schrift (M3).

> **Starthilfe zu ❶** ↗
> *Lege eine Liste an, in der du alles einträgst, was die Schüler lernen sollen.*

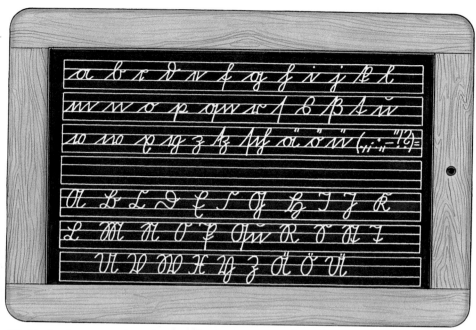

M3 *Die Buchstaben der Sütterlin-Schrift, (in Schreibschrift) etwa 1900 – 1950*

Also lautet ein Be-
schluss, dass
der Mensch was lernen
muss.
Nicht allein das A-B-C
bringt den Menschen in
die Höh';
nicht allein in Schreiben,
Lesen übt sich ein ver-
nünftig Wesen;
nicht allein in Rechnungs-
sachen soll der Mensch
sich Mühe machen,
sondern auch der Weisheit
Lehren muss man mit
Vergnügen hören.
Dass dies mit Verstand
geschah, war Herr Lehrer
Lämpel da.

M5 *Aus „Max und Moritz" (1925)*

Die Lehrer müssen auf Folgendes achten:

a) dass die Kinder sich sofort und still an ihren Platz begeben, die Bücher auf das Brett unter der Schulbank legen und sich ruhig verhalten;

b) dass die Kinder Gesicht, Ohren, Hals und Hände rein gewaschen und die Haare glatt gekämmt haben;

c) dass alle anständig, gerade und in Reihen hintereinander sitzen;

d) dass jedes Kind seine Hände gefaltet auf die Schulbank legt, damit alle Neckereien und Spielereien auf der Bank, alle ungehörigen und unsittlichen Beschäftigungen unter derselben unmöglich gemacht werden;

e) dass die Füße parallel nebeneinander auf den Boden gestellt werden, damit das Hinundher-scharren der Füße nicht stattfinden kann;

f) dass sämtliche Schüler dem Lehrer fest ins Auge schauen, weil demzufolge alles Spre-chen, Plaudern, Lachen, Flüstern, Hinundher-rücken, Essen usw. nicht vorkommen können.

(Nach: Goergen, D.: Tafel, Griffel, Rutenstock – 150 Jahre Eifeler Volks-schule. In: Freundeskreis Freilichtmuseum Sobernheim 1991, S. 2 – 4)

M4 *Aus einer Schulordnung um 1900*

❹ Beurteile die Schulordnung um 1900 (M4).

❺ Spielt „Schule früher". Denkt an Sitzordnung, Regeln, Kleidung und Schulmaterialien.

❻ Schreibe den ersten Absatz von M4 in Sütterlin-Schrift (M3). Du kannst auch wie früher mit einer Stahlfe-der und Tinte schreiben.

Merke
Schiefertafel und Griffel waren die Schreibgeräte in den Schulen um 1900. Die Schulordnung war sehr streng.

Geografie – was heißt das denn?

Der Name Geografie kommt aus dem Griechischen. „Geos" bedeutet „Erde"; „graphein" bedeutet „schreiben". Das Fach wird auch Erdkunde genannt.

Schau dir die einzelnen Bilder dieser Seite an. Sie verraten dir, was du unter vielem anderen in den nächsten Schuljahren kennenlernen wirst.

So erfährst du zum Beispiel,
- wie die Menschen in den verschiedenen Gebieten der Erde leben, wirtschaften, sich versorgen und wohnen.
- ob die Menschen sich den natürlichen Gegebenheiten anpassen oder ob sie die Natur nach ihren Bedürfnissen verändern.

- welche Folgen die Veränderungen für das Leben der Menschen und die Umwelt haben.
- wo und warum es Gebirge, Tiefländer, Gletscher, Wüsten oder Naturereignisse auf der Erde gibt.
- warum und wie der Mensch die Erde nutzt und umgestaltet und warum sie geschützt werden muss.

Du lernst aber auch, wie du dich mithilfe von Karten, Bildern und anderen Materialien selbst über fremde Räume informieren kannst. Viel Spaß dabei!

M1 *Indiojunge aus Südamerika*

M2 *An einem Brunnen in Afrika*

M3 *Ausbruch eines Vulkans*

M4 *Berlin – Hauptstadt Deutschlands*

Starthilfe zu ❶ a) ↗
Hier findest du einige Adjektive, die du möglicherweise deinem Bild zuordnen kannst: alltäglich, bekannt, außergewöhnlich, fremd, unverständlich, wunderlich, langweilig.

❶ ↗ Betrachte die Bilder M1 – M5, M7 und wähle dir ein Bild aus.
a) Ordne dem Bild Adjektive zu.
b) Begründe, warum du dieses Bild ausgewählt hast.

c) Notiere, was du über das Bild erfahren möchtest.

❷ Ordne die Bilder M1 – M4, M7 den Teilbereichen der Geografie zu (M6).

M5 *In den Alpen – ein Foto, in dem mehrere Teilbereiche der Geografie angesprochen sind*

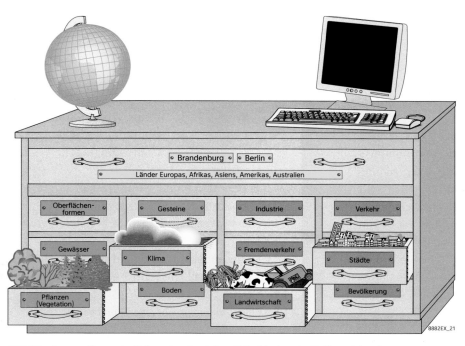

M6 *Die Geografie – ein Schrank mit vielen Schubladen (= Teilbereichen)*

M7 *Reisanbau*

❸ Sammle Schlagzeilen auf Nachrichtenseiten im Internet oder in Tageszeitungen, die mit Geografie zu tun haben. Stelle sie in einer Liste zusammen.

❹ a) Das Foto M5 enthält Informationen aus mehreren Teilbereichen der Geografie (M6). Notiere sie.
b) Suche die Alpen im Atlas und notiere mindestens drei Länder, die Anteil an den Alpen haben.

Merke
Der Name Geografie kommt aus dem Griechischen und bedeutet „die Erde beschreiben". Geografie besteht aus vielen Teilbereichen.

27

Orientierung auf Karten

Orientieren heißt sich zurechtfinden. Hierbei helfen dir Karten. Sie zeigen dir zum Beispiel, wo Berge, Straßen und Flüsse sind. Sie helfen dir auch, den Weg zu finden, wenn du draußen bist. In der Regel ist am oberen Kartenrand Norden. Dazu musst du aber wissen, wo welche **Himmelsrichtung** ist. Dann kannst du die Karte so ausrichten, dass sie nach Norden zeigt.

Ptolemäus war ein griechischer Wissenschaftler. Er lebte vor etwa 2000 Jahren. Er zeichnete alle seine Karten so, dass Norden am oberen Kartenrand lag. Bei den meisten Karten ist das noch heute so.

M2 *Himmelsrichtungen auf der Karte*

Orientierung mit dem Kompass

M1 *Kompass mit Windrose*

Wenn du einen **Kompass** hast, kannst du die Himmelsrichtungen feststellen. Die Kompassnadel ist magnetisch und richtet sich in Nord-Süd-Richtung aus, da die Erde selbst wie ein riesiger Magnet wirkt. Die markierte Spitze der Kompassnadel zeigt nach Norden. Um auch die anderen Himmelsrichtungen bestimmen zu können, ist unter der Kompassnadel eine Windrose eingezeichnet. Darauf sind abgekürzt die Himmelsrichtungen (Norden, Süden, Osten, Westen) eingetragen.

Mit Kompass und Karte unterwegs

Um dich im Gelände mit Karte und Kompass zu orientieren, gehe folgendermaßen vor: Nimm den Kompass in die Hand und bleib ruhig stehen. Nach kurzer Zeit hat sich die Nadelspitze eingependelt und zeigt nach Norden. Drehe nun den Kompass so lange, bis die Spitze der Kompassnadel auf den Buchstaben N für Norden zeigt. Nimm jetzt die Karte, lege sie so unter den Kompass, dass der obere Kartenrand nach Norden zeigt.

Material
- ein Magnet
- eine große Nähnadel
- eine Korkscheibe
- ein Suppenteller

Bauanleitung
1. Fülle den Suppenteller mit Wasser.
2. Lege in die Mitte die Korkscheibe.
3. Streiche mit einem Ende des Magneten etwa 50 Mal in einer Richtung über die Nadel.
4. Lege die Nadel vorsichtig auf die Korkscheibe.
5. Beobachte, was passiert.

M3 *So kannst du einen einfachen Kompass bauen.*

❶ ↗ Bestimme die Himmelsrichtungen der roten Pfeile in den Abbildungen a)–h):

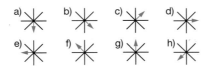

❷ Erläutere, wie der Kompass in M1 gedreht werden muss, damit die Nadel genau auf Nord zeigt.

❸ Beschreibe das Gradnetz der Erde. Benutze die Begriffe Längenhalbkreise, Breitenkreise, Äquator (Text, M4–M6).

Starthilfe zu ❶ ↗
Die Abbildung M1 hilft.

HW-170
www.heimatundwelt.de
Gesellschaftswissenschaften – unser neues Fach

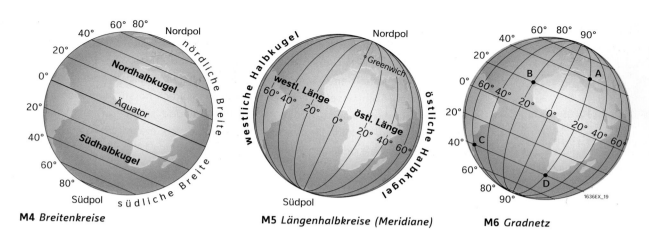

M4 *Breitenkreise*

M5 *Längenhalbkreise (Meridiane)*

M6 *Gradnetz*

Das Gradnetz der Erde

Die Erde ist fast rund. Es gibt im Weltall kein oben und kein unten. Wie soll man sich da zurechtfinden? Ganz einfach, die Menschen haben festgelegt: Oben ist der **Nordpol** und unten der **Südpol**. Zusätzlich haben sie ein Netz von Hilfslinien über die Erde gelegt: das **Gradnetz**. Es besteht aus **Breitenkreisen** und **Längenhalbkreisen**. Zwei Längenhalbkreise bilden einen Längenkreis.

Die Breitenkreise sind Vollkreise. Sie sind wie Gürtel um die Erde gelegt. Der längste Breitenkreis ist der **Äquator**: 0° (Grad). Er teilt die Erde in die **Nordhalbkugel** und die **Südhalbkugel**. Nach Norden und Süden gibt es jeweils 90 Breitenkreise. Sie heißen zum Beispiel 10° Nord (nördlich des Äquators) und 10° Süd (südlich des Äquators). Sie werden vom Äquator aus immer kürzer. An den Polen sind sie nur noch ein Punkt. Alle Breitenkreise haben den gleichen Abstand voneinander.

Die Längenhalbkreise (auch Meridiane genannt) beginnen am Nordpol und enden am Südpol. Alle sind gleich lang.

Der **Nullmeridian** läuft durch Greenwich, einen Stadtteil von London. Von dort aus verlaufen je 180 Längenhalbkreise nach Westen und 180 nach Osten. Sie heißen zum Beispiel 10° Ost (östlich von Greenwich) und 10° West (westlich von Greenwich).

Breitenkreise und Längenhalbkreise bilden zusammen das Gradnetz der Erde. Mithilfe des Gradnetzes kann man die Lage eines Ortes auf der Erde bestimmen. Auf den meisten Atlaskarten ist das Gradnetz eingezeichnet. Die Gradzahlen sind am Kartenrand eingetragen. Am oberen und unteren Rand stehen die Angaben für die Längenhalbkreise. Am linken und rechten Kartenrand stehen die Angaben für die Breitenkreise.

Merke

Orientieren kann man sich mithilfe der Himmelsrichtungen, dem Kompass und dem Gradnetz der Erde. Breitenkreise und Längenhalbkreise bilden zusammen das Gradnetz der Erde.

Grundbegriffe

- die Himmelsrichtung
- der Kompass
- der Nordpol
- der Südpol
- das Gradnetz
- der Breitenkreis
- der Längenhalbkreis (der Meridian)
- der Äquator
- die Nordhalbkugel
- die Südhalbkugel
- der Nullmeridian

4 Bestimme in M6 die Breitenkreise und Längenhalbkreise der Punkte A–D.

5 Ermittle je eine Hauptstadt, die 20 bis 40 km nördlich und südlich des Äquators liegt (Atlas).

6 Beurteile den Nutzen des Gradnetzes.

M1 *Erster Atlas aus dem Jahr 1595*

Der Atlas – eine Sammlung von Karten

Ein wichtiges Hilfsmittel in der Schule ist der **Atlas** (zum Beispiel der Atlas „Heimat und Welt+"). Er enthält eine Sammlung von Karten zum Fach Gesellschaftswissenschaften. Häufig brauchst du den Atlas auch zu Hause. Er hilft dir zum Beispiel, deine Ferienziele oder den Wohnort von Verwandten zu finden.

Du kannst auch im Atlas nachschauen, wenn du etwas über Menschen der Ur- und Frühgeschichte oder über einen Vulkanausbruch hörst. Damit du mit dem Atlas gut und schnell arbeiten kannst, besteht er aus mehreren Teilen.

① Ganz vorn im Atlas auf dem Buchdeckel ist die Kartenübersicht. Hier sind verschiedene Gebiete der Erde eingezeichnet und mit einer Seitenzahl versehen. So siehst du auf einen Blick, auf welcher Seite im Atlas hierzu eine Karte vorhanden ist.

③ Der Schwerpunkt des Atlas ist der Kartenteil. Er enthält alle Karten. In vielen Atlanten kommen zuerst die Karten über die Erde, dann die zu Deutschland, Europa und den übrigen Kontinenten.

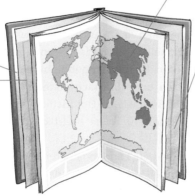

② Das Inhaltsverzeichnis enthält die Überschriften aller Karten im Atlas mit den Seitenzahlen, auf denen sie zu finden sind.

④ Das Register ist ein alphabetisches Verzeichnis der Namen, die auf den Karten im Atlas vorkommen. Das sind Städte, Länder, Flüsse, Meere, Berge und Landschaften.
Hinter dem jeweiligen Namen stehen die Seitenzahl und das Planquadrat (zum Beispiel 122, A 3). Damit kannst du den gesuchten Namen mithilfe des Gitternetzes schnell finden. In vielen Atlanten gibt es zusätzlich ein Sachwortregister. Dort sind wichtige Begriffe zu verschiedenen Sachthemen alphabetisch aufgelistet. Hinter den Begriffen stehen die Seitenzahlen im Atlas und die Nummern der Einzelkarten, auf denen sie zu finden sind (zum Beispiel 166.2).

M2 *So ist der Atlas aufgebaut.*

ⓘ Atlas
(Mehrzahl: Atlanten)
Der Atlas ist eine Sammlung von Karten in einem Buch. Der Name Atlas wurde durch den Forscher Gerhard Mercator im 16. Jahrhundert eingeführt. Er nannte seine Kartensammlung „Atlas".
In einer griechischen Sage trägt der Riese Atlas die gesamte Erde auf seinen Schultern. Man findet ihn auf vielen Bildern und als Statue.

Drei Schritte zum Finden eines Ortes im Atlas

1. Suche den Namen im Register. Schreibe Seite und Planquadrat auf.
2. Schlage die entsprechende Seite im Atlas auf.
3. Suche den Namen in dem angegebenen Planquadrat.

❶ ↗ Schreibe die Namen folgender Länder untereinander:
Guyana, Guinea, Spanien, Kanada, Indien. Schreibe hinter die Ländernamen die Atlas-Seite und das Planquadrat.

❷ Schlage die entsprechenden Seiten aus Aufgabe 1 im Atlas auf. Schreibe hinter die Atlas-Seiten und Planquadrate, auf welchen Kontinenten (siehe S. 36) die Länder liegen.

Starthilfe zu ❶ ↗
Nutze das Register im Atlas.

HW-BB-005
www.heimatundwelt.de
Gesellschaftswissenschaften – unser neues Fach

M3 *Der Ort Gafsa in Tunesien (Afrika)*

G

Gaalkacyo 181, H 5
Gabis 180, D 2
Gablonz (Jablonec nad Nisou)
  51, L 3
Gaborone 182, D 5
Gabun 171, 3 C 4
Gadebusch 49, G 2
Gades 86, 1 B 3
Gafsa 180, D 2
Gaggenau 52, D 4
Gagnon 203, G 1
Gail 119, K 4
Gaildorf 52, E 3

15822EX_3

M4 *Auszug aus dem Register des Atlas*

Orte

15821EX_2

Einwohner

▪	über	5 000 000
▪	1 000 000 –	5 000 000
◉	500 000 –	1 000 000
●	100 000 –	500 000
○	20 000 –	100 000
○	unter	20 000

M6 *Auszug aus der Legende*

Im Register findest du:

Name	Seite	Planquadrat
Gafsa	180	D2

Du schlägst die Seite 180 auf und findest im Planquadrat D2 den Ort Gafsa
(M3). Gafsa ist eine Stadt in Tunesien (Afrika). Mithilfe der Legende (M6)
kannst du erkennen, dass die Einwohnerzahl zwischen 20 000 und 100 000 liegt.
Achtung: Im Register ist das Planquadrat angegeben, in dem der geschriebene Name beginnt.

M5 *So suchst du einen Ort im Register – das Beispiel Gafsa.*

❸ Schreibe folgende Namen unter-
einander: Aconcagua, Suriname,
Brocken, Anden, Nil.
Bestimme mithilfe des Registers im
Atlas die Seite und das Planquadrat
und schreibe sie hinter die Namen.

❹ Schlage die entsprechenden Seiten
aus Aufgabe 3 im Atlas auf. Schreibe hinter die Atlas-Seiten und
Planquadrate, ob es sich um eine
Stadt, einen Berg, ein Land oder
einen Fluss handelt.

Merke
Ein Atlas ist eine
Sammlung von Karten
aus der ganzen Welt.
Das Register enthält
die Namen aller Orte
im Atlas. Es hilft bei
der Atlasarbeit.

Grundbegriff
• der Atlas

M1 *Derya hat einen Freizeitpark besucht. Dort sind berühmte Bauwerke im Maßstab 1:25 nachgebaut.*

Wo liegt der Schlüssel?

Fabian hat seinen Fahrradschlüssel verloren. Er entdeckt ihn vor der Schule. In M2 ist der Schlüssel so groß wie in Wirklichkeit. Er hat den **Maßstab** 1:1 (man spricht: „eins zu eins"). In M3 ist der Schlüssel 10-mal kleiner. Er hat den Maßstab 1:10 (man spricht: „eins zu zehn"). Die Maßstäbe der übrigen Bilder sind noch kleiner. Der Schlüssel ist nicht mehr zu erkennen. In M4 ist er rot markiert. Im Unterschied zu M2 – M4 ist in M5 die ganze Schule abgebildet.

Der Maßstab ist ein Maß für die Verkleinerung: Je größer die Zahl hinter dem Doppelpunkt, umso kleiner ist der Maßstab.

Die Karten M6 und M7 enthalten die Städte Berlin und Potsdam. M6 hat einen größeren Maßstab. Alles ist größer dargestellt. Dafür ist ein kleineres Gebiet abgebildet. M7 hat einen kleineren Maßstab. Dafür ist ein größeres Gebiet zu sehen. Es sind jedoch weniger Einzelheiten abgebildet.

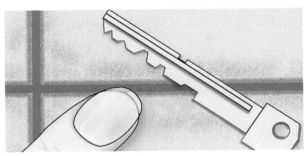

M2 *Maßstab 1:1*

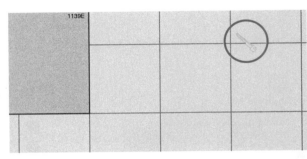

M3 *Maßstab 1:10*

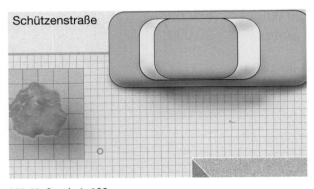

M4 *Maßstab 1:100*

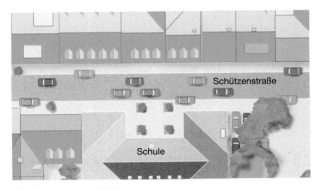

M5 *Maßstab 1:1000*

❶ Fabians Fahrradschlüssel sieht immer kleiner aus. Schließlich ist er nicht mehr zu erkennen (M2 – M5). Erkläre.

❷ ↗ Vervollständige den Satz: Der Schlüssel ist umso größer, je … der Maßstab ist; er ist umso kleiner, je … der Maßstab ist.

❸ Lege Transparentpapier auf M5. Zeichne den Umriss der Schule und der vier Bäume. Markiere nun mithilfe von M4 die Lage von Fabians Fahrradschlüssel mit einem roten Punkt.

Starthilfe zu ❷ ↗
Der Maßstab ist umso größer, je größer alles dargestellt ist.

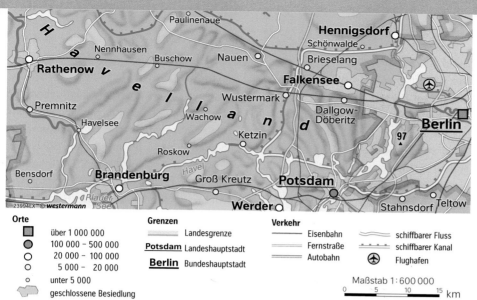

M6 *Kartenausschnitt im Maßstab 1:600000*

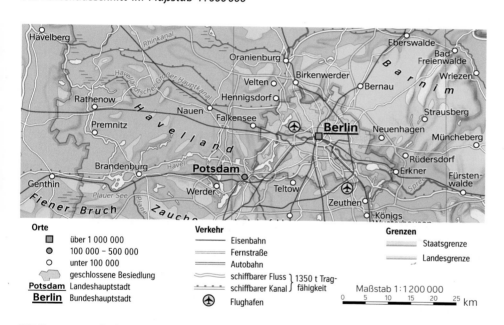

M7 *Kartenausschnitt im Maßstab 1:1200000*

ⓘ Maßstab
Der Maßstab gibt an, wie stark der Inhalt einer Karte gegenüber der Wirklichkeit verkleinert ist.

Maßstabsleiste
Mithilfe dieser Leiste kann man Entfernungen zwischen zwei Punkten der Karte ohne mühevolles Umrechnen direkt ablesen.

❹ Ordne die Maßstäbe. Schreibe den größten Maßstab zuerst auf und den kleinsten zuletzt:
Maßstab 1:1000000
Maßstab 1:140000000
Maßstab 1:50000
Maßstab 1:10000
Maßstab 1:500000

❺ Der Eiffelturm in Paris ist rund 325 m hoch. Berechne die Höhe des Modells in dem Freizeitpark, den Derya besucht hat (M1).

Merke
Der Maßstab ist ein Maß dafür, wie stark die Inhalte einer Karte gegenüber der Wirklichkeit verkleinert sind. Mithilfe der Maßstabsleiste kann man Entfernungen auf einer Karte direkt ablesen.

Grundbegriffe
• der Maßstab

33

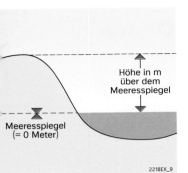

M1 *Höhenmessung vom Meeresspiegel aus*

ⓘ Signaturen und Flächenfarben

●■ „Punkte":
Diese Zeichen geben zum Beispiel die Lage von Städten sowie von bestimmten Industrie- und Bergbaustandorten an.

〰 Linien:
Sie zeigen unter anderem den Verlauf von Flüssen, Straßen, Eisenbahnstrecken und Grenzen.

🔻 Bildhafte Zeichen:
Sie beschreiben zum Beispiel Schlösser/Burgen, Pässe und auch Industrien.

▬ Flächen:
Diese vermitteln einen Überblick über Landhöhen, Wasserflächen, Wälder, Bodennutzung, die Flächen von Staaten und vieles andere.

Zwei Kartenarten

Die Karten im Atlas unterscheiden sich. **Physische Karten** zeigen besonders gut die Oberflächenformen der Landschaft sowie die Verteilung der Städte und Flüsse. **Thematische Karten** behandeln ein bestimmtes Thema: Es gibt Wirtschaftskarten, Klimakarten, Fremdenverkehrskarten und viele mehr. Bei allen Karten ist die **Legende** wichtig. In ihr sind die Einzelzeichen (Signaturen) und Flächenfarben erklärt. So hat zum Beispiel die Flächenfarbe Hellbraun in einer physischen Karte eine andere Bedeutung als in einer thematischen Karte (siehe M2 und M4).

Von Höhenlinien und Höhenschichten

In einer Karte werden die Landhöhen und die Formen der Berge auf verschiedene Weise dargestellt. Die **Höhenlinien** verbinden Punkte, die in gleicher Höhe über dem Meeresspiegel liegen. Du erkennst, wie hoch das Gelände ist. An besonders wichtigen Stellen wird die Höhe durch einen Punkt oder ein kleines Dreieck gekennzeichnet. Oft ist die Höhenzahl daneben geschrieben. Die Flächen zwischen zwei Höhenlinien werden farbig ausgemalt. Mit zunehmender Höhe wechselt die Farbe von Grün über Gelb nach Braun.

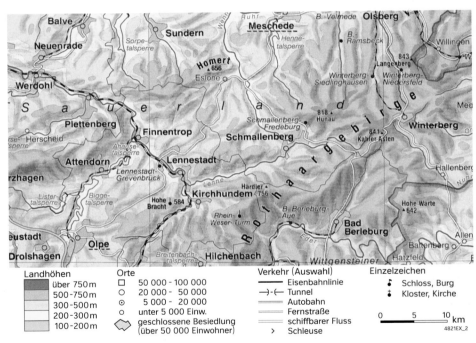

M2 *Ausschnitt aus einer physischen Karte*

Starthilfe zu ❶ ⬈
Suche im Register des Atlas den Namen des ersten Berges. Schlage die entsprechende Seite im Atlas auf. Schreibe die Höhe des Berges neben den Namen.

❶ ⬈ Übertrage die Tabelle in deine Mappe oder dein Heft und ergänze die Höhenangaben:

Region	höchster Berg	Höhe in m
Brandenburg	Kutschenberg	?
Deutschland	Zugspitze	?
Europa	Mont Blanc	?
Asien	Mount Everest	?

❷ Vervollständige die beiden Sätze:
Die Höhenangaben auf Karten beziehen sich auf den …
Höhenlinien verbinden Punkte, die in … über dem Meeresspiegel liegen.

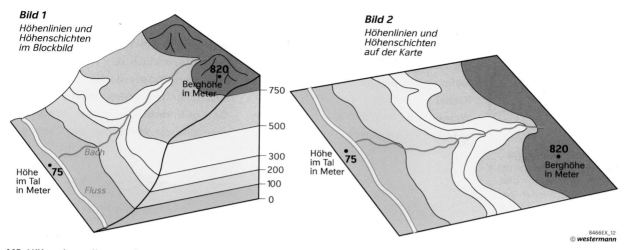

Bild 1
Höhenlinien und Höhenschichten im Blockbild

Bild 2
Höhenlinien und Höhenschichten auf der Karte

© westermann

M3 *Höhendarstellungen (die Flächen zwischen den Höhenlinien sind Höhenschichten)*

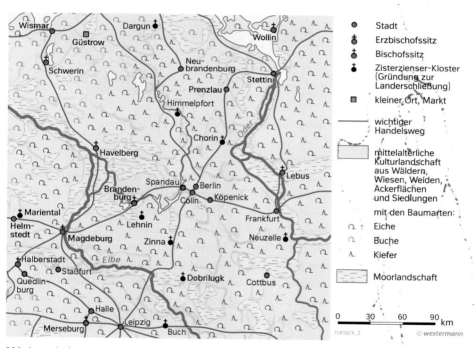

Legende	
●	Stadt
⚵	Erzbischofssitz
⚵	Bischofssitz
⚵	Zisterzienser-Kloster (Gründung zur Landerschließung)
■	kleiner Ort, Markt
—	wichtiger Handelsweg
	mittelalterliche Kulturlandschaft aus Wäldern, Wiesen, Weiden, Ackerflächen und Siedlungen
	mit den Baumarten:
♉	Eiche
♉	Buche
∧	Kiefer
	Moorlandschaft

0   30   60   90 km

15816EX_3   © westermann

M4 *Ausschnitt aus einer thematischen Karte (Deutschland – Landesgeschichte um 1250)*

❸ a) Bestimme die Höhe über dem Meeresspiegel von Werdohl (M2).
b) Bestimme die Höhe über dem Meeresspiegel der Homert (M2).
c) Ermittle den Höhenunterschied zwischen Werdohl und der Homert (M2).

❹ Suche in deinem Atlas Karten, die du den beiden Kartenarten zuordnest. Lege eine Tabelle an.

ⓘ Höhenangaben
Alle **Höhenangaben** beziehen sich auf den Meeresspiegel (M1). So bedeutet in M3 die Zahlenangabe 820: Dieser Punkt liegt 820 Meter über dem Meeresspiegel, abgekürzt 820 m ü. M.

Merke
Physische Karten zeigen die Lage von Orten, Flüssen, Straßen und Eisenbahnlinien. Die Landhöhen werden durch Farbabstufungen dargestellt.

Grundbegriffe
- die physische Karte
- die thematische Karte
- die Legende
- die Höhenlinie
- die Höhenangabe

35

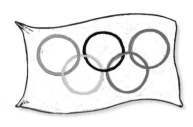

M1 *Olympische Flagge mit den fünf bewohnten Kontinenten (Nord- und Südamerika werden zu Amerika zusammengefasst.)*

Land und Wasser auf der Erde

Auf der Erde gibt es sowohl große Landflächen als auch große Wasserflächen. Die gesamte Wasserfläche der Erde ist mehr als doppelt so groß wie die Landfläche.

Wasser und Land sind auf der Erde sehr unterschiedlich verteilt. Auf der oberen Erdhälfte, nördlich des Äquators, liegen mehr Landflächen. Auf der unteren Erdhälfte, südlich des Äquators, findet man mehr Wasserflächen. Die großen, zusammenhängenden Landflächen sind die **Kontinente**. Die großen Wasserflächen sind die Weltmeere, die **Ozeane**.

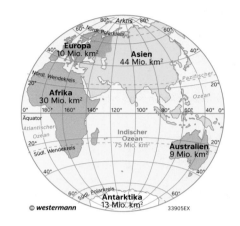
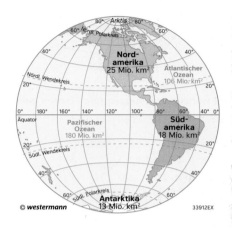

M2 *Kontinente und Ozeane (Größe in Quadratkilometer, siehe Info)*

Die Kontinente und die Ozeane

Auf der Erde befinden sich sieben Kontinente: Europa, Asien, Afrika, Nordamerika, Südamerika, Australien und die Antarktis. Die beiden Kontinente Europa und Asien bilden zusammen einen Doppelkontinent. Er ist die größte Landfläche auf der Erde und hat den Namen „Eurasien". Die Grenze zwischen den beiden Kontinenten bildet das Uralgebirge. Auch Nord- und Südamerika zusammen sind ein Doppelkontinent.

Der Kontinent Antarktis ist das ganze Jahr über mit einer dicken Eisschicht bedeckt.

Die Arktis, das Gebiet um den Nordpol, ist auch mit Eis bedeckt. Sie ist jedoch kein Kontinent. Hier schwimmt das Eis auf dem Wasser.

Es gibt drei Ozeane: den Pazifischen Ozean (auch Pazifik genannt), den Atlantischen Ozean (auch Atlantik genannt) und den Indischen Ozean (auch Indik genannt).

ℹ Quadratkilometer

Ein Quadratkilometer (km²) ist ein Flächenmaß. Es bezeichnet eine Fläche von einem Kilometer Länge und einem Kilometer Breite.

Merke
Auf der Erde gibt es große Landflächen, die Kontinente. Außerdem gibt es große Wasserflächen, die Ozeane.

Grundbegriffe
• der Kontinent
• der Ozean

Starthilfe zu ❷ ↗
Schau zuerst auf M2, wo sich die schmalste Stelle befindet. Dann findest du den Staat besser auf der Atlaskarte.

❶ Schreibe die Namen der sieben Kontinente und drei Ozeane der Größe nach auf (M2).

❷ ↗ Ermittle, welcher Staat an der engsten Stelle zwischen Nord- und Südamerika liegt (Atlas).

M3 *Schüler beim Abmessen des Pausenhofes*

M5 *Die GEWI-Mappe*

M6 *Inhaltsverzeichnis (Jahresübersicht der Themen)*

Wir gestalten die GEWI-Mappe

A: Allgemeines zum Material und zur Gestaltung

- Verwende eine DIN-A4-Mappe (M5) sowie gelochte, karierte DIN-A4-Blätter. Sie eignen sich gut zum Zeichnen von Kartenskizzen und Schaubildern.
- Nimm zum Schreiben einen Füller und zum Zeichnen einen angespitzten Bleistift. Male mit Buntstiften aus.
- Verwende möglichst keinen Tintenkiller und keine Filzstifte. Male die Zeichnungen nie mit Markerstiften aus.

B: Anlage und Einteilung der Mappe

- Lege ein Inhaltsverzeichnis (M6) mit den Hauptthemen des Schuljahres an. Ergänze die Hauptüberschriften mit den Überschriften der einzelnen GEWI-Stunden.
- Gestalte zu jeder Unterrichtseinheit ein Deckblatt (M7). Schreibe darauf das Thema der Unterrichtseinheit (Hauptüberschrift).

- Zwischen deine Arbeitsseiten kannst du zusätzliche Materialseiten (z. B. Arbeitsblätter, Kopien) einheften.

C: Gestalten einer Seite

- Lass vom linken Blattrand fünf Kästchen frei, damit man nach dem Abheften alles auf dem Blatt lesen kann. Lass vom oberen und unteren Rand vier Kästchen frei. Schreibe nur in jede zweite Kästchenreihe.
- Unterstreiche die Überschrift mit dem Lineal und schreibe das Datum an den Rand.
- Schreibe vor die Lösungen der Aufgaben aus deinem GEWI-Buch die Seitenzahl und die Aufgabennummer.

M4 *Die GEWI-Mappe: Mit Tipps und Tricks geht's fix.*

M7 *Deckblatt zu einem Unterrichtsthema*

M8 *Seite einer GEWI-Mappe*

❸ Erstelle im Laufe eines Schuljahres ein Inhaltsverzeichnis zu den Themen des Schuljahres. Schreibe alle Überschriften der Unterrichtsthemen der Reihe nach auf (M6).

❹ Gestalte zu jeder behandelten Unterrichtseinheit (z. B. Gesellschaftswissenschaften – unser neues Fach) ein Deckblatt (M7).

Kinder bereiten sich mit viel Fantasie eine leckere Mahlzeit zu. Berichte über eine Situation, in der dir das Wasser im Mund zusammengelaufen ist.

Ernährung – Wie werden Menschen satt?

Am Ende des Kapitels kannst du:

– über das Leben der Menschen in der Steinzeit berichten

– die Landwirtschaft in Deutschland charakterisieren

– Überfluss und Mangel in der Einen Welt darstellen

– die Rolle des Verbraucherschutzes erläutern

© westermann 32647EX

M1 *Ernährungspyramide*

Ernährung – ausgewogen soll sie sein

Der Mensch benötigt verschiedene Stoffe, mit denen er seinen Körper aufbaut, ihn erhält und seinen Energiebedarf deckt. Nun gibt es kein Nahrungsmittel, das alle Stoffe in den Mengen enthält, wie der Körper sie benötigt. Wir müssen daher dafür sorgen, dass wir uns ausgewogen ernähren. Ausgewogen ist die Ernährung, wenn sie unseren Energiebedarf deckt, alle wichtigen Stoffe in den benötigten Mengen enthält und möglichst frei von schädlichen Stoffen ist. Eine Hilfe für die Zusammenstellung einer ausgewogenen Ernährung ist die Ernährungspyramide (M1). Hier siehst du auf einen Blick, welche Nahrungsmittel du in welchen Mengen zu dir nehmen sollst.

Leben und Überleben in der Steinzeit

Jäger und Sammler
Beginn des Ackerbaus und der Viehzucht
Bau von Dörfern

In diesem Kapitel erfährst du:

- wie sich die Menschen früher ernährt haben,
- was die Landwirte in Deutschland anbauen,

Landwirtschaft in Deutschland

Nutzung der Landschaften
Nutzungen haben Auswirkungen
Landwirtschaftliche Produkte

Ernährung und Bewegung

Eine ausgewogene Ernährung spielt bei Kindern und Jugendlichen eine wichtige Rolle für ihre körperliche und geistige Entwicklung. Doch gesunde Ernährung allein macht Kinder nicht fit für die Zukunft. Ein ausreichendes Maß an Bewegung ist ebenso wichtig, damit sich die Muskeln entwickeln können und das Herz-Kreislauf-System gestärkt wird.

Ernährung ist daher nur die halbe Miete. Auch Bewegung darf nicht fehlen, wenn es darum geht, sich wohl zu fühlen und gesund zu bleiben. Bewegung verbraucht Kalorien, wirkt sich günstig auf den Blutkreislauf aus und führt zum Muskelaufbau.

- wo auf der Erde die Menschen viele und wo sie wenig Nahrungsmittel zur Verfügung haben,
- wie wir uns davor schützen, dass in den Geschäften schlechte oder vergiftete Lebensmittel angeboten werden.

Überfluss und Mangel auf der Erde

Herkunft der Lebensmittel
Nachhaltigkeit
Überfluss und Mangel

Verbraucherschutz

Lebensmittelstandards
Lebensmittelskandale
Schutz für Verbraucher

41

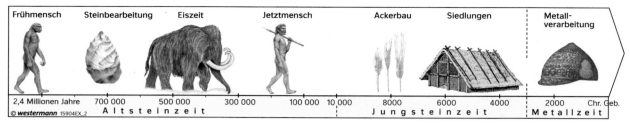

Frühmensch	Steinbearbeitung	Eiszeit	Jetztmensch	Ackerbau	Siedlungen	Metall-verarbeitung
2,4 Millionen Jahre	700 000	500 000	300 000	100 000 10 000	8000 6000 4000	2000 Chr. Geb.

© **westermann** 15904EX_2   A l t s t e i n z e i t   J u n g s t e i n z e i t   M e t a l l z e i t

M1 *Zeitfries*

M2 *So stellen Forscher sich das Entstehen einer Höhlenmalerei vor etwa 19000 Jahren vor.*

Spuren der Vergangenheit

Die Menschen der Vorgeschichte (siehe S. 13) haben keine schriftlichen Aufzeichnungen hinterlassen. Trotzdem wissen wir viel über ihr Leben. Dieses Wissen verdanken wir **Höhlenmalereien** und Fundsachen, die tief im Boden erhalten blieben. Noch heute findet man bei Grabungen bisher verborgene Spuren dieser Menschen: Knochen, Waffen, Werkzeuge, Schmuck und Tierfiguren. Ein Abschnitt der Vorgeschichte heißt **Steinzeit**, weil bei Grabungen hauptsächlich Steingeräte gefunden wurden. Der älteste Abschnitt der Steinzeit ist die **Altsteinzeit**.

🛈 Höhlenmalerei

Wichtige Zeugnisse der Steinzeit sind Höhlenmalereien. Sie zeigen kunstvoll gemalte Tiere und Menschen auf der Jagd. Forscher vermuten, dass sie Teile eines Jagdzaubers waren. Manche meinen, die Menschen malten ihr Alltagsleben, wie zum Beispiel den Erfolg bei der Jagd.

- -

Starthilfe zu ❷ ↗
Tiere der Steinzeit sind zum Beispiel: Wolf, Höhlenbär, Wollnashorn, Säbelzahntiger, Mammut. Suche Bilder als Vorlage im Internet.

❶ Erkläre, woher wir wissen, wie die Menschen in der Steinzeit lebten (Text).

❷ ↗ Zeichne ein Tier der Steinzeit in dein Heft oder deine Mappe.

❸ a) Nenne mithilfe von M1 die Geschichtsepoche der Szene in M2.
b) Schreibe eine Geschichte zu M2.

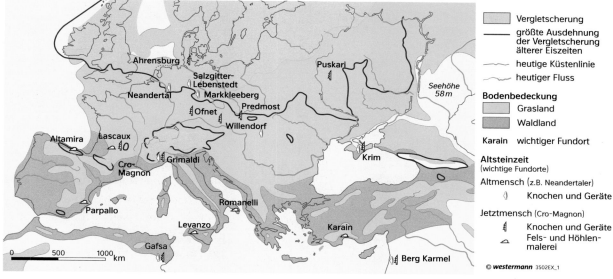

M3 *Europa während der letzten Eiszeit (115 000 bis 10 000 v. Chr.)*

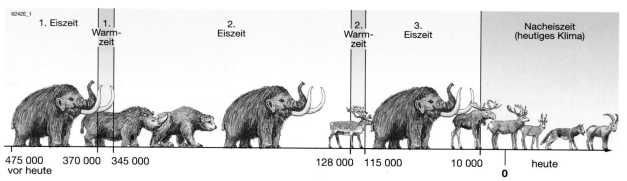

M4 *Eis- und Warmzeiten von 475 000 v. Chr. bis heute*

Leben mit dem Eis

Das Klima in Europa änderte sich mehrmals. Zwischen 600 000 vor Christus (v. Chr.) und heute gab es abwechselnd mehrfach **Eiszeiten** und **Warmzeiten.** Während der Eiszeiten lag eine bis zu 3 000 m dicke Eisdecke über Teilen Europas.

Im Sommer wurde es häufig nicht wärmer als +10 °C, im Winter fielen die Temperaturen bis auf −40 °C. Viele Tiere wanderten ab oder starben aus. Die Menschen konnten überleben. Sie passten ihre Lebensweise und ihre Kleidung der Wärme oder Kälte an.

> **Merke**
> Der Name Steinzeit kommt daher, dass aus dieser Zeit vor allem Geräte aus Stein gefunden wurden. Der älteste Abschnitt der Steinzeit ist die Altsteinzeit.

> **Grundbegriffe**
> • die Höhlenmalerei
> • die Steinzeit
> • die Altsteinzeit
> • die Eiszeit
> • die Warmzeit

4 Bestimme die Staaten Europas, die in der letzten Eiszeit
a) eisfrei waren,
b) mit Eis bedeckt waren.
(M3, Atlas)

5 Zwischen 475 000 v. Chr. und heute änderte sich das Klima. Berichte (M4). Benenne in deinem Bericht auch die Länge der verschiedenen Eis- und Warmzeiten.

M1 *Kochgrube der Altsteinzeit (heutige Darstellung). Die Menschen kleideten ein Grube mit Leder aus und füllten sie mit Wasser. Sie erhitzten Steine im Feuer und legten diese in das Wasser. Dadurch kam das Wasser zum Kochen und die Menschen konnten eine Suppe kochen.*

M3 *So stellen sich Forscher das Leben in der Altsteinzeit vor.*

Wenn die Jäger ein Tier erlegt hatten, gab es viel Fleisch zu essen. Sie haben das Fleisch auf heißen Steinen gebraten oder in einer Suppe gekocht (M1). Das restliche Fleisch wurde geräuchert, getrocknet oder im Winter einfach eingefroren. So blieb es haltbar.

M2 *Zubereitung und Aufbewahrung von Fleisch*

Menschen in der Altsteinzeit

In der Altsteinzeit lebten die Menschen in Gruppen (sogenannten Horden) von 20 bis 50 Personen. Diese waren als **Jäger und Sammler** ständig auf Nahrungssuche. Sie jagten mit Lanzen, Holzspeeren und Wurfhölzern. Neben Fleisch ernährten sie sich von Pflanzen. Wenn die Männer ein Rentier erlegt hatten, rastete die Horde, um sich zu erholen. Die Frauen und Kinder sammelten Wurzeln, Pilze, Haselnüsse, Kräuter, Brombeeren, Blaubeeren und Himbeeren, Vogeleier und Insekten. Die Menschen aßen Salate aus Brennnesseln und Löwenzahn und kochten wilde Möhren. Sie haben Honig von wilden Bienen gesammelt. Sie mussten jeden Tag Nahrung und Trinkwasser finden.

Die Nutzung des Feuers

Die Menschen kannten das Feuer von den Bränden, die durch Blitzeinschläge entstanden. Mit der Zeit lernten sie, dieses Feuer zu nutzen: Sie wärmten sich daran und nutzten es als Lichtquelle in der Nacht und in Höhlen. Sie kochten damit und verscheuchten wilde Tiere. Anfangs hüteten die Menschen das Feuer sorgsam. Es durfte nicht ausgehen. Sie nahmen die Glut auf ihren Wanderungen mit. Dazu benutzten sie Beutel aus Fellen, die mit Lehm ausgekleidet waren. Später lernten sie, ein Feuer selbst zu entzünden. Sie schlugen zwei Feuersteine aufeinander oder rieben zwei Holzstöcke aneinander. So konnten sie trockene Zweige und Blätter in Brand setzen.

Starthilfe zu ❶ c) ↗
Denke daran, womit du schneidest, … .

❶ a) Beschreibe die Herstellung eines Faustkeils (M6).
b) Notiere drei Tätigkeiten, bei denen er verwendet wurde (M5).
c) ↗ Erläutere, welche Geräte den Faustkeil heute ersetzt haben.

❷ Ordne den Buchstaben (A) bis (F) in M5 folgende Geräte zu: Faustkeil aus Stein, Pfeilspitze aus Stein, Stichel aus Stein, Harpune aus Knochen, Nähnadel aus Knochen, Haken aus Knochen.

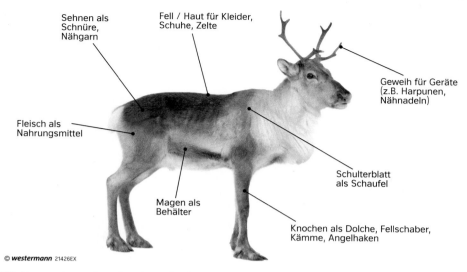

Sehnen als Schnüre, Nähgarn

Fell / Haut für Kleider, Schuhe, Zelte

Geweih für Geräte (z.B. Harpunen, Nähnadeln)

Fleisch als Nahrungsmittel

Schulterblatt als Schaufel

Magen als Behälter

Knochen als Dolche, Fellschaber, Kämme, Angelhaken

© *westermann* 21426EX

M4 *Verwendung eines Rentieres in der Altsteinzeit (heutige Darstellung)*

M6 *Herstellung eines Faustkeils*

Die Menschen der Altsteinzeit nutzten Äste und Steine gezielt für bestimmte Zwecke. Das Allzweckgerät war der **Faustkeil**. Er bestand aus behauenem Feuerstein und hatte scharfe Kanten. Er sah aus wie eine Mandel und war etwa acht bis zehn Zentimeter groß. Man konnte damit schneiden, schaben, hacken, stechen, klopfen und vieles mehr, aber auch einen Gegner im Kampf verletzen oder sogar töten. Mit der Zeit entwickelten die Menschen weitere Geräte und Waffen aus Steinen, Knochen, Holz und Geweihen, zum Beispiel Speere, Harpunen, Schaber, Kratzer, Nähnadeln. Die Menschen der Altsteinzeit waren ausgezeichnete Handwerkerinnen und Handwerker. Durch Funde haben die Forscher herausgefunden, dass die Menschen erlegte Tiere mit scharfen Splittern aus Feuerstein zerlegten.

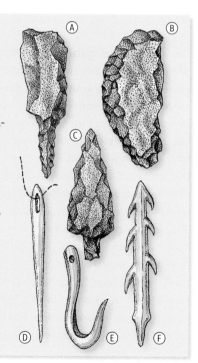

M5 *Waffen und Geräte der Altsteinzeit*

③ Werte M3 aus.
a) Liste auf, was Frauen, Männer und Kinder tun.
b) Finde einen Oberbegriff für all diese Tätigkeiten.

④ Bewerte den Nutzen des Rentieres für die Menschen (M4).

⑤ Erläutere Probleme bei der Zubereitung und Haltbarmachung von Nahrungsmitteln (M1, M2).

Merke
Die Menschen der Altsteinzeit lebten als Sammler und Jäger. Das Allzweckgerät war der Faustkeil.

Grundbegriffe
• der Jäger und Sammler
• der Faustkeil

Ackerbau

Viehzucht

Jagd

3524EX_2

M1 *Im 8. Jahrtausend v. Chr. konnten auf einem Quadratkilometer so viele Menschen ernährt werden.*

ⓘ Revolution

Eine **Revolution** (lat. zurückwalzen, umdrehen) ist eine grundlegende Veränderung in einem Gebiet. Sie kann friedlich oder gewaltsam vor sich gehen. Es gibt Revolutionen in der Politik und der Wirtschaft.

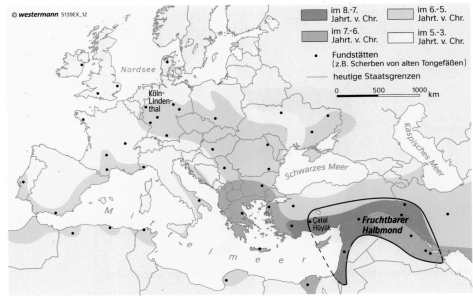

M2 *Die Ausbreitung des Ackerbaus*

Die Menschen gaben ihre Wanderungen auf

Vor etwa 10 000 Jahren endete die letzte Eiszeit. Es wurde wärmer. Die **Gletscher** schmolzen und zogen sich zurück. Die Menschen gaben ihre Wanderungen auf und bauten feste Häuser. Es war der Beginn der **Jungsteinzeit**.

Die ersten Bauern siedelten im sogenannten **Fruchtbaren Halbmond**. Eine der ältesten Siedlungen dort ist Catal Hüyük. Man konnte gemeinsam säen, ernten, das Vieh hüten und auf die Jagd gehen. Die Bevölkerungszahl nahm zu.

Bald reichte das Ackerland um Catal Hüyük nicht mehr aus, um alle Menschen zu ernähren. Innerhalb von 800 Jahren wuchs die Bevölkerung von einer sehr kleinen Zahl auf über 7 000 Menschen. Ein Teil von ihnen musste auswandern. Die Menschen nahmen Saatgut, Haustiere und Vorräte und zogen nach Nordwesten. Wo sie fruchtbares Land fanden, gründeten sie neue Siedlungen. Sie rodeten den Wald, bauten Häuser und legten Felder an.

ⓘ Fruchtbarer Halbmond

Dies ist die Bezeichnung für ein vom Klima begünstigtes Gebiet in Westasien. Es erstreckt sich über etwa 1 700 km wie ein Halbmond vom Mittelmeer bis zum Persischen Golf. Funde aus der Steinzeit lassen darauf schließen, dass hier vor rund 10 000 Jahren der Ackerbau und die Haustierzucht begannen.

---

1 ↗ Erst als das Klima bei uns wärmer wurde, konnten die Menschen sesshaft werden und Ackerbau betreiben. Erläutere.

Starthilfe zu **1** ↗
Denke an die Möglichkeiten, Häuser zu bauen, Getreide anzubauen und Vorräte anzulegen.

2 Zeichne ein typisches Dorf aus der Jungsteinzeit in deine Mappe oder dein Heft (M3, M4).

3 Erläutere, wie viele Menschen im 8. Jahrtausend v. Chr. auf einer Fläche von einem Quadratkilometer ernährt werden konnten (M1).

4 Beschreibe die Ausbreitung des Ackerbaus in M2.

M3 *Heutige Zeichnung eines Dorfes der Jungsteinzeit*

Vor etwa 7000 Jahren rodeten Ackerbauern den Wald im Gebiet des heutigen Kölner Stadtteils Lindenthal. Sie bauten dort Wohnhäuser aus Holz und legten Felder an, auf denen sie Getreide anbauten. Damals stand ein Dorf häufig an einem Bach. Der Bach war an einer Stelle gestaut und diente als Viehtränke. Die größeren Häuser waren etwa 30 Meter lang und acht Meter breit. Für den Bau wurden zunächst Pfosten in den Boden gerammt. Die Wände wurden aus Weidenruten geflochten. Das Flechtwerk wurde zum Schluss mit einem Brei aus **Lehm** zugeschmiert. Das Dach wurde wohl mit Schilf oder Stroh gedeckt. Vermutlich lebten in dem Dorf etwa 200 Menschen. Es war von einem Zaun umgeben. Dieser schützte vor Angriffen wilder Tiere.

Um 1930 haben Forscher bei Ausgrabungen die Reste eines solchen Hauses aus der Jungsteinzeit entdeckt. Dies war ein sensationeller Fund. Köln-Lindenthal wurde dadurch in ganz Europa bekannt. Es war das älteste jungsteinzeitliche Dorf, das damals freigelegt wurde.

M4 *Köln-Lindenthal – ein Dorf der Jungsteinzeit*

⑤ Viele Menschen im Fruchtbaren Halbmond mussten in der Jungsteinzeit ihre Heimat verlassen. Erkläre (Text).

⑥ Beschreibe die Anlage eines Dorfes in der Jungsteinzeit (M3, M4).

⑦ Sehr große Veränderungen in der Lebensweise der Menschen werden Revolution genannt. Die Veränderungen in der Jungsteinzeit gelten als eine Revolution in der Menschheitsgeschichte. Begründe diese Aussage.

Merke
Vor etwa 10000 Jahren verbesserten sich die Lebensbedingungen der Menschen. Aus Jägern und Sammlern wurden sesshafte Bauern. Es ist der Beginn der Jungsteinzeit. Die ersten Bauern siedelten im Gebiet des Fruchtbaren Halbmonds. Vor 7000 Jahren erreichten sie auch das heutige Deutschland.

Grundbegriffe
- der Gletscher
- die Jungsteinzeit
- der Fruchtbare Halbmond
- die Revolution
- der Lehm

Die Menschen werden sesshaft

Mit Beginn der **Sesshaftigkeit** waren die Menschen der Jungsteinzeit keine Sammler und Jäger mehr. Sie siedelten an Flüssen, Bächen und Seen. Hier gab es Trinkwasser, Fische und weniger Wald. Die Menschen fällten Bäume, um ihre Häuser zu bauen. Der Boden war weich. Die Pfosten für das Grundgerüst der Häuser ließen sich leicht in den Boden rammen. Die Menschen lernten, Vorräte anzulegen. Sie sammelten mehr Getreidekörner, als sie zum Leben brauchten. Sie lagerten die überzähligen Körner in Erdgruben und hatten Wintervorräte. All das war möglich, weil die Sommer wärmer waren und es öfter regnete.

Zwischen 8000 und 7000 v. Chr. beobachteten die Menschen, dass weggeschüttete Körner keimten und neues Getreide wuchs. Sie legten Äcker an und säten Körner aus. Dies war der Beginn des Getreideanbaus. Die Menschen bearbeiteten den Boden vor der Aussaat und schützten die Äcker vor Wildtieren. Für die Aussaat wählten sie besonders große Körner aus. So wurden aus Wildpflanzen allmählich unsere heutigen Getreidesorten.

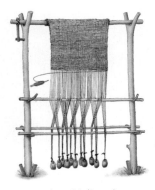

M1 *Webstuhl (heutige Darstellung)*

M4 *Hakenpflug (heutige Darstellung)*

Die Menschen lernten das Spinnen und Weben. Zum Weben von Stoffen bauten sie Webstühle. Damit verloren Tierfelle als Kleidung vor allem im Sommer an Bedeutung, denn die Stoffe waren nicht so schwer und trotzdem haltbar.

M2 *Spinnen und Weben*

M3 *So stellen sich Forscher das Leben in einem Dorf der Jungsteinzeit vor.*

Starthilfe zu ❶ ↗
Beginne so: Ich stehe um ... Uhr auf und ... .

❶ ↗ Stelle dir vor, du lebst in einem Steinzeitdorf. Schreibe einen Tagesablauf.

❷ Beschreibe anhand von M3 das Leben in der Jungsteinzeit.

❸ a) Erstelle eine Tabelle, in der du, getrennt nach Männern, Frauen und Kindern, die Tätigkeiten der Menschen auflistest (M3).
b) Erstelle eine Liste mit Gegenständen und Werkzeugen und nenne ihren Verwendungszweck (M5, M8).

Die Menschen hatten es schwer, wenn sie Wasser vom Fluss holen oder Milch aufbewahren wollten. Welche Gefäße sollten sie nehmen? Worin konnten sie Brei kochen oder Vorräte aufbewahren? Zuerst benutzten sie das, was sie in der Natur fanden: Sie höhlten Kürbisse aus und nahmen Tierhäute und Tierdärme als Beutel und Schläuche. Doch auf das Feuer konnte man diese Dinge nicht stellen. Mit der Zeit fanden die Menschen heraus, dass Ton und Lehm im Feuer hart werden. Sie formten Gefäße aus Ton und brannten sie. In jedem Haus wurden bald Töpferwaren hergestellt und benutzt.

M5 *Gefäße*

Die Menschen der Jungsteinzeit bauten Nutzpflanzen an: Getreide, Erbsen, Linsen, Beeren, Obstsorten wie Äpfel und Birnen sowie Gewürz- und Heilpflanzen. Sie lernten, das Getreide auf einem Mahlstein zu Mehl zu reiben. Aus dem Mehl backten sie Fladenbrote oder kochten Brei, Mehlsuppe und Grütze. Aus den Samen von Lein und Mohn pressten sie Öl. Die Männer gingen weiterhin auf die Jagd, denn Fleisch war ein wichtiger Teil der Nahrung. Die Jäger kamen auf die Idee, die Tiere nicht sofort zu töten, sondern sie zu fangen, um sie dann im Winter zu essen. Sie setzten sie in Gehege, gaben ihnen zu fressen und schlachteten sie. Später achtete man darauf, dass sich die Tiere in Gefangenschaft vermehrten. Dazu gehörten Wildschweine, Auerochsen, Bergziegen und Wildschafe. So wurden aus Wildtieren Haustiere.

M6 *Ernährung* ▷

M7 *Gegenstände aus der Jungsteinzeit: Beil (2 Teile), Gefäß, Getreidemahlsteine*

Für die Feldarbeit nahmen die Menschen zuerst Grabstöcke, Spaten und Hacken. Später erfanden sie den Hakenpflug aus Holz.

M8 *Geräte für die Landwirtschaft*

❹ Schreibe die Tätigkeiten der Menschen in M2, M4 und M6 auf und vergleiche, wie und von wem diese Tätigkeiten heute ausgeführt werden.

❺ Vergleiche das Leben der Menschen in der Altsteinzeit mit dem Leben in der Jungsteinzeit.

Merke
Die Menschen der Jungsteinzeit siedelten an Flüssen und Seen. Hier gab es Trinkwasser, Fische und weniger Wald. Sie legten Äcker an und bearbeiteten den Boden. Aus Wildpflanzen wurde Getreide.

Grundbegriff
• die Sesshaftigkeit

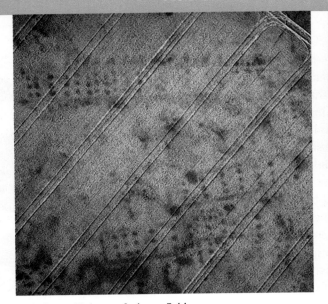

M1 *Pfostenlöcher auf einem Feld*

M3 *Ein Archäologe beim Baumfällen mit einem nachgebauten Beil*

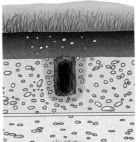

M2 *Vom Holzpfosten bleibt nur ein kreisrundes Pfostenloch übrig.*

Mit dem Flugzeug in die Steinzeit

Leider haben sich keine Häuser aus der Jungsteinzeit erhalten. Trotzdem weiß man, wie solche Häuser gebaut waren: Ihre verrotteten Holzpfosten bilden noch heute dunkle Flecken im Boden. Vom Flugzeug aus können Forscher solche Pfostenlöcher am besten aufspüren: Sie fliegen in geringer Höhe und beobachten zum Beispiel, welche Farbe der Boden hat und wie die Pflanzen wachsen. So wachsen Gras und Getreide auf der holzigen, dunklen Erde der Pfostenlöcher höher.

Die Summe der dunkel verfärbten Kreise ergibt den Grundriss eines Hauses. Demnach waren Häuser der Jungsteinzeit rechteckig. Die Wände flocht man aus Ästen und verputzte das Wandgitter mit Lehm. Dies weiß man, weil man die Reste dieser Baustoffe in Abfallgruben fand. Dort war das Material luftdicht abgeschlossen und es verrottete nicht. **Archäologen** haben solche Pfostenhäuser nachgebaut. Sie wollten herausfinden, wie die damaligen Häuser gebaut wurden.

Ein Puzzle, das nie fertig wird

Steinzeitforscher entwickeln immer neue Methoden. Hierbei hilft ihnen der Computer. Mithilfe von gefundenen Skelettteilen können die Forscher heute Größe und Körperbau besser bestimmen und das Gesicht der Menschen nachbilden. So haben wir heute ein anderes Bild über die Menschen der Steinzeit als noch vor 100 Jahren.

ⓘ Archäologe

(auch Altertumskundler genannt) Ein Archäologe erforscht alle Dinge, die Menschen vergangener Zeiten im Boden hinterlassen haben.

- -

❶ ↗ Erläutere, auf welche Weise Forscher herausfinden, wie Häuser der Steinzeit vermutlich ausgesehen haben (M1–M3).

❷ Zeichne mit Transparentpapier die Grundrisse der Häuser (M1) nach.

❸ Berichte, wie Archäologen ein Bild über das Leben in der Steinzeit gewinnen.

> **Starthilfe zu** ❶ ↗
> *Denke an die Pfostenlöcher und die Funde in den Abfallgruben.*

Forscher entschlüsseln unseren nächsten Verwandten

Machen wir eine Zeitreise in den Südosten Europas während der Eiszeit vor etwa 40 000 Jahren (siehe S. 43). Es ist kalt. Eine Gruppe Menschen wagt sich immer weiter nach Norden. Andere Menschen haben sie schon lange nicht mehr gesehen. Die Gruppe folgt den Rentieren.

Drei Männer trennen sich von der Gruppe, um zu jagen. Die Jäger tragen Speere mit Feuersteinklingen. Nach einer Weile entdecken sie ein Feuer auf der anderen Seite eines Tals. Gibt es soweit im Norden noch andere Menschen? Sie schleichen sich an. Was sie sehen, können sie kaum glauben. Männer, Frauen und Kinder sitzen am Feuer und bereiten Fleisch zu. Es müssen geschickte Jäger sein. Sie haben ebenfalls Speere und tragen bearbeitete Felle. Das sind Menschen, keine Frage. Doch sie sehen anders aus – etwas kleiner und kräftiger. Der Kopf ist mächtig, die Nase groß und breit, die Stirn ist flach. Über den Augen haben sie deutliche Wülste. Dann werden die Jäger von dieser Gruppe entdeckt ...

Diese Fremden waren Neandertaler. Der Name geht auf das Neandertal zurück, wo 1856 das erste Mal Überreste von ihnen gefunden wurde. Sie sind biologisch unsere nächsten Verwandten und lebten in Europa und Zentralasien. Früher wurden sie für dumme und plumpe Höhlenbewohner gehalten. Doch das Bild des Neandertalers hat sich gewandelt.

Heute wissen wir durch archäologische Funde, dass sie geschickte Steinzeithandwerker und Jäger waren, die bestens an die schwierigen Bedingungen im eiszeitlichen Europa angepasst waren. Doch vor etwa 30 000 Jahren starben die Neandertaler aus. War eine Klimaveränderung schuld? Hat sie der moderne Mensch verdrängt? Theorien gibt es einige. Der Grund für das Verschwinden des Neandertalers ist bis heue nicht vollständig geklärt.

M5 *So stellten sich Forscher früher einen Neandertaler vor.*

M6 *Heutige Nachbildung eines Neandertalers*

Durch die Untersuchung des biologischen Erbgutes eines Neandertalers wurde festgestellt, dass es zwischen Jetztmenschen und Neandertalern vor 50 000 bis 60 000 Jahren erste Kontakte gab und dass sie sogar gemeinsame Nachkommen zeugten.

M4 *Untersuchung des Knochenpulvers eines Neandertalers im Labor*

④ a) Beschreibe, wie sich die Vorstellungen über den Neandertaler gewandelt haben (Text, M5, M6).
b) Begründe, warum sich diese Vorstellungen änderten.

⑤ Setze die Geschichte der ersten Begegnung zwischen Jetztmenschen und Neandertaler fort.

⑥ Begründe, warum für Forscher die Arbeit im Labor wichtig ist.

Merke
Wissenschaftler sorgen dafür, dass wir viel über das Leben und die Veränderungen in der Steinzeit erfahren.

Grundbegriff
• der Archäologe

M1 *Malereien aus der Höhle von Lascaux, Frankreich (vor etwa 30 000 Jahren). Die Stiere wurden in verschiedenen Farben mehrfach übermalt.*

Auszug aus einem Jugendbuch

dtv junior

Wolfgang Kuhn
Mit Jeans in die Steinzeit

„Dann ist das hier an der Wand ja eine richtige Jagderzählung", wunderte sich Suzanne, „nur nicht mit Worten, sondern gemalt."

„Ja, aber nicht die Geschichte von einer Jagd, die der Maler schon erlebt hat, vielleicht am Tag vorher, sondern von einer, die erst geplant war!", antwortete Philippe. Suzanne sah ihn etwas verdattert an. „Was soll denn das nun wieder bedeuten? Wie kommst du denn auf so eine komische Idee?"

„Bestimmt, das ist kein Witz", verteidigte Regis die Behauptung Philippes. Und dann erzählte er, was er über die merkwürdigen, uralten Jagdbräuche der Cromagnon-Jäger gehört hatte. „Sie beschworen mit diesen Bildern ihr Jagdglück, das sie sich für den nächsten Tag erhofften, und glaubten, wenn sie Speere oder Pfeile in die Körper der Tiere hineinzeichneten, an einer Stelle, von der sie aus Erfahrung wussten, dass dort ein Treffer tödlich war, dann würden sie mit ihren echten Speeren und Pfeilen die lebendige Beute ebenfalls genau dort treffen. Es ist eine symbolische Tötung, eine Jagdmagie."

„Aber", nachdenklich legte Suzanne ihre Stirn in Falten, „sagt mal, müssten dann nicht eigentlich diese eiszeitlichen Bilderhöhlen so etwas wie Feier- oder Kultstätten gewesen sein für die Cromagnon-Menschen, also ungefähr das, was für uns heute Kirchen und Kapellen sind?"

„Genau", bestätigte Regis anerkennend. „Übrigens ist das ja auch der Grund dafür, dass immer wieder neue Bilder einfach über die älteren gemalt wurden. Dahinten kann man's ganz deutlich sehen: Da hat der Maler zwei Steinbockköpfe mitten auf den Leib des Mammuts gesetzt."

(Quelle: Wolfgang Kuhn: Mit Jeans in die Steinzeit. München 2007, S. 94 – 95)

M2 *Vier Kinder in einer steinzeitlichen Höhle in Südfrankreich*

....

❶ Lies den Text in M2. Beschreibe, worum es in der Geschichte geht.

❷ Unterhalten sich die Jugendlichen in M2 über die Alt- oder die Jungsteinzeit? Begründe.

So informierst du dich aus Büchern
Hier: zum Thema Steinzeit

In diesem Kapitel hast du einiges über das Leben der Menschen in der Steinzeit erfahren. Um dir weitere Kenntnisse zu verschaffen, helfen auch Jugendromane und Sachbücher für Jugendliche. Sie enthalten Informationen und sind oft spannend zu lesen. M2 ist ein Auszug aus einem Jugendbuch.

Du kannst dir selbst ein Buch aus der Bücherei ausleihen. Und du kannst über dieses Buch ein Referat halten. Dann lernen deine Mitschülerinnen und Mitschüler ebenfalls den Inhalt kennen und bekommen vielleicht Lust, es selbst zu lesen.

Die folgende Gliederung mit den Fragen gibt Hinweise zum Aufbau eines Referats.

M3 *Eine Schülerin präsentiert bei ihrem Referat Anschauungsmaterial.*

So erstellst du die Gliederung für ein Referat

1. Das Buch
- Wer hat es geschrieben?
- Wie lautet der Titel?
- Wie alt ist es?
- Wie viele Seiten hat es?
- Wie hoch ist der Anteil von Text, Bildern und Karten?
- Was kannst du über den Autor in Erfahrung bringen?

2. Der Inhalt
- Ist es ein Roman oder ist es ein Sachbuch?

- Worum geht es in dem Buch?
- Wer sind die Personen?
- Was machen sie?
- Wie geht die Geschichte aus?
- Welche Informationen kennst du bereits, welche sind neu?

3. Das Urteil
- Was hältst du von dem Buch?
- Ist es verständlich geschrieben?
- Ist es spannend oder langweilig?
- Hilft das Buch, die damalige Zeit besser zu verstehen?

Ausgewählte Internetadressen

Über die Steinzeit gibt es sehr viele interessante Adressen. Leider weiß man nicht, welche davon langfristig erreichbar sind. Es kann sein, dass sie nach einiger Zeit wieder gelöscht werden. Bei der folgenden Adresse müsstest du jedoch fündig werden: www.neanderthal.de

Um weitere aktuelle Internetadressen zu erhalten, hilft eine Suchmaschine. Du gibst zum Beispiel das Stichwort „Steinzeit" ein und erhältst dann eine Liste mit Adressen, die mit diesem Stichwort zusammenhängen. Du kannst davon eine Adresse oder mehrere Adressen auswählen.

③ Lies den Infotext auf S. 42 und vergleiche mit der Ansicht in M2 über den Sinn der Höhlenmalerei.

④ Erstelle ein Referat zu einem Thema der Altsteinzeit oder der Jungsteinzeit.

Ein langer Weg

Vor etwa 10 000 Jahren wurden die Jäger und Sammler der Altsteinzeit sesshaft (siehe Seiten 42 – 45). Sie rodeten Wälder, bauten Getreide an und züchteten Vieh. Das Getreide zerrieben sie auf einem Mahlstein zu Mehl. Sie backten Brot und kochten Mehlsuppe. Sie bauten einfache Häuser und wohnten in kleinen Dörfern mit etwa 200 Menschen. Damit begann in der Jungsteinzeit bei uns die Landwirtschaft.

Vor etwa 1000 Jahren lernten die Menschen, den Boden besser zu bearbeiten. Vorher ließ man die Hälfte des Bodens brach liegen, damit er sich erholen konnte. Nun teilte man das Ackerland in drei Teile und bepflanzte zwei davon. Nur der dritte Teil blieb ohne Anbau. Durch diese Dreifelderwirtschaft konnte man mehr ernten. Eine große Hilfe war die Erfindung des Wendepfluges. Besseres Saatgut steigerte die Erträge. Um neues Ackerland zu gewinnen, rodeten die Menschen Waldgebiete und legten Sümpfe und Moore trocken.

M1 *Landwirtschaft in der Jungsteinzeit*

M2 *Landwirtschaft im Mittelalter*

Starthilfe zu ❷ ↗
Denke daran, welche Erfindungen dazu beigetragen haben.

❶ Werte das Bild M1 aus.
a) Beschreibe das Bild.
b) Liste auf, was die Menschen tun.

❷ ↗ Die körperliche Arbeitskraft von Menschen und Tieren wurde zunehmend durch Maschinen ersetzt. Erläutere diese Aussage.

Vor etwa 150 Jahren gab es weitere Verbesserungen in der Landwirtschaft. Durch die Erfindung des Mineraldüngers konnten die Ernten weiter gesteigert werden. Neue Maschinen erleichterten die Arbeit. Aussaat, Bodenbearbeitung und Ernte konnten schneller erledigt werden. Die Dreschmaschine wurde zunächst per Hand oder Pferd, dann per Dampfmaschine, später per Elektro- oder Verbrennungsmotor angetrieben. Die körperliche Arbeitskraft von Menschen und Tieren wurde zunehmend durch Maschinen ersetzt.

Vor etwa 60 Jahren begann bei landwirtschaftlichen Geräten ein sprunghafter technischer Fortschritt. Diese Weiterentwicklung setzt sich bis heute fort. Die neuen Geräte ermöglichen große Leistungssteigerungen. Zunehmend werden Traktoren in der Landwirtschaft eingesetzt, die heute computergesteuert sind. Mähdrescher setzten sich durch. Immer weniger Menschen arbeiteten in der Landwirtschaft. Die Zahl der Betriebe ging zurück. Die verbleibenden Betriebe und die Ackerflächen wurden immer größer.

M3 *Landwirtschaft im 19. Jahrhundert*

M4 *Landwirtschaft heute*

❸ Werte die Bilder M2–M4 aus.
a) Beschreibe die Bilder.
b) Berichte über die Tätigkeiten der Menschen.

❹ Schreibe einen Text über die Veränderungen in der Landwirtschaft von der Jungsteinzeit bis heute.

Merke
Die Landwirtschaft entwickelte sich von der Jungsteinzeit bis heute immer weiter.

M1 *Lage von Gröningen und Wremen in Deutschland*

Vieles muss stimmen, sonst wächst nichts

Die Landschaften in Deutschland eignen sich unterschiedlich gut für die **Landwirtschaft**. Das liegt vor allem am **Klima** (z. B. Temperatur, Niederschlag), an den Böden und am Relief.

Pflanzen brauchen Licht und Wärme. Dann gedeihen sie gut. Sie brauchen auch Wasser und Nährstoffe, damit sie wachsen. Diese nehmen die Pflanzen mit den Wurzeln aus dem Boden auf. Fruchtbar ist ein Boden, wenn er reich an Nährstoffen ist, Wasser gut speichert und sich bei Sonnenschein schnell erwärmt.

In Deutschland gibt es Gebiete, in denen es warm ist und die Böden fruchtbar sind. Das sind die **Börden** und **Gäue** (bzw. **Gaue**). Dort werden anspruchsvolle **Nutzpflanzen** angebaut: zum Beispiel Zuckerrüben oder Weizen. Die Landwirte betreiben **Ackerbau**.

In den Gebirgen lohnt sich der Ackerbau weniger. Dafür ist es dort zu kühl. Außerdem sind die Niederschläge zu hoch, weil es häufig regnet. Gras wächst bei diesen Bedingungen besonders gut. Die Bauern halten oft Rinder und Kühe. Es herrscht die **Viehhaltung** vor.

> **ⓘ Börde, Gäu (auch Gau)**
> Eine Börde oder ein Gäu bzw. Gau ist eine Landschaft mit sehr guten und guten Böden. Die Börden und Gäue (Gaue) sind fruchtbar.
> Börden liegen in Norddeutschland.
> Gäue (Gaue) liegen in Süddeutschland.

M2 *Ackerbau in der Magdeburger Börde*

„*Seit wann haben Sie den Hof?*"
„Der Hof gehörte bis zur Wende zu einer Landwirtschaftlichen Produktionsgenossenschaft (LPG). 1995 konnte ich ihn übernehmen. Ich lebe hier auf dem Hof mit meiner Frau und unseren zwei Kindern."
„*Ich habe in der Scheune einen Mähdrescher gesehen. Wofür benutzen Sie den?*"
„Ich baue auf den Feldern Weizen und Gerste an. Den Mähdrescher brauche ich für die Ernte. Bei uns in der Börde wächst das Getreide sehr gut. Die Böden sind fruchtbar. Auch das Klima ist günstig."
„*Was machen Sie nach der Ernte mit dem Weizen?*"
„Den Weizen verkaufe ich an eine Mühle. Daraus wird Mehl gemacht. Das Mehl wird von der Mühle an verschiedene Bäckereien verkauft."

M3 *Herr Kurz aus Gröningen berichtet.*

---

① Erläutere den Unterschied zwischen Wetter und Klima.

② ↗ Beschreibe die Unterschiede zwischen den Bauernhöfen der Familien Kurz und Jürgensen (M1–M5).

③ Ermittle die Namen von drei Börden in Norddeutschland und drei Gäuen bzw. Gauen in Süddeutschland (Atlas).

> **Starthilfe zu ②** ↗
> *Gehe auf das Klima, die Böden und die Nutzung der Felder ein.*

M4 *Viehhaltung an der Nordseeküste*

„Mein Mann und ich bewirtschaften einen Bauernhof in der Gemeinde Wremen. Sie liegt in der Nähe der Stadt Bremerhaven. Der Boden ist fruchtbar. Aber wenn es regnet, wird er schmierig und zäh wie Kleister. Fallen längere Zeit keine Niederschläge, ist der Boden steinhart. Ackerbau kann man hier kaum betreiben. Deshalb haben wir uns für die Viehhaltung entschieden und auf die **Grünlandwirtschaft** spezialisiert. Das Gras wächst nämlich schnell bei dem feuchten Klima an der Nordsee. Auf den Weiden halten wir 110 Rinder. Die Tiere können von März bis November auf der Weide bleiben. Einen großen Teil des Mastviehs verkaufen wir im Spätherbst. Dann haben die Rinder genug Fleisch angesetzt."

M5 *Frau Jürgensen aus Wremen berichtet von ihrem Bauernhof an der Nordsee.*

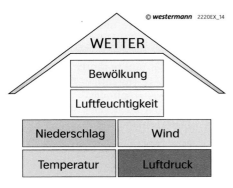

M6 *Die Wetterelemente*

ⓘ Wetter

Das kurzzeitige Zusammenwirken der Wetterelemente an einem Ort nennt man Wetter. Zu den Wetterelementen gehören Temperatur, Bewölkung, Niederschlag, Luftdruck und Wind. Das Wetter wird in Wetterstationen beobachtet und gemessen.

ⓘ Klima

Das Zusammenwirken der Wetterelemente Temperatur und Niederschlag über einen längeren Zeitraum nennt man Klima.

Merke

Das Zusammenwirken der Wetterelemente nennt man Klima. Ob die Bauern Ackerbau oder Viehhaltung betreiben, hängt vor allem vom Klima und den Böden ab.

Grundbegriffe

- die Landwirtschaft
- das Klima
- die Börde
- das Gäu (der Gau)
- die Nutzpflanze
- der Ackerbau
- die Viehhaltung
- die Grünlandwirtschaft

④ a) Erkläre, warum Börden und Gäue sehr fruchtbar sind (Text).
b) Schreibe einen Merktext mit der Überschrift „Börden und Gäue – fruchtbare Landschaften".

⑤ Erarbeite, welche Bodenbedeckung vorherrscht, wenn „Viehhaltung mit Rindern" betrieben wird (Atlas, Karte: Brandenburg Berlin: Landwirtschaft und Klima).

M1 *Weidewirtschaft*

Deutschland – vielfältig genutzt

In Deutschland gibt es knapp 285 000 landwirtschaftliche Betriebe (2014). Manche Landwirte bauen Feldfrüchte an oder halten Vieh. Andere haben sich sogar auf den Anbau einer Sonderkultur spezialisiert.

Landwirte, die zum Beispiel Ackerbau betreiben, richten sich nach dem Klima und danach, ob die Böden nährstoffreich sind oder nicht. Die Nähe zu den Verbrauchern (Kunden) spielt vor allem für die Obst- und Gemüsebauern eine große Rolle.

M2 *Obstanbau*

M4 *Weizenanbau*

Viehhaltung herrscht oft in Gebieten vor, wo es viel regnet und der Boden wenig Nährstoffe enthält. Dort findet man Weiden, auf denen das Vieh grast, und Wiesen.
Massentierhaltung kann jedoch überall betrieben werden.

Landwirte bauen Nutzpflanzen wie Zuckerrüben und Weizen dort an, wo der Boden sehr fruchtbar ist: zum Beispiel in den Börden in Norddeutschland.

Obst, Gemüse und vor allem Weinreben brauchen viel Wärme, damit sie gut wachsen und heranreifen. Diese Nutzpflanzen sind frostempfindlich. Sie vertragen auch keine hohen Niederschläge.

M3 *Klima, Boden, Landwirtschaft – was am besten zusammenpasst*

1 a) Beschreibe die Fotos M1, M2 und M4.
b) Bestimme, wo die Fotos aufgenommen worden sein könnten (M5, Atlas).
c) Überprüfe, welche Texte in M3 zu welchem Foto passen.

2 ↗ Notiere sechs Städte aus M5, in deren Nähe (höchstens 50 km Entfernung) Obst- und Gemüse angebaut werden.

Starthilfe zu **2** ↗
Nutze die Maßstabsleiste der Karte.

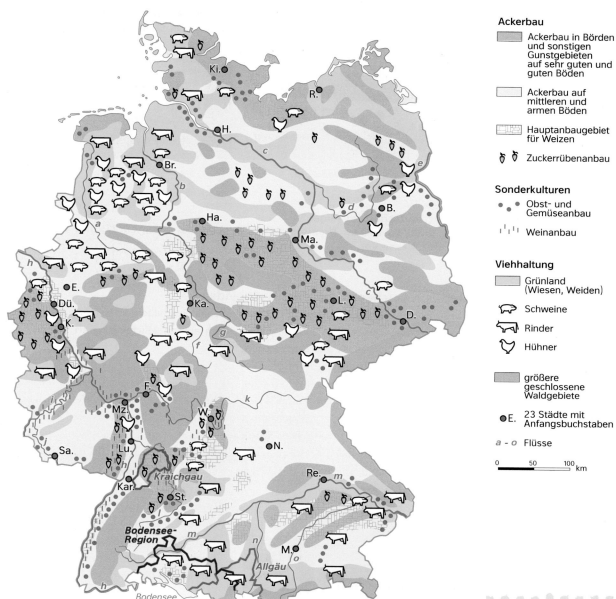

M5 *Deutschland – landwirtschaftliche Nutzung*

3 „Niwe wird oft entlang von Lüssen angebaut."

a) Hoppla! Da ist etwas durcheinander geraten. Schreibe den Satz richtig auf. M5 hilft dir weiter.

b) Überprüfe, ob diese Aussage stimmt (M5).

4 Notiere, welche Nutzung in folgenden Landschaften vorherrscht (Atlas):

a) Südoldenburg, Münsterland, Hohenloher Ebene.

b) Rheinhessen, Franken, Saale/Unstrut.

Merke
Deutschland wird landwirtschaftlich sehr vielfältig genutzt. In den Gunstgebieten, wie den Börden, werden Zuckerrüben und Weizen angebaut. Obst- und Gemüseanbau gibt es vor allem in der Nähe der großen Städte. Viehhaltung überwiegt in Gebieten mit hohen Niederschlägen.

M3 *Der Lerchenhof im Allgäu*

M1 *Lage des Allgäus*

> **„Milchwirtschaft im Allgäu"**
> **Gestaltet zu diesem Thema eine Wandzeitung (siehe S. 76/77) und stellt sie in der Klasse vor.**

Auf dem Lerchenhof bei Familie Schindele

„Grüß Gott" – Theresa und Josef Schindele und ihr zwölf Jahre alter Sohn Maximilian begrüßen ein Team des Bayerischen Fernsehens auf ihrem Bauernhof. Die Leute vom Fernsehen wollen einen Film über den Lerchenhof drehen. So heißt der Bauernhof schon seit über 300 Jahren.

Der Hof liegt in der Nähe der Stadt Kempten im Allgäu (M1). Er steht allein mitten im Grünland. Die Berge der Alpen sind in der Ferne zu sehen.

Schindeles halten 40 Milchkühe. Sie haben sich auf die **Milchwirtschaft** spezialisiert.

> „Die Milchkühe sind nur im Sommer draußen auf der Weide. Die übrige Zeit des Jahres bleiben sie im Stall. Dann füttern wir die Tiere mit Gras und Heu von unseren Wiesen. Das Gras wächst schnell, weil das Klima bei uns im Allgäu kühl ist und es viel regnet. Vier bis fünf Mal im Jahr können wir die Wiesen mähen. Zusätzlich bekommen die Kühe noch Kraftfutter, das wir kaufen. Die Milchkühe werden jeden Tag morgens und abends im Melkstand gemolken. Die Milch verkaufen wir an die Käserei ‚Edelweiß' in Kempten. Ein Tankwagen holt die Milch auf unserem Hof ab."

M2 *Kühe der Familie Schindele auf der Weide*

M4 *Theresa Schindele vom Lerchenhof erzählt.*

Tipps für die Erarbeitung

❶ Fertigt eine Karte zur Lage des Allgäus an (M1, Atlas, Karte: Deutschland – Physische Übersicht).

❷ Schreibt einen kleinen Bericht über den Lerchenhof (Text, M4).

M5 *Melkstand auf dem Lerchenhof*

Im Allgäu gibt es rund 7000 Bauernhöfe, auf denen etwa 200 000 Milchkühe gehalten werden. Eine Kuh gibt im Durchschnitt pro Jahr zwischen 6000 und 6500 Liter Milch.

M8 *Hättest du das gedacht?*

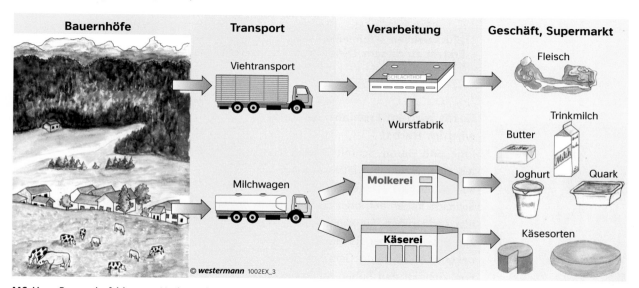

Bauernhöfe	Transport	Verarbeitung	Geschäft, Supermarkt

Viehtransport

SCHLACHTHOF

Wurstfabrik

Fleisch

Trinkmilch

Butter

Milchwagen

Molkerei

Joghurt   Quark

Käserei

Käsesorten

© *westermann* 1002EX_3

M6 *Vom Bauernhof bis zum Verbraucher*

Aus Kuhmilch wird Schulmilch

Die Kuhmilch wird in die Molkerei gebracht. Dort wird sie schnell verarbeitet, sonst verdirbt sie. Durch die **Verarbeitung** entsteht zum Beispiel Milch, die in Schulen verkauft wird. Dazu wird die Kuhmilch 15 bis 30 Sekunden lang auf 75 °C erhitzt (pasteurisiert) und sofort wieder abgekühlt. Die Milch ist dann länger haltbar.

M7 *Emmentaler Käse – eine Spezialität aus dem Allgäu*

❸ Schildert anhand von M6 den Weg des Allgäuer Emmentalers (M7) vom Lerchenhof (M2, M3) bis zum Supermarkt.

❹ Schreibt einen Merktext zur Milchwirtschaft im Allgäu für eure Klasse.

Grundbegriffe
• die Milchwirtschaft
• die Verarbeitung

61

M1 *Lage des Kraichgaus*

M3 *Rübenvollernter*

„Zuckerrüben – lohnender Anbau auf guten Böden"
Erstellt zu diesem Thema eine Wandzeitung (siehe S. 76/77).

Gesät wird im Frühjahr, geerntet wird im Herbst

Inge und Bernd Schmitt bewirtschaften einen Bauernhof im Kraichgau. Diese Landschaft ist sehr fruchtbar. Die Schmitts haben auf ihren Feldern vor allem Zuckerrüben. Sie könnten auch Weizen anbauen, aber für die Zuckerrüben bekommen sie mehr Geld. Im April hat Frau Schmitt den Rüben-Samen ausgesät. Schon zwei Wochen danach waren die ersten Rübenpflänzchen zu sehen. Die Rüben haben sich prächtig entwickelt. Die Sonne hat oft geschienen.

Anfang Oktober hat Herr Schmitt die Zuckerrüben geerntet. Er war mit einem Rübenvollernter auf den Feldern unterwegs. Die Maschine erledigt die Arbeit allein. Sie trennt die Blätter von den Rüben, holt die Rüben aus der Erde und lädt sie auf.

M2 *Bauer Schmitt zeigt zwei Zuckerrüben. Die Rüben hatten genug Wärme zum Wachsen. Die kleine Rübe ist in einem Boden gewachsen, der nicht so viel Wasser speichert.*

*Die Zuckerrübe braucht viel Wärme und Feuchtigkeit zum Wachsen. Sie wächst am besten auf **Lössböden**. Im Kraichgau gibt es solche Böden. Sie saugen den Regen auf wie ein Schwamm und bleiben lange feucht.*

M4 *Ansprüche der Zuckerrübe*

Tipps für die Erarbeitung

❶ Fertigt eine Zeichnung aus den Informationen in M7 an.

❷ Beschreibt den Zuckerrübenanbau.

❸ „Der Kraichgau ist für den Anbau von Zuckerrüben gut geeignet." (Aussage von Bäuerin Schmitt) Stellt dazu Materialien zusammen.

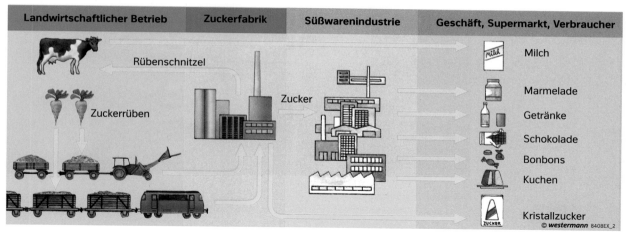

M5 *Der Weg des Zuckers – vom Feld bis ins Geschäft*

Zeit ist Geld

Nach der Ernte bringt Herr Schmitt die Zuckerrüben mit dem Lkw so schnell wie möglich zur Zuckerfabrik. Schon nach einem Tag nimmt der Zuckergehalt der Rüben ab. Tag für Tag geht der Zuckergehalt weiter zurück.

„Je länger ich warte, desto weniger Geld bekomme ich von der Zuckerfabrik", sagt Herr Schmitt. In der Fabrik wird gemessen, wie viel Zucker in den Rüben enthalten ist.

	Stück Würfelzucker
100 g Marmelade	105
100 g Gummibärchen	17
125 g Kinderschokolade	13
1 Glas Cola	12
1 Müsli-Riegel	7
1 Vanille-Eis mit Schoko-Überzug	6

M7 *So viel Zucker ist in den genannten Produkten enthalten.*

- 2400 Landwirte bringen ihre Zuckerrüben zur Zuckerfabrik nach Offenau. Sie liefern an einem Tag 12 500 t Rüben an.
- Während der Rübenernte (September bis Dezember/Januar) wird in der Zuckerfabrik 24 Stunden lang am Tag gearbeitet.
- In der Fabrik werden in einem Jahr im Durchschnitt 200 000 t Zucker produziert.
- Die Zuckerproduktion eines Jahres reicht für sechs Millionen Verbraucher aus (zum Vergleich: In Berlin leben 3,4 Mio. Menschen).

M6 *Daten zur Zuckerfabrik Offenau*

Jeder Deutsche nimmt pro Jahr 36 kg Zucker zu sich. Wer viel Zucker isst, möchte immer mehr davon. Man kann dick werden und schwere Krankheiten bekommen. Dazu gehören Übergewicht, Brustkrebs, Darmkrebs oder Nierenkrebs. Zucker ist in vielen Produkten versteckt. Er befindet sich in Brot, Schinken, Säften, Keksen, Süßigkeiten und Fertigprodukten (M7).

M8 *Zucker – auf die Menge kommt es an.*

④ Stellt den Weg einer Zuckerrübe vom Feld bis zu einer Tüte Zucker in einem Geschäft mithilfe von M5 dar.

⑤ Erstelle einen Merktext zum Zuckerrübenanbau, zur Zuckerverarbeitung und zum Zuckerverzehr.

Grundbegriff
- der Lössboden

M3 *Insel Reichenau*

M1 *Lage der Bodensee-region*

„Gemüse von der Insel Reichenau"
Gestaltet zu diesem Thema eine Wandzeitung (siehe S. 76/77) und stellt sie in der Klasse vor.

Gemüse – so weit das Auge reicht

Salat, Gurken, Tomaten, Blumenkohl, Lauch und Radieschen: Diese Gemüsesorten bauen Frau und Herr Stork auf der Insel Reichenau an. Sie sind Gemüsebauern wie ihre Großeltern und Urgroßeltern. Die Erzeugung von Gemüse auf der Reichenau lohnt sich für die Landwirte, weil das Klima dafür gut geeignet ist (M5).

Die Storks bauen das Gemüse nur auf Feldern an, das heißt auf dem Freiland. Einige Felder gehören ihnen selbst. Andere Felder von Verwandten nutzen sie auch. Dafür zahlen sie jedes Jahr Geld (Pacht). Storks decken einige Felder mit Folie ab. Dadurch erwärmt sich der Boden schneller, wenn die Sonne scheint. Das Ehepaar Stork kann zum Beispiel schon im März den ersten Kopfsalat ernten.

Gemüse aus dem Gewächshaus

Auf der Insel Reichenau wird Gemüse auch in **Gewächshäusern** angebaut. Die Gemüsebauern sind dann kaum noch vom Wetter abhängig. Scheint die Sonne, steigt die Temperatur in einem Gewächshaus sofort an. Unter dem Glas kann es über 40 °C warm werden. Außerdem sind die Pflanzen vor Wind geschützt. Sie werden über Rohrleitungen mit Wasser versorgt. Auch Nährstoffe erhalten die Pflanzen über Rohrleitungen. Ein Computer sorgt dafür, dass es im Glashaus immer gleich warm ist. Er schließt und öffnet die Fenster automatisch oder schaltet bei Bedarf die Heizung ein. In einem Gewächshaus entwickelt sich das Gemüse gut.

M2 *Freilandanbau (Salat)*

Tipps für die Erarbeitung

❶ a) Stellt am Beispiel des Gemüseanbaus dar, was eine Sonderkultur ist.
b) Listet Sonderkulturen auf, die am Bodensee angebaut werden (Atlas).

❷ a) Beschreibt das Klima auf der Insel Reichenau (M3, M5, Atlas).
b) Begründet, warum das Klima für den Gemüseanbau geeignet ist.

	J	F	M	A	M	J	J	A	S	O	N	D
Blumenkohl					X	X	X	X	X	X		
Feldsalat	X	X									X	X
Gurken					X	X	X	X	X			
Kopfsalat			X	X	X	X	X	X	X	X		
Lauch						X	X	X	X	X		
Radieschen				X	X	X	X	X	X	X		
Tomaten						X	X	X	X	X		

M4 *Erntekalender (Haupterntezeiten) für verschiedene Gemüsesorten*

Frisch geerntet ins Geschäft

Nur wenige Bauern auf der Reichenau sind Selbstvermarkter. Die meisten liefern ihre Erzeugnisse direkt nach der Ernte an die Erzeugergenossenschaft „Reichenau-Gemüse eG". Diese übernimmt den Verkauf des Gemüses.
Lkws transportieren die Ware zu Supermärkten in ganz Baden-Württemberg. Die Fahrzeuge haben eine Kühlung. Dann bleibt das Gemüse sehr frisch.
Von der Erzeugergenossenschaft Reichenau bis nach Stuttgart braucht ein Kühlwagen nur etwa zwei Stunden. In Supermärkten zum Beispiel wird das frische Gemüse als **regionales Produkt** angeboten. Verbraucher kaufen gern heimische Erzeugnisse aus der Landwirtschaft.

M7 *Auf dem Wochenmarkt*

Das Klima auf der Insel Reichenau ist besonders günstig für den Gemüseanbau. Auch andere Sonderkulturen gedeihen am Bodensee. Der See speichert im Sommer die Wärme. Er gibt sie im Winter wieder ab. Dadurch erwärmt sich die Luft und es wird nicht so kalt. Gemüsepflanzen vertragen keinen Frost.

M5 *Das Klima ist prima.*

Die jungen Gemüsepflanzen müssen gepflanzt (z. B. Radieschen) oder eingesät werden. Fällt zu wenig Regen, werden die Felder bewässert. Unkraut muss gejätet werden. Maschinen sind teuer und werden nur ein- bis dreimal im Jahr genutzt. Für die Ernte braucht man viele Helferinnen und Helfer.

M6 *Gemüseanbau – zeitaufwendig und kostspielig*

Grundbegriffe
- das Gewächshaus
- das regionale Produkt

❸ Zeichnet den Erntekalender M4 als großen Kreis mit den Monaten Januar bis Dezember. Färbt im Kreisinneren die Haupterntezeit der einzelnen Gemüsesorten mit verschiedenen Farben ein.

❹ Erstellt einen Merktext zum Gemüseanbau auf der Insel Reichenau für die Klasse. Verwendet die Begriffe Klima, Sonderkultur, Freiland, Gewächshaus.

M1 *Die Lage von Allstedt und Schwäbisch-Hall*

Tiere in Massen

Jeder Deutsche verzehrt durchschnittlich etwa 60 Kilogramm Fleisch pro Jahr. Doch wie wird so viel Fleisch erzeugt? Und warum ist es nicht so teuer wie früher? Die Antwort ist: Die Landwirte haben die Menge ihrer Erzeugnisse gesteigert.

Ein Grund ist die **Intensivtierhaltung**, die es bei Geflügel, Rindern und Schweinen gibt. Die Tiere werden in großer Zahl auf engem Raum gehalten. Sogar Ställe mit bis zu 50000 Schweinen gibt es an einigen Orten. Diese großen Betriebe haben computergesteuerte Fütterungsanlagen: Schweine oder Rinder tragen einen Chip im Ohr. Damit wird ihnen an der Futterstation automatisch die richtige Menge an Futter ausgeschüttet. Das spart dem Bauern Arbeit und er kann mehr Tiere halten und verkaufen.

Für den Verbraucher führt das dazu, dass das Fleisch preiswert und in großer Menge angeboten wird. Ist das Angebot sehr groß, fallen die Preise.

M2 *Massentierhaltung – so kann der Landwirt viele Schweine auf wenig Fläche mästen.*

Beschäftigte: 60 Mitarbeiter
Tiere: 7500 Sauen, 26000 Ferkel, 20000 Mastschweine
Maststall: Zwei Hektar groß, gleichmäßig 20 °C Innentemperatur, Neonlicht, automatische Fütterung und Entmistung,
Umwelt/Tierhaltung: ausreichender Platz für Sauen und Masttiere, gute Belüftung, Verbrennen der Gülle in der Biogasanlage zur Stromerzeugung

M4 *Steckbrief eines Großbetriebes bei Allstedt in Sachsen-Anhalt*

1. – 21. Tag
Bei Geburt wiegt das Ferkel 1 kg. Im *Abferkelstall* erhält es Sauenmilch und Ferkelfutter.

22. – 73. Tag
Mit 8 kg kommt das Ferkel in den *Aufzuchtstall*. Hier bleibt es bis zu einem Gewicht von 20 kg.

74. – 196. Tag
Das Schwein wechselt in den *Maststall*. Bei 100 kg Endgewicht wird es zum Schlachthof gebracht.

M3 *Lebenslauf der Mastschweine in Allstedt*

Starthilfe zu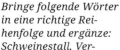
Bringe folgende Wörter in eine richtige Reihenfolge und ergänze: Schweinestall, Verbraucher, Fütterung, Schlachthof, Ferkel.

❶ Beschreibe das Leben von Schweinen in der Intensivtierhaltung (M3).

❷ 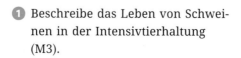 Übertrage M5 in einen zusammenhängenden Text.

❸ Intensivierung in der Landwirtschaft kostet Geld und bringt Geld. Erläutere das am Beispiel der Intensivtierhaltung (M6).

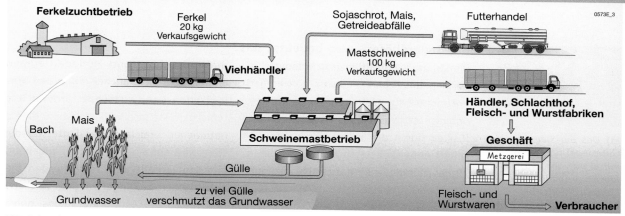

M5 *Schweinemast in Allstedt – vom Ferkel zum Verbraucher*

Bei einer Intensivierung der Landwirtschaft werden auf gleicher Fläche mehr Tiere gehalten und Nahrungsmittel erzeugt als vorher.
Das heißt, auf gleich großer Ackerfläche erntet der Landwirt eine größere Menge. Das gelingt ihm mit Dünger und besseren Maschinen.
Bei der Viehhaltung heißt das, dass die Ställe stärker ausgelastet sind. Mehr Tiere können von einer Person versorgt werden.

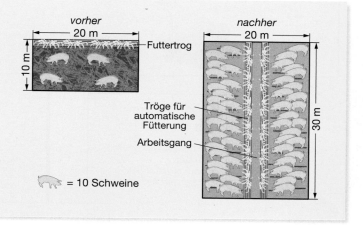

M6 *Intensivierung in der Landwirtschaft*

Während die Supermärkte meist Schweinefleisch aus Intensivtierhaltung preisgünstig anbieten, verändern einige Fleischereien ihr Angebot. Man findet dort zum Beispiel Fleisch des Schwäbisch-Hällischen Landschweins, das bis zur Schlachtung artgerecht leben darf.

M7 *Es geht auch anders.*

❹ a) Erstelle über die Haltung des Schwäbisch-Hällischen Landschweins einen Steckbrief (M7, Internet).

b) Beurteile diese Form der Schweinezucht im Vergleich zur Intensivtierhaltung (M2, M3, M6).

Merke
Durch die Intensivtierhaltung konnte die Erzeugung von Geflügel, Rindern und Schweinen gesteigert werden. Die Tiere werden in großer Zahl auf engem Raum gehalten.

Grundbegriff
• die Intensivtierhaltung

67

M1 *Das Bio-Siegel ist ein Gütesiegel für Lebensmittel aus der ökologischen (biologischen) Landwirtschaft (Bio-Siegel der Europäischen Union).*

Bio-Bauernhöfe – was bedeutet das?

Kunstdünger und Pflanzenschutzmittel in der herkömmlichen Landwirtschaft bergen gesundheitliche Gefahren, die lange Zeit unterschätzt wurden. Als Reaktion auf die Risiken durch die industrielle Landwirtschaft entwickelte sich schon im frühen 20. Jahrhundert eine naturnahe, ökologische Landwirtschaft.

Bio-Bauernhöfe und Hofläden ziehen immer mehr Verbraucher an. In der **ökologischen Landwirtschaft** arbeitet ein typischer Hof in einem selbstständigen, natürlichen Kreislauf. Das Futter für die Tiere wird auf eigenen Feldern angebaut. Mit dem anfallenden Mist werden die Ackerflächen gedüngt. Dadurch wird der Boden fruchtbar und bringt neues, gutes Futter. So braucht man weniger künstlichen Dünger. So kann man viele Jahre lang Landwirtschaft betreiben, ohne dass die Umwelt belastet wird.

Kühe, Schweine und Hühner erhalten bei einer ökologischen Landwirtschaft viel Platz im Stall sowie im Außengehege. Es wird eine **artgerechte Tierhaltung** angestrebt. Die Zahl der Tiere richtet sich danach, ob ausreichend Viehfutter auf dem eigenen Hof angebaut wird. Der Boden wird schonend bearbeitet. Er darf nicht zu fest werden, wenn die Pflanzen gut wachsen sollen. Ein abwechslungsreicher Fruchtwechsel verhindert, dass dem Boden einseitig Nährstoffe entzogen werden. Öko-Landwirtschaft braucht mehr Arbeitskräfte, wesentlich mehr Zeit und die Erträge sind meist geringer. Das macht die erzeugten Nahrungsmittel teurer.

Die Öko-Landwirtschaft und deren Produkte werden in Deutschland zwar immer beliebter, aber nur etwa jeder 20. Betrieb produziert ökologisch.

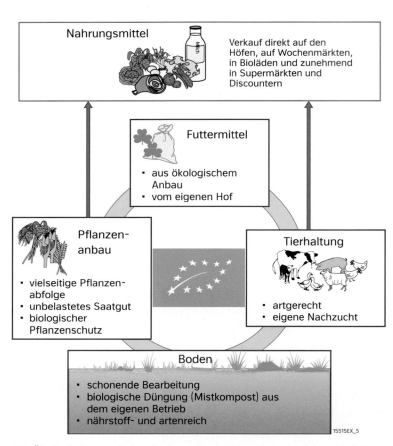

M2 *Ökologische Landwirtschaft – Wirtschaften im natürlichen Kreislauf*

Starthilfe zu ❶ ↗
Beginne mit dem Boden und verfolge die Pfeile bis zum Nahrungsmittel.

❶ ↗ Fasse mithilfe von M2 die Merkmale der ökologischen Landwirtschaft zusammen.

❷ Nenne Vor- und Nachteile der ökologischen Landwirtschaft.

❸ Fasse einige Gründe zusammen, die Bauer Schulz zur Abkehr von der Intensivtierhaltung bei Schweinen gebracht haben.

M3 *So hält Bauer Bernd Schulz seine Schweine.*

M5 *Bauer Bernd Schulz*

Frage: Sie haben früher einen großen Mastbetrieb für Schweine geleitet. Nun arbeiten sie völlig anders mit ihren Tieren. Was ist passiert?

Antwort: Schon damals hatte ich das Gefühl, dass diese Form der Tierhaltung auf Dauer nicht gut gehen kann. Dann habe ich mich in anderen Ländern umgesehen. Dort habe ich 1000 Sauen in Freilandhaltung gesehen. Als ich zurückkam, habe ich mir gesagt: Schweinehaltung nur noch im Freiland.

Frage: Welche Vorteile hat die Haltung von Schweinen auf diese Art?

Antwort: Schweine können hier natürlich leben. Sie können wühlen, sie bewegen sich mal schnell, mal langsam, wie sie wollen. Wichtige Nährstoffe und Mineralien nehmen sie einfach aus dem Boden auf. Sie sind abgehärtet und gesund. Im Sommer wie im Winter leben sie im Freiland, mit kleinen Boxen zum Schutz vor Wind und Kälte, auch zum Schlafen.

Frage: Sie müssen ja von den Schweinen, also deren Fleisch, leben. Wie schaffen sie das?

Antwort: Mehr Freiheit für die Schweine bedeutet mehr Arbeit und mehr Zeitaufwand. Die Schweine wachsen langsamer, weil sie nicht im Akkord gemästet werden. Der Unterschied ist dann aber auch deutlich im Geschmack zu spüren. Wer einmal das natürlich gewachsene Fleisch gegessen hat, wird das billige Massenprodukt nicht mehr mögen. Deshalb sind meine Produkte auch etwas teurer als die aus der Intensivtierhaltung. Aber der Verbraucher schätzt meine Produkte. Ich freue mich, dass es eine ganze Reihe von Kollegen gibt, die inzwischen genauso denken wie ich.

M4 *Ein Interview mit Bauer Bernd Schulz*

Merke
Die ökologische Landwirtschaft folgt einem natürlichen Kreislauf. Meist wird das Futter für die Tiere auf eigenen Feldern angebaut. Die Tiere selbst werden artgerecht gehalten.

Grundbegriffe
- die ökologische Landwirtschaft
- die artgerechte Tierhaltung

④ Begründe den höheren Preis von Fleisch aus der ökologischen Landwirtschaft.

⑤ Vergleiche die Haltung der Schweine in Mastanlagen (siehe S. 66/67) mit der Freilandhaltung (M4, Internet).

ⓘ Glaziale Serie

Die durch Eis und Schmelzwasser geschaffenen Grundmoräne, Endmoräne, Sander und Urstromtal nennt man glaziale Serie. Berlin und Brandenburg setzen sich zum Großteil aus Teilen der glazialen Serie zusammen. Sie werden unterschiedlich landwirtschaftlich genutzt.

Entstehung des Tieflandes

Die Oberfläche des Norddeutschen Tieflandes ist flachwellig, aber auch hügelig. Diese Landschaft wurde während der Eiszeit (siehe S. 43) geformt.

In den letzten zwei Millionen Jahren sanken die Temperaturen im Jahresdurchschnitt mehrfach um etwa 6 °C bis 8 °C ab. Im Sommer war es nicht mehr so warm, sodass die Schneedecke nicht abtauen konnte. Es bildete sich ein gewaltiger Gletscher (Eispanzer), der bis zu 3000 Meter dick war.

Langsam schoben sich über Jahrhunderte Gletscher nach Süden vor. Sie schürften den Untergrund aus und schoben riesige Massen von Fels, Geröll, Sand und Lehm unter und vor sich her.

Von den Gletschern wehte ein kalter Wind herab. Er blies die kleinsten Staubkörnchen und zermahlenes Gestein fort. Dieser Staub, Löss genannt, lagerte sich vor dem nächsten Hindernis am Rand der Mittelgebirge wieder ab.

Als die Temperaturen wieder stiegen, tauten die Gletscher ab. Das Schmelzwasser floss vor dem Gletscher in ein breites Tal (Urstromtal) ab. Nach dem Abtauen des Eises wurde die Grundmoräne freigelegt. Sie lag unter dem Gletscher und bestand meistens aus Lehm. Am ehemaligen Eisrand traten große Hügel (Endmoränen) aus Geröll und Sand hervor. Das Schmelzwasser des Eises durchbrach an vielen Stellen die Endmoräne und floss in Richtung des Urstromtales. Dabei lagerte das Schmelzwasser mitgeführten Sand großflächig ab (Sander).

Diese Landschaftsabfolge nennt man **glaziale Serie**. Die einzelnen Teile der glazialen Serie werden unterschiedlich genutzt.

Grundmoräne

Endmoräne

Sander

Urstromtal

M1 *Oberflächenformen im Norddeutschen Tiefland*

Starthilfe zu ❶ ↗
Beginne so: Während der Eiszeit schoben sich von Norden ...

❶ ↗ Erläutere die Entstehung der Oberflächenformen in Norddeutschland (M2).

❷ Beschreibe die Fotos in M1.

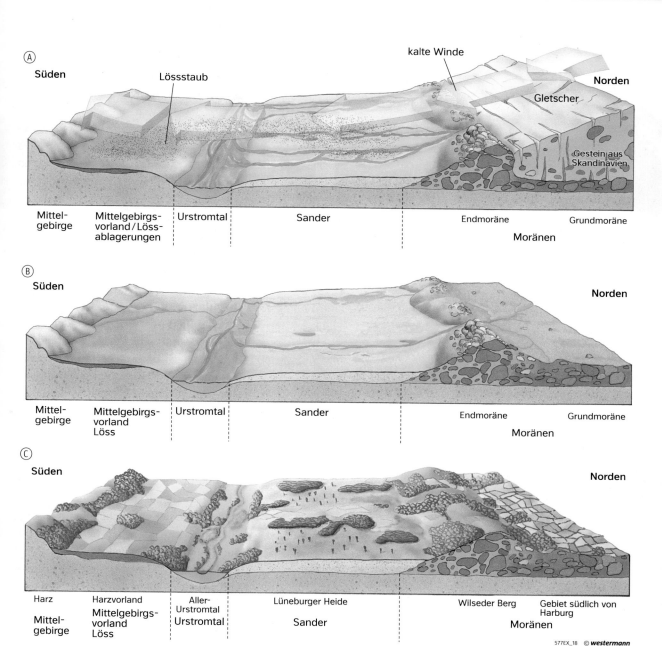

A
Süden
Lössstaub
kalte Winde
Norden
Gletscher
Gestein aus Skandinavien

Mittel-gebirge | Mittelgebirgs-vorland/Löss-ablagerungen | Urstromtal | Sander | Endmoräne | Grundmoräne
Moränen

B
Süden
Norden

Mittel-gebirge | Mittelgebirgs-vorland Löss | Urstromtal | Sander | Endmoräne | Grundmoräne
Moränen

C
Süden
Norden

Harz | Harzvorland | Aller-Urstromtal | Lüneburger Heide | Wilseder Berg | Gebiet südlich von Harburg
Mittel-gebirge | Mittelgebirgs-vorland Löss | Urstromtal | Sander | Moränen

577EX_18 © westermann

M2 *Norddeutschland* Ⓐ *während der Eiszeit* Ⓑ *Norddeutsches Tiefland nach der Eiszeit* Ⓒ *Norddeutschland heute*

Merke
Norddeutschland wurde durch die Eiszeit geformt. Die Landschaften bilden die glaziale Serie.

Grundbegriff
• die glaziale Serie

❸ Ordne die Fotos in M1 der Zeichnung „Norddeutschland heute" in M2 zu.

❹ Stelle dar, welche Oberflächenformen in Norddeutschland durch das Eis und welche durch das Schmelzwasser geschaffen wurden.

M1 *Kartoffelernte im Fläming*

M3 *Obstanbau im Havelland*

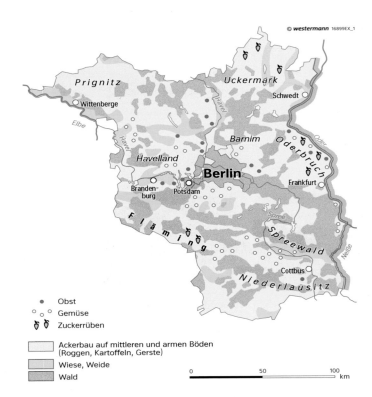

● Obst
○ ○ ○ Gemüse
Zuckerrüben

Ackerbau auf mittleren und armen Böden
(Roggen, Kartoffeln, Gerste)

Wiese, Weide

Wald

0   50   100 km

M2 *Nahrungsmittel aus Brandenburg*

Aus der Region

Fast die Hälfte der Fläche Brandenburgs wird landwirtschaftlich genutzt. Brandenburgs Bauern bewirtschaften oft wenig fruchtbare Sandböden. Dort gedeihen vor allem Kartoffeln und Roggen. Es gibt aber auch ertragreichere Lehmböden.

In den Niederungsgebieten spielt die Viehzucht eine wichtige Rolle. Hier stehen ausreichend Weiden und somit Futter zur Verfügung. Eine lange Tradition hat die Obst- und Gemüseproduktion. Im Havelland bei Werder wird schon seit mehr als 200 Jahren Obst geerntet. Gemüse kommt auch aus dem Spreewald.

Berlin und Brandenburg sind sehr fluss- und seereiche Bundesländer. Deshalb gibt es viele Binnenfischer. Die sandigen und kargen Böden der Sanderflächen werden oft forstwirtschaftlich genutzt. Dort stehen schnell wachsende Kiefern in Reih und Glied. Kiefern werden vor allem als Bau- und Brennholz genutzt. Die Forstwirtschaft zählt aber nicht zur Landwirtschaft, weil sie keine Nahrungsmittel zur Verfügung stellt.

Starthilfe zu ❷ ↗
Denke daran, was du über die glaziale Serie gelernt hast.

❶ Nenne einen Bereich der Landwirtschaft, der in den Abbildungen auf dieser Doppelseite fehlt.

❷ ↗ Erkläre, warum es in Brandenburg Sand- und Lehmböden gibt.

M4 *Rapsanbau in der Prignitz*

M6 *Fischerei in der Uckermark*

Gemüseanbau im Spreewald

Der Spreewald liegt in einer großen Niederungslandschaft. Dieses breite und flache Tal durchfließt die Spree. Das geringe Gefälle führte dazu, dass die Spree mitgeführtes Material ablagerte.

So musste sich das Wasser viele Abflusswege suchen. Eine Vielzahl von Wasserarmen bildete sich. Schon lange, bevor sich der Spreewald zu einem Touristengebiet entwickelte, war er für seine landwirtschaftlichen **Sonderkulturen** bekannt.

Das wachsende Berlin wurde Anfang des 20. Jahrhunderts zu einem wichtigen Absatzgebiet für Produkte aus dem Spreewald. Die Spreewaldbauern transportierten Frischgemüse mit der Bahn oder auf dem Wasserweg in die Stadt.

So wie früher bestellen sie heute ihre Felder vor allem mit Gurken, Zwiebeln, Meerrettich, Tomaten, Mohrrüben und Knoblauch. Konserven aus dem Spreewald findest du in fast jedem Supermarkt.

M5 *Gurkenernte im Spreewald*

Merke
Die Landwirtschaft in Brandenburg ist ein wichtiger Wirtschaftsbereich. Neben dem Anbau von Getreide spielt Viehzucht eine Rolle. Im Spreewald werden Sonderkulturen angebaut.

Grundbegriff
• die Sonderkultur

3 Begründe, warum sich im Spreewald der Anbau von Sonderkulturen entwickeln konnte.

4 Werte M2 aus. Achte auch auf die Verteilung der Standorte für den Anbau von Obst und Gemüse.

M1 *Vorstellungen vom Leben eines Bauern*

Alles, was der Bauer braucht, erzeugt er selbst.

Im Winter hat der Bauer frei!

Der Bauer hat es gut. Er ist ständig an der frischen Luft und in der freien Natur.

Der Bauer ist sein eigener Herr. Er kann arbeiten, wann er Lust hat.

Der Bauer hat ein bequemes Leben. Er sät, die Natur lässt es wachsen.

Auf dem Bauernhof leben viele Tiere: Pferde, Kühe, Schweine, Schafe, Hühner ...

Landluft schnuppern auf einem Bauernhof

In Berlin gibt es etwa 40 und in Brandenburg etwa 5400 landwirtschaftliche Betriebe. Einer davon befindet sich sicher in eurer Nähe. Wollt ihr einen Hof erkunden, überlegt euch Fragen. Bereitet die Erkundung des Hofes gut vor.

- Legt einzelne Themen fest (M5).
- Schreibt sie untereinander auf ein großes Stück Papier und heftet es an der Tafel fest.

- Bildet Arbeitsgruppen, die sich mit den einzelnen Themen beschäftigen.
- Schreibt die Namen der Schülerinnen und Schüler hinter die Themen. So wisst ihr immer, wer welches Thema gewählt hat.

Weitere Tipps zur Erkundung stehen auf der nächsten Seite.

M2 *Arbeitsgruppen bereiten die Erkundung eines Bauernhofes vor.*

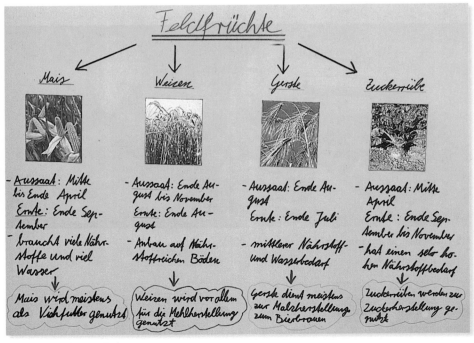

M3 *Plakat einer Arbeitsgruppe*

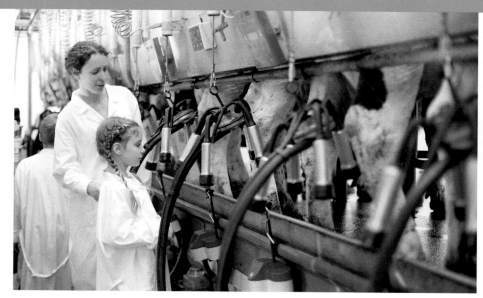

M4 *Die Landwirtin erklärt die Melkanlage.*

www.lernenauf-
dembauernhof.de/
(Checkliste für die
Bauernhoferkun-
dung beachten!)

Geschichte
des Bauernhofes

Tagesablauf des Bauern
und der Bäuerin

Tiere

Vom Leben
der Bauernfamilie

Felder und Pflanzen

Maschinen und
ihre Nutzung

Ausgaben und Einnahmen

M5 *Themen für die Erkundung (Auswahl)*

Drei Schritte zur Erkundung eines Bauernhofes

1. Vorbereitung

a) Wählt einen Bauernhof aus, den ihr besuchen wollt. (Vielleicht kennen Eltern oder Verwandte einen Bauern oder eine Bäuerin.)

b) Ruft die Bäuerin oder den Bauern an. Fragt, ob ihr mit der Klasse den Hof besuchen dürft. Vereinbart einen Termin (Tag, Uhrzeit).

c) Findet heraus, wie ihr zum Bauernhof kommt (zu Fuß, mit dem Fahrrad, mit dem Bus, mit dem Zug).

d) Überlegt in der Arbeitsgruppe Fragen zu eurem Thema, die ihr auf dem Bauernhof stellen wollt.
- Schreibt Fragen auf ein Kärtchen.
- Ordnet die Kärtchen und legt eine Reihenfolge der Fragen fest.
- Kopiert das Blatt für jeden Schüler und jede Schülerin.

e) Legt fest, was ihr außer dem Frage-bogen noch mitnehmen müsst z.B.:
- Kugelschreiber und Schreibblock für zusätzliche Notizen,
- Buntstifte zum Zeichnen,
- Digitalkamera oder Smartphone zum Fotografieren des Hofes, der Tiere, Maschinen, Felder usw.

f) Vergesst nicht, ein kleines Geschenk mitzunehmen.

2. Durchführung
Geht entsprechend der Vorbereitung vor!

3. Auswertung der Ergebnisse/Präsen-tation
Jede Arbeitsgruppe erstellt eine Wandzeitung zu ihrem Thema. Gestal-tet sie interessant und übersichtlich. Präsentiert dann eure Wandzeitungen in der Klasse (siehe S. 76/77).

M6 *Fotos, die Schülerin-nen und Schüler bei der Erkundung eines Bauern-hofes gemacht haben*

M1 *Eine Arbeitsgruppe erstellt eine Liste über die Auswahl von Materialien für eine Wandzeitung.*

Gut zu wissen, was zu tun ist!

Die Klasse 6a beschäftigt sich im GEWI-Unterricht mit dem Thema „Landwirtschaft in Brandenburg". Heute gestalten die Schülerinnen und Schüler in Gruppen Wandzeitungen zu ihrem Besuch auf dem Bauernhof Rassel.

Damit die Arbeitsgruppen wissen, was sie zu tun haben, legt die Lehrerin eine Folie auf den Overheadprojektor. Sie zeigt, wie man bei der Gestaltung einer Wandzeitung vorgehen soll. Als erstes müssen Fotos ausgesucht werden, die die Schülerinnen und Schüler bei der Erkundung des Bauernhofes gemacht haben. Außerdem sollen zusätzliche Materialien erstellt werden (z. B. kurze Texte).

Sechs Schritte zum Anfertigen einer Wandzeitung

1. Wählt ein Thema für eure Wandzeitung aus. Ein solches Thema kann zum Beispiel das Ergebnis der Erkundung eines Bauernhofes sein.
2. Bildet Gruppen, die jeweils eine Wandzeitung gestalten.
3. Jede Gruppe braucht ein großes Blatt Tonpapier für ihre Wandzeitung.
4. Überlegt in eurer Gruppe, welche Materialien auf eurer Wandzeitung gezeigt werden sollen.
5. Fertigt nun die einzelnen Abschnitte der Wandzeitung an. Teilt euch dazu die Arbeit auf.
   - Wählt interessante Fotos aus. Fehlt ein Bild, könnt ihr eins zeichnen.
   - Arbeitet Informationen aus Texten heraus.
   - Schreibt selbst kurze Texte.
   - Fertigt Tabellen an.

   - Schreibt überall Unterschriften dazu.
   Achtung: Schreibt sauber und leserlich!
6. Gestaltet in der Gruppe die Wandzeitung.
   - Schreibt das Thema ganz oben auf das Tonpapier. Die Überschrift muss direkt auffallen (große Schrift).
   - Legt eure Materialien auf das Tonpapier. Ordnet sie übersichtlich an. Sie müssen zueinander passen.
   - Klebt die Materialien erst auf, wenn alle mit der Anordnung einverstanden sind.

Und noch etwas:
Schreibt eure Namen, die Klasse und das Datum rechts unten auf die Wandzeitung.

Starthilfe zu ❶ ↗
Die Angaben zum Bauernhof und zum Tagesablauf der Landwirtin in M2 helfen weiter.

❶ ↗ Gebt den drei Fotos in M2 eine Unterschrift.

❷ Entscheidet, ob ihr mit der Gestaltung der Wandzeitung in M2 einverstanden seid. Wenn nicht, was würdet ihr anders machen?

❸ Stellt euch vor, ihr würdet den Bauernhof Rassel erkunden. Danach sollt ihr zum Themenbereich „Felder und Pflanzen" eine Wandzeitung gestalten.
a) Von welchen Pflanzen hättet ihr Fotos gemacht?
b) Welche Fragen hättet ihr Herrn und Frau Rassel gestellt?

Erkundung des Bauernhofes Rassel

Familie Rassel

?

Größe des Betriebes: 40 ha
Anbau: Gemüse (z. B. Salat, Lauch) und Kräuter (z. B. Petersilie, Bohnenkraut), Weizen und Mais
Vieh: 30 Schweine, 310 Hühner
Maschinen: 2 Traktoren, 8 Spezialmaschinen (z. B. Sämaschine, Hackmaschine)
Arbeitskräfte: Herr und Frau Rassel, Oma und Opa, 2 Hilfskräfte

Angaben zum Bauernhof

?

Die Hofkatze

04:00 Uhr: Aufstehen, Frühstück
05:00 Uhr: Beladen des Lieferwagens mit Gemüsekisten, Kräutern und Eierkartons
06:00 Uhr: Fahrt zum Wochenmarkt mit zwei Helferinnen, Aufbau des Verkaufsstandes
07:00 bis 14:00 Uhr: Verkauf auf dem Wochenmarkt
14:00 Uhr: Abbau des Verkaufsstandes, Rückfahrt zum Bauernhof
14:45 Uhr: Mittagessen, Mittagspause
15:15 Uhr: Unkraut jäten im Gemüsegarten
18:00 Uhr: Treffen mit anderen Landwirtinnen aus dem Dorf. Vorbereitung eines Grillfestes
20:00 Uhr: Nachrichten im Fernsehen schauen
20:30 Uhr: Wäsche bügeln

Tagesablauf der Landwirtin Rassel am Montag, 23. April, einem Markttag

?

Allessandro, Elfie, Sumaika, Tina
Klasse ..., Datum ...

M2 *Teil einer Wandzeitung*

M1 *Gemüseabteilung im Supermarkt*

Frisch auf den Tisch – aus Deutschland und anderen Ländern

Einkaufen im Supermarkt oder auf dem Wochenmarkt macht Spaß. Doch woher kommen zum Beispiel die Bananen?
Viele Nahrungsmittel sind aus Deutschland. Frisches Obst und Gemüse kommt zum Beispiel aber auch aus Spanien und Frankreich. Bananen oder Ananas dagegen wachsen bei uns in Deutschland im Freien nicht. Diese Früchte werden häufig von Händlern in Südamerika gekauft, nach Deutschland transportiert und hier verkauft. Auch andere Waren haben oft eine lange Reise hinter sich. Sie wurden mit Lastkraftwagen, Schiff oder Flugzeug nach Deutschland gebracht.

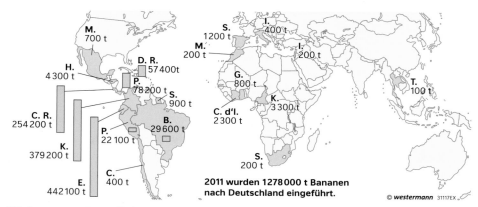

M. 700 t
H. 4 300 t
C. R. 254 200 t
K. 379 200 t
E. 442 100 t
D. R. 57 400 t
P. 78 200 t
S. 900 t
P. 22 100 t
C. 400 t
B. 29 600 t
S. 1200 t
M. 200 t
I. 400 t
I. 200 t
G. 800 t
C. d'I. 2 300 t
K. 3 300 t
T. 100 t
S. 200 t

2011 wurden 1278 000 t Bananen nach Deutschland eingeführt.

© **westermann** 31117EX

M2 *Bananen – Hauptlieferländer Deutschlands (2011)*

Starthilfe zu ❶ b) ↗
Achte auf die Länge der Säulen in M2.

❶ a) Bestimme mithilfe des Atlas die Länder, aus denen die Bananen in M2 kommen.

b) ↗ Liste die fünf Länder auf, aus denen Deutschland die meisten Bananen erhielt (M2).

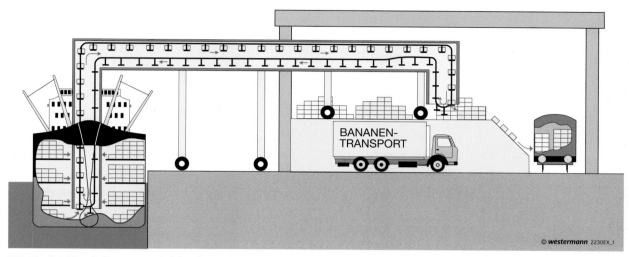

M3 *Ein Schiff mit Bananen wird in einem deutschen Hafen entladen.*

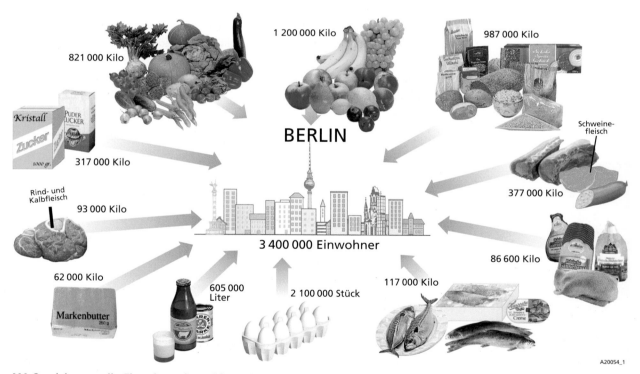

M4 *So viel essen die Einwohner der größten deutschen Stadt an einem Tag.*

2 Liste die Nahrungsmittel aus M4, geordnet nach ihrem Gewicht, auf (ohne Milch und Eier).

3 Übertrage die Zeichnung in M3 in einen zusammenhängenden Text.

Merke
Die Nahrungsmittel in den Supermärkten und Geschäften kommen aus Deutschland und der ganzen Welt.

© westermann   79EX_15

M1 *Lage der USA*

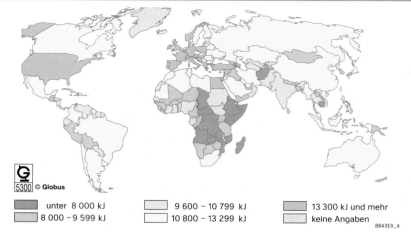

■ unter 8 000 kJ	□ 9 600 – 10 799 kJ	■ 13 300 kJ und mehr
■ 8 000 – 9 599 kJ	□ 10 800 – 13 299 kJ	□ keine Angaben

8843EX_4

M3 *Welternährungssituation – durchschnittliche tägliche Versorgung pro Einwohner*

🛈 Eine Welt

Wir alle leben in der **Einen Welt**. Hier gibt es arme Länder und reiche Länder. Der Begriff soll deutlich machen, dass wir auch für die armen Länder mit verantwortlich sind.

Ernährung – Mangel und Überfluss

Auf der Erde leben etwa sieben Milliarden Menschen. Fast jeder neunte hungert und leidet an **Unterernährung**. Ein Hungernder hat weniger zu essen, als er täglich braucht, um sein Körpergewicht zu erhalten und gleichzeitig leichte Arbeiten zu verrichten. Hierfür braucht er etwa 10000 kJ. Ein dauernder Nahrungsmangel lässt den Körper abmagern.

Hungernde Kinder wachsen sehr langsam. Sie fühlen sich matt und wollen oft nicht einmal spielen. Während die Menschen in vielen Ländern Afrikas hungern, werden sie in den USA und Europa immer dicker. Sie essen zu viel und das Falsche. Sie leiden an **Überernährung**. In Deutschland gilt bereits jedes fünfte Kind als zu dick. Dicke Menschen sind für Krankheiten besonders anfällig. Die Kosten hierfür verursachen bereits ein Drittel aller Kosten im Gesundheitswesen.

Bob ist 13 Jahre alt und lebt mit seinen Eltern in Charlotte im Bundesstaat North Carolina. Er besucht in der Stadt eine Junior High School.

Als Bob vier Jahre alt war, bekam er seinen ersten Computer und mit sechs Jahren seine erste Spielekonsole. In der Wohnung gibt es heute außerdem drei Fernseher. Bob ist zu dick. Allerdings hat er in diesem Jahr bereits drei Kilo abgenommen. Er geht jetzt nicht mehr viermal in der Woche, sondern nur noch einmal im Monat Pizza essen. Bobs Lieblingsgericht zu Hause ist Steak mit Kartoffeln, Gemüse und Kräuterbutter und als Nachtisch ein Eisbecher mit Früchten und Sahne. Bob bekommt nun nur noch eine halbe Portion und muss den Nachtisch weglassen. Auch zuckerhaltige Getränke sind tabu.

M2 *Bob aus Charlotte in den USA*

Starthilfe zu ❶ *a)* ↗
Erstelle zunächst mithilfe der Info eine Legende, in der du die Kalorienangaben den geforderten Begriffen zuordnest.

❶ ↗ a) Markiere auf Transparentpapier in M3 die Gebiete, in denen die Menschen überernährt, normal ernährt und unterernährt sind.
b) Ordne Bob sowie Uzoma und Keshia einem der Gebiete zu.

❷ Berechne, wie viel Kalorien Bob mit seinem Lieblingsessen und Nachtisch zu sich nimmt (Info, M2, M5).

So etwas haben Uzoma und Keshia noch nie gegessen. Die Geschwister aus Somalia, acht und sieben Jahre alt, stehen am Eingang des größten Flüchtlingslagers der Welt in Dadaab in Kenia und essen ganz langsam einen krümeligen Keks. Es ist das erste Essen, das sie seit drei Tagen bekommen. Helfer haben ihnen den Keks gegeben. Er hat extra viele Nährstoffe, damit die beiden schnell satt werden davon. Uzoma und Keshia gehören zu den vielen Tausenden Kindern aus Somalia in Afrika, die mit ihrer Familie ihre Heimat verlassen mussten, weil sie wegen der großen Dürre nichts mehr zu essen finden konnten. Zusammen mit ihrer Mutter sind sie zehn Tage

M6 *Lage von Somalia und Kenia*

lang von Afmadow, einer kleinen Stadt im Süden von Somalia, 240 Kilometer durch die somalische Landschaft gelaufen. Ganz erschöpft kamen sie in Dadaab an.

(Quelle: Dialika Krahe: Flucht vor dem Hunger. In: Dein Spiegel, 10/2011, S. 10 – 13)

M4 *Uzoma und Keshia aus Somalia*

ⓘ Nahrungsbedarf
Der Nahrungsbedarf eines Menschen ist abhängig von seiner körperlichen Tätigkeit. Sie bestimmt seinen Energieverbrauch. Im Durchschnitt braucht ein Mensch ca. 10 000 kJ (Kilojoule) am Tag. Beim Schlafen sind es in einer Stunde etwa 84 kJ, beim Stehen 185 kJ, beim Gehen 790 kJ und beim Dauerlauf 2520 kJ.

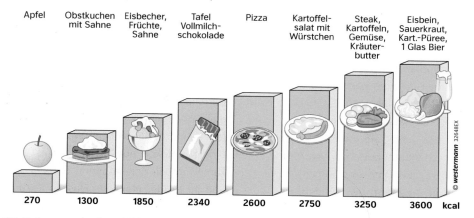

Apfel	Obstkuchen mit Sahne	Eisbecher, Früchte, Sahne	Tafel Vollmilch-schokolade	Pizza	Kartoffel-salat mit Würstchen	Steak, Kartoffeln, Gemüse, Kräuter-butter	Eisbein, Sauerkraut, Kart.-Püree, 1 Glas Bier
270	1300	1850	2340	2600	2750	3250	3600 kcal

M5 *Nahrungsmittel und ihr Kaloriengehalt in Kilojoule (kJ)*

③ Berechne deinen ungefähren Energieverbrauch an einem normalen Tag (M5).

④ Erstelle eine Wandzeitung (siehe S. 76/77) zum Thema „Welt der Hungernden – Welt der Satten".

Merke
In der Einen Welt sind eine Milliarde Menschen unterernährt.

Grundbegriffe
- die Unterernährung
- die Überernährung
- die Eine Welt

Für die Produktion von Rindfleisch ist zehnmal mehr Getreide notwendig als für Brot.

Landwirtschaftliche Erzeugnisse aus einem beheizten Gewächshaus verursachen bis zu 30-mal mehr Treibhausgase als Produkte, die im Freiland wachsen.

M1 *Aus Broschüren der Verbraucherzentralen*

M2 *Beim Wocheneinkauf*

ℹ Fairer Handel

... oder Fair Trade ist der Versuch, die Einnahmen der Produzenten (Bauern) zu steigern. Ihre Einkünfte sind vergleichsweise gering. Organisationen wie Transfair sorgen dafür, dass sich die Einkünfte der Bauern erhöhen. Faire Produkte sind deshalb etwas teurer. Transfair verteilt Gütesiegel, die auf den Produkten platziert werden. Fairtrade-Produkte werden oft in ökologischer Landwirtschaft produziert.

FAIRTRADE
DEUTSCHLAND

Richtig Einkaufen

Familie Beck möchte zusammen einkaufen gehen. Um nicht mehr so viel wegschmeißen zu müssen, wird eine Liste mit Lebensmitteln angefertigt, die wirklich gebraucht werden. Dazu überprüfen die Becks Kühlschrank und Vorratskammer. Außerdem wird ein Wochenplan geschrieben. Nur die benötigten Produkte und die richtigen Mengen kommen auf die Liste. Frau Beck meint, wenn man noch nicht gegessen hat, kauft man oft zu viel ein. Deshalb achtet sie darauf, dass alle ordentlich frühstücken. Danach geht's los. Gemüse und Obst sind wichtig. Bananen sind im Angebot, das freut Herrn Beck.

Doch Tochter Helena möchte lieber die Bananen aus **Fairem Handel** haben. „Aber die sind viel teurer", sagt Herr Beck. Helena lässt nicht locker. Sie schaut auf den Bananenaufkleber und erklärt: „Da steht Ecuador drauf! Der höhere Preis kommt einer Bauernfamilie in Ecuador zugute. Das habe ich in der letzten GEWI-Stunde gelernt." Sie schlägt vor, einfach weniger Bananen zu nehmen. Herr Beck stimmt diesem Vorschlag zu.

Jedes Kind darf sich beim Wocheneinkauf eine Kleinigkeit aussuchen, das ist eine Familienregel. Helena nimmt Gummibären und ihr Bruder Max eine Flasche Kakao.

---

① Nennt Maßnahmen der Familie Beck, um Lebensmittelverschwendung zu vermeiden.

② ↗ Stelle dar, wie man richtig einkauft.

③ a) Ermittle, in welchen Monaten du bei uns angebautes Obst und Gemüse kaufen kannst (M3).
b) Manche Produkte kann man gut lagern und das ganze Jahr kaufen. Notiere drei dieser Produkte (M3).

Starthilfe zu **②** ↗
Erstelle eine Liste mit Regeln. Nutze die Materialien auf diesen Seiten.

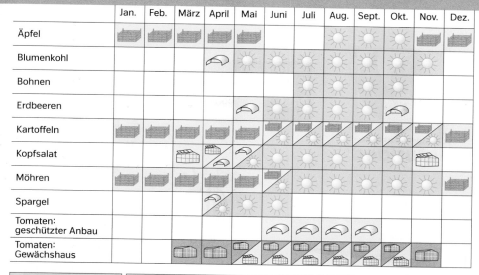

	Jan.	Feb.	März	April	Mai	Juni	Juli	Aug.	Sept.	Okt.	Nov.	Dez.
Äpfel												
Blumenkohl												
Bohnen												
Erdbeeren												
Kartoffeln												
Kopfsalat												
Möhren												
Spargel												
Tomaten: geschützter Anbau												
Tomaten: Gewächshaus												

Sehr geringe Klimabelastung:
Freilandprodukte

Geringe bis mittlere Klimabelastung:
„Geschützter Anbau" (Abdeckung mit Folie oder Vlies, ungeheizt)
Lagerware
Produkte aus ungeheizten oder schwach geheizten Gewächshäusern

Hohe Klimabelastung:
Produkte aus geheizten Gewächshäusern

Quelle: www.verbraucherzentrale.de

© **westermann** 17765EX_2

M3 *Heimisches Obst und Gemüse (Auswahl) – Saisonkalender*

1. Gemüse-Trick
Obst und Gemüse finden sich gleich hinter dem Eingang. Denn wer gleich am Anfang Gesundes in den Wagen legt, gönnt sich später mit gutem Gewissen etwas Süßes.

2. Regal-Trick
Wer zum Beispiel mitten aus dem Nudelregal eine Packung nimmt, hat automatisch die teuerste Packung in der Hand. Die günstigsten Nudeln liegen unten im Regal; man muss sich tief bücken.

3. Duft-Trick
Für Supermärkte wurde ein besonderes Parfüm entwickelt. Es riecht nach fast nichts, unterdrückt aber unangenehme Gerüche wie Abfall oder Kundenschweiß.

4. Licht-Trick
Mit gelben Strahlern angeleuchtet, sieht auch Käse frisch aus. Wurst wirkt unter Rotlicht weniger fettig.

5. Quengel-Trick
An der Kasse gibt es viele kleine Süßigkeiten für Kinder.

M4 *Tricks der Supermärkte, um einen möglichst hohen Umsatz zu erzielen*

Werden Lebensmittel über weite Strecken transportiert, wird viel Energie (z. B. Diesel, Kerosin) verbraucht. Lärm entsteht und Abgase gelangen in die Luft.

Für alle Lebensmittel gilt: Was man essen kann, gehört nicht in den Müll. Trotzdem werden Jahr für Jahr in Deutschland ungefähr 20 Millionen Tonnen unverdorbene Lebensmittel weggeworfen.

Steaks und Würstchen aus regionaler Landwirtschaft kosten zwar mehr, haben aber eine bessere Qualität. Bio-Fleisch und Bio-Wurst stammen zudem aus artgerechter Tierhaltung.

M5 *Aus Broschüren der Verbraucherzentralen*

Merke
Ein Einkaufszettel hilft bei Einkaufen. Damit fällt man nicht so leicht auf die Tricks der Supermärkte rein. Broschüren der Verbraucherzentralen geben Tipps für einen richtigen Einkauf.

Grundbegriff
• der Faire Handel

❹ Berichte über die unterschiedliche Klimabelastung beim Anbau von Tomaten (M3).

❺ Sieh dich in einem Supermarkt um und überprüfe, ob dort mit solchen Tricks wie in M4 gearbeitet wird.

❻ a) Erstellt eine Wandzeitung zum Thema: „So kaufen wir richtig ein!" Arbeitet in Gruppen.
b) Stellt eure Ergebnisse der Klasse vor.

ℹ Lebensmittelstandard

Lebensmittelstandards geben an, wie Lebensmittel hergestellt werden müssen und was sie enthalten dürfen. Schon in der Antike wurden Bier und Wein auf ihre Reinheit überprüft.

M2 *Gütesiegel*

M1 *Untersuchung von importiertem Fleisch auf Krankheitserreger*

Unsere Lebensmittel werden kontrolliert

In Deutschland ist die Herstellung von Lebensmitteln durch Gesetze streng geregelt. **Lebensmittelstandards** gelten für alle Lebensmittel. Auf den Verpackungen muss angegeben werden, was in dem Lebensmittel enthalten ist.

Doch in der Vergangenheit haben Hersteller das Vertrauen der Verbraucher missbraucht. Sie verkaufen verdorbene, gepanschte oder falsch gekennzeichnete Lebensmittel. So gibt es immer wieder **Lebensmittelskandale**.

Für die Kontrolle von Lebensmitteln und anderen Produkten sind Ämter zuständig. Die amtliche Lebensmittelüberwachung der Länder hat im Jahr 2014 über 500 000 Betriebe untersucht. Von 100 Lebensmittelproben waren zwölf nicht in Ordnung.

Viele verpackte Lebensmittel im Supermarkt tragen ein Gütesiegel. Produkte ohne Siegel sind nicht automatisch schlechter, und auch die mit Siegel fallen in Tests gelegentlich durch. Es kommt auf das Siegel an: Ist es vertrauenswürdig, stimmt meistens auch die Qualität. Bei Siegeln mit blumigen Versprechungen muss man vorsichtig sein. Dann kann es sein, dass mit dem Siegel nur der Verkauf des Produktes gesteigert werden soll. Nur wer auf das richtige Siegel achtet, sorgt für seine Gesundheit.

M3 *Gütesiegel und ihre Bedeutung*

Starthilfe zu ❶ ↗
Denke daran: Lebensmittelstandards dienen dem Schutz der Verbraucher.

❶ ↗ Die Begriffe „Lebensmittelstandards" und „Lebensmittelskandale" hängen zusammen. Erkläre.

❷ Erkläre die Bedeutung von Gütesiegeln (M3, Internet).

❸ Lest den Zeitungsbericht (M4). Tauscht untereinander aus, ob Pferdefleisch in Fertiggerichten für euch ein Skandal ist, das heißt ein Aufsehen erregendes Ärgernis.

In fast jeder 20. Probe von Fertigge-richten, die Rindfleisch enthalten, wie zum Beispiel Lasagne, wurde Pferdefleisch entdeckt. Dies ergaben Tests. Lediglich in 0,5 Prozent der Gerichte, die Pferdefleisch enthiel-ten, konnten Rückstände eines für Menschen gefährlichen Medika-ments nachgewiesen werden. Pfer-defleisch ist an sich nicht ungesund.

(Nach: Süddeutsche Zeitung vom 16. April 2013)

M4 *Pferdefleisch in Lasagne*

M7 *Pferdefleisch als Nahrung der Armen (Zeichnung von H. Zille um 1910)*

ℹ️ foodwatch

Viele Menschen sind nicht damit einverstanden, wie Lebensmittel heute hergestellt und vermark-tet werden. Die Organisa-tion foodwatch (englisch „food": „Nahrung", „watch": „aufpassen") sammelt den Protest und leitet ihn weiter an die Po-litiker. Auf ihrer Internet-seite (www.foodwatch.de) kann man sich darüber informieren.

foodwatch
die essensretter

Aufgedeckt wurde der Pferdefleisch-Skandal in Irland. Später fand man auch in Deutschland falsch gekennzeichnetes Pferdefleisch. Seit sechs Jahren sind Pferdefuhrwerke in Rumänien verboten. Millionen Tiere wurden geschlach-tet. Weil aber die Nachfrage nach Pferdefleisch in Rumänien nicht so hoch ist, kam das Fleisch in andere europäische Länder. So wurden im vergange-nen Jahr in Rumänien rund 350 Tonnen zur Weiterverarbeitung nach Frank-reich verkauft, um am Ende auch in deutschen Supermärkten zu landen.

M5 *Von Rumänien über Irland nach Frankreich, Schweden und Deutschland*

Pferdefleisch wird in Deutschland kaum gegessen. Früher aßen es nur arme Leute. In Frankreich wurden Knochen von Wildpferden gefunden. Das Fleisch aßen die Steinzeitjäger um 3000 vor Christus. Um 500 nach Christus war das Pferd ein Göttertier. Das Pferd war deshalb das passende Opfertier, das man schlachtete und in festlichem Rahmen verspeiste. Die Missionare, die das Christentum brachten, sahen die alten Götter als Konkurrenz und verboten den Verzehr von Pferdefleisch.

M6 *Der Verzehr von Pferdefleisch im Wandel*

Merke
Lebensmittelstandards dienen dem Schutz der Verbraucher. Trotzdem kommt es zu Lebensmittelskan-dalen.

Grundbegriffe
• der Lebensmittel-standard
• der Lebensmittel-skandal

❹ Bildet Gruppen für Geschichte, Politik und Geografie.
a) Geschichte: Erläutert, warum Pferdefleisch Nahrung für die Ar-men war.

b) Politik: Prüft nach und entschei-det euch, ob ihr foodwatch unter-stützen würdet.
c) Geografie: Stellt den Transport von Pferdefleisch von Rumänien nach Deutschland dar.

M1 *Höhle von Lascaux mit zwei Steinzeitmenschen (heutige Darstellung)*

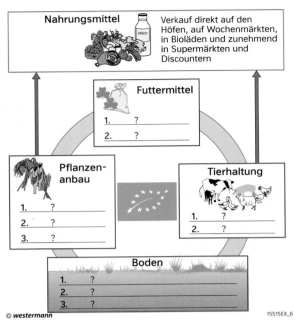

Nahrungsmittel Verkauf direkt auf den Höfen, auf Wochenmärkten, in Bioläden und zunehmend in Supermärkten und Discountern

Futtermittel
1. ?
2. ?

Pflanzen-anbau
1. ?
2. ?
3. ?

Tierhaltung
1. ?
2. ?

Boden
1. ?
2. ?
3. ?

© westermann   15515EX_6

M4 *Der ökologische Kreislauf*

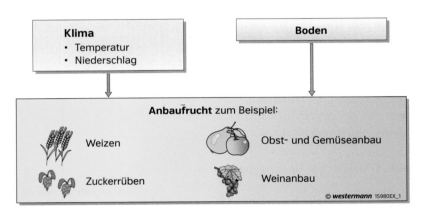

Klima
- Temperatur
- Niederschlag

Boden

Anbaufrucht zum Beispiel:

Weizen   Obst- und Gemüseanbau

Zuckerrüben   Weinanbau

© westermann 15980EX_1

M2 *Schema zur Land-wirtschaft*

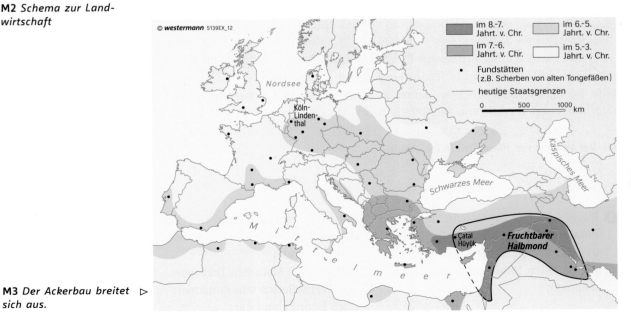

© westermann 5139EX_12

im 8.-7. Jahrt. v. Chr.
im 6.-5. Jahrt. v. Chr.
im 7.-6. Jahrt. v. Chr.
im 5.-3. Jahrt. v. Chr.

• Fundstätten (z.B. Scherben von alten Tongefäßen)

— heutige Staatsgrenzen

0   500   1000 km

Nordsee

Köln-Linden-thal

Schwarzes Meer

Kaspisches Meer

Çatal Hüyük

• *Fruchtbarer Halbmond*

M i t t e l m e e r

M3 *Der Ackerbau breitet* ▷ *sich aus.*

86

So arbeitest du mit den ALLES-KLAR-Seiten

Mit der Erarbeitung der Kapitel erwirbst du Fähigkeiten. Am Ende jedes Kapitels kannst du anhand der drei Bereiche „Was weiss ich?", „Was kann ich" und „Wie entscheide ich?" überprüfen, ob du die im jeweiligen Kapitel vermittelten Fähigkeiten beherrschst oder nicht. Löse die Aufgaben schriftlich. Bewerte dich selbst: Übertrage die Aufgabennummern aus dem Buch in dein Heft und versieh sie mit einem Punkt in der entsprechenden Ampelfarbe oder mit einem passenden Smiley. Wenn du eine Aufgabe nicht lösen kannst (roter Punkt oder trauriger Smiley), schaust du auf den genannten Seiten nach. Nach erneutem Lesen der Information solltest du die Aufgabe jetzt lösen können.

Die Aufgabe konnte ich ...

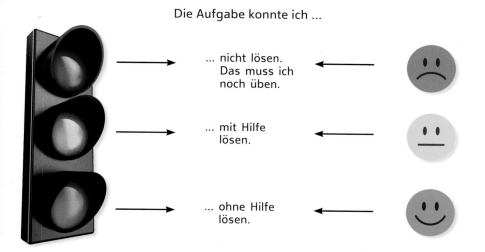

... nicht lösen.
Das muss ich
noch üben.

... mit Hilfe
lösen.

... ohne Hilfe
lösen.

Grundbegriffe

- Höhlenmalerei
- Steinzeit
- Altsteinzeit
- Eiszeit
- Warmzeit
- Jäger und Sammler
- Faustkeil
- Jungsteinzeit
- Fruchtbarer Halb-mond
- Revolution
- Lehm
- Sesshaftigkeit
- Archäologe
- Landwirtschaft
- Klima
- Börde
- Gäu (Gau)
- Nutzpflanze
- Ackerbau
- Viehhaltung
- Grünlandwirtschaft
- Milchwirtschaft
- Verarbeitung
- Lössboden
- Gewächshaus
- regionales Produkt
- Intensivtierhaltung
- ökologische Land-wirtschaft
- artgerechte Tierhaltung
- Gletscher
- glaziale Serie
- Sonderkultur
- Unterernährung
- Überernährung
- Eine Welt
- fairer Handel
- Lebensmittelstan-dard
- Lebensmittelskandal

Was weiß ich?

1 a) Wähle fünf Grundbegriffe aus der Liste, ergänze die Artikel und erkläre die Grundbegriffe.
b) Ergänze die Grundbegriffe, wenn möglich, durch Zeichnungen.

2 Erkläre die Ausbreitung des Ackerbaus (M3).
(Schülerbuch S. 46)

3 Übertrage M4 und ergänze die fehlenden Begriffe. Erkläre dann die ökologische Wirtschaftsweise.
(Schülerbuch S. 68/69)

Was kann ich?

4 Beschreibe M1. Unterscheide nach Vordergrund und Hintergrund.

5 Zeichne den Weg vom Ferkelzucht-betrieb bis zum Metzger auf.
(Schülerbuch S. 66/67)

6 a) Erkläre, welche Zusammenhänge das Schema in M2 darstellt.
b) Auch die Nach-frage ist wichtig. Übertrage das Schema in dein Heft oder deine Mappe und ergänze es entsprechend.
(Schülerbuch S. 58/59, 73)

Wie entscheide ich?

7 Schreibe ein Ge-spräch zwischen zwei Personen auf, die über Bio-Pro-dukte diskutieren. Du kannst auch eine Bildergeschich-te zeichnen.
(Schülerbuch S. 68/69)

8 Beurteile, welche Erkenntnisse der Menschen aus der Steinzeit für uns heute besonders wichtig sind.

9 Erkläre, wodurch Archäologen unsere Kenntnisse über die Vergangenheit verbessern.
(Schülerbuch S. 50/51)

Die Niagarafälle in Nordamerika verbinden den Eriesee mit dem Ontariosee. In jeder Minute stürzen 170 000 m³ Wasser in die Tiefe. Damit könnte man 850 000 Badewannen füllen. Die beiden Seen gehören zu den sogenannten Großen Seen. Diese bilden die größte Süßwasserfläche der Erde. Überlege, was es bedeutet, wenn für die Menschen zu viel oder zu wenig Wasser zur Verfügung steht.

Wasser – nur Natur oder in Menschenhand?

Am Ende des Kapitels kannst du:

– erläutern, wie Wasser und Eis die Landschaft gestalten

– am Beispiel von Ägypten die Bedeutung des Nil für die Entwicklung einer Hochkultur beurteilen

– die Bedeutung von Wasser für Leben, Wirtschaft und Freizeit der Menschen darlegen

Wasser

Wasser ist Grundlage allen Lebens. Aber nur ein Bruchteil des Wassers auf der Erde ist für uns als Trinkwasser nutzbar (M1). In Bächen, Flüssen, Seen und Meeren leben viele Pflanzen und Tiere. Das Grundwasser liefert Trinkwasser. Wir nutzen Wasser für unsere Ernährung, für die tägliche Körperpflege und für unsere Freizeitunternehmungen.

Außerdem nutzen wir Wasser als Energiequelle, für den Transport und als Rohstoff. Wasser ist also ein wichtiger Wirtschaftsfaktor. Ein wirksamer Schutz und der schonende Umgang mit Wasser sind Voraussetzung für die Vielfalt und nachhaltige Nutzung unseres Lebensraums.

Wasser und Eis gestalten die Landschaft

Küstenformen
Küstenschutz
Flussverlauf

In diesem Kapitel erfährst du:

- wie Wasser die Landschaft formt,
- welche Bedeutung Wasser für die Menschen im alten Ägypten hatte,

Bedeutung von Wasser früher

Menschen siedeln am Nil
Bewässerung und Ackerbau
Ägypten – eine Hochkultur

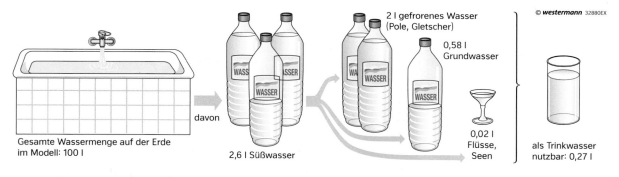

2 l gefrorenes Wasser
(Pole, Gletscher)

0,58 l
Grundwasser

© **westermann** 32880EX

Gesamte Wassermenge auf der Erde
im Modell: 100 l

davon

2,6 l Süßwasser

0,02 l
Flüsse,
Seen

als Trinkwasser
nutzbar: 0,27 l

M1 *Verteilung des Wassers auf der Erde*

• wie wir heute mit Wasser umgehen,
• welche Bedeutung Wasser für die Wirtschaft hat,
• wie wir Wasser in der Freizeit nutzen.

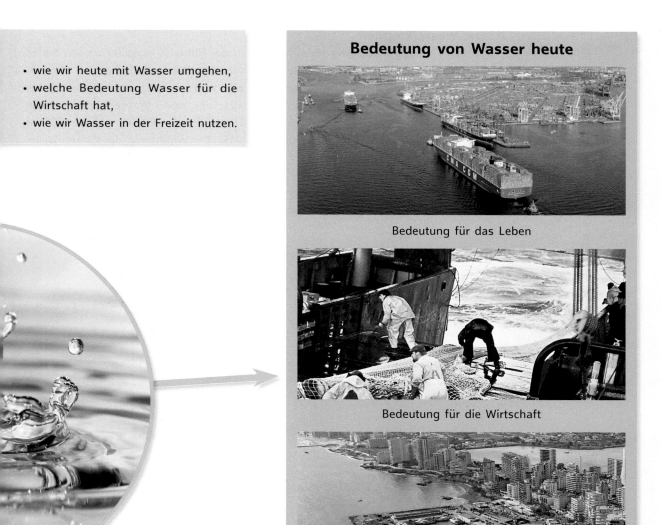

Bedeutung von Wasser heute

Bedeutung für das Leben

Bedeutung für die Wirtschaft

Bedeutung für die Freizeit

M1 *Es gibt verschiedene Arten von Niederschlag.*

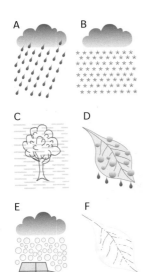

A B C D E F

2223EX_13
© **westermann**

M2 *Schaubilder unterschiedlicher Niederschlagsarten*

Der Wasserkreislauf

So funktioniert der **Wasserkreislauf**:

Es hat stark geregnet. Auf der Straße stehen große Pfützen. Doch dann scheint die Sonne wieder. Nach ein paar Stunden sind die Pfützen verschwunden. Das Wasser ist verdunstet. Wasserdampf befindet sich in der Luft. Ist viel Wasserdampf in der Luft, ist die **Luftfeuchtigkeit** hoch.

Der Wasserdampf steigt mit warmer Luft nach oben. Dabei kühlt sich die Luft ab.

In der Höhe ist es kälter als am Boden. Aus dem Wasserdampf bilden sich winzige Wassertröpfchen. Wolken bestehen aus sehr vielen Wassertröpfchen. Man sieht sie am Himmel als **Bewölkung** (M5). Der Wind treibt die Wolken weiter. Die Wassertröpfchen verbinden sich in den Wolken miteinander. Es entstehen größere und schwerere Wassertropfen. Schließlich fallen sie als **Niederschlag** zur Erde.

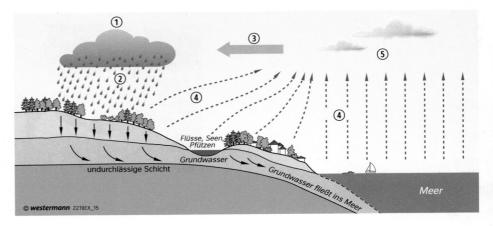

Flüsse, Seen, Pfützen

Grundwasser

undurchlässige Schicht

Grundwasser fließt ins Meer

Meer

© **westermann** 2219EX_15

M3 *Der Wasserkreislauf*

Starthilfe zu ❶ ↗
b) *Beginne so: Wasser aus Meeren, Flüssen, Seen und Pfützen verdunstet. Es steigt Wasserdampf auf und kühlt ab. Es bilden sich W... Der Wind ...*

❶ a) Ordne folgende Begriffe den Zahlen in M3 zu: a Verdunstung von Wasser über Meer und Land, b Wind, c Regen, d Luft kühlt ab – es bilden sich Wolken, e Wolken kühlen über Land weiter ab und bringen Niederschläge.

↗ b) Verfasse einen Text, in dem du den Wasserkreislauf beschreibst.

❷ Benenne in M2 mindestens vier Niederschlagsarten.

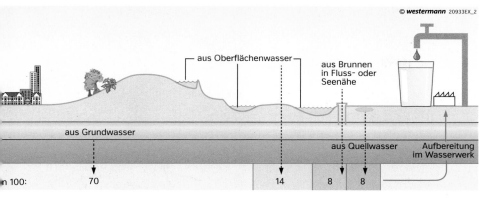

© westermann 20933EX_2

M4 *Das Trinkwasser wird aus verschiedenen Quellen gewonnen.*

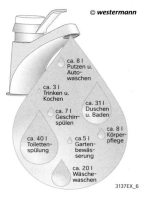

© westermann

3137EX_6

M7 *Unser täglicher Wasserverbrauch*

Wasser ist nicht gleich Wasser

Wenn Wasser als Niederschlag die Erde erreicht und versickert, wird es zu **Grundwasser**. Wenn es in Bäche, Flüsse und Seen gelangt, wird es zu **Oberflächenwasser**. Im Wasserwerk wird Wasser zu **Trinkwasser** aufbereitet. Dieses wird in Wasserleitungen zu den Häusern der Bewohner geführt. Das verbrauchte Wasser fließt durch Abwasserkanäle in die Kläranlage. Dort wird es gereinigt und in die Flüsse geleitet.

Wasser ist ein unentbehrliches Lebensmittel, das uns jeden Tag zur Verfügung steht. 90 von 100 Litern werden von der Landwirtschaft und der Industrie genutzt. Den Rest verwenden wir im Haushalt, vor allem als **Brauchwasser**: zum Waschen, Duschen, für die Toilettenspülung und die Gartenbewässerung. Nur einen sehr kleinen Teil nutzen wir als Trinkwasser. Aber alles Wasser, das aus der Wasserleitung kommt, hat Trinkwasserqualität.

Material:
- ein Herd
- ein Kochtopf mit Wasser
- ein Spiegel

Durchführung:
Den Spiegel eine Stunde lang in den Kühlschrank legen. Den Topf mit Wasser auf den Herd stellen. Den Herd anmachen und warten, bis das Wasser anfängt zu kochen. Den Spiegel etwa 40 Zentimeter über dem Kochtopf schräg halten.

M5 *Ein Versuch zum Niederschlag*

6028E

Ab sofort wird kein Wasser mehr verschwendet! 1. Maßnahme: Ich wasche mich nicht mehr!

Oha!

M6 *Comic*

Merke
Alles Wasser der Erde befindet sich in einem ständigen Kreislauf. Wenn es regnet, versickert ein Teil des Wassers und wird zu Grundwasser. Ein anderer Teil fließt als Oberflächenwasser in Bäche und Flüsse und dann zum Meer.

Grundbegriffe
- der Wasserkreislauf
- die Luftfeuchtigkeit
- die Bewölkung
- der Niederschlag
- das Grundwasser
- das Oberflächenwasser
- das Trinkwasser
- das Brauchwasser

❸ Führt den Versuch M5 durch. Erläutert mithilfe von M3.

❹ a) Liste auf, wofür oder wobei du täglich Wasser verwendest.
b) Schätze ab, wofür das meiste Wasser verbraucht wird.
c) Überprüfe deine Annahme mithilfe von M7.

❺ Mache sinnvolle Vorschläge zum Wassersparen (M6).

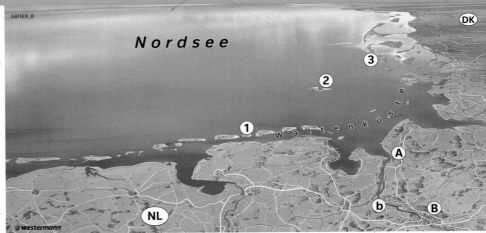

N o r d s e e

DK

3

2

1

W a t t e n k ü s t e

A

b

B

NL

© westermann

M1 *Der deutsche Küsten-* ▷
raum

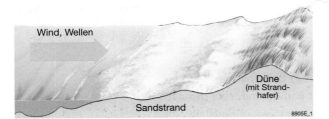

Wind, Wellen

Düne
(mit Strand-
hafer)

Sandstrand

8905E_1

M2 *Flachküste*

Kliff

Wind, Wellen

Aushöhlung
durch die Brandung

8906E_1

M3 *Steilküste*

M4 *Steilküste (Kap Arkona, Rügen)*

Wasser, Strand und Meeresbrandung

Überall in Europa gibt es lohnende Ferienziele, aber besonders beliebt sind die Küsten der Meere. Deutschland hat Anteil an der Nordseeküste und an der Ostseeküste.

Die Nordsee wird durch den ständigen Wechsel von **Ebbe** und **Flut**, durch die **Gezeiten**, bestimmt. Der Meeresspiegel senkt und hebt sich. Zweimal täglich fällt bei Ebbe ein bis zu 40 km breiter Streifen Meeresboden entlang der Küste trocken. Dieser Bereich heißt **Wattenmeer.** Die Nordseeküste ist eine Wattenküste.

Die Ostsee ist ein **Binnenmeer**. Nur eine schmale Stelle verbindet sie mit dem Atlantischen Ozean. Hier treten die Gezeiten sehr schwach auf.

Der Naturraum der Küsten ist unterschiedlich. An den Flachküsten fällt der Strand allmählich zum Meer hin ab. Sie bestehen aus Sand und Kies.

Die Küste verändert sich ständig, weil die Wellen Sand abtragen und an anderer Stelle wieder ablagern. Trockener Sand wird häufig durch den Wind zu **Dünen** aufgehäuft.

Steilküsten entstehen dort, wo die Meeresbrandung Gesteins- und Sandmaterial abträgt. Der Steilabfall zum Meer wird als **Kliff** bezeichnet. Durch die Meeresbrandung wird die Steilküste immer weiter zerstört und landeinwärts verlagert.

Starthilfe zu ❶ ↗

Erstelle eine Tabelle:

Nordsee	Ostsee
Watten-meer	Binnen-meer
...	...

❶ ↗ Stelle Merkmale von Nord- und Ostsee gegenüber.

❷ Orientiere dich: Finde die Namen in M1 (Atlas).

❸ a) Beschreibe die Küste am Kap Arkona (M4) und erkläre, wie sie entsteht (M3).

b) Die Nordseeküste ist eine Wattenküste. Erkläre.

HW-034, 048
www.heimatundwelt.de
Wasser – nur Natur oder in Menschenhand?

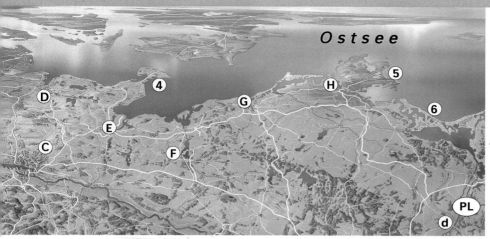

Ostsee

Im Norden Deutschlands sind die Küsten entlang der Nordsee beliebte Urlaubsziele. Hier treten die Gezeiten auf. Der ständige Wechsel zwischen Ebbe und Flut bestimmt das Leben. Bei Ebbe zieht sich das Wasser zurück, bei Flut strömt es wieder an den Strand.
Die Badezeiten sind von den Gezeiten abhängig, denn die Strömung ist so stark, dass sie auch gute Schwimmer mit sich ziehen kann. Gezeitenkalender gibt es in fast allen Urlaubsorten.

M5 *Die Gezeiten*

Wasserstand — Hochwasser — Niedrigwasser — Hochwasser

Flut — Ebbe — Flut — Tidenhub

Zeit → 0:36   6:38   13:00   19:01

© westermann   22242EX_2

M7 *Gezeitenkurve*

Kalender-tag	Uhrzeit			
	Hochwasser		Niedrigwasser	
5. (Sa.)	03:20	15:20	09:24	22:07
6. (So.)	04:05	16:08	10:08	22:53
7. (Mo.)	04:51	16:59	10:57	23:41
8. (Di.)	05:42	17:58	11:54	–
9. (Mi.)	06:38	19:01	00:36	13:00
10. (Do.)	07:39	20:09	01:39	14:12
11. (Fr.)	08:40	21:12	02:43	15:20
12. (Sa.)	09:35	22:07	03:41	16:19

M6 *Auszug aus dem Gezeiten-Kalender*

Tag	Badezeit
5. (Sa.)	10:30 – 15:20 Uhr
6. (So.)	11:00 – 16:00 Uhr
7. (Mo.)	12:00 – 17:00 Uhr
8. (Di.)	13:00 – 18:00 Uhr
9. Mi.)	14:00 – 18:00 Uhr
10. (Do.)	15:00 – 18:00 Uhr
11. (Fr.)	–
12. (Sa.)	–

M8 *Badezeiten (Aufsicht durch Bademeister)*

Merke
In der Nordsee liegt das Wattenmeer. Die Ostsee ist ein Binnenmeer.

Grundbegriffe
• die Ebbe
• die Flut
• die Gezeiten
• das Wattenmeer
• das Binnenmeer
• die Düne
• das Kliff

④ a) Beschreibe den Ablauf der Gezeiten (M5, M7).
b) Berechne den Zeitunterschied zwischen Hoch- und Niedrigwasser für Freitag, den 11. (M6).

⑤ Es ist Samstag, der 5.:
a) Notiere, wann Badezeit ist (M8).
b) Erkläre, wovon die Badezeiten abhängen (M5–M7).

Ein Meer, viele Nutzer

Viele Menschen verbringen jedes Jahr ihren Urlaub an den Meeresküsten. Sie baden, liegen am Strand, fahren Boot oder surfen. Siedlungen und Hotels wurden gebaut. Durch die große Zahl an Urlaubern entstehen immer mehr Müll und Abwässer, die beseitigt werden müssen.

In die Meere münden große Flüsse. Dörfer, Städte und Industriebetriebe leiten ihre Abwässer in die Flüsse. Diese transportieren die Schmutzfracht dann ins Meer. Zu den Abwässern gehören auch Schädlingsbekämpfungsmittel und Düngemittel aus der Landwirtschaft.

Das verschmutzte Meerwasser gefährdet die Pflanzen- und Tierwelt. Dadurch sind zum Beispiel auch die Menschen betroffen, die vom Fischfang leben.

Vor den Küsten herrscht reger Schiffsverkehr. Die Schiffe bringen Waren aus allen Teilen der Welt zu den deutschen Häfen oder von dort aus in andere Länder. Sie stören dabei die Tier- und Pflanzenwelt. Je dichter auch der Schiffsverkehr wird, desto größer wird die Gefahr von Schiffsunglücken. Wird etwa ein Öltanker beschädigt, läuft Öl aus und verschmutzt die Küsten.

In den flachen Meeresgebieten wird häufig Erdöl gefördert. Dazu sind Bohrplattformen errichtet worden. Auch hier kommt es immer wieder zu Unfällen und Verschmutzungen durch ausgelaufenes Öl.

Umweltschützer, Touristen und Industrie verfolgen unterschiedliche Interessen – es entstehen **Nutzungskonflikte**.

M1 *Nutzungskonflikt an der Küste*

Starthilfe zu ❷ ↗
Berücksichtige auch die Gezeitenkurve (siehe S. 95).

❶ a) Beschreibe, was die Menschen in M1 machen.
b) Zwischen welchen Personen könnte es zu einem Streit kommen? Begründe.

❷ ↗ Bei einer Wattwanderung sollte man auch die Gezeiten beachten. Erkläre.

M2 *Mit Herrn Jansen durchs Watt*

M5 *Das Wattenmeer*

Marco fährt mit seinen Eltern jedes Jahr an die Nordsee. Sie lieben das Meer, den Strand und das Wattenmeer an der Nordseeküste. Herr Jansen, der Vermieter der Ferienwohnung, ist Fremdenführer und plaudert oft mit Marco. Er erzählt, dass das Wattenmeer der Lebensraum vieler Tiere ist. Fische, Vögel und Seehunde leben hier. Im Watt gibt es unzählige Würmer, Schnecken und Muscheln.

M3 *Das Wattenmeer – einzigartig*

Die Miesmuschel filtert aus dem Wasser heraus, was sie zum Leben braucht. Alle Muscheln zusammen durchfiltern innerhalb von zwei Wochen einmal das Gebiet des Wattenmeeres.

M6 *Die Miesmuschel, ein Reiniger*

M4 *Leben und Wirtschaften an der Küste*

3 a) Erläutere die verschiedenen Ursachen der Verschmutzung des Wattenmeeres (M4).
b) Erkläre, welche Nutzungskonflikte in M4 dargestellt sind.

4 Entwirf ein Informationsblatt für Wattwanderer mit Besonderheiten über den Lebensraum Wattenmeer und gib Tipps, ihn zu schützen (M2–M6, Internet).

Merke
Im Wattenmeer gibt es eine einzigartige Tier- und Pflanzenwelt. Ihr Lebensraum ist gefährdet.

Grundbegriff
• der Nutzungskonflikt

M1 *Darßer Ort – Schutzzone I im Nationalpark Vorpommersche Boddenlandschaft (siehe M4)*

ⓘ Naturpark

Ein **Naturpark** ist ein großes Gebiet, in dem auf den Schutz der Umwelt und den Erhalt der Landschaft geachtet wird. Er dient überwiegend der Erholung.

ⓘ Nationalpark

Ein **Nationalpark** ist ein Gebiet mit seltenen Naturlandschaften. Es gelten besondere Schutzbestimmungen, um die Tier- und Pflanzenwelt zu erhalten. Durch die Einteilung in drei Zonen mit strengen Bestimmungen werden Naturschutz und Nutzung durch den Menschen geregelt.

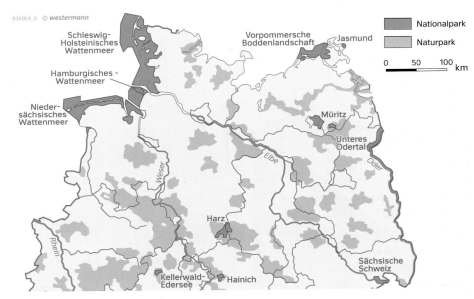

M3 *Naturparks und Nationalparks in Mittel- und Norddeutschland*

M2 *Hinweisschilder aus dem Nationalpark*

Starthilfe zu ❷ ↗
Schreibe zu jedem Schild eine Regel auf.

❶ Erläutere den Unterschied zwischen einem Nationalpark und einem Naturpark.

❷ ↗ Die Hinweisschilder (M2) zeigen, wie man sich im Nationalpark verhalten muss. Erkläre.

M4 *Übersichtskarte Nationalpark Vorpommersche Boddenlandschaft*

ⓘ Bodden
Ein Bodden ist ein flaches Küstengewässer, das durch Inseln oder Landzungen vom Meer abgetrennt ist. Das Wasser der Bodden ist flacher und hat einen geringeren Salzgehalt als die Ostsee.

Vorpommersche Boddenlandschaft

Der Nationalpark Vorpommersche Boddenlandschaft liegt im Norden von Mecklenburg-Vorpommern. Aufgrund seiner Lage an **Bodden** und am Meer gibt es hier viele verschiedene Pflanzen und Tiere.

Im Nationalpark gibt es zwei Schutzzonen. In der Schutzzone 1 dürfen nur ausgewiesene Wege betreten werden. Eine wirtschaftliche Nutzung ist ausgeschlossen. In der Schutzzone 2 kann naturverträgliche Landwirtschaft betrieben werden.

Im Nationalpark formen Wind und Wasser die Landschaft. Zunächst wird Sand durch Wind und Meeresströmung entlang der Küste abgelagert. Dabei entstehen Sandhaken und Sandbänke. Wenn sie bis über den Wasserspiegel anwachsen, wird der Sand durch den Wind weitergetragen. Auch die Wellen transportieren die Sandkörner weiter. So wird immer wieder Sand abgetragen und angelagert. Die Sandhaken und Sandbänke verbinden sich schließlich zu einer **Nehrung**.

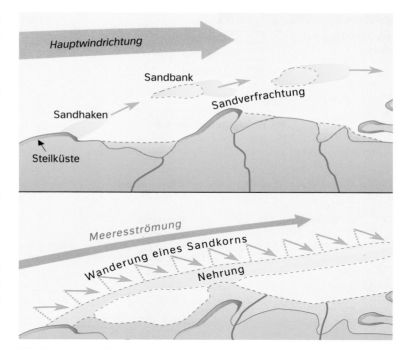

M5 *Entstehung einer Nehrung*

Merke
Zum Schutz von seltenen Naturlandschaften hat man Nationalparks eingerichtet.

Grundbegriffe
- der Naturpark
- der Nationalpark
- der Bodden
- die Nehrung

❸ Berichte über die Lage und Verteilung der Naturparks sowie der Nationalparks in M3. Vergleiche ihre Zahl und Größe.

❹ Unterscheide die Schutzzonen (M4).

❺ Stelle dar, wie eine Nehrung entsteht (Text, M5).

M1 *Die Elbe an ihrer Mündung*

M2 *Mittellauf bei Dessau*

M4 *Einzugsgebiet der Elbe*

Oberlauf
Mittellauf
Unterlauf

M5 *Oberlauf bei Bad Schandau*

M6 *An der Elbequelle im Riesengebirge*

Merkmale	Unterlauf	Mittellauf	Oberlauf
Begrenzung (Beispiel Elbe)	*Unterelbe: Geesthacht bis Cuxhaven*	*Mittelelbe: Riesa bis Geesthacht*	*Oberelbe: Quelle bis Riesa*
Gefälle	*abnehmend*		
Fließgeschwindigkeit	*abnehmend*		
Abtragung	*abnehmend*		
Ablagerung	*zunehmend*		

M3 *Eigenschaften eines Flusses von der Quelle bis zur Mündung*

Starthilfe zu ❷ ↗
Ermittle, in welchen Fluss viele Brandenburger Flüsse münden.

❶ „Das einzige Merkmal, das in Richtung Unterlauf zunimmt ist ... , alle anderen nehmen ... ." Vervollständige den Satz mithilfe von M3.

❷ ↗ Auch Berlin und Brandenburg stehen in Verbindung mit der Elbe. Erkläre.

M7 *Im Elbsandsteingebirge*

Im Oberlauf: Das Elbsandsteingebirge

Die Elbe entspringt im tschechischen Riesengebirge, erreicht dann deutschen Boden und durchfließt das Elbsandsteingebirge. Ein Teil davon wird Sächsische Schweiz genannt.

Grit macht mit ihren Eltern dort Urlaub. Sie möchte wissen, warum dieser Teil des Elbsandsteingebirges so heißt, obwohl die Berge längst nicht so hoch sind wie die in den Schweizer Alpen. „Richtig! Dies hier ist ein Mittelgebirge wie der Harz oder der Schwarzwald. Diese Gegend hier erhielt ihren Namen vor etwa 200 Jahren von zwei Schweizer Kunststudenten, die durch die wild zerklüfteten Berge an ihre Heimat erinnert wurden."

„Und warum ist dieses Gebirge so stark zerklüftet? Mit seinen einzelnen hoch aufragenden Felsen sieht es hier ganz anders aus als in den meisten anderen Mittelgebirgen!", erkundigt sich Grit. „Vor 100 Mio. Jahren war das Elbsandsteingebirge noch eine Sandsteinebene. Wind und Wasser haben das weiche Gestein im Laufe der Zeit abgetragen und mehrere ebene Flächen, die Ebenheiten, gebildet. Nur besonders harte Felsblöcke sind nach Jahrmillionen dauernder Abtragung stehen geblieben. Sie bilden jetzt die Tafelberge. Dank der steil aufragenden Felsen ist die Sächsische Schweiz ein Kletterparadies."

M9 *Kletterer auf einem Felsen*

SW Elbsandsteingebirge vor 65 Mio. Jahren NO

Elbe

Sandstein

Abtragungen der letzten 65 Mio. Jahre

Ebenheiten   Elbtal   Tafelberge

Hebungen beschleunigten die Abtragung

5346E

M8 *Entstehung des Elbsandsteingebirges*

 www.fgg-elbe.de

Merke
Das Elbsandsteingebirge ist ein beliebtes Kletterparadies. Die steil aufragenden Felsen sind durch Abtragung entstanden. Die Elbe hat sich in den weichen Sandstein eingeschnitten.

❸ Erläutere, warum das Elbsandsteingebirge für viele Touristen interessant ist.

❹ Verfolge den Lauf der Elbe auf den nächsten Seiten. Beschreibe die Landschaften von der Quelle zur Mündung. Nutze auch das Internet.

M1 *Dessau-Wörlitzer Kulturlandschaft – ein Teil des Biosphärenreservats „Mittelelbe"*

M2 *Nord-Ostsee-Kanal*

Im Mittellauf – Flusslandschaft Elbe

Die Landschaft an der Elbe zwischen der Mulde- und Saalemündung wurde 1979 als **Biosphärenreservat** „Mittelelbe" unter Schutz gestellt. Es ist ein einzigartiges Vogelparadies und der größte zusammenhängende **Auenwald** Mitteleuropas. Auenwälder können hier wachsen, weil die Elbe als Wasserstraße für den Schiffsverkehr noch nicht voll ausgebaut ist. Die Hochwässer im Frühjahr können regelmäßig große Teile des Schutzgebietes überfluten. Hier lebt der Elbebiber. Er ist streng geschützt.

Im Jahre 1988 wurde das Biosphärenreservat erweitert. Das Gebiet um Dessau-Wörlitz kam hinzu. In und um Dessau lebten früher verschiedene Fürsten. Sie bauten Schlösser und Parkanlagen. Diese sind heute das Ziel von vielen Touristen. Stolz sind die Dessauer auch auf das Bauhaus, das die Stadt als Wiege moderner Baukunst weltberühmt gemacht hat.

Das „Gartenreich" von Wörlitz

Östlich der Stadt Dessau liegt ein berühmter Landschaftspark, der Wörlitzer Park. Im 18. Jahrhundert wurde das dortige Sumpfland entwässert. Ein Elbehochwasserdamm wurde angelegt und Nebenarme der Elbe mit Seen verbunden. Dazwischen entstanden Gärten. Der Park geht nahtlos in die umgebende Landschaft über.

Der Wörlitzer Park zieht jährlich Tausende von Besuchern an. Wenn du ihn durchwanderst oder mit einer Gondel die Kanäle und Seen durchfährst, fallen dir viele originelle Bauten auf: Schloss, Tempel und Grotten. Eine Überquerung der schwankenden Kettenbrücke sollte man sich auf keinen Fall entgehen lassen.

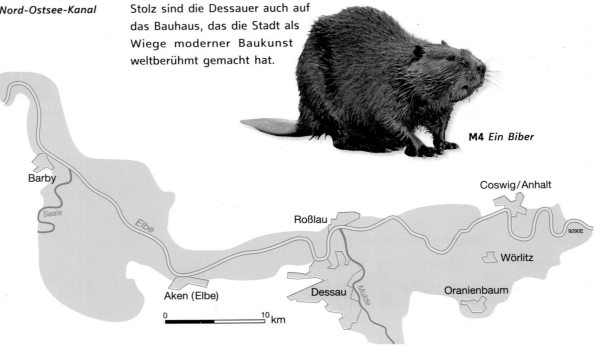

M4 *Ein Biber*

M3 *Biosphärenreservat „Mittelelbe"*

Starthilfe zu ❶ ↗
Nutze das Register.
Suche Dessau.

❶ ↗ Suche das Biosphärenreservat „Mittelelbe" im Atlas und erstelle eine Skizze.

❷ Erläutere, warum sich das größte Auenwaldgebiet Mitteleuropas um Dessau befindet (Text).

Im Unterlauf – An der Elbmündung

Wir sind auf einem Teil des Elberadweges am Unterlauf der Elbe unterwegs. Unsere Tour beginnt in Geesthacht und endet in Cuxhaven, wo die Elbe in die Nordsee mündet. Das sind die vier Haltepunkte unserer Tour:

Das Wehr Geesthacht (M5)

Da der Unterlauf der Elbe von den Gezeiten beeinflusst wird, ist ein kontrollierter Wasserabfluss durch eine Stauanlage notwendig. Dies vereinfacht die Schifffahrt; außerdem benötigt das Pumpspeicherkraftwerk Geesthacht, das einen Großteil des Strombedarfs von Hamburg bereitstellt, einen gleichmäßigen Wasserabfluss.

Der Nord-Ostsee-Kanal (M2)

Die künstliche Wasserstraße verbindet die Nordsee mit der Ostsee. Der Kanal hat immer den gleichen Wasserstand, da sich an seinen Endpunkten Schleusen befinden. Sie gleichen die durch die Gezeiten wechselnden Wasserstände der Elbe aus.

Der Hamburger Hafen (M7)

Er befindet sich etwa 90 Kilometer von der Nordsee entfernt. Durch Ebbe und Flut sowie das Elbewasser werden viele Materialien, wie Sand, in den Hamburger Hafen transportiert. Deshalb wird der Hafenbereich regelmäßig ausgebaggert.

Die Trichtermündung (M6)

Die beiden Ufer der Elbe sind an der Mündung etwa 15 km voneinander entfernt. Die Form der Mündung ist durch die Gezeiten entstanden. Bei Flut dringt das Meerwasser bis nach Hamburg vor, bei Ebbe fließt es mit dem Elbwasser in umgekehrter Richtung ab.

M5 *Schrägluftbild Wehr Geesthacht*

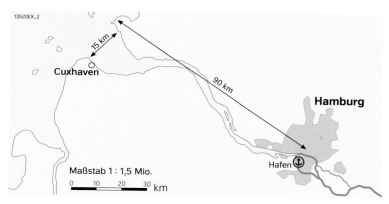

M6 *Trichtermündung der Elbe*

M7 *Die Elbe in Hamburg*

Merke

Im Mittellauf der Elbe befindet sich das Biosphärenreservat „Mittelelbe".
Der Unterlauf der Elbe wird von den Gezeiten beeinflusst. Die Mündungsform der Elbe wird als Trichtermündung bezeichnet.

Grundbegriffe

- das Biosphärenreservat
- der Auenwald

❸ Suche die Haltepunkte am Elberadweg zwischen Geesthacht und Cuxhaven im Atlas und erstelle eine Skizze dieses Gebietes mit den Haltepunkten (M2, M4 – M6).

103

M2 *Eindrücke einer Ägypten-reise*

© westermann   5709EX_4

M1 *Lage Ägyptens heute und der Wüste Sahara*

Von der Elbe zum Nil

Julia und Jonas aus Cottbus sind mit ihren Eltern in den Ferien nach Ägypten geflogen. In der letzten Schulwoche haben sie im Unterricht noch die Elbe behandelt. Jetzt sind sie kurz vor der Landung in Kairo. Jonas schaut aus dem Fenster und sagt: „Der Nil hat ja gar keine Trichtermündung. Er schiebt sich immer weiter ins Mittelmeer." Da meint Papa: „Das ist ja auch kein Wunder. Hier gibt es ja kaum Ebbe und Flut. Da kann der Nil ein richti-ges **Delta** ausbilden." Nach der Landung in Kairo besteigen die beiden mit ihren Eltern ein Hotelschiff. Sie machen eine Schiffstour auf dem Nil. Sie sind sehr gespannt. Sie haben schon von den **Pyramiden** gehört.

Nach einer Woche Nilkreuzfahrt mit vielen Besichtigungen fährt die Familie ans Rote Meer zum Baden und Entspannen. Darauf haben sich Julia und Jonas besonders gefreut.

Fluss	Elbe	Nil
Lage:	Europa	Afrika
Mündung:	bei Cuxhaven in die Nordsee	Nördlich von Kairo in das Mittelmeer
Länge	1094 km	6852 km
Einzugsgebiet	148268 km²	3255000 km²

M3 *Vergleich Elbe und Nil*

① ↗ Beschreibe die Lage von Ägypten (M1, Atlas).

② Vergleiche die Mündungen der Flüsse Elbe und Nil (Atlas). Nutze die Begriffe Trichtermündung und Delta.

③ Bestimme die Entfernung von Cottbus nach Kairo (Atlas) und die Dauer des Fluges (800 km/Stunde).

④ Schreibe deinen Namen in Hieroglyphen.

Starthilfe zu ① ↗
Notiere den Kontinent, die angrenzenden Meere und Staaten.

Wissen ist Macht

Die ägyptische Schrift wurde vor über 5000 Jahren entwickelt. Die Schreiber führten Listen über die Vorräte. Sie notierten Befehle des Pharao und leiteten sie weiter. Vor allem sie konnten lesen und schreiben. Ihre Ausbildung dauerte etwa zehn Jahre. Sie waren sehr angesehen. Da viele Texte auf Grabstätten eingemeißelt waren, nannte man die Schrift **Hieroglyphen**, das heißt „heilige Eingrabungen".

Die ägyptische Schrift bestand aus sogenannten Bildzeichen. Zunächst bedeutete zum Beispiel das Bild „Mund" auch Mund. Später erhielt es weitere Bedeutungen: reden, essen, lachen. Schließlich wurde es auch für den Buchstaben „R" benutzt. Schreibregeln gab es nicht. Die Schreibrichtung war nicht festgelegt. Vokale (Selbstlaute) wurden oft weggelassen.

Es gab anfangs etwa 700 verschiedene Bildzeichen. Sie konnten zunächst nicht entziffert werden. Erst 1822 gelang dies dem Franzosen Champollion.

M4 *Die ägyptische Schrift*

M6 *Hieroglyphen*

Ich habe den Erzarbeiter bei seiner Arbeit beobachtet. Seine Finger sind krokodilartig, er stinkt mehr als Fischlaich. Der Steinmetz schlägt harte Steine. Hat er die Arbeit beendet, versagen ihm seine Arme und seine Knie und sein Rücken ist gebrochen. Siehe, es gibt keinen Beruf, in dem einem nicht befohlen wird, außer dem des Beamten: Da ist er es, der befiehlt. Wenn du schreiben kannst, wird dir das mehr Nutzen bringen als alle anderen Berufe.

(Quelle: Friedrich Wilhelm von Bissing: Altägyptische Lebensweisheiten. Zürich 1955, S. 56ff)

Diese Leute brauchen sich nicht zu mühen, zu pflügen, zu hacken, noch sonst eine der Arbeiten zu verrichten, mit denen sich unsere Menschen auf dem Feld abplagen. Wenn bei den Ägyptern der Fluss von alleine kommt und die Fluren tränkt und nach dem Tränken wieder zurückweicht, dann besät jeder Bauer sein Feld und treibt die Schweine darauf. Ist die Saat von den Schweinen eingetreten, wartet er nur auf die Ernte.

(Quelle: Herodot: Historien. Buch II, Kap. 5, 124, Übersetzung von Walter Marg, Zürich 1973)

M5 *Oben: Quellentext des Schreibers Cheti um 1900 v. Chr. Unten: Quellentext über die Bauern im alten Ägypten*

M7 *Statue (2500 v. Chr.)*

5 Erstelle aus M3 einen zusammenhängenden Text.

6 Vervollständige den Satz: „Mithilfe der Schrift konnten die alten Ägypter ...".

7 Beschreibe die Figur M7. Gib Gründe dafür an, dass solche Statuen früher hergestellt wurden.

8 Werte die beiden Texte in M5 aus.

Merke
Die Ägypter erfanden eine Bilderschrift aus Hieroglyphen.

Grundbegriffe
• das Delta
• die Pyramide
• die Hieroglyphe

M1 *Der Nil bahnt sich seinen Weg durch die Wüste.*

Eine frühe Hochkultur

Um etwa 3000 v. Chr. entwickelte sich in Ägypten eine frühe **Hochkultur**. Sie entstand in der großen **Flussoase** des Nil in der Wüste Sahara. Durch das trockene Klima dort sind viele Bauwerke und Kunstgegenstände sehr gut erhalten. Daher weiß man heute sehr viel über die Menschen in dieser Zeit. Die ägyptische Geschichte beginnt um 3000 v. Chr. Damals wurde in Ägypten eine Schrift erfunden. Seitdem gibt es Funde mit schriftlichen Aufzeichnungen. Die ägyptische Hochkultur endet mit der Eroberung durch die Römer im Jahr 30 v. Chr.

Leben mit dem Fluss

Vor etwa 10000 Jahren, in der Jungsteinzeit, fand auf der Erde eine Klimaveränderung statt. Damals wurden die fruchtbaren und feuchten Gebiete Nordafrikas allmählich zur Wüste. Die jetzige Sahara entstand. Der Nil ist heute der einzige Fluss, der die Sahara durchquert. Im Niltal siedelten sich vor etwa 5000 Jahren Menschen an. Sie säten Getreide und züchteten Vieh. Die Häuser bauten sie aus getrocknetem Nilschlamm. Ihr Leben und ihre Landwirtschaft passten sie der Wasserführung des Flusses an.

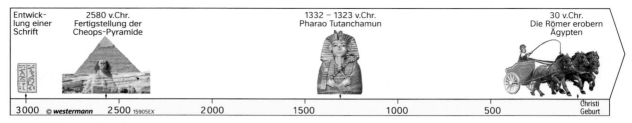

Entwick-lung einer Schrift	2580 v.Chr. Fertigstellung der Cheops-Pyramide		1332 – 1323 v.Chr. Pharao Tutanchamun		30 v.Chr. Die Römer erobern Ägypten

3000 © *westermann* 2500 15905EX   2000   1500   1000   500   Christi Geburt

M2 *Zeitfries der ägyptischen Hochkultur*

Starthilfe zu ❶ ↗
Lege eine Tabelle nach folgendem Muster an:

+	–

❶ ↗ Nenne Vorteile und Nachteile, die durch die Nilflut möglich sind.

❷ Beschreibe die Landschaft in M1.

❸ Beschreibe mithilfe von M3 die drei Jahreszeiten in Ägypten.

❹ Beurteile die Bedeutung der jährlichen Überschwemmungen für die alten Ägypter (M4, M5).

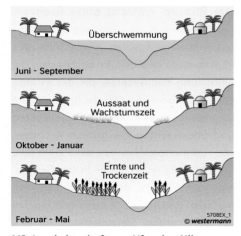

M3 *Landwirtschaft am Ufer des Nil*

Geschenk und Gefahr

Jedes Jahr im Herbst trat der Nil über die Ufer und bewässerte die Felder. Stieg das Wasser nicht hoch genug, drohten Missernten und Hungersnot. Stieg es aber zu hoch, konnte es Häuser und Felder zerstören. Deshalb schützten die Menschen sich durch Dämme.

Dazu mussten sie planvoll zusammenarbeiten. Das geschah unter Leitung des Pharao und seiner Beamten. Getrockneter Nilschlamm war das alltägliche Baumaterial. Nur Paläste, Tempel und Gräber wurden aus Stein gebaut.

Die Flussoase des Nil durchzieht von Süden nach Norden die Wüste Sahara. Sie ist etwa 1 100 km lang und bis zu 25 km breit. Im Süden reicht sie bis Assuan. Im Mündungsgebiet teilt sich der Fluss in viele Arme. Er bildet ein weitverzweigtes Delta.

Der Nil ist mit 6 852 km der längste Fluss der Erde. Er hat zwei Quellflüsse: den Blauen Nil und den Weißen Nil. Sie entspringen in den regenreichen Gebieten am Äquator. Jedes Jahr im Herbst kommt das Hochwasser.

Die jährlichen Überschwemmungen verwandelten das Land in einen einzigen großen See. Der Fluss bewässerte die Felder und füllte die Bewässerungskanäle mit Wasser. So ermöglichte er gute Ernten.

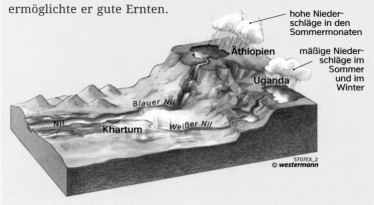

M5 *Flussoase Nil*

Heil Dir, o Nil, der Du der Erde entspringst und nach Ägypten kommst, um es am Leben zu erhalten. Wenn Dein Wasser über die Ufer tritt, wird Dir geopfert, und große Geschenke werden Dir dargebracht.
Grün bist Du, der Du es möglich machst, dass Mensch und Tier leben.

(Quelle: Adolf Erman: Die Literatur der Ägypter. Leipzig 1923, S. 193f)

M4 *Loblied auf den Nil*

5 Ein ägyptischer Vater erklärt seiner Tochter oder seinem Sohn, welche Bedeutung der Nil für die Ägypter hat. Spielt diese Szene in der Klasse.

6 a) Hapi ist bei den Ägyptern der Gott der Nilflut. Suche im Internet Informationen dazu.
b) Du bereitest ein Fest vor, bei dem Hapi verehrt wird. Wie könnte die Festlichkeit aussehen?

Merke
Um 3000 v. Chr. entwickelte sich entlang des Nils die ägyptische Hochkultur. Der Nil durchquert als Flussoase die Wüste Sahara.

Grundbegriffe
• die Hochkultur
• die Flussoase

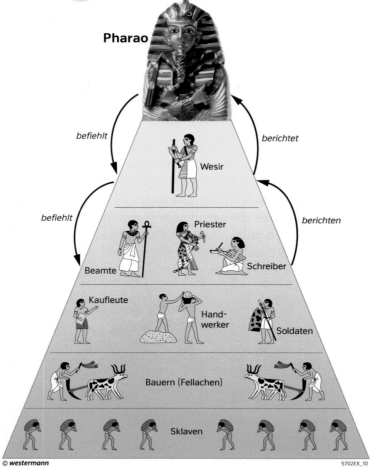

Pharao

befiehlt   *berichtet*

Wesir

befiehlt   *berichten*

Priester

Beamte   Schreiber

Kaufleute   Hand-werker   Soldaten

Bauern (Fellachen)

Sklaven

© westermann   5702EX_10

M1 *Schaubild – der Aufbau der ägyptischen Gesellschaft*

Der Pharao – Macht ohne Grenzen

Der **Pharao** war als Gottkönig der oberste Herrscher in Ägypten. Stellvertreter des Pharao war der Wesir. Er überwachte die Einhaltung der Gesetze, die der Pharao erließ. Ihm unterstanden die Beamten. Sie konnten lesen und schreiben. Sie lenkten und überwachten die großen Arbeiten, wie zum Beispiel den Bau der Pyramiden. Spezielle Schreiber unter ihnen berechneten die Steuern, die die Bauern zahlen mussten. Bauern stellten den größten Teil der Bevölkerung. Sie arbeiteten auf den Feldern und mussten einen Großteil ihrer Ernte als Steuern abgeben. Obwohl sie die Grundlage für den Reichtum des Pharao schufen, galten Bauern in der Gesellschaft nicht viel.

Handwerker arbeiteten in den Städten und Dörfern sowie am Hof des Pharao. Insbesondere Maler, Bildhauer, Goldschmiede und Tischler waren geschätzte Spezialisten. Auch Frauen waren als Handwerkerinnen, Bäuerinnen und Beamtinnen tätig. Eine Armee schützte das Land vor Eindringlingen.

ⓘ Schaubild

Ein Schaubild ist eine Zeichnung, in der komplizierte Zusammenhänge vereinfacht dargestellt werden. Dabei spielen manchmal Begriffe, Farben, Pfeile und Größen eine Rolle. Auch die äußere Form des Schaubildes kann zum Thema passen.

Fünf Schritte zur Auswertung eines Schaubildes

1. Schritt: Nenne das Thema des Schaubildes (Über- oder Unterschrift).

2. Schritt: Prüfe, ob eine Entwicklung oder ein Zustand dargestellt wird.

3. Schritt: Ist das Schaubild in einer besonderen Form gestaltet? Wenn ja, suche Gründe dafür.

4. Schritt: Untersuche die Einzelheiten des Schaubildes. Vergleiche zum Beispiel die Größen der dargestellten Einzelheiten. Erkläre die Bedeutung von Pfeilen.

5. Schritt: Fasse die Aussagen des Schaubildes zusammen.

Starthilfe zu ❶ ↗
Auch Kleidungsstücke können „Zeichen der Macht" sein, z. B. eine Uniform.

❶ ↗ Zeichen der Macht des Pharao sind der geflochtene Götterbart und der Geier über seiner Stirn (M1). Auch heute gibt es „Zeichen der Macht". Nenne Beispiele.

❷ Erläutere Stellung und Aufgaben des Pharao.

❸ Ordne die Personen in M2 und M3 in das Schaubild M1 ein.

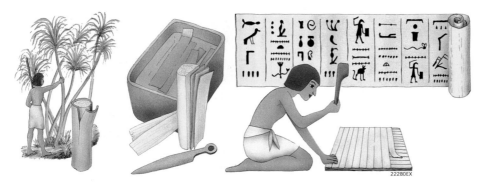

M2 *Handwerker im alten Ägypten bei der Papierherstellung aus der Papyruspflanze*

M5 *Papyrusrolle mit Schreibfeder*

Nach dem Hochwasser müssen wir die Grenzen der Felder neu festlegen.

Ich schreibe alles auf, was die Bauern abliefern. Das ist besser, als selbst auf den Feldern arbeiten zu müssen.

Wir haben genügend Getreide gelagert, auch wenn die nächste Überschwemmung ausbleibt.

M3 *Wer macht was?*

1. Das Thema des Schaubilds ist der Aufbau der ägyptischen Gesellschaft.
2. Das Schaubild gibt einen Zustand wieder.
3. Die Form des Schaubildes ist ein Dreieck oder eine Pyramide. Diese Form betont die herausragende Stellung des Pharao und seine Macht.
4. Der Pharao ist besonders groß gezeichnet: Er hat die größte Macht. Die Personen-Reihen darunter werden immer kleiner. Sie haben weniger zu bestimmen und weniger Ansehen. Die Pfeile zeigen, wer befehlen kann und wer gehorchen muss.
5. Das Schaubild zeigt die Verteilung der Macht im Pharaonenreich. Alle sind vom Pharao abhängig.

M4 *Auswertung des Schaubildes M1*

4 Werte das Schaubild M2 über die Papierherstellung aus. Nutze die fünf Schritte zur Auswertung eines Schaubildes auf S. 108.

5 Schreibe einen Text, wer wem in der altägyptischen Gesellschaft befehlen kann (M1).

Merke
Der Pharao war Gott, König und Herrscher in einer Person. Er stand an der Spitze der Gesellschaftspyramide. Der größte Teil der Bevölkerung bestand aus Bauern, Handwerkern und Kaufleuten.

Grundbegriff
• der Pharao

M1 *Lehmziegelhaus einer reichen Familie (um 1400 v. Chr.)*

M3 *Querschnitt durch das Haus eines reichen ägyptischen Ehepaares (um 1400 v. Chr.)*

Süßspeise der alten Ägypter:
Himmlische Pharaobällchen

Zutaten:
250 Gramm Datteln
ein Teelöffel Zimt
ein Teelöffel Kardamom
100 Gramm Walnüsse
Puderzucker

Zubereitung:
Die Datteln mit dem Pürierstab zu einer sämigen Masse verrühren, Zimt und Kardamom untermischen, die grob gehackten Walnüsse drunterkneten, kleine Kugeln formen und in Puderzucker wälzen.

M2 *Guten Appetit!*

„Das Leben der Menschen im alten Ägypten." Entwickelt dazu eine Präsentation (siehe S. 117) und stellt sie in der Klasse vor.

So lebten die Ägypter

Der Pharao und seine reichen Beamten lebten in Palästen. Es gab auch riesige Tempelanlagen mit einflussreichen Priestern. Die meisten Menschen jedoch lebten als Bauern in den zahlreichen Dörfern entlang des Nil. Das Land, das sie beackerten, gehörte ihnen nicht. Es war das Eigentum des Pharao und seiner königlichen Familie oder der Beamten oder Priester, denen er es geschenkt hatte.

Bildquellen zeigen, dass in der Familie die Kinder eine große Rolle spielten. Die Söhne der reichen Leute erhielten Unterricht. Dadurch konnten sie später angesehene Berufe ausüben. Die Kinder der Bauern mussten dagegen schon in jungen Jahren mitarbeiten: auf den Feldern oder bei der Versorgung der Tiere. Einige Töchter wurden auch Dienerinnen bei reichen Familien.

Tipps für die Erarbeitung

❶ Nennt Unterschiede zwischen verschiedenen Menschengruppen im alten Ägypten. Nutzt die Texte als Information.

❷ Ermittelt die soziale Stellung der Personen in M4. Geht ein auf Kleidung, Schminke und Frisur.

❸ Betrachtet M3.
a) Schreibt die Gegenstände auf, die ihr erkennt.
b) Schreibt die Tätigkeiten auf, die ihr erkennt.
c) Dienerinnen, Diener und Hausbesitzer sehen unterschiedlich aus. Erläutert.

M4 *Wandmalerei einer Familie (um 1400 v. Chr.)*

Spiegel

Rasiermesser

Die Wohnhäuser der Ägypter bestanden aus getrocknetem Nilschlamm, der zu Ziegeln verarbeitet wurde. Außen wurden die Ziegelwände mit Lehm bestrichen, um sie haltbar zu machen.
Die Häuser der reichen Leute hatten einen schön gestalteten Garten und einen Keller. Dort befanden sich Vorratsräume für Lebensmittel und Arbeitsräume. Die Dächer hatten Windöffnungen für den kühlen Nordwind.
Die Bauern lebten in einfacheren Hütten aus Schlammziegeln. In allen Behausungen waren die Fenster klein, damit nur wenig Sonne ins Haus scheinen konnte.

Kleidung und Schmuck zeigten, welcher Schicht eine Person angehörte. Bauern und Handwerker trugen grobes Leinen. Reiche Beamte kleideten sich kostbarer. Bei Festen setzten Männer und Frauen schwarze Perücken auf. Sie färbten die Haare mit dem Blut von Tieren. Nicht nur Frauen, auch Männer schminkten sich Augen und Augenbrauen. Dazu benutzten sie Salben aus dem Fett von Katzen und Krokodilen. Schmuck war ein Zeichen von Reichtum. Manche Schmuckstücke wurden auch als Glücksbringer getragen, wie zum Beispiel der Skarabäus, die Darstellung eines Käfers.

Salbengefäß

Haarschere

M5 *Wohnhäuser und Hütten*

M6 *Kleidung und Schmuck*

Halskragen

M7 *Ausgrabungsfunde*

❹ Ordnet die Gegenstände (M7):
   a) Werkzeuge zur Körperpflege,
   b) Gegenstände zum Aufbewahren von Pflegemitteln,
   c) Schmuck, um zu gefallen.

❺ Erstellt für die Klasse einen kurzen Merktext über euer Thema.

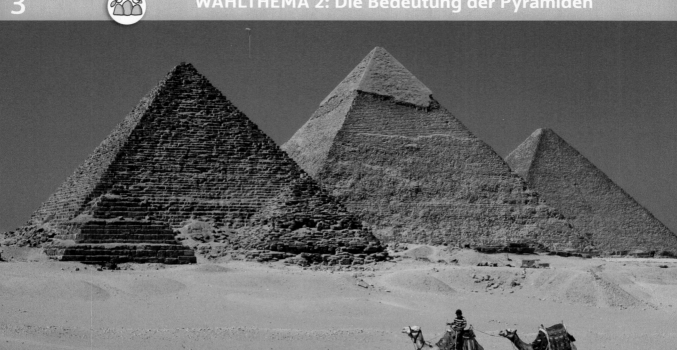

M1 *Die Pyramiden von Gizeh – die Pharaonen wurden hier vor etwa 4500 Jahren nacheinander bestattet.*

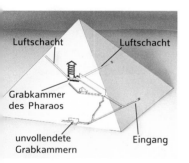

M2 *Schemazeichnung der Cheops-Pyramide: Die Höhe der Pyramide hat sich durch die Verwitterung im Lauf der Jahrtausende verringert.*

> **„Die Pyramiden in Ägypten – Zeugnisse einer Hochkultur." Entwickelt dazu eine Präsentation (siehe S. 117) und stellt sie in der Klasse vor.**

Zeugnisse der Hochkultur

Eindrucksvolle Zeugen der ägyptischen Hochkultur sind die Pyramiden, die gewaltigen Grabstätten der ägyptischen Königinnen und Könige. Die Ägypterinnen und Ägypter verehrten die Pharaonen als Götter und glaubten an ein Weiterleben nach dem Tod. Durch die prächtige Ausstattung der Grabstätten und kostbare Grabbeigaben sollten die Pharaonen gnädig gestimmt werden und im Jenseits weiter für ihr Volk sorgen. Die Pyramiden liegen am Rand der Niloase, dort wo die Felder enden und die Wüste beginnt. Über den Bau der Pyramiden gibt es keine zeitgenössischen Berichte. Daher weiß man nicht genau, wie sie gebaut wurden. Heute sind noch etwa 30 Pyramiden vorhanden.

Tipps für die Erarbeitung

❶ Ihr führt eine Touristengruppe zu den Pyramiden von Gizeh. Erklärt den Besuchern die Forschungsergebnisse über den Pyramidenbau und die Bedeutung der Pyramiden (M3).

❷ Beschreibt die Tätigkeiten und nennt die Hilfsmittel der Pyramidenbauer in M4.

❸ a) Erklärt, warum die Pyramiden erbaut wurden.
b) Begründet anhand von M3 den aufwendigen Pyramidenbau.

Warum haben die Ägypter die Pyramiden gebaut?
Die Pyramide ist die Wohnung des Königs, der nun aus dem Reich der Toten (...) regiert. Der gestorbene Pharao lebt als Gott weiter und herrscht in einer für alle sichtbaren Pyramide.
Warum war die Oberschicht auch für die Organisation des Baus zuständig?
Solch ein Bauwerk konnte nur von Spezialisten geplant werden. In den alten Schriften findet man keine Beschreibungen über den Bau der Pyramiden. Die Mithilfe war für die Ägypter eine Art Gottesdienst (...).
Wie viele Menschen haben an einer Pyramide gebaut?
Rund 25 000 – etwa einer von hundert Menschen der damaligen ägyptischen Bevölkerung. Mit dem Bau selbst waren 15 000 Mann beschäftigt, davon 5 000 Mann auf der Baustelle und 10 000 Mann in den Steinbrüchen der Umgebung. Etwa 1 000 Mann davon waren ausschließlich für die Werkzeuge zuständig. Um den Transport der Steinblöcke kümmerten sich weitere 5 000 Mann. Wir haben nachgewiesen, dass 18 Mann einen Steinklotz eine steile Böschung hochbringen können. Und noch einmal rund 5 000 Leuten – etwa Bäckern und Köchen – oblag die Versorgung.

(Quelle: Rainer Stadelmann. In: Geo Epoche: Das Reich der Pharaonen. Heft 3, 2000)

M3 *Aus einem Interview mit einem Ägyptenforscher*

Lobpreisung auf den Pharao

Seine Augen ergründen jeden Leib. Er ist Re*, der mit seinen Strahlen schaut. Er erleuchtet Ägypten wie die Sonne. Er lässt das Land grünen wie ein hoher Nil. Er gibt Speisen denen, die ihn geleiten. Er nährt den, der seinem Weg folgt.

(Quelle: Adolf Erdman: Die Literatur der Ägypter. Leipzig 1923, S. 469)
(Hinweis: *Re (auch Amun-Re) ist der Sonnengott.)

M5 *Quellentext*

M4 *Die Ägypter bauten die Pyramiden ohne moderne Technik (heutige Darstellung).*

ⓘ Die Cheops-Pyramide

Die Cheops-Pyramide besteht aus über 2 300 000 Kalksteinen. Sie war ursprünglich 146 m hoch. Die Grundfläche ist ein Quadrat von 230 m pro Seite. Jeder Stein wiegt etwa 2 500 kg, so viel wie drei Kleinwagen. Die Steine waren so genau behauen, dass sie ohne Fugen aneinander- und aufeinanderpassten. Über 20 000 Arbeiter waren täglich zehn Stunden im Einsatz. Der Bau dauerte 23 Jahre.

④ Vergleicht die Maße der Cheops-Pyramide mit den Maßen eurer Schule (Info).

⑤ Begründet, warum nicht genau bekannt ist, wie die Pyramiden erbaut wurden.

⑥ Erstellt für die Klasse einen kurzen Merktext über euer Thema.

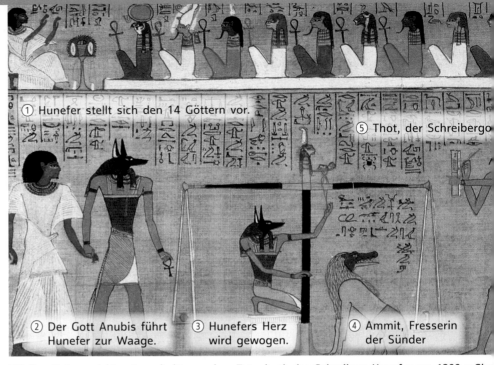

① Hunefer stellt sich den 14 Göttern vor.

⑤ Thot, der Schreibergo

② Der Gott Anubis führt Hunefer zur Waage.

③ Hunefers Herz wird gewogen.

④ Ammit, Fresserin der Sünder

M2 *Das Totengericht – Ausschnitt aus dem Totenbuch des Schreibers Hunefer um 1300 v. Chr.*

ⓘ Mumie

Nach ägyptischem Glauben musste ein toter Körper erhalten bleiben, damit seine unsterbliche Seele im Jenseits einen Wohnort hat. Die Ägypter entwickelten daher besondere Methoden, um den Leichnam vor Verwesung zu schützen, auch mumifizierengenannt. Viele **Mumien** sind erhalten geblieben. Man gab den Toten all das mit ins Grab, was sie auch zu Lebzeiten für ein angenehmes Leben gebraucht hatten.

> **„Das Totengericht tagt."** Entwickelt dazu eine Präsentation (siehe S. 117) und stellt sie in der Klasse vor.

M1 *Die Mumie eines Pharao. Er starb 1213 v. Chr. und war über 80 Jahre alt geworden.*

Die ägyptische Götterwelt

Die Ägypter glaubten an ein Weiterleben nach dem Tod. Sie stellten es sich ähnlich vor wie das Leben auf der Erde. Das wissen wir aus den Grabfunden. Sie verehrten viele Götter. Ihr oberster Gott war der Sonnengott Re, auch Amun-Re genannt. Viele Götter stellten die Ägypter als Menschen mit Tierköpfen dar, andere haben die Gestalt von Katzen, Krokodilen oder Affen. Bestimmten Tieren wurden göttliche Kräfte zugeschrieben.

Osiris wird von seinem Bruder ermordet. Isis, die Frau von Osiris, findet die Leichenteile. Sie fügt sie wieder zusammen und belebt den Osiris. Sie zeugt mit ihm einen Sohn, den Gott Horus. Osiris herrscht daraufhin als Richter über die Verstorbenen in der Unterwelt. Sein Sohn Horus führt die Toten zu ihm.

M3 *Die Sage von Isis und Osiris*

Tipps für die Erarbeitung

❶ Beschreibt die Szenen ①, ②, ③, ⑥ beim Ablauf des Totengerichtes in M2.

❷ Versetzt euch in die Situation von Hunefer. Berichtet über den Ablauf des Totengerichtes.

❸ Formuliere, was Hunefer dem 14-köpfigen Gericht erzählt haben könnte (M5).

❹ Auf der Waage liegen Hunefers Herz und eine Feder. Berichtet, was die Waage anzeigt und was das bedeutet.

⑧ Osiris, Herrscher des Jenseits

⑦ Horus, der Sohn von Osiris

⑨ Isis, die Frau des Osiris

⑥ Hunefer wird zu Osiris geführt.

Anubis: Gott mit dem Kopf eines Schakals. Er überwacht die Waage.
Ammit: Ungeheuer mit Krokodilskopf und Löwenkörper. Sie frisst die sündigen Toten.
Thot: Gott mit dem Kopf eines Vogels. Er ist der Schreiber und notiert die Ergebnisse der Waage.
Horus: Gott mit dem Kopf eines Falken. Er führt die Toten vor den Thron des Osiris.

M4 *Die Mitwirkenden am Totengericht*

Das Totengericht des Hunefer

Der Schreiber Hunefer lebte als hoher Beamter um 1300 v. Chr. Wie viele andere hoffte er, nach dem Tod im Jenseits weiterzuleben. Dies wird vor einem **Totengericht** verhandelt. M2 zeigt das Totengericht, vor das Hunefer tritt. Es stammt aus dem sogenannten Totenbuch des Hunefer. Das ist kein richtiges Buch, sondern eine **Papyrusrolle**. Sie sollte den Verstorbenen schützen und vor dem Totengericht sein vorbildliches Leben beweisen. Nur reiche Leute konnten sich solche Totenbücher leisten. Die Malereien berichten vom Leben der Verstorbenen und sollten die Seelen der Toten ins Jenseits begleiten.

Das Bild enthält vier Szenen. In der Hauptszene wird Hunefers Herz auf die linke Waagschale gelegt und gegen eine Feder in der rechten Waagschale aufgewogen. Für die Ägypter war das Herz die Mitte des Menschen. Hat der Verstorbene gesündigt, sinkt die Waagschale mit dem Herzen und es wird von Ammit verschlungen. Das wäre der endgültige Tod. Anubis prüft und stellt fest, dass Hunefer nicht gesündigt hat. Die Waage bleibt im Gleichgewicht. Thot schreibt das Ergebnis auf und Horus geleitet Hunefer zu Osiris. Nun ist der Weg frei für ein Weiterleben im Jenseits.

1348EX_4   © *westermann*

Ich habe nichts Schlechtes getan!
Ich habe nicht hungern lassen!
Ich habe nicht zum Weinen gebracht!
Ich habe nicht getötet!
Ich habe nicht zu töten befohlen!
Ich habe niemandem Böses zugefügt!
Ich habe die Opferspeisen in den Tempeln nicht verringert!
Ich habe nicht Ehebruch begangen!
Ich habe die Gewichte der Handwaage nicht vergrößert!

M5 *Aus Hunefers Totenbuch*

❺ Beurteilt den Einfluss des Totengerichtes auf das Leben der Menschen.

❻ Erläutert den Zweck eines Totenbuches im alten Ägypten.

❼ Prüft, welche der Aussagen in M5 auch heute als Lebensregeln gelten könnten.

❽ Erstellt für die Klasse einen kurzen Merktext über euer Thema. Erklärt darin auch die Grundbegriffe.

Grundbegriffe
• die Mumie
• das Totengericht
• die Papyrusrolle

Wirtschaft: Landwirtschaft, Bergbau, Industrie, Dienstleistungen (z. B. Tourismus)

Natur: Wasser, Berge, Täler, Gewässer, Klima, Boden sowie Pflanzen- und Tierwelt

Bevölkerung und Siedlung: Bevölkerungsverteilung, Städte, Dörfer, Lebensverhältnisse (z. B. Einkommen, Analphabeten)

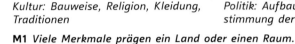

Kultur: Bauweise, Religion, Kleidung, Traditionen

Politik: Aufbau des Staates, Mitbestimmung der Bevölkerung

Verkehr: Verkehrswege und Verkehrseinrichtungen

M1 *Viele Merkmale prägen ein Land oder einen Raum.*

Ägypten kennenlernen

Um ein Land kennenzulernen, könnt ihr einen Ländersteckbrief erstellen. Darin untersucht ihr das Land nach bestimmten Merkmalen (M1). Vorher fertigt ihr eine kleine Erstinformation an, zum Beispiel mit Stichworten zur Lage, zu den Nachbarländern, zur Größe und zur Einwohnerzahl.

Ein Tipp zur Erweiterung: Wenn ihr den Ländersteckbrief erstellt habt, könnt ihr noch ein bis zwei spezielle Themen erarbeiten, zum Beispiel zum Tourismus, über die Stadt Kairo, über das Leben der Menschen oder über den Baumwollanbau und die Verarbeitung von Baumwolle.

- Atlas
- Der Fischer Weltalmanach
- Tages- und Wochenzeitungen
- Literatur aus Büchereien
- Reisekataloge

- Zeitschriften,
- Reiseführer
- Internet-Informationen (z. B. www.auswaertiges-amt.de; „Länder")

M2 *Informationsquellen*

So erstellt ihr einen Ländersteckbrief

Materialbeschaffung
Sammelt aktuelle Zeitungsartikel, Texte und sucht schöne Bilder. Nutzt möglichst viele Informationsquellen. Die Informationsbeschaffung kann lange dauern, fangt deshalb frühzeitig an.

Materialauswertung
Sortiert das Material nach Themen. Schreibt die Informationen nach M1 geordnet heraus. Fertigt mithilfe des Atlas eine einfache Karte an und tragt wichtige Städte, Flüsse, Bodenschätze usw. ein.

Präsentation der Ergebnisse
Ihr könnt eure Ergebnisse zum Beispiel als Wandzeitung oder in einem Schnellhefter präsentieren.
Achtet darauf, dass das Typische des Landes klar und anschaulich dargestellt wird. Dabei helfen Fotos und eine farbliche Gestaltung der Präsentation.

Ergebnisse präsentieren

Über die Ergebnisse deiner Arbeit sollen auch die anderen Schülerinnen und Schüler informiert werden. Für eine Präsentation hast du verschiedene Möglichkeiten (siehe M3).

Für welche Art der Präsentation du dich auch entscheidest: Bei jeder Präsentationsmöglichkeit können dir Karteikarten helfen. Schreibe dazu die wichtigsten Informationen stichwortartig auf kleine Karteikarten. Ordne diese dann entsprechend deiner Präsentation in eine sinnvolle Abfolge.

© westermann 9044EX_6

Homepage, PowerPoint-Präsentation
Du kannst deine Ergebnisse auch auf der Homepage eurer Schule präsentieren oder eine PowerPoint-Präsentation erstellen. Bitte die Netz-AG oder deine Lehrerin / deinen Lehrer um Mithilfe.

Referat/Vortrag
Ein Referat ist ein kurzer Vortrag (etwa 10 Minuten) über ein Thema. Zu Beginn informierst du über die Gliederung und die Dauer deines Referats. Mögliche Hilfsmittel sind Plakate, Folien, Tafelanschrieb.

Mein Thema lautet ...

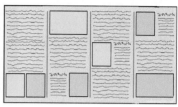

Bei einer Wandzeichnung werden eine Überschrift sowie kurze Texte und Bilder auf einem großen Blatt Papier geordnet zusammengestellt. Bei der Präsentation werden die einzelnen Teile der Wandzeichnung dann erläutert.

Reportage
Mache aus deinen Ergebnissen eine Reportage, die du aufnimmst. Übrigens: Viele lokale Rundfunksender senden gerne Schülerreportagen!

Prospekt, Informationsbroschüre
Für eine Informationsbroschüre musst du neben deinen Texten vor allem Abbildungen und Fotos auswählen. Klebe die Informationen so zusammen, dass du ein Faltblatt erhältst.

Buch, Mappe
Wenn du deine Ergebnisse als Buch präsentieren willst, dann benötigst du zwei Pappen als Vorder- und Rückseite (Buchdeckel). Die Buchseiten musst du entsprechend der Größe der Pappen anfertigen.
Binden kannst du dein Buch, indem du die Seiten lochst und mit einer Schnur zusammenbindest. Gestalte das Deckblatt deines Buches!

M3 *Präsentationsmöglichkeiten*

Präsentieren von Ergebnissen

1. Schritt:
Entscheide dich für eine Präsentationsmöglichkeit (M3).

2. Schritt:
Erstelle kleine Karteikarten mit den wichtigsten Informationen.

3. Schritt:
Ordne deine Karteikarten im Hinblick auf die Präsentationsart.

4. Schritt:
Erstelle nun die Präsentation, um die anderen Schüler zu informieren.

M4 *Schülervortrag*

M1 *Kopf der Gesetzes-säule König Hammurabis*

M2 *Das Ischtar-Tor im Berliner Pergamonmuseum*

Entlang von Flüssen

Vor rund 4 500 Jahren hatten sich nicht nur in Ägypten frühe Hochkulturen entwickelt. Sie entstanden entlang von großen Flüssen. Eine geschickte Nutzung des Wassers machte die Landwirtschaft sehr ertragreich. Auch dienten die Flüsse als Transportweg.

In allen Hochkulturen gab es eine Schrift. Diese war wichtig für die Verwaltung der einzelnen Gebiete der Reiche. Handwerker schufen unter anderem Luxusgüter aus kostbaren Materialien.

◁ **M3** *Babylon um 560 v. Chr. (Nachbau). Im Vordergrund die Prozessionsstraße mit dem Ischtar-Tor aus blaugebrannten Ziegeln. Im Hintergrund steht der Tempelturm. Er ist das religiöse Zentrum des Reiches.*

Hochkulturen im Zweistromland

In Mesopotamien, dem Zweistromland an den Flüssen Euphrat und Tigris, lebten viele Menschen auf engem Raum zusammen. Sie schufen eine staatliche Ordnung. Sie gründeten Städte und schützten sie mit starken Mauern. Hier regierten ihre Priester-Könige, hier machten die Menschen bahnbrechende Erfindungen wie Rad, Wagen, Pflug und Töpferscheibe. Gelehrte forschten in Mathematik, Sternenkunde und Zeitberechnung, und sie erfanden etwa zeitgleich mit den Ägyptern die Schrift.

Um 3500 v. Chr. entwickelten hier die Sumerer die älteste Form einer Hochkultur. Da das Zweistromland nicht so geschützt liegt wie das Niltal, wurde es im Laufe der Jahrhunderte immer wieder erobert. Auf die Sumerer folgten die Babylonier, die Assyrer und die Perser.

Starthilfe zu ❷ ↗
Die Umrisse der heutigen Staaten sind in M3 mit einer grauen Linie eingezeichnet.

❶ Nenne Gründe, warum Hochkulturen an Flüssen entstanden sind.

❷ ↗ Suche im Atlas die heutigen Länder, die in den Gebieten der alten Hochkulturen liegen. Schreibe ihre Namen auf (M4).

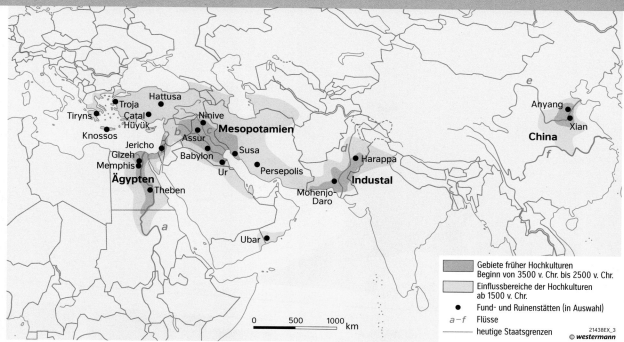

M4 *Frühe Hochkulturen (Auswahl)*

Gesetz und Ordnung

König Hammurabi hatte in Mesopotamien um 1780 v. Chr. ein großes Reich geschaffen mit Babylon als Hauptstadt. In seinem Reich erließ er Gesetze und eine einheitliche Rechtsprechung. Zum Beispiel durften Starke nicht die Schwachen bedrängen und Söhne nicht ihre alten Väter schlagen. Hammurabi ließ seine Gesetze in Stein meißeln und an mehreren Orten seines Reiches aufstellen. Alle sollten danach handeln. Er verkündete, dass sein oberster Gott ihm diese Gesetze gegeben habe. So hoffte er, die Gesetze am besten durchsetzen zu können. Das Strafmaß wurde nach dem Grundsatz „Auge um Auge, Zahn um Zahn" festgelegt.

Seine Gesetzessammlung umfasst 282 Gesetzesparagraphen. Es ist die älteste vollständig erhaltene Rechtssammlung auf der Erde.

„Babylons Pracht übertrifft die aller anderen Städte der bekannten Welt" schrieb der griechische Geschichtsschreiber Herodot, der um 450 v.Chr. Babylon besuchte. Verschafft euch einen Eindruck davon und plant einen Klassenausflug in das Berliner Pergamonmuseum. Dort werden spezielle Führungen für Schulklassen angeboten.

M5 *Tipp für einen Ausflug*

Merke
Vor etwa 4500 Jahren entwickelten sich entlang von großen Flüssen frühe Hochkulturen.

③ Stelle die Merkmale der vorgestellten Hochkulturen zu folgenden Themen zusammen: Schrift, Gesetze, Kunst, Arbeitsteilung.

④ Stelle dar, mit welchem Argument König Hammurabi seine Gesetze besser durchsetzen wollte (Text).

Der Assuan-Staudamm

Bauzeit:	11 Jahre
	(1960 – 1971)
Dammhöhe:	111 m
Dammlänge:	5 km
Stauseelänge:	550 km

M1 *Luftbild des Assuan-Staudamms*

M2 *Der Wasserstand des Nils (bei Luxor)*

Wasserstand (in Metern)

Nilhochwasser vor dem Staudammbau

heute

J F M A M J J A S O N D
© *westermann* 521EX_6

Der Assuan-Staudamm

Um die Versorgung der Bevölkerung mit Nahrungsmitteln zu verbessern, baute die ägyptische Regierung den Assuan-Staudamm. Er wurde 1971 fertiggestellt. Durch den Damm entstand ein See, der fast zehnmal größer ist als der Bodensee. In diesem Stausee wird das Nilhochwasser zurückgehalten. Es gibt somit keine Überschwemmungen mehr, denn der Damm verhindert den unkontrollierten Abfluss des Nilhochwassers.

Die Felder können das ganze Jahr über bewässert werden, sodass zwei bis drei Ernten im Jahr möglich sind. Durch dieses Projekt wurden über 5000 km² Wüste in Ackerland umgewandelt. Die Erträge der Landwirtschaft sind gestiegen. Ein Wasserkraftwerk erzeugt zudem Strom. Viele Dörfer am Nil konnten so an das Stromnetz angeschlossen werden. Neue Fabriken wurden gebaut.

Starthilfe zu ❶ ↗
Lege eine Tabelle an.

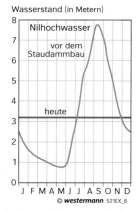

Vorteile	Nachteile
…	…

❶ ↗ Erörtere das Für und Wider des Assuan-Staudamms (M1–M3, Text).

❷ Beschreibe das Luftbild M1.

❸ Gestalte eine Diskussionsrunde zum Staudammbau.

❹ a) Erstelle eine Mindmap zu den Folgen des Assuan-Staudamms.

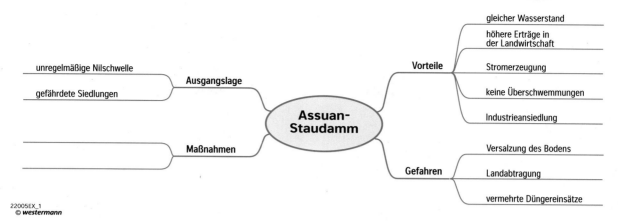

22005EX_1
© **westermann**

M3 *Mindmap zum Thema Assuan-Staudamm*

Folgen durch den Bau des Assuan-Staudamms:

a) Landabtragung an der Mündung: An einigen Stellen der weitverzweigten Nil-Mündung dringt das Meer 30 m pro Jahr ins Land vor. Der Bau von Betonwällen soll die bedrohten Bereiche sichern.

b) Bewässerung: Das ganze Jahr über ist eine Bewässerung mit Nilwasser möglich. Dies führt zu einer Erhöhung der landwirtschaftlichen Erträge.

c) Einsatz von Dünger: In zehn Jahren verdoppelte sich der Düngerverbrauch.

d) Versalzung der Böden: Ständig sind die Äcker durch Versalzung gefährdet.

Wenn die Bewässerung nicht sachgerecht durchgeführt wird, wird der Boden unbrauchbar.

e) Industrieansiedlung: Neue Betriebe siedelten sich an: ein großes Düngerwerk, ein Stahlwerk, eine Aluminiumfabrik und viele Kleinbetriebe um Assuan.

f) Stromerzeugung: Neue Kraftwerke erzeugen ungefähr ein Viertel des landesweiten Elektrizitätsverbrauchs.

g) Versetzung von antiken Bauwerken: Dies war nötig, damit sie nicht im Stausee untergingen.

ⓘ Mindmap
Eine **Mindmap** (wörtlich: Gedankenkarte) hilft dabei, die vielen Teilbereiche eines Themas zu ordnen. So lässt sich eine Zusammenfassung oder ein Referat besser vorbereiten.

Anfertigen einer Mindmap

Beim Anfertigen einer Mindmap schreibst du deine Gedanken nicht wie üblich hinter- oder untereinander. Du schreibst das Hauptthema in die Mitte eines Blattes Papier und notierst deine Gedanken dazu als Schlüsselwörter auf Linien, die von dem Hauptthema ausgehen. Dadurch entsteht eine bildhafte Darstellung deiner Gedanken.

1. Schritt:
Schreibe das Thema in die Mitte.
2. Schritt:
Zeichne Hauptstränge mit wichtigen Gliederungspunkten.
3. Schritt:
Zeichne Nebenstränge mit weiteren ergänzenden Unterpunkten.

Merke
Die Bevölkerung in Ägypten wächst sehr schnell. Zur Sicherung der Ernährung wurde der Assuan-Staudamm gebaut. Er bietet Vorteile, hat aber auch Nachteile.
Eine Mindmap hilft, viele Teilbereiche eines Themas zu ordnen.

Grundbegriff
• die Mindmap

b) Ergänze in M3 auf den Nebensträngen zum Unterthema „Maßnahmen" zwei Begriffe mithilfe des Textes „Folgen durch den Bau".

❺ Halte ein Kurzreferat zum Thema Assuan-Staudamm ohne schriftliche Gedächtnisstütze.

M1 *Berlin um 1910 – Hochbahn am Schöneberger Ufer, Gleisdreieck und Landwehrkanal*

M3 *Der Eingang zum unterirdischen Kanal in den Rüdersdorfer Kalkbergen (Zeichnung von 1883)*

Berlin, vom Wasser aus gebaut

Der Aufbau und das Wachstum von Berlin in den vergangenen 800 Jahren wurde durch zwei Voraussetzungen geprägt: die Lage an einer Furt in der Spree und die Möglichkeit, Baustoffe aus der Umgebung zu bekommen.

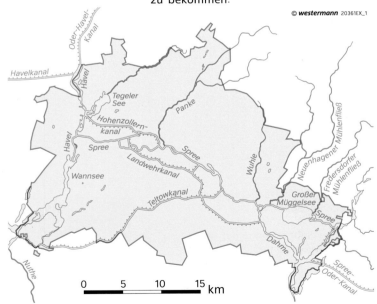

© **westermann** 20361EX_1

M2 *Wasserstraßen in und um Berlin*

Holz und Kalkstein

Neben Holz spielt der Kalkstein aus Rüdersdorf eine wichtige Rolle.

Schon seit über 700 Jahren kann dieser Kalk im **Tagebau** abgebaut werden. Zunächst wurde er direkt als Werkstein benutzt. Später wurde der Kalkstein auch für die Zementherstellung genutzt.

Um die Baustoffe nach Berlin zu bringen, wurde ein leistungsfähiges Verkehrsnetz auf dem Wasser entwickelt. Vorhandene natürliche Flüsse wurden mit Kanälen, Schleusen und künstlich angelegten Seen verbunden. So konnten die Baustoffe günstig nach Berlin und in die umliegenden Städte transportiert werden. Eindrucksvolle Industriedenkmäler wie das Bülowportal zeugen noch heute von diesen Möglichkeiten.

Der Kalkabbau und die Verarbeitung zu Zement erfolgen heute in einem modernen Zementwerk. Der Verkehr hat sich längst auf Straße und Schiene verlagert.

Starthilfe zu ❶ ↗
Denke daran, womit die Baustoffe transportiert wurden.

❶ ↗ Erkläre den Spruch: Berlin wurde aus dem Kahn gebaut.

❷ Beschreibe den Transportweg der Schiffe von Rüdersdorf und Mildenberg nach Berlin (Atlas).

M4 *Die alte Ziegelei in Mildenberg ist heute ein Industrie- und Technikmuseum*

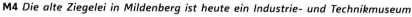

Ton

Ein anderer wichtiger Baustoff für den Aufbau von Berlin ist Ton. Beim Bau der Eisenbahnlinie von Löwenberg nach Templin wurden um 1887 riesige Ton-Vorkommen entdeckt. Sie konnten die rasant wachsende Nachfrage nach Ziegeln erfüllen. Anfang des 20. Jahrhunderts wurde der Ort Mildenberg zu einem der größten Ziegeleigebiete Europas. Um 1910 war der Höhepunkt der Produktion erreicht. 625 Millionen Mauerziegel verließen Mildenberg in Richtung Berlin.

Auch hier spielte der Wasserweg eine entscheidende Rolle. Die Havel wurde zur Oberen-Havel-Wasserstraße ausgebaut. Die Schiffe wurden so gebaut, dass sie gut auf den Kanälen fahren konnten. Das Finow-Kanal-Maß, eine einheitliche Schiffsgröße, ermöglichte einen schnellen, zügigen Transport zu den verschiedenen Häfen im Berliner Raum.

M5 *So wird Ton im Tagebau abgebaut.* ▷

ⓘ Ton

Ton entstand als Ablagerung feinster Schwebeteilchen in stehenden Gewässern, z.B. in abgeschlossenen Meeresbecken. Reiner Ton ist weißlich. Durch Beimengen ist er grau und rötlich gefärbt.

ⓘ Ziegelsteine

Grundstoff für die Herstellung von Ziegelsteinen ist Ton. Er wird zu Ziegelsteinen geformt und dann in einem Brennofen bei etwa 800 Grad Celsius gebrannt.

Merke
Der Auf- und Ausbau Berlins erfolgte bis ins 20. Jahrhundert hauptsächlich mit Baustoffen aus der Umgebung. Sie wurden überwiegend auf dem Wasser angeliefert.

Grundbegriff
• der Tagebau

❸ Erstelle eine Wandzeitung zum Thema: „Berlin – vom Wasser aus gebaut".

❹ Plant einen Besuch im Museumspark Rüdersdorf oder im Ziegeleipark Mildenberg.

M1 *Ein besonders heißer Sommertag*

- Jede Entnahme von Wasser muss vorher genehmigt werden.
- Ohne Erlaubnis darf niemand Abwasser in einen Fluss oder See einleiten.
- Auf Verschmutzung eines Gewässers stehen hohe Strafen.
- Wer Abwasser in ein Gewässer einleitet, muss dafür Abgaben bezahlen, je schädlicher das Abwasser, desto mehr.

M2 *Gesetzliche Vorgaben zum Wasserschutz*

Wasser sparen – warum eigentlich?

Wir verbrauchen heute weniger Wasser als noch vor zehn Jahren. Bei Waschmaschinen und Geschirrspülmaschinen konnte der Wasserverbrauch in den letzten 15 Jahren um fast die Hälfte gesenkt werden. Das Wasser wird bei uns nur an besonders heißen Sommertagen knapp. Warum sollten wir dann überhaupt Wasser sparen?

Immer wenn wir Wasser nutzen, verbrauchen wir auch Energie: für die Gewinnung, den Transport, die Reinigung oder die Erwärmung.

Nach der Nutzung gelangt das Wasser als Abwasser in die Kläranlage. Dort wird es gereinigt. Auch dafür wird Energie benötigt. Dann erst kehrt es in den Wasserkreislauf zurück. Die größte Kläranlage Deutschlands liegt in Köln-Stammheim. Hier wird das Wasser von mehr als 1,4 Mio. Menschen gereinigt.

Wasser zu sparen, bedeutet also vor allem, Energie und Abwasser zu sparen. Deshalb sollten wir alle (Haushalte und Großverbraucher in der Industrie) dazu beitragen, die Wasservorräte zu schützen und zu schonen.

30 Jahre	180 l
25 Jahre	158 l
20 Jahre	134 l
15 Jahre	111 l
10 Jahre	84 l
8 Jahre	76 l
5 Jahre	66 l
Neu	20 l

M3 *Wasserverbrauch einer Waschmaschine pro Waschgang nach dem Alter der Waschmaschine*

. . . .

1 Begründe, warum wir Wasser sparen sollten.

2 ↗ Das Grundwasser muss besonders geschützt werden. Erläutere diese Aussage.

3 Erkläre die gesetzlichen Maßnahmen zum Wasserschutz (M2).

4 Ein Versuch: Drehe den Wasserhahn auf und lass während des Zähneputzens das Wasser in ein Gefäß laufen.
a) Bestimme die Menge.
b) Rechne aus, wie viel Wasser im Jahr gespart wird, wenn du das Wasser beim Zähneputzen nicht laufen lässt.

Starthilfe zu 2 ↗
Denke daran, was ein Tropfen Motoröl im Wasser bewirken kann.

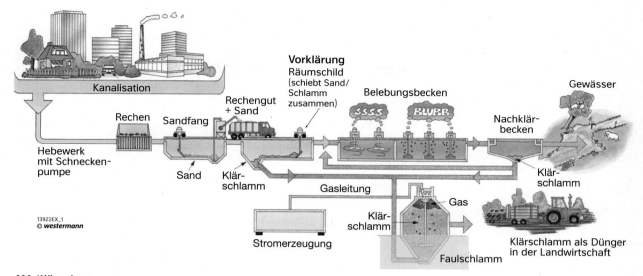

M4 *Kläranlage*

Das Abwasser der Haushalte und Betriebe läuft durch eine riesige Metallschnecke, die das Wasser etwa drei Meter in die Höhe schraubt. Ein Rechen hält Papier, Plastik und grobe Teile zurück. Im Sandfang sinken Sand und Kies zu Boden. Im Vorklärbecken setzt sich Schlamm ab. Fette und Öle schwimmen oben. Sie werden abgesaugt. In den Belebungsbecken stinkt es. Hier wird Sauerstoff hineingeblasen. Dadurch bauen Bakterien Schmutzstoffe ab. Im Nachklärbecken werden die Schmutzstoffe dann aus dem Wasser geholt. Nach etwa 17 Stunden läuft das gereinigte Abwasser in einen Fluss. Der Schlamm kommt in beheizte Faulbehälter. Die dort entstehenden Gase werden später für die Stromerzeugung genutzt. Der verbleibende Schlamm kann in der Landwirtschaft genutzt werden. Er muss jedoch vorher noch darauf untersucht werden, ob wirklich alle schädlichen Stoffe entfernt wurden.

Wasser in Gefahr

Die Reinheit des Wassers ist durch den Menschen ständig in Gefahr. Jeden Tag müssen Milliarden Liter Wasser in den Kläranlagen gereinigt werden, die in den Haushalten und Industriebetrieben verschmutzt wurden. Chemische Stoffe im Abwasser belasten die Flüsse. Ein Tropfen Motoröl kann sich so fein im Wasser verteilen, dass bis zu 600 l Wasser verunreinigt werden.

Tipps zum Wassersparen

1 x Baden = 3 x Duschen!
Für ein Vollbad benötigt man etwa 150 l Wasser, für eine Fünf-Minuten-Dusche 50 l Wasser.
Toilettenspülung verringern!
Bei jeder Spülung rauschen bis zu zwölf Liter Wasser die Toilette hinunter. Mit der Spartaste kann man bis zu 18 l pro Tag einsparen. Ein undichter Spülkasten verliert pro Stunde etwa 20 l Wasser.

⑤ Stelle dir vor, dass das Wasser bei euch zu Hause drei Tage abgestellt wird, weil eine Reparatur nötig ist. Liste auf, welche Probleme das verursachen würde.

⑥ Beschreibe den Weg des Wassers durch die Kläranlage (M4).

⑦ Stellt eine Übersicht mit Maßnahmen zusammen, mit denen ihr selbst und eure Familien zum Wasserschutz beitragen könnt (M3, Internet).

Merke
Wenn wir Wasser nutzen, verbrauchen wir Energie für die Gewinnung, den Transport und die Reinigung. Das Wasser wird in einer Kläranlage gereinigt.

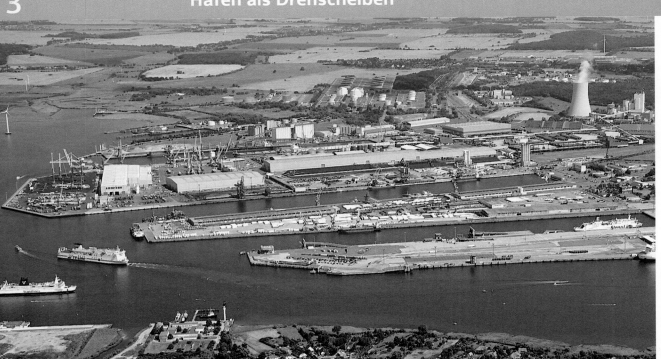

M1 *Überseehafen Rostock*

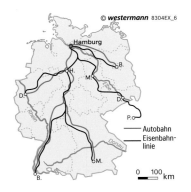

M2 *Hamburg und seine Verbindungen ins Hinterland*

Drehscheiben zwischen Wasser und Land

Ein **Hafen** ist ein natürlicher oder künstlicher Anker- und Anlegeplatz für Schiffe. Er schützt diese gegen Sturm, Seegang und Eisgang. Da Seehäfen Zugang zum offenen Meer haben, macht sich bei ihnen oftmals der Tidenhub, das heißt der unterschiedlich hohe Wasserstand bei Ebbe und Flut, bemerkbar. Ein solcher Hafen benötigt tiefe Hafenbecken und hohe Kaimauern. Große Schiffe können diese Häfen oft nur bei Flut befahren.

In einem Hafen werden Schiffe mit Gütern be- und entladen. Daher werden viele Waren direkt im Hafen gelagert. Meist wird in einem Hafen auch der Weitertransport von Gütern organisiert. In sogenannten Werften werden Schiffe gebaut und ausgebessert.

See- und Binnenhäfen

Entsprechend ihrer Lage zum Meer werden Häfen in See- und Binnenhäfen unterteilt. Binnenhäfen, wie der Magdeburger Hafen, liegen an Flüssen. Seehäfen, wie der Hamburger Hafen, haben Zugang zum offenen Meer. Sie sind Verkehrsdrehscheiben für Waren aus aller Welt. So werden einerseits Bananen aus Ecuador und Eisenerz aus Brasilien eingeführt, andererseits Autos aus Wolfsburg, Mikroskope und Ferngläser aus Jena in andere Länder ausgeführt. Auf dem Gelände eines Hafens siedeln sich auch zahlreiche Industriebetriebe an, die zum Beispiel Metalle oder Fisch verarbeiten. Die Beschäftigten von Dienstleistungsbetrieben organisieren die Lagerung, Verteilung und den Transport der Güter.

***

Starthilfe zu ❶ ↗
a) Denke daran: Waren kommen an und müssen weitertransportiert werden.

❶ ↗ a) Beschreibe die Aufgaben eines Hafens.
b) Die Hafenmitarbeiter streiken – nenne Folgen für die Wirtschaft und für dich persönlich.

❷ Erläutere die Lage des Hamburger Hafens (An welchem Fluss? Wie viele Kilometer vom Meer entfernt? Verkehrsverbindungen? Tidehafen?).

M3 *Schrägluftbild des Hamburger Hafens*

Hamburger Hafen, „Tor zur Welt"

Der Hamburger Hafen ist der größte See-hafen Deutschlands. Er liegt im Landes-inneren noch vor der Trichtermündung der Elbe. Die Fahrrinne wird immer wie-der ausgebaggert. Sie muss mindestens 13 m tief sein. So können auch große Seeschiffe den Hafen anlaufen. Viele von ihnen kommen mit der Flutwelle in den Hafen, denn Hamburg ist ein Tide-hafen. Ebbe und Flut werden nicht durch Schleusen ausgeglichen. Der Wasserspie-gel schwankt täglich mehr als zwei Meter. Über 340 internationale Schifffahrtslinien aus fast 100 Staaten laufen regelmäßig den Hamburger Hafen an. Sie verkehren nach einem genauen Fahrplan.

Stückgut – Massengut – Container

An einem normalen Wochentag werden etwa 200 000 t Güter im Hafen umgela-den. Massengut (z. B. Kohle, Erdöl) wird in großen Mengen ohne besondere Ver-packung befördert. Stückgut (z. B. Ma-schinenteile, Bananen, Kaffee) hingegen „reist" verpackt in Säcken, Kisten, Kar-tons, Ballen oder Containern. Der mo-dernste Teil des Hafens ist das Contai-nerzentrum Waltershof mit Gleisanschluss, Straßen und großen Freiflächen für das Abstellen der Container. Der Betrieb eines Containerschiffes kostet jeden Tag über 50 000 Euro. Die Liegezeiten sollen da-her möglichst kurz sein. In knapp zwölf Stunden ist ein Containerschiff entladen und wieder mit Containern vollgepackt.

Merke
Häfen sind wichtige Verkehrsdrehschei-ben. Hamburg ist der größte Überseehafen Deutschlands.

Grundbegriff
• der Hafen

❸ Sucht im Internet Standorte von See- und Binnenhäfen in Deutsch-land. Teilt euch in Gruppen auf. Jede Gruppe sammelt Informa-tionen zu einem bestimmten deutschen Hafen und präsentiert ihre Ergebnisse anschließend der Klasse.

M1 *Stromgewinnung durch Windräder auf dem Meer*

❶ Überfischung

Von Überfischung spricht man, wenn in einem Fanggebiet so viele Fische gefangen worden sind, dass nicht mehr genügend junge Tiere nachwachsen können. Der Fischfang kommt unter diesen Umständen zum Erliegen.

Nutzungsmöglichkeiten

Wasser, Meeresboden sowie Pflanzen und Tiere des Meeres sind eng miteinander verbunden.

Das Meer dient dem Menschen als scheinbar unerschöpfliche Rohstoffquelle sowie als Verkehrs- oder Freizeitraum. So nutzt der Mensch die Meere:

- als Fanggrund für die Fischereiwirtschaft,
- zur Gewinnung von Meersalz und Trinkwasser durch Verdunstung des Wassers,
- als Verkehrsweg für den weltweiten Schiffsverkehr,
- als Basis für Erdöl- und Erdgasleitungen, Kabel aus Glasfaser und Kupfer zur Telekommunikation, die am Meeresboden verlegt sind,
- durch Ausbeutung der reichen Vorkommen von Erdöl- und Erdgas unter dem Meeresboden oder von Erzen auf dem Meeresboden,
- als unerschöpfliche Energiequelle zur Gewinnung von Strom, zum Beispiel durch Nutzung von Ebbe und Flut in Gezeitenkraftwerken, durch Meeresströmungskraftwerke oder durch Windräder im Küstenbereich,
- als Apotheke der Zukunft durch Nutzung der unzähligen Algen und Bakterien im Meer sowie der über 500 000 weiteren Meerestierarten.

❶ Manganknollen

Manganknollen sind etwa so groß wie Kartoffeln. Sie sind auf dem Meeresboden in Tiefen zwischen 4 000 und 6 000 Metern zu finden. Sie enthalten das Metall Mangan sowie Kupfer, Zink und Eisen. Die Förderung von Manganknollen ist noch kompliziert.

Starthilfe zu ❶ ↗
Denke an die unterschiedlichen Nutzungsmöglichkeiten.

❶ ↗ Begründe, warum die Meere ein wichtiger Wirtschaftsraum sind.

❷ Nenne wichtige Fischfanggebiete. Beschreibe die Lage (Atlas).

M2 *Einholen des Schleppnetzes*

M3 *Fischverarbeitung unter Deck*

Küsten- und Hochseefischerei

Weil früher hauptsächlich **Küstenfische-rei** betrieben wurde, gingen die Erträge in der Ost- und Nordsee mehr und mehr zurück. Heute gelten diese Meeresteile als überfischt. Um die **Überfischung** zu verringern, wurden **Fangbeschränkungen** beschlossen, die allmählich zu einer Erholung der Bestände führen.

Mit großen Fang- und Verarbeitungsschiffen wichen die Fischereiflotten auf die Fischgründe der Ozeane aus. Diese schwimmenden Fabriken der **Hochseefischerei** haben eine Länge von etwa 90 Metern und eine Besatzung von über 70 Mann. Der Fang wird unmittelbar an Bord verarbeitet und tiefgefroren. Ein Fang- und Verarbeitungsschiff kann mühelos über 17 000 Tonnen auf – 40 °C tiefgefrorenen Fisch in seinen Lagerräumen aufnehmen und ihn bis zur Anlandung verkaufsfrisch halten. Rund ein Viertel des auf deutschen Schiffen gefangenen Fischs besteht aus Hering. Neben dem Hering gehören Seelachs und Kabeljau zu den meistgefangenen Fischarten.

Nahrungsmittel Fisch

Als Brathering aus der Dose, als Schlemmerfilet aus der Tiefkühltruhe oder als paniertes Fischstäbchen – so lässt sich der Mensch das Nahrungsmittel Fisch schmecken. Unerschöpflich erscheinen die 22 000 Fischarten und Meeresfrüchte wie Krebse, Garnelen, Muscheln. Fische kommen aber nicht in allen Meeresregionen in großen Mengen vor.

Die küstennahen Bereiche des Nordatlantiks sind wegen ihres Reichtums an Plankton die ergiebigsten Fanggründe der Welt. Aber auch der offene Nordatlantik ist reich an Plankton, da sich hier kaltes Wasser aus der Arktis mit dem warmen Wasser des Golfstroms verwirbelt. Norwegen, Dänemark und Island sind die großen Fischfangnationen Europas.

Merke
Das Meer dient als Rohstoffquelle, Verkehrs- und Freizeitraum. Es gibt die Küstenfischerei und die Hochseefischerei. Als Maßnahme gegen die Überfischung wurden Fangbeschränkungen beschlossen.

Grundbegriffe
- die Küstenfischerei
- die Überfischung
- die Fangbeschränkung
- die Hochseefischerei

3 Erläutere Fang und Verarbeitung der Fische auf hoher See.

4 Stromgewinnung durch Wind (M1, Internet). Schreibe einen Infotext.

M1 *Urlaubsort an der spanischen Mittelmeerküste 2015*

M2 *Die Lage von Benidorm (Spanien)*

Fischerdörfer werden Bettenburgen

Früher waren die Küstenorte am Mittelmeer meist Fischerdörfer. Heute sind sie nicht wiederzuerkennen. Hotels mit zum Teil dreißig Stockwerken stehen dicht nebeneinander. Für die Touristen wurden Restaurants, Diskotheken, Geschäfte und Freizeiteinrichtungen gebaut. Die Orte sehen alle gleich aus. Wenige Gebäude erinnern noch an früher, als die Häuser die Kultur des Landes widerspiegelten. Überall liest man „Bayerische Bierstube", „Pizzeria", „Pub" und „Disko".

Während der Hauptsaison wird die Wasserversorgung in einigen Gebieten zum Problem, weil kein Niederschlag fällt. Das Wasser muss darum aufwendig über lange Rohrleitungen aus anderen Landesteilen in die Touristenorte an der Küste geleitet werden. Für die Abwässer mussten Kläranlagen gebaut werden.

Der **Massentourismus** führte dazu, dass heute viele Menschen als Kellner, Verkäufer, Bootsverleiher oder in anderen Berufen arbeiten. Viele traditionelle Berufe werden daher nicht mehr ausgeführt.

In der Hauptsaison gibt es eine Menge zu tun, doch in der Nebensaison werden viele Menschen wieder arbeitslos.

Starthilfe zu ❷ ↗
Die Großbuchstaben in M4 sind die Anfangsbuchstaben der Monate des Jahres. Schreibe die Monate mit der kürzesten und der längsten Säule auf.

❶ a) Erstelle eine Liste mit möglichst vielen Wörtern, in denen „Meer" vorkommt (zum Beispiel Meerblick, Mittelmeer, ...).
b) Male ein Bild mit dem Titel „Urlaub am Mittelmeer".

❷ ↗ Untersuche die Auslastung der Hotels mit Gästen (M4): In welchen Monaten kommen die meisten und in welchen die wenigsten Touristen nach Benidorm?

M3 *Strand an der spanischen Mittelmeerküste 1955*

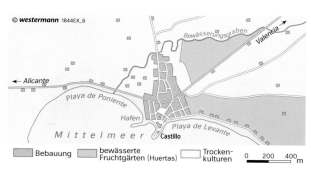

© *westermann* 1844EX_6

Bewässerungsgraben · Valencia · ← Alicante · Playa de Poniente · Hafen · M i t t e l m e e r · Castillo · Playa de Levante

Bebauung | bewässerte Fruchtgärten (Huertas) | Trocken-kulturen

0   200   400 m

M6 *Benidorm 1955*

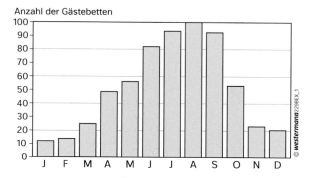

Anzahl der Gästebetten

© *westermann* 2298EX_1

M4 *Durchschnittliche monatliche Auslastung der Hotels in Benidorm (in Prozent)*

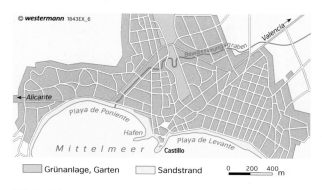

© *westermann* 1843EX_6

Valencia · ← Alicante · Bewässerungsgraben · Playa de Poniente · Hafen · M i t t e l m e e r · Castillo · Playa de Levante

Grünanlage, Garten | Sandstrand

0   200   400 m

M7 *Benidorm heute*

In den Orten sind fast nur deutsche und englische Gaststätten. Außerdem stören mich der Lärm, die Autoabgase und die Wasserverschmutzung. Ich fahre in meiner Freizeit ins Hinterland – weg von der Küste.

Ich denke noch oft an früher. Als die ersten Touristen kamen, hatte ich einen Eiswagen und habe Eis verkauft. Ich habe mich gefreut, dass ich Geld verdienen konnte. Es war damals kein Problem, einen Platz im Schatten der Bäume an der Uferstraße zu bekommen. Heute gibt es am Meer Kioske, die Straße ist zugeparkt und am Strand liegen die Touristen wie die Ölsardinen in der Dose. Wir alle haben nicht geahnt, was aus unseren Orten werden würde.

M5 *Zwei Einheimische aus Benidorm berichten.*

3 a) Benidorm hat sich von einem kleinen Fischerdorf zu einer Bettenburg gewandelt. Beschreibe die Veränderungen (M1, M3 – M7).
b) Bewerte die Veränderungen.

4 Liste die Vorteile und die Nachteile des Massentourismus auf.

5 Erstelle ein Referat zum Thema: „Wasser als Freizeitfaktor".

Merke
Der Massentourismus hat die Küstenorte am Mittelmeer verändert.

Grundbegriff
• der Massentourismus

M1 *Wattführer Jansen im Watt*

A B C D E

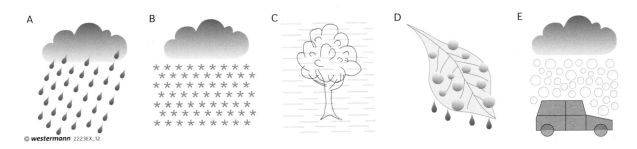

© **westermann** 2223EX_12

M2 *Niederschlagsarten*

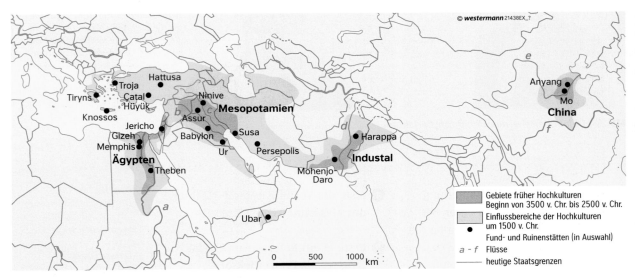

© **westermann** 21438EX_7

Troja
Hattusa
Tiryns
Çatal
Hüyük
Knossos
Ninive
Assur
Mesopotamien
Jericho
Gizeh
Babylon
Susa
Memphis
Ur
Persepolis
Harappa
Ägypten
Theben
Mohenjo-
Daro
Industal
Ubar
Anyang
Mo
China

Gebiete früher Hochkulturen
Beginn von 3500 v. Chr. bis 2500 v. Chr.
Einflussbereiche der Hochkulturen
um 1500 v. Chr.
● Fund- und Ruinenstätten (in Auswahl)
a – f Flüsse
heutige Staatsgrenzen

0   500   1000 km

M3 *Frühe Hochkulturen der Erde*

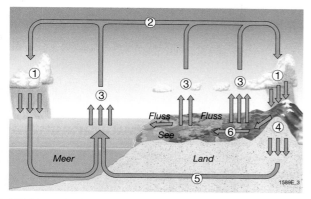

M4 *Wasserkreislauf*

Schätze dich selbst mit dem Zeichensystem ein, das auf Seite 87 erklärt ist.

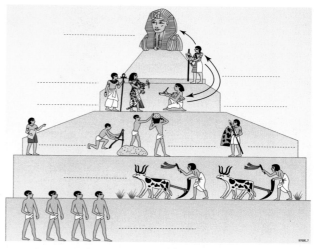

M6 *Der Aufbau der ägyptischen Gesellschaft*

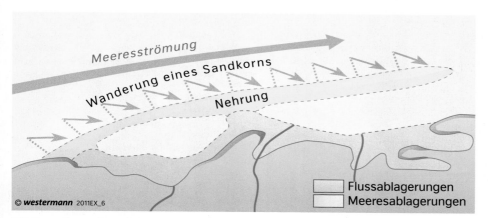

M5 *Entstehung einer Nehrung*

Was weiß ich?

❶ a) Wähle fünf Grundbegriffe aus der Liste, ergänze die Artikel und erkläre die Grundbegriffe.
b) Ergänze die Grundbegriffe, wenn möglich, durch Zeichnungen.

❷ Notiere, um welche Niederschlagsarten es sich in M2 handelt.
(Schülerbuch S. 92)

❸ Zeichne das Schema M6 vereinfacht ab und beschrifte es.
(Schülerbuch S. 108)

Was kann ich?

❹ a) Übertrage M4 in dein Heft oder deine Mappe und ergänze die fehlenden Begriffe.
b) Erkläre den Wasserkreislauf mithilfe von M4.
(Schülerbuch S. 92).

❺ Fasse zusammen, was Herr Jansen (M1) den Gästen über das Watt erzählt haben könnte.
(Schülerbuch S. 97).

❻ Erkläre die Entstehung einer Nehrung mithilfe von M5.
(Schülerbuch S. 99)

Wie entscheide ich?

❼ Wattführer Jansen sagt, dass sein Beruf wichtig für das Wattenmeer sei. Nimm dazu Stellung (M1).
(Schülerbuch S. 96/97)

❽ Werte M3 aus und beurteile die Lage der frühen Hochkulturen.
(Schülerbuch S. 119)

❾ a) Erläutere, warum die Küste als Ferienregion beliebt ist.
b) Begründe, ob du die Ferien dort verbringen würdest.
(Schülerbuch S. 94 – 99)

Grundbegriffe

- Wasserkreislauf
- Luftfeuchtigkeit
- Bewölkung
- Niederschlag
- Grundwasser
- Oberflächenwasser
- Trinkwasser
- Brauchwasser
- Ebbe
- Flut
- Gezeiten
- Wattenmeer
- Binnenmeer
- Düne
- Kliff
- Nutzungskonflikt
- Naturpark
- Nationalpark
- Bodden
- Nehrung
- Biosphärenreservat
- Auenwald
- Delta
- Pyramide
- Pharao
- Hieroglyphe
- Flussoase
- Hochkultur
- Mumie
- Totengericht
- Papyrusrolle
- Mindmap
- Tagebau
- Hafen
- Küstenfischerei
- Überfischung
- Fangbeschränkung
- Hochseefischerei
- Massentourismus

4

In Berlin findet jedes Jahr im April ein Internationales Kinderfest vor dem Brandenburger Tor statt. Überlege, ob ein solches Fest eher die Vielfalt in der Stadt zeigt oder ein Problem darstellt.

Stadt und städtische Vielfalt – Gewinn oder ein Problem?

Am Ende des Kapitels kannst du:

– über frühe Städte berichten

– die antike Großstadt Rom charakterisieren

– die Entwicklung der Städte in Deutschland darlegen

– dich im Heimatraum orientieren

– Berlin als moderne Großstadt und Hauptstadt von Deutschland darstellen

– eine Erkundungswanderung durchführen

M1 *Catal Hüyük um 6000 v. Chr., eine der ältesten Städte der Welt (heutige Darstellung)*

Frühe Städte

Vor rund 12 000 Jahren wurden die Menschen sesshaft. Im Fruchtbaren Halbmond (siehe S. 46) entwickelten sie Ackerbau und Viehzucht und bauten die ersten Städte. Dazu gehören Catal Hüyük und Jericho.

M2 *Catal Hüyük, Blick ins Hausinnere (heutige Darstellung)*

Catal Hüyük

Catal Hüyük ist eine in der Türkei ausgegrabene Stadt aus der Jungsteinzeit. Vor 8000 Jahren war sie die größte Stadt der Welt mit etwa 6000 bis 7000 Einwohnern. Sie bestand aus dicht an dicht gebauten Häusern. Gassen, Durchgänge, Straßen und Plätze fehlten. Es gab keine Türen und Fenster an den Häusern. Man stieg über eine Leiter aufs Dach und von dort durch eine Luke ins Haus. Durch diese Bauweise brauchte man keine Stadtmauer. Die Lage an einem Fluss war gut gewählt. Dort stand ausreichend Wasser zur Verfügung. Bewaffnete Männer schützten die Stadt. In Catal Hüyük wurden Kugeln aus Ton gefunden, die wahrscheinlich Schleudergeschosse waren, sowie Darstellungen von Menschen mit Schleudern. Die Häuser waren planvoll angelegt, es gab kunstvolle Wandgemälde und Plastiken.

---

❶ ↗ Beschreibe die Lage von Catal Hüyük und Jericho (an welchem Fluss, in welchem heutigen Land).

❷ Beschreibe die Stadt Catal Hüyük (Bebauung, Leben in der Siedlung).

❸ Erläutere, welche Plätze für die Anlage von Siedlungen geeignet waren (M4).

> **Starthilfe zu** ❶ ↗
> *Nutze das Register im Atlas.*

M3 *Luftbild der Stadt Jericho mit der Ausgrabungsstätte im Vordergrund*

Jericho

Die Stadt Jericho liegt zehn Kilometer nordwestlich der Mündung des Jordan in das Tote Meer. Hier war eine wasserreiche natürliche Oase. So stand ausreichend Wasser zur Verfügung. Am Stadtrand erhebt sich der 20 m hohe Ruinenhügel der ersten Stadtanlage. Der Hügel enthält die Überreste einer der ältesten Städte der Welt. Der Hügel wurde im Laufe der Zeit immer höher. Die Stadt wurde im Laufe der Jahrtausende immer wieder zerstört und auf den Ruinen neu aufgebaut. Die ältesten Spuren der Stadt sind ca. 10000 Jahre alt.

Damals begannen die Einwohner, ihre Stadt gegen umherziehende Menschengruppen (Nomaden) zu schützen. Sie bauten einen 13 m hohen festen Steinturm und eine drei Meter mächtige Steinmauer mit einem Verteidigungsgraben. In ihrer Blütezeit hatte die frühe Stadt Jericho etwa 3000 Einwohner. Die Menschen lebten in Rundhäusern mit einem Durchmesser von vier bis sechs Metern.

M5 *Lage von Catal Hüyük und Jericho*

M4 *Geeignete Plätze für die Anlage von Städten*

④ a) Stelle Gemeinsamkeiten und Unterschiede von Catal Hüyük und Jericho zusammen.
b) Nenne Gründe für die Anlage der Städte Catal Hüyük und Jericho (Texte, M1, M4).

⑤ Die frühen Städte der Welt. Erstelle dazu eine Präsentation (siehe S. 117).

Merke
Catal Hüyük und Jericho gelten als die ältesten Städte der Welt.

M1 *Der Tempel des Göttervaters Jupiter um 312 n. Chr. war über Jahrhunderte das politisch-religiöse Zentrum des römischen Reiches (heutige Panoramadarstellung des Berliner Künstlers Yadegar Asisi).*

„Alle Wege führen nach Rom"

Rom entwickelte sich von einem Bauerndorf zur Hauptstadt des römischen Weltreichs (siehe S. 168/169). Die Lage war sehr günstig, denn Schiffe konnten vom Mittelmeer auf dem Fluss Tiber bis hierher fahren. In der Mitte des Flusses lag eine kleine Insel. Deshalb konnte man den Fluss an dieser Stelle gut überqueren. Am Ufer ließen sich Händler, Bauern und Handwerker nieder, um ihre Waren anzubieten und selbst einzukaufen. Um Christi Geburt lebten in Rom fast eine Million Menschen.

Für den Unterhalt der Straßen galten strenge Regeln. Die Hausbesitzer mussten die Straßen vor ihrer Tür auf eigene Kosten pflastern lassen und unterhalten. Dies wurde von städtischen Beamten streng kontrolliert.

Um die Einwohner zu unterhalten, gab es zahlreiche Einrichtungen, zum Beispiel die **Thermen**. Dies waren große Bade- und Freizeitzentren. Die größten konnten bis zu 5000 Leute aufnehmen. Schauspiele und Konzerte gehörten ebenfalls zu den Vergnügungen der Bewohner.

Besonders beliebt waren **Wagenrennen** im Circus Maximus und die Kämpfe zwischen den **Gladiatoren** im Kolosseum. Es waren in der Regel Sklaven, die für die Kämpfe um Leben oder Tod besonders ausgebildet wurden.

Starthilfe zu ❷ ↗
Denke zum Beispiel an Fußballspiele oder Autorennen.

❶ a) Beschreibe die Lage von Rom (an welchem Fluss, in welchem heutigen Land).
b) Stelle Gründe zusammen, warum die Lage für die Entwicklung der Stadt sehr gut war (S. 137 M4).

❷ ↗ Veranstaltungen zur Unterhaltung der Menschen wie in Rom (M3) gibt es auch heute. Liste auf.

❸ „Alle Wege führen nach Rom." Erläutere, warum dieser Satz zu einem geflügelten Wort wurde.

① Circus Maximus: Stadion für Wagenrennen (250 000 Zuschauer)
② Kaiserpaläste: Von hier aus regierten Kaiser das Römerreich.
③ Wasserleitung (Aquädukt): Versorgte einen Teil der Häuser und Thermen (Badehäuser) mit frischem Quellwasser. Dieses floss durch einen Kanal auf der Spitze des Bauwerks.

④ Kolosseum (Amphitheater): Hier fanden Aufführungen statt, auch kämpften hier die Gladiatoren.
⑤ Thermen: öffentlicher Ort der Reinigung, Erholung und Treffpunkt, eine Art Freizeitbad.
⑥ Forum Romanum: Fest- und Marktplatz, Tempelbezirk.

⑦ Jupitertempel: Jupiter war der höchste Gott der Römer. Kaiser verglichen sich gerne mit ihm.
⑧ Marcellus-Theater: 20 000 Sitzplätze, Aufführung von lustigen und traurigen Theaterstücken.
⑨ Tiber: Fluss, Verbindung zum Mittelmeer, wichtiger Verkehrsweg.

M2 *Modell der Stadt Rom im 1. Jahrhundert n. Chr. (heutige Darstellung)*

M3 *Nachgestellte Szene eines Wagenrennens im Circus Maximus*

⌖ Werte die Panoramadarstellung (M1) aus. Beschreibe dazu die Einzelheiten (Gebäude, Personen, Hintergrund). Ordne das Bild in M2 ein.

❺ Begib dich als Zeitreisender auf einen Stadtrundgang durch das antike Rom (M2). Beschreibe deine Eindrücke in Form eines Tagebuch-Eintrags.

Merke
Rom ist heute die Hauptstadt von Italien. Sie entwickelte sich von einem Bauerndorf zur Hauptstadt des römischen Weltreichs. Um Christi Geburt lebten hier eine Million Menschen.

Grundbegriffe
• die Therme
• das Wagenrennen
• der Gladiator

① Eingang, ② Laden, ③ Innenhof, ④ Regenbecken, ⑤ Hausaltar, ⑥ Empfangsraum, ⑦ Wohn-, Schlaf- und Wirtschaftsräume, ⑧ Speiseraum, ⑨ Garten mit Säulenhalle, ⑩ Keller, ⑪ Presse zur Weinherstellung

M1 *Villa einer wohlhabenden römischen Weinhändler-Familie (heutige Darstellung)*

Wohnen in der Stadt Rom – Armut und Luxus

Die ersten Häuser in Rom waren einfache, aus Flechtwerk und Lehm erbaute Hütten. Als Rom sich zur Stadt und schließlich zur Millionenstadt entwickelte, brauchte man Wohnraum für die schnell wachsende Bevölkerung. Man baute Häuser. Meist waren es drei- bis fünfgeschossige Gebäude, in denen bis zu 400 Menschen wohnten. Wenn der Platz nicht reichte, wurde einfach ein weiteres Geschoss daraufgebaut. Einige Gebäude stürzten ein; andere bekamen große Risse in den Wänden.

Die Mieten waren so hoch, dass sich mehrere Familien eine Wohnung teilten. Oft lebte eine römische Familie in nur ei-nem dunklen Raum ohne Frischluft, Küche, Heizung oder Toilette. Das Wasser holte man vom Brunnen auf der Straße. Einige wenige Familien wohnten in luxuriösen Einfamilienhäusern, in **Villen**. Mittelpunkt dieser Häuser war ein offener Innenhof. Die Villa war mit wertvollen Möbeln ausgestattet und mit kunstvollen Wandmalereien sowie Einlegearbeiten (Mosaiken) geschmückt.

Die Bevölkerung in Rom bestand aus Einheimischen und Zugezogenen. Ehemalige Soldaten kamen nach Ableistung ihres Dienstes hierher. Handwerker, Händler und Beamte waren weitere wichtige Bewohner der Stadt.

Starthilfe zu ❷ ↗
Du kannst beschreiben, wie das Haus aussieht (M1), welche Annehmlichkeiten es bietet und wie das Abendessen abläuft.

❶ Beschreibe den Aufbau einer römischen Villa (M1).

❷ ↗ Ein Sklave berichtet einem Freund vom Haus einer vornehmen römischen Familie. Schreibe einen Text.

❸ Erkläre, welche Stellung der Vater in der Familie hatte (M4).

❹ Charakterisiere die Verhältnisse in der römischen Familie (M4) und vergleiche sie mit Familien bei uns.

Die römische Familie

Die Familie war für die Römer der Kern der Gesellschaft. Der Vater war das Oberhaupt. Zur Familie zählten alle, die im Haus lebten: Ehefrau, Kinder, die angeheirateten Frauen der Söhne, Enkel und Sklaven. Der Vater bestimmte über das Geld. Ihm mussten alle gehorchen. Nach römischem Recht konnte der Vater jedes Familienmitglied bestrafen, verkaufen oder sogar töten. Er war die meiste Zeit des Tages außer Haus, kam aber zum Abendessen zurück. Dies war die wichtigste Mahlzeit des Tages. Die Frauen verließen nur selten das Haus. Sie führten den Haushalt.

Die Mädchen standen unter der Aufsicht ihrer Mutter. So wurden sie auf ihre spätere Rolle vorbereitet, für ihren Mann den Haushalt zu führen. Normalerweise wurden sie zwischen dem 12. und 17. Lebensjahr verheiratet.

Die Jungen wurden mit 16 Jahren volljährig. Zu diesem Anlass gab es eine Feier auf dem Forum, dem zentralen Versammlungsplatz.

Für die römische Familie war die Verehrung der Vorfahren sehr wichtig. Eltern, Großeltern und Urgroßeltern dienten den Nachkommen als Vorbilder.

M2 *Männer und Frauen liegen um einen kleinen Tisch und spielen. Diese Art des Zusammenseins kam im 1. Jahrhundert v. Chr. in Mode. Vorher saßen die Leute auf Stühlen, die Frauen meistens neben ihren Ehemännern (heutige Darstellung).*

Das Abendessen der reichen Römer begann mit Eiern, Oliven, Datteln und anderem und es endete mit Früchten. Dazwischen gab es gefülltes Huhn, in Milch gekochten Hasen, einen Thunfisch oder auch ein gebratenes Rehkitz. Die ärmeren Römer mussten sich mit weniger begnügen: Neben Brot, Wasser und ab und zu etwas Wein war das Hauptnahrungsmittel ein Mehlbrei.

M3 *Essgewohnheiten der Römer*

5 Erstelle ein Plakat zu den Essgewohnheiten der Römer. M2, M3 und das Internet geben Anregungen.

6 Beurteile die Kindererziehung von Mädchen und Jungen im alten Rom vor dem Hintergrund der späteren Aufgaben in der Gesellschaft.

Die Autorität des Vaters beruhte vor allem auf seinem Alter, seiner Erfahrung und der eigenen Rechtschaffenheit. Hinzu kam, dass er niemals im aufbrausenden Zorn strafte, sondern wie ein gerechter Richter die Vergehen prüfte und erst dann bestrafte. Das ließ ihn seine Worte wägen und seine Taten bedenken. Sein Wille war unbeugsam gegenüber sich und anderen. Der Lebensstil war einfach und ohne Aufwand. Die Freuden und Feste, die er mit seiner Familie teilte, waren sehr selten.

(Quelle: H. Brauer: Quellen zur römischen Geschichte. Paderborn 1950, S. 6)

M4 *Die Autorität des Vaters*

Merke
Die Menschen in Rom wohnten in mehrgeschossigen Häusern. Die Mieten waren hoch. Einige Familien wohnten in Villen. Die Bevölkerung bestand aus Einheimischen und Zugezogenen.

Grundbegriff
• die Villa

Vom Dorf zur Stadt

In der Jungsteinzeit zogen die Menschen nicht mehr als Sammler und Jäger umher. Sie wurden sesshaft (siehe S. 44/45). Sie bauten Häuser aus Holz und Stroh. Sie rodeten Wälder, hielten Schweine, Ziegen und Schafe. Auf kleinen Äckern bauten sie Getreide an. Städte gab es noch nicht. Zu Beginn des Mittelalters bauten viele Bauern ihre Häuser aus Holz und Lehm. Menschen und Tiere wohnten meist zusammen unter einem Dach. Die Burg auf dem Felsen diente den Dorfbewohnern als Zuflucht bei Angriffen.

Im Laufe des Mittelalters stieg die Bevölkerung stark an. Nun wurden Städte planmäßig angelegt. Sie entstanden oft an einem Fluss oder in der Nähe von Märkten oder einer Burg. Zum Bau einer Burg brauchte man viele Handwerker. Diese mussten versorgt werden. Mittelpunkt der Stadt war der Markt. Zum eigenen Schutz bauten die Stadtbewohner eine Stadtmauer.

In der Neuzeit wurden die Städte immer größer. Mit der Erfindung der Eisenbahn konnten nun viele Städte miteinander verbunden werden. Viele Menschen suchten Arbeit und fanden sie in den neu gegründeten Fabriken. Die Menschen siedelten sich in der Nähe ihrer Arbeitsstätten an.

M1 *Erste Häuser in der Jungsteinzeit*

M2 *Ein Dorf im Mittelalter*

Starthilfe zu ❷ ↗
Beginne so: In der Jung-steinzeit gab es nur …

❶ Liste auf, was dir alles zum Thema Stadt einfällt. Unterteile in Dinge, die dir gut gefallen und die dir nicht gefallen.

❷ ↗ Beschreibe die Bilder M1, M2, M4, M5.

❸ Male das Bild einer Stadt heute.

Hallo, ich heiße Sophie und komme aus Illmersdorf. Das liegt im Landkreis Teltow-Fläming. In meinem Dorf leben etwa 100 Menschen. Ich wohne gerne hier. Ab und zu besuchen wir meine Tante in Berlin. Sie wohnt im Stadtteil Prenzlauer Berg. Der liegt im Stadtzentrum. Wir fahren über eine breite Autobahn, die bis weit in die Stadt führt. Es gibt Wohngebiete mit vielen Hochhäusern, die mehr als zehn Etagen hoch sind. Meine Tante wohnt an einer breiten Straße mit viel Autoverkehr. Doch am Morgen und am Nachmittag stehen die Autos meistens im Stau. Ständig hört man Flugzeuge, die einen Flughafen anfliegen. Meine Tante ist Krankenschwester und fährt mit der Straßenbahn ins Krankenhaus. Meine Cousine Frieda ist schon 15. Beim letzten Besuch nahm sie mich mit zum Potsdamer Platz. Da gibt es ein riesiges Einkaufszentrum, Kinos, Hotels und Bürohochhäuser, die größer als Kirchen sind. Viele Touristen sind dort unterwegs. Wir nehmen immer die U-Bahn. Die fährt mal über der Erde, mal unterirdisch. Mein Vater geht am liebsten ins Olympiastadion zum Fußball, meine Mutter ins Theater. Ich bin gerne in Berlin, freue mich aber auch immer wieder auf Illmersdorf.

M3 *Vielfalt in der Stadt heute*

M4 *Eine Stadt im späten Mittelalter*

M5 *Eine Stadt um 1900*

④ Versetze dich in die Situation von Sophie (M3). Was würdest du gerne in der Stadt unternehmen?

⑤ Vergleiche M3 und M5. Arbeite heraus, wie sich Städte in den letzten etwa 100 Jahren verändert haben.

Merke
Die Städte in Deutschland entwickelten sich seit dem Mittelalter.

143

M1 *Schrägluftbild – Schloss Sanssouci*

M2 *Der Alte Fritz (dargestellt duch einen Schauspieler)*

Vom Bild zur Karte

Die beiden Fotos M1 und M2 zeigen den Park Sanssouci in Potsdam. Es sind Luftbilder. Sie wurden von einem Flugzeug aus aufgenommen. Auf beiden Fotos sind die Brandenburger Vorstadt, das Schloss und der Park zu erkennen. Doch welch ein Unterschied: Auf dem Schrägluftbild (M1) sieht man im Vordergrund alles sehr deutlich. Dagegen ist zum Beispiel der Normannische Turm im Hintergrund kaum zu erkennen.

Das Senkrechtluftbild (M3) zeigt das Gebiet senkrecht von oben. Es gibt keinen Vordergrund und Hintergrund. Daher kann man den Verlauf der Straßen und die Lage der Gebäude gut erkennen. Will man mehr wissen, muss man die Karte (M4) zu Hilfe nehmen. Sie zeigt die Stadt senkrecht von oben, so wie das Senkrechtluftbild. Allerdings sind viele Einzelheiten weggelassen. Dafür wurden die Namen von Straßen, Plätzen und Gebäuden eingetragen. Wichtige Straßen sind breit gezeichnet.

Die Bedeutung der Farben und Zeichen wird in der **Legende** erklärt. Die Legende ist die Zeichenerklärung in einer Karte.

Starthilfe zu ❷ ↗
Miss mit einem Lineal die Entfernungen in cm. Die Legende (M5) enthält eine Maßstabsleiste (siehe S. 33 i). Ermittle mit ihrer Hilfe die Entfernung in km.

❶ Suche im Senkrechtluftbild und auf der Karte (M3, M4) Bildergalerie, das Schloss, die Historische Mühle und die Orangerie. Welche Farbe haben die Gebäude auf der Karte? Was bedeutet die Farbe (M5)?

❷ ↗ Bestimme in M4 die ungefähre Entfernung (Luftlinie):
a) vom Schloss Sanssouci zur Friedenskirche.
b) vom Schloss Sanssouci zu den Römischen Bädern.

```
HW-BB-006, 026
www.heimatundwelt.de
```
Stadt und städtische Vielfalt

M3 *Senkrechtluftbild – Schloss Sanssouci und Umgebung*　　**M4** *Karte vom Schloss Sanssouci und Umgebung*

Schloss und Park Sanssouci

„Sanssouci" bedeutet „ohne Sorge". Der Alte Fritz (König Friedrich II., M2) ließ Park und Schloss vor rund 250 Jahren anlegen. Neben dem Schloss entstanden die Neuen Kammern und die Bildergalerie. Die Neuen Kammern enthielten Gästewohnungen und Festsäle. In der Bildergalerie wurden in prachtvoll ausgestatteten Räumen Bilder ausgestellt.

Etwas abseits ließ der König das Chinesische Haus errichten, ein Gartenhaus mit zahlreichen vergoldeten Figuren nach chinesischen Vorbildern. Am westlichen Rand des Parks ließ er später ein weiteres prunkvolles Gebäude bauen: das Neue Palais. Es war als Schloss für die Gäste des Königs gedacht und enthielt zahlreiche Wohnungen für den König und die Prinzen, außerdem ein Theater und Festsäle. Die Orangerie und die Friedenskirche wurden erst im 19. Jahrhundert errichtet.

Mehrere Springbrunnen im Park wurden mit Wasser von einem extra dafür gebauten Wasserwerk versorgt.

M5 *Legende zu M4*

> **Merke**
> Eine Karte zeigt ein Gebiet verkleinert und vereinfacht senkrecht von oben. Karten haben eine Legende. Schloss Sanssouci wurde vom Alten Fritz (König Friedrich II.) angelegt.
>
> **Grundbegriff**
> • die Legende

❸ Plane einen Besichtigungsspaziergang durch den Park Sanssouci in Potsdam. Starte an der Orangerie. Folgende Stationen sollen dabei sein: Friedenskirche, Schloss, Chinesisches Haus.

❹ Erstelle ein Plakat zum Park und Schloss Sanssouci. Nutze auch das Internet.

145

M1 *Wappen Berlins*

Berlin – geteilt, geeint – vielfältig

Berlin ist seit 1991 die **Hauptstadt** der Bundesrepublik Deutschland und das politische Zentrum unseres Landes. Die jüngste Geschichte unseres Landes hat dies möglich gemacht.

Von 1961 bis 1989 war Berlin eine geteilte Stadt, durch die eine streng bewachte Grenze verlief. Sie wurde „die Mauer" genannt und riegelte das ehemalige Westberlin von Ostberlin ab. Beide Stadtgebiete gehörten zwei unterschiedlichen deutschen Staaten an.

1989 fiel jedoch die Berliner Mauer nach Bürgerprotesten. Deutschland wurde 1990 wiedervereint. Berlin ist seither zu einer Stadt zusammengewachsen.

Im Regierungsviertel der Hauptstadt befinden sich die Regierungsgebäude und der Amtssitz des Bundespräsidenten, ebenso die zahlreichen Botschaften ausländischer Staaten.

Mit rund 3,5 Mio. Einwohnern gehört Berlin zu den größten Städten Europas. Berlin ist eine weltoffene Stadt mit einer vielfältigen Bevölkerung. Rund eine halbe Million Staatsangehörige anderer Staaten leben hier. Knapp drei Viertel davon sind Europäer, gefolgt von Menschen aus Asien, Afrika und Amerika. Selbst der Kontinent Australien und Ozeanien ist mit rund 1 000 Menschen in Berlin vertreten.

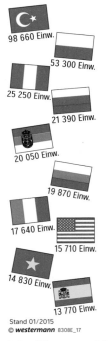

98 660 Einw.
53 300 Einw.
25 250 Einw.
21 390 Einw.
20 050 Einw.
19 870 Einw.
17 640 Einw.
15 710 Einw.
14 830 Einw.
13 770 Einw.

Stand 01/2015
© **westermann** 8308E_17

M2 *Bevölkerungsreiche Ausländergruppen in Berlin*

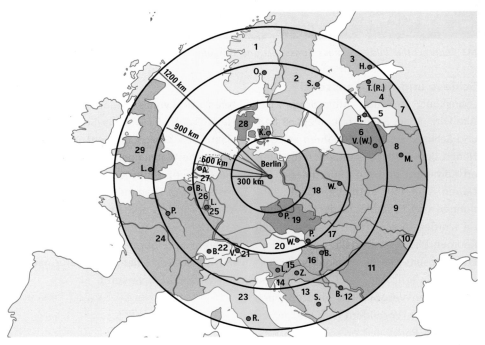

M3 *„Drehscheibe" Berlin*

Starthilfe ② b) ↗
Schloss Bellevue ist der Sitz des ... . Im Reichstagsgebäude tagt ... .

❶ Bestimme die europäischen Hauptstädte, die
a) im Umkreis von 600 km,
b) im Umkreis von 900 km
von Berlin liegen (M3, Atlas).

❷ a) Suche im Atlas: „Hauptstadt Berlin" das Schloss Bellevue, das Reichstagsgebäude und das Bundeskanzleramt (M4).
b) ↗ Erkläre, wer in diesen Gebäuden seinen Sitz hat.

Im Schloss Bellevue hat der Bundespräsident seinen Amtssitz. Er ist das Staatsoberhaupt Deutschlands.

Der Reichstag ist der Sitz des Deutschen Bundestages. Hier tagen die gewählten Vertreterinnen und Vertreter unseres Volkes.

Im Bundeskanzleramt arbeitet der Bundeskanzler oder die Bundeskanzlerin. Er oder sie bestimmt die Richtlinien der Politik.

M4 *Wichtige Gebäude und Dienstsitze in Berlin*

Bürger aus aller Herren Länder

Berlin ist ein idealer Ort für den Dialog der Kulturen: Mehr als 494 000 Menschen nicht-deutscher Staatsangehörigkeit wohnen hier (nicht-deutscher Herkunft sind natürlich noch weitaus mehr Berliner). Sie stammen aus 186 Staaten und sorgen für eine große Vielfalt an Kulturen. Der weltoffene Charakter der Stadt wird von ihnen entscheidend mitgeprägt, was nicht nur bei dem jährlich stattfindenden Karneval der Kulturen spürbar ist. Mehr als 250 Religionsgemeinschaften machen Berlin zu einer Stadt religiöser Vielfalt.

(Quelle: Berlin: kreativ und international. Bürger aus aller Herren Länder. www.berlin.de, Stand: 11.12.2015)

M5 *Kulturelle Vielfalt in Berlin*

M6 *Karneval der Kulturen – Berlin feiert seine kulturelle Vielfalt.*

❸ Berlin – was fällt euch dazu alles ein? Schreibt Schlagwörter auf einen Zettel. Vergleicht eure Schlagwörter und schreibt die meistgenannten an die Tafel.

❹ „Berlin ist bunt." Erkläre die Aussage (M2, M5, M6).

Merke
Berlin ist die Hauptstadt von Deutschland. Nach Einwohnerzahl und Fläche ist sie auch die größte Stadt Deutschlands.

Grundbegriff
• die Hauptstadt

M1 *Sehenswürdigkeiten I*

Berlin – nicht nur für Berliner

Berlin ist die größte Stadt Deutschlands (siehe S. 146). Sie ist ein Zentrum von Kultur, Politik, Medien und Wissenschaften. Sie ist ein europäisches Verkehrszentrum und ein Anziehungspunkt für Menschen aus aller Welt. Architektur, Nachtleben und vielfältige kulturelle Einrichtungen (Theater, Opern, Konzerthäuser, Museen) und die jährlich wiederkehrenden Events (zum Beispiel Karneval der Kulturen) sind weithin bekannt.

Die Stadt hat **zentrale Funktionen** für die Besucher und für die Berlinerinnen und Berliner. Hier gibt es zum Beispiel eine Vielzahl von Arbeitsplätzen in den verschiedensten Berufen und sehr viele Versorgungseinrichtungen. Fachgeschäfte und Kaufhäuser, Einkaufszentren und Supermärkte haben ein vielfältiges Angebot an Waren.

Doch Berlin bietet seinen Einwohnern und Gästen noch viel mehr: Fachärzte (z. B. Kinder- und Augenärzte) und Krankenhäuser, Anwaltskanzleien, Gerichte und vieles andere. Es gibt aber auch Einrichtungen für die Sicherheit (z. B. Polizei und Feuerwehr) und Verwaltung (Rathäuser). Hinzu kommen die zahlreichen Bildungseinrichtungen in der Stadt (Schulen, Hochschulen, Bibliotheken, Volkshochschulen). In den Wohngebieten stehen Einfamilienhäuser, Mehrfamilienhäuser und Hochhäuser. Es gibt zahlreiche Industrie- und Gewerbegebiete.

Die öffentlichen Grün-, Erholungs- und Parkanlagen bieten vielfältige Freizeit- und Erholungsmöglichkeiten. Das gilt auch für die vielen Sportstätten.

Mit dem Citybus unterwegs

Eine öffentliche Buslinie führt quer durch das Zentrum an vielen Sehenswürdigkeiten vorbei. Am „Bahnhof Zoo" (Zoologischer Garten) geht es los. Die Gedächtniskirche wurde im Zweiten Weltkrieg zerstört; sie ist heute eine mahnende Ruine. Gleich in der Nähe ist der älteste Zoo Deutschlands. Schon von Weitem kann man dann die Siegessäule sehen. Ein König hat sie nach drei gewonnenen Kriegen aufstellen lassen. Im Schloss Bellevue wohnt der Bundespräsident. Das Haus der Kulturen der Welt sieht aus wie eine Muschel und bietet Platz für Kunstveranstaltungen. Jetzt sind wir auch schon mitten im Regierungsviertel. Es geht am Bundestag (dem Reichstagsgebäude) mit der Glaskuppel und dem Brandenburger Tor vorbei. Gleich in der Nähe liegt der Potsdamer Platz, ein großes Geschäfts- und Veranstaltungszentrum. Hier befinden sich zum Beispiel ein Kino und ein Musical-Theater. Hinter dem Brandenburger Tor erstreckt sich eine Allee mit dem Namen „Unter den Linden". Dazu gehört auch die Museumsinsel. Wenn du danach nach rechts schaust, kannst du das Rote Rathaus und gegenüber den Fernsehturm sehen. Am Alexanderplatz endet die Stadtrundfahrt.

M2 *Eine Tour durch Berlin*

Starthilfe zu ❶ ↗
Ordne die genannten Sehenswürdigkeiten (1–11) in M3 den Fotos A–K in M1 und M4 zu.

❶ ↗ Lies den Text „Mit dem Citybus unterwegs" und verfolge die Busroute in M3.

❷ Stelle dar, was die Stadt Berlin ihren Bewohnern und Gästen bietet.

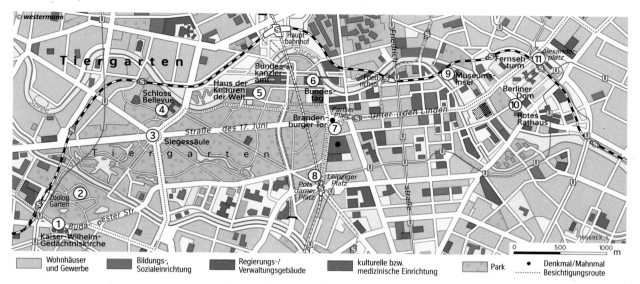

M3 *Die Besichtigungsroute mit dem Citybus mitten durch Berlin*

Legende:
- Wohnhäuser und Gewerbe
- Bildungs-, Sozialeinrichtung
- Regierungs-/ Verwaltungsgebäude
- kulturelle bzw. medizinische Einrichtung
- Park
- Denkmal/Mahnmal
- Besichtigungsroute

M4 *Sehenswürdigkeiten II*

Merke

Berlin ist ein Zentrum für Kultur, Politik und Medien. Hier gibt es Arbeitsplätze für viele Berufe. Fachgeschäfte und Kaufhäuser bieten ein vielfältiges Angebot. Die Stadt hat viele Erholungsgebiete.

Grundbegriff

• die zentrale Funktion

❸ Zeichne nach M3 eine Karte mit dem Tiergarten und den Sehenswürdigkeiten, die in diesem Erholungsgebiet liegen.

❹ Suche im Atlas (Karte: Hauptstadt Berlin) Namen von Einrichtungen zur Kultur, Bildung, Verwaltung (Bundesbehörden) und Erholung und schreibe sie auf.

149

M1 *Das Heizkraftwerk Mitte im Zentrum Berlins ging 1997 ans Netz.*

Vieles muss getan werden

Rund 3,5 Millionen Menschen leben in Berlin. Sie alle müssen mit Lebensmitteln, Wasser, Strom und Wärme versorgt werden. Abfallstoffe, wie Müll und Abwasser, müssen entsorgt werden.

- **Lebensmittelversorgung**

  Nach 1990 haben zahlreiche Supermarktketten im Brandenburger Umland Logistikzentren errichtet. Dies ermöglicht über gute Straßen- und Eisenbahnanschlüsse eine gezielte Belieferung der Berliner Filialen fast minutengenau.

- **Wasser und Abwasser**

  Für die Wasserversorgung hat Berlin sehr gute natürliche Voraussetzungen. Die mächtigen Sand- und Kiesschichten der eiszeitlichen Ablagerungen führen große Mengen **Grundwasser**. An Flüssen und Seen wird Wasser aus dem Uferfiltrat gewonnen (M3). 650 Brunnen fördern das Wasser aus bis zu 140 Metern Tiefe. Neun Wasserwerke bereiten das Wasser auf und überprüfen die Qualität. Leitungen mit einer Länge von 7 900 Kilometern versorgen die Menschen. Täglich werden rund 546 000 Kubikmeter Trinkwasser bereitgestellt. Sechs Klärwerke, die fast alle am Stadtrand liegen, reinigen rund 620 000 Kubikmeter Schmutzwasser pro Tag. Nach der Reinigung wird das Wasser wieder dem natürlichen Kreislauf zugeführt.

M2 *Hinweisschild*

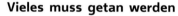

Starthilfe zu ② ↗
Suche auf der Karte „Berlin und das brandenburgische Umland" in der Legende unter Dienstleistungen den Begriff „Handel".

❶ Täglich werden wir mit fließendem Wasser, Strom und in der kalten Zeit des Jahres mit Wärme versorgt. Vor 200 Jahren war das noch nicht üblich. Liste auf, was damals nicht oder nicht so einfach möglich war (z.B. ein Buch lesen, wenn es draußen dunkel ist).

❷ ↗ Suche im Atlas Logistikzentren im Berliner Umland heraus. Überlege Gründe für diese Lage.

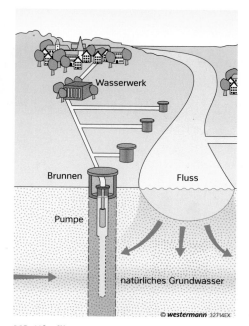

M3 *Uferfiltrat*

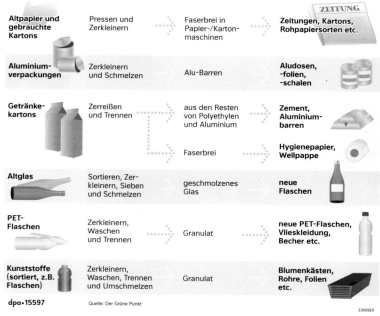

M4 *Recycling – aus Alt mach Neu*

dpa·15597   Quelle: Der Grüne Punkt

- **Strom und Wärme**

  In Berlin erzeugen mehrere große Kraftwerke Wärme und Strom. Mehr als die Hälfte der Energie wird durch Gas erzeugt. Das Kraftwerk Klingenberg nutzt neben Gas auch Braunkohle. Auch Steinkohle, Erdöl und Biomasse spielen als Energieträger noch eine Rolle. Kraftwerke benötigen Wasser zur Dampferzeugung und Kühlung. Seit 1995 ist Berlin an das europäische Verbundnetz angebunden. Heute können die Kunden aus einer Vielzahl von Anbietern für Strom und Wärme auswählen. Zahlreiche Anbieter verzichten bei der Stromerzeugung auf **fossile Brennstoffe** oder Strom aus Atomkraft.

- **Abfall**

  Nicht jeder Abfall ist auch Müll. Das **Recycling**, die Wiederverwertung und Nutzbarmachung von Abfall, bildet heute den Hauptteil der Abfallbehandlung. In 16 Recyclinghöfen in Berlin werden die verschiedensten Stoffe gesammelt, von Holz- und Papier bis zu Elektronikschrott. Zahlreiche Unternehmen zur Wiederverwertung sind so neu entstanden und haben in diesem Bereich zahlreiche Arbeitsplätze geschaffen.

  Der nicht mehr verwertbare Teil des Abfalls wird im Müllheizkraftwerk Ruhleben verbrannt.

  Für die Entsorgung gefährlichen Sondermülls gelten strenge Regeln.

www.klassewasser.de

③ Berliner trinken Flusswasser! Bewerte diese Aussage (M3).

④ Nenne Vorteile des Recyclings gegenüber der Verbrennung und Ablagerung auf Müllkippen.

⑤ Aus Alt mach Neu: Berichte anhand eines Beispiels in M4 über die vier Schritte beim Recycling (Internet).

Merke
Die Versorgung mit Lebensmitteln, Wasser, Strom und Wärme und die sichere Entsorgung des Abwassers und des Mülls sind eine wichtige Aufgabe für Berlin.

Grundbegriffe
- das Grundwasser
- der fossile Brennstoff
- das Recycling

151

M1 *Aus einem Toteisloch entstand ein See*

M3 *Endmoräne*

M2 *Ein Findling*

Auf Entdeckungstour

Die Landschaft Berlins und Brandenburgs ist von den Eiszeiten geprägt worden (siehe S. 43 und 70). Ein recht einfach und schnell erreichbares Ziel für die Erkundung von einigen gut sichtbaren Zeugen der Eiszeiten ist der Grunewald in Berlin.

Bei einer Wanderung vom Karlsberg mit dem Grunewaldturm zum S-Bahnhof Grunewald führt der Weg an zahlreichen eiszeitlichen Überresten vorbei.

Eine fünfte Klasse plant mithilfe der Karte M4 diesen Weg. Sie nimmt sich vor, folgende Punkte auf dem Weg zu besuchen: Grunewaldturm (Übersicht), Endmoräne beim Karlsberg, Pechsee und Teufelssee (**Toteislöcher**), Kiesgrube sowie **Findlinge** (skandinavische „Einwanderer").

Mit Kraft und Ausdauer kann am Ende der Wanderung südlich des S-Bahnhofes Grunewald noch ein Abstecher zum Hundekehlesee gemacht werden. Er ist einer der zahlreichen Seen, die beliebte Erholungsorte sind. Dazu gehören auch Krumme Lanke und Schlachtensee. Entstanden sind sie in einer unter dem Eis geformten Abflussrinne des Gletschers vor über 10 000 Jahren.

① ↗ Beschreibe mithilfe der Karte M4 die Wanderroute.

② Fertige eine Skizze der Wegstrecke an. Lege dazu Transparentpapier auf die Karte M4 und markiere den Weg deutlich mit einem Stift. Zeichne nach der Tour die Beobachtungsstationen in die Skizze ein.

> **Starthilfe zu ① ↗**
> *Beginne so: Nachdem wir am S-Bahnhof Grunewald ausgestiegen sind, ...*

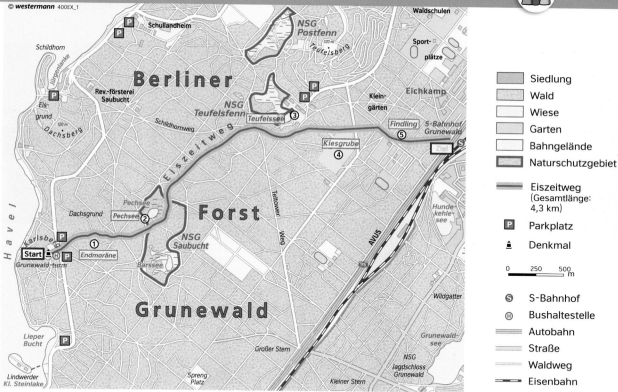

M4 *Wanderkarte (Ausschnitt)*

Durchführung des Projektes

1. Vorbereitung
a) Wiederholt die Entstehung der glazialen Serie (siehe S. 70/71)
b) Wanderroute festlegen
c) Zeitplanung machen
d) Verkehrsmittel auswählen und Fahrzeiten erkunden
e) Fahrkarten besorgen (Klassenticket, Einzeltickets oder Monatskarten)
f) Material sammeln (Karten, Kompass, Fotomöglichkeiten)
g) Arbeitsaufträge vergeben (wer macht was, nur Gruppenarbeit mit drei oder mehr Schülerinnen und Schülern)

2. Vor Ort
a) auf genügend Verpflegung achten
b) die Gruppen mit den verschiedenen Arbeitsaufträgen bleiben zusammen und arbeiten zusammen

3. Auswertung
a) Gespräch in der Klasse führen
b) Ergebnisse sichern

4. Dokumentation
a) Berichte
b) Plakate
c) Vorträge

Merke
Die Landschaft von Berlin und Brandenburg wurde durch die Eiszeiten geformt. Im Grunewald ist dies noch heute zu erkennen.

Grundbegriffe
• der Findling
• das Toteisloch

3 Entnimm der Karte mithilfe des Maßstabes und eines Lineals die Länge der Wegstrecke und berechne die Dauer der Wanderung (etwa vier Kilometer in der Stunde).

4 Erstellt in kleinen Gruppen mithilfe von Texten und Fotos eigene Plakate zur Formung des Grunewaldes durch die Eiszeiten.

M1 *Wichtige Gebäude und Dienstsitze in Berlin*

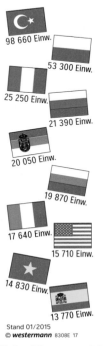

98 660 Einw.
53 300 Einw.
25 250 Einw.
21 390 Einw.
20 050 Einw.
19 870 Einw.
17 640 Einw.
15 710 Einw.
14 830 Einw.
13 770 Einw.

Stand 01/2015
© **westermann** 8308E 17

M2 *Bevölkerungsreiche Ausländergruppen in Berlin*

M3 *Von der Eiszeit geprägt*

① Eingang, ② Laden, ③ Innenhof, ④ Regenbecken, ⑤ Hausaltar, ⑥ Empfangsraum, ⑦ Wohn-, Schlaf- und Wirtschaftsräume, ⑧ Speiseraum, ⑨ Garten mit Säulenhalle, ⑩ Keller, ⑪ Presse zur Weinherstellung

M4 *Villa einer wohlhabenden römischen Weinhändler-Familie (heutige Darstellung)*

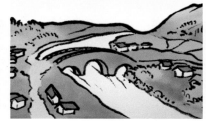

M5 *Plätze für die Anlage von Städten*

Was weiß ich?

1 a) Wähle fünf Grundbegriffe aus der Liste, ergänze die Artikel und erkläre die Grundbegriffe.
b) Ergänze die Grundbegriffe, wenn möglich, durch Zeichnungen.

2 Erkläre die Aussage: „Berlin ist bunt." mithilfe von M2. (Schülerbuch S. 146/147)

3 Ermittle, wie die Gebäude in M1 heißen und welche Funktionen sie haben. (Schülerbuch S. 147)

Was kann ich?

4 Ordne die Flaggen in M2 Ländern und Kontinenten zu. (Schülerbuch S. 146)

5 Schreibe einen Text über eine Villa im alten Rom mithilfe von M4. (Schülerbuch S. 140/141).

6 Zeichne eine Skizze der Wanderung in den Grunewald in dein Heft. Ergänze sie mit den Bildern in M3. Erkläre, worum es sich handelt. (Schülerbuch S. 152/153)

Wie entscheide ich?

7 Beurteile die Plätze zur Anlage einer Siedlung (M5) (Schülerbuch S. 136/137)

8 Überprüfe, wie du selbst zur Abfallvermeidung beitragen kannst. (Schülerbuch S. 150/151)

9 Beurteile die Kindererziehung von Mädchen und Jungen im alten Rom vor dem Hintergrund der späteren Aufgaben in der Gesellschaft. (Schülerbuch S. 140/141)

Schätze dich selbst mit dem Zeichensystem ein, das auf Seite 87 erklärt ist.

Grundbegriffe
• Therme
• Wagenrennen
• Gladiator
• Villa
• Legende
• Hauptstadt
• zentrale Funktion
• Grundwasser
• fossiler Brennstoff
• Recycling
• Toteisloch
• Findling

5

Das Satellitenbild zeigt Europa bei Nacht.
Die großen Städte sind hell erleuchtet.
Überlege, warum einige Gebiete nur
wenige helle Punkte haben.

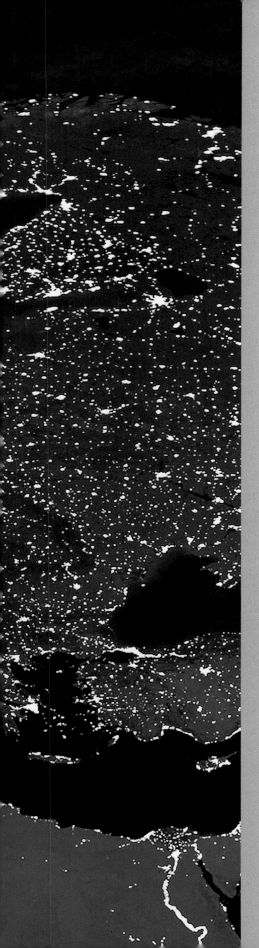

Europa – grenzenlos?

Am Ende des Kapitels kannst du:

– Europa als Kontinent darstellen

– über Europa in der Antike berichten

– die Europäische Union charakterisieren

– Gemeinsamkeiten und Unterschiede in der EU ermitteln

– zu Wanderungsbewegungen in Europa Stellung nehmen

– den Alltag im zweigeteilten Deutschland erläutern

Europa | übrige Landmasse von Eurasien

M1 *Lage von Europa und der übrigen Landmasse Eurasiens*

Europa – was ist das?

Europa ist ein Kontinent. Er bildet mit dem im Osten anschließenden Kontinent Asien die Landmasse Eurasien (M1). Deren Lage und Größe werden nicht nur geografisch bestimmt. Der westliche Teil der Landmasse Eurasiens unterscheidet sich historisch, kulturell, politisch, wirtschaftlich und vom Selbstverständnis seiner Bewohner vom übrigen Teil der Landmasse.

Europa hat im Osten gegenüber Asien keine eindeutige geografische Grenze. Deshalb sind die Grenzen Europas eine Frage der gesellschaftlichen Übereinkunft. In diesem Kapitel erfährst du, auf welche Grenzen sich die Menschen in Europa geeinigt haben.

Europa als Kontinent

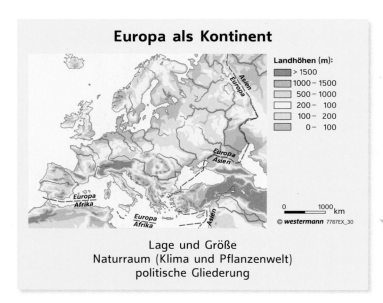

Landhöhen (m):
> 1500
1000 – 1500
500 – 1000
200 – 100
100 – 200
0 – 100

© **westermann** 7787EX_30

Lage und Größe
Naturraum (Klima und Pflanzenwelt)
politische Gliederung

In diesem Kapitel erfährst du:

- die Lage und Grenzen Europas
- die Großlandschaften Europas
- Klima und Vegetation in Europa
- Entstehung des Römischen Reiches
- Begegnungen mit den Germanen
- Wirtschaft und Handel am Limes

Europa in der Antike

Römisches Reich
Herrschaft, Kultur
Handelswege, Handelsgüter
Handel mit den Germanen

Zusammenarbeit in Europa

1945 waren viele Städte in Europa durch Bomben zerstört. Millionen Menschen hatten ihr Leben verloren. In dieser Situation meinten Politiker in Europa, dass ein einzelner Staat nicht in der Lage ist, den Menschen in Europa Frieden zu garantieren. Winston Churchill legte 1946 den Grundstein für die Zusammenarbeit in Europa. Er sagte in einer Rede: „Ich sage Ihnen jetzt etwas, das Sie erstaunen wird. Der erste Schritt zu einer Neuschöpfung der europäischen Völkerfamilie muss eine Partnerschaft zwischen Frankreich und Deutschland sein. Wenn das Gefüge der Vereinigten Staaten von Europa gut und richtig gebaut wird, so wird die Stärke eines einzelnen Staates weniger wichtig sein."

- Bedeutung der Europäischen Union
- Migliedsstaaten, Grenzen der EU
- Gemeinsamkeiten und Unterschiede
- Wanderungen früher
- gegenwärtige Flüchtlingsbewegungen
- Alltag im zweigeteilten Deutschland

Die Europäische Union

Mitgliedsstaaten
Grenzen
Gemeinsamkeiten und Unterschiede
Währung, Kultur, Alltag, Tradition, Sprache
Überfluss und Mangel
aktuelle Herausforderungen

Veränderungen in Europa

Wanderungen in Europa früher und heute
Deutschland – zweigeteilt

159

Nach einer Sage war Europa eine Königstochter in Asien. Sie war so schön, dass der Göttervater Zeus sich in sie verliebte. Zeus verwandelte sich in einen Stier und entführte die Königstochter auf seinem Rücken von Asien auf eine europäische Insel. Dort lebte sie als Königin. Der ganze Kontinent sollte ihren Namen tragen: Europa.

M1 *Die Sage von der Entstehung Europas*

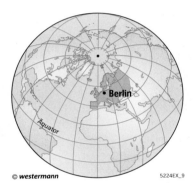

M2 *Lage von Europa*

Europa – Lage und Abgrenzung

Europa ist ein Kontinent auf der Nordhalbkugel der Erde. Die Grenzen im Norden, Süden und Westen sind eindeutig. Es sind die Meere: das Europäische Nordmeer, das Mittelmeer und der Atlantische Ozean. Umstritten ist die Abgrenzung Europas nach Osten und Südosten. Das liegt daran, dass die Kontinente Europa und Asien eine gemeinsame Landmasse bilden (siehe S. 158). Man nennt sie **Eurasien**. Weitgehend anerkannt ist folgende Grenzziehung Europas im Osten: Die Grenze verläuft entlang des Uralgebirges, entlang des Flusses Ural durch das Kaspische Meer, die Manytschniederung, durch das Schwarze Meer bis zum Mittelmeer.

Es gibt eine große Stadt, die auf beiden Kontinenten liegt: Istanbul.

Der Name Europa kommt vermutlich von dem Wort „ereb". Es ist ein asiatisches Wort und bedeutet „dunkel". Von Asien aus betrachtet liegt Europa dort, wo abends die Sonne untergeht. Europa ist das „Abendland".

Das Wort Europa kommt heute in vielen Zusammenhängen vor: z. B. Europapokal, Europameisterschaften, Europapark. Typisches aus Europa finden wir überall in unserer Umgebung, zum Beispiel italienische, spanische oder französische Lebensmittel im Supermarkt.

M3 *Der Name Europa*

- -

Starthilfe zu ❸ ↗
Denke auch an die vielen Sportereignisse in Europa.

❶ Notiert Begriffe, die euch zum Thema Europa einfallen.

❷ Erläutere den Namen Europa (M3).

❸ ↗ Typische Begriffe oder Spezialitäten aus Europa finden wir überall in unserer Umgebung, zum Beispiel den Europaplatz oder spanische Spezialitäten. Nenne weitere Beispiele.

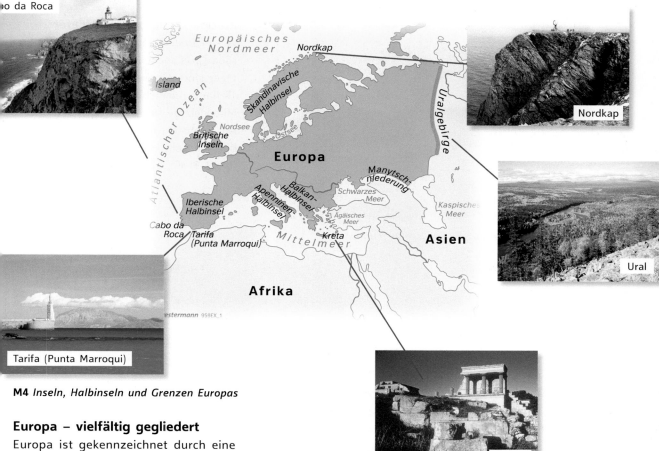

M4 *Inseln, Halbinseln und Grenzen Europas*

Europa – vielfältig gegliedert

Europa ist gekennzeichnet durch eine große landschaftliche Vielfalt auf engstem Raum. Besonders auffällig ist die starke Gliederung in Inseln und Halbinseln. Meeresbuchten greifen tief ins Festland. Die skandinavische Halbinsel, der „Bär", im Norden, die spanische „Faust", der italienische „Stiefel" und die „Finger" der griechischen Halbinsel Peloponnes im Süden ragen weit in die umgebenden Meere hinein. Die Küsten sind zusammengenommen mehr als 40 000 km lang. Insgesamt ist der nach Australien zweitkleinste Kontinent nur rund 10,5 Mio. km² groß.

- Der längste Fluss ist die Wolga mit 3 531 km.
- Der größte See ist der Ladogasee mit einer Fläche von 17 703 km².
- Der höchste Berg ist der Mont Blanc mit 4 810 m.
- Der höchste Vulkan ist der Ätna mit einer Höhe von 3 350 m.

M5 *Europa-Rekorde*

④ Nenne die zwei Staaten, die Anteil an Europa und Asien haben (Atlas).

⑤ Erstelle eine Präsentation zum Thema: „Lage und Grenzen Europas" (Text, M2, M4, Atlas).

Merke
Europa ist ein Kontinent auf der Nordhalbkugel. Er ist der westliche Teil der Landmasse Eurasien. Die Grenze zwischen Europa und Asien bilden das Uralgebirge und der Fluss Ural.

Grundbegriff
- Eurasien (ohne Artikel)

M1 *Die geografische Mitte Europas bei Vilnius (Litauen)*

Europa von 0 bis 4807 Meter

Wie in Deutschland gibt es auch in Europa Großlandschaften: Die Gebiete am Meer sind nur wenige Meter hoch. Das Tiefland reicht bis etwa 200 Meter. Die Mittelgebirge sind unter 2000 Meter hoch. Am höchsten sind die Hochgebirge. Der höchste Berg Europas liegt in den Alpen (Mont Blanc, 4807 Meter).

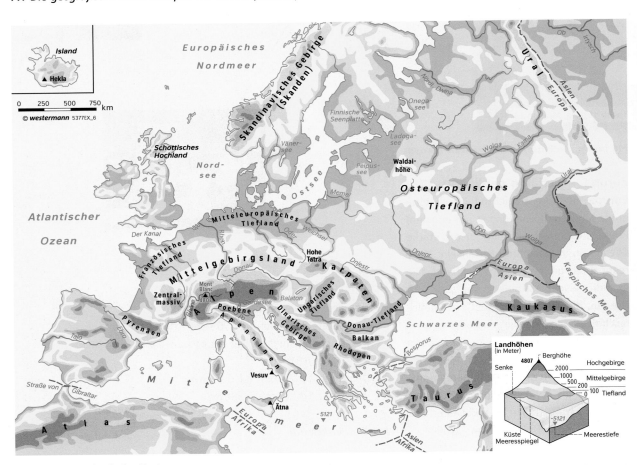

M2 *Europa – physische Karte*

Starthilfe zu ❶ ↗
Achte auf die Abgrenzung von Hochgebirge und Tiefland in der Legende.

❶ ↗ Lege Transparentpapier auf M2 und umrande die Hochgebirge. Schraffiere anschließend das Tiefland.

❷ Beschreibe den Verlauf von drei Flüssen in Europa (M2, Atlas).

① Im Schottischen Hochland

② In der Hohen Tatra bei Zakopane

③ Bei Den Haag

④ An der Wolga

⑤ Am Vänersee

⑥ Im Ural

M3 *Fotos aus Europa*

❸ Notiere die Namen von drei
europäischen Inseln und drei
Halbinseln. Beschreibe ihre Lage
(Himmelsrichtung, Meer).

❹ Ermittle mithilfe des Atlas (Register) die Länder, in denen die Fotos
1–6 aufgenommen wurden. Ordne
die Großlandschaften zu.

Merke
In Europa gibt es wie
in Deutschland drei
Großlandschaften.

ℹ Klimadiagramm

In einem Klimadiagramm sind die Temperaturkurve und die Niederschlagssäulen eines Ortes zusammen eingetragen. Auf der linken Seite befindet sich die rot beschriftete Temperaturachse; auf der rechten Seite ist die blau beschriftete Niederschlagsachse. Dabei ist die Temperaturzahl links immer halb so groß wie die Niederschlagszahl rechts. Zum Beispiel werden 10°C auf derselben Höhe eingetragen wie 20 mm Niederschlag.

Mithilfe des Klimadiagramms kannst du zum Beispiel folgende Fragen beantworten:

- Welches ist der wärmste, welches der kälteste Monat im Jahr?
- Wie viel Niederschlag fällt in den einzelnen Monaten?

Ein Klimadiagramm – Was ist das?

Meteorologen, die Wetter- und Klimakundler, beobachten und messen die Temperaturen und Niederschläge an vielen Orten auf der Erde. Die Temperatur wird mit einem Thermometer in Grad Celsius (°C) gemessen. Der Niederschlag kann mit einem Regenmesser aufgefangen werden. An einer Millimeterskala kann man ablesen, wie viel Niederschlag gefallen ist.

Aus den langjährigen Mittelwerten lassen sich **Klimadiagramme** anfertigen.

Die Temperaturkurve

Die Durchschnittstemperaturen der einzelnen Monate stellt man zeichnerisch als Temperaturkurve (in Rot) dar.

Auf der unteren (waagerechten) Linie des Diagramms sind im gleichen Abstand die Monate des Jahres eingetragen. Links schließt sich eine senkrechte Achse an. An dieser sind in gleichmäßigen Abständen die Temperaturwerte in Grad Celsius (°C) eingetragen (M1). Für jeden Monat wird ein Punkt in der richtigen Höhe gezeichnet. Die Punkte werden verbunden.

Die Niederschlagssäulen

Die Niederschläge der einzelnen Monate stellt man zeichnerisch als Niederschlagssäulen (in Blau) dar.

Die untere (waagerechte) Linie bleibt dieselbe wie bei der Temperaturkurve: Hier sind die Monate des Jahres eingetragen. Diesmal schließt sich auf der rechten Seite eine senkrechte Achse an. An dieser sind in gleichmäßigen Abständen die Niederschlagswerte in Millimetern (mm) eingetragen (M2). Nun wird in das Diagramm für jeden Monat eine Säule in der richtigen Höhe eingezeichnet.

ℹ Klima

Das Zusammenwirken von Temperatur, Niederschlag, Bewölkung, Wind und Luftdruck über einen langen Zeitraum nennt man **Klima**. Das Klima eines Ortes ergibt sich damit aus den langjährigen Durchschnittswerten des Wetters.

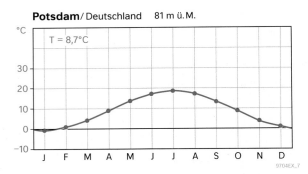

M1 *Temperaturkurve der Klimastation Potsdam*

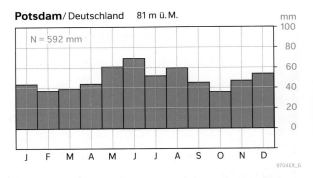

M2 *Niederschlagssäulen der Klimastation Potsdam*

Starthilfe zu ➊ ↗
Ermittle auch die Differenzen zwischen den Temperatur- und Niederschlagswerten der entsprechenden Monate.

➊ ↗ Werte das Klimadiagramm von Valencia aus (M5). Ermittle die Monate mit den höchsten und niedrigsten Temperaturen und die mit den höchsten und niedrigsten Niederschlägen.

➋ Vergleiche die Klimadiagramme von Potsdam (M3) und Valencia (M5). Ermittle jeweils die Monate mit der höchsten und niedrigsten Temperatur und mit den höchsten und niedrigsten Niederschlägen.

15517EX_2

Fünf Schritte zum Lesen der Temperaturkurve

1. Beginne mit dem Januar (J). Lege deinen Finger auf den Buchstaben J (Januar).

2. Fahre mit dem Finger gerade nach oben, bis du auf die rote Kurve triffst.

3. Lies die Zahl auf der Höhe deiner Fingerspitze an der linken senkrechten Achse ungefähr ab. Dies ist die Monatsmitteltemperatur für den Januar.

4. Gehe genauso bei den übrigen Monaten vor.

5. Lies die Jahresmitteltemperatur ab. Das ist die rote Zahl oben im Diagramm.

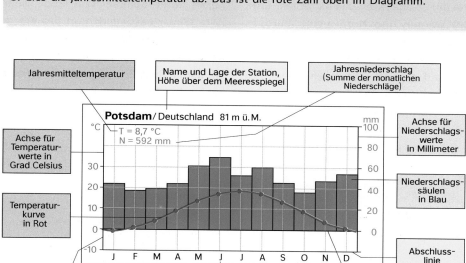

M3 *Ein Klimadiagramm in seinen Einzelheiten (Klimastation Potsdam)*

M5 *Das Klimadiagramm von Valencia*

Fünf Schritte zum Lesen der Niederschlagssäulen

1. Beginne mit dem Januar (J). Lege deinen Finger auf den Buchstaben J (Januar).

2. Fahre mit dem Finger gerade nach oben, bis du an den oberen Rand der blauen Säule gelangst.

3. Lies die Zahl auf der Höhe deiner Fingerspitze an der rechten senkrechten Achse ungefähr ab. Dieses ist der Monatsniederschlag für den Januar.

4. Gehe genauso bei den übrigen Monaten vor.

5. Lies den Jahresniederschlag ab. Das ist die blaue Zahl oben im Diagramm.

❸ Orangen benötigen in ihrer Wachstumszeit viele Monate mit einer Monatsdurchschnittstemperatur von über 17 °C. Weizen benötigt in seiner Wachstumszeit Monatsniederschläge von über 50 mm und Temperaturen von 15 °C. An welchem Ort (M3 oder M5) würdest du die Pflanzen anbauen? Begründe.

Merke
In einem Klimadiagramm sind die Temperaturkurve und die Niederschlagssäulen eines Ortes zusammen eingetragen.

Grundbegriffe
• das Klima
• das Klimadiagramm

Große klimatische Unterschiede prägen Europa

ⓘ Golfstrom
Der Golfstrom ist eine warme Meeresströmung. Sie entsteht im Golf von Mexiko und wirkt wie eine Warmwasserheizung. An der Westküste Frankreichs ist das Meer im Winter 11°C warm.

Der größte Teil Europas liegt in der gemäßigten Zone. Hier ist es weder besonders heiß noch besonders kalt. Die Natur wird durch die Jahreszeiten bestimmt. Im Sommer ist es in der gemäßigten Zone durchschnittlich etwa 20°C warm, im Winter liegen die Temperaturen etwa bei 0°C. Niederschläge fallen das ganze Jahr über. Im Westen und Nordwesten Europas herrscht ein mildes Seeklima. Es entsteht durch den Einfluss des Atlantischen Ozeans auf die Luft. Zusätzlich beeinflusst der **Golfstrom** das Klima. Er wirkt wie eine Warmwasserheizung. Am Nordkap hat das Wasser deshalb noch eine Temperatur von 5°C. Die Häfen an der Küste von Norwegen frieren dank des Golfstroms im Winter nicht zu. Im Osten Europas herrscht hingegen Landklima. Die Sommer sind warm und die Winter kalt. Im Norden Europas liegt die kalte Zone. Kurze, kühle Sommer und lange, sehr kalte Winter bestimmen dort das Klima. Niederschläge fallen meist als Schnee. Im Süden Europas, am Mittelmeer, liegt die warme Zone. Hier regnet es im Winter häufig. Die Sommer sind trocken und die Temperaturen sind hoch.

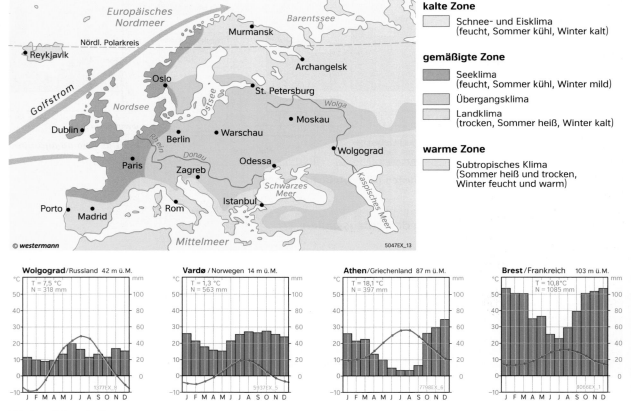

kalte Zone
Schnee- und Eisklima (feucht, Sommer kühl, Winter kalt)

gemäßigte Zone
Seeklima (feucht, Sommer kühl, Winter mild)
Übergangsklima
Landklima (trocken, Sommer heiß, Winter kalt)

warme Zone
Subtropisches Klima (Sommer heiß und trocken, Winter feucht und warm)

M1 *Das Klima in Europa*

Starthilfe zu ② ↗
Der Golfstrom transportiert warmes Wasser bis hoch in das Europäische Nordmeer. Dadurch ...

❶ Erläutere folgende Aussage: „Große Unterschiede prägen das Klima in Europa."

❷ ↗ Erkläre den Einfluss des Golfstroms auf das Klima Europas (M1).

M2 *Fotos aus verschiedenen Vegetationszonen*

Vegetation in Europa

Die Pflanzen haben sich an das Klima in den verschiedenen Zonen Europas angepasst.

Entscheidend für das Wachstum der Pflanzen sind Temperaturen und Niederschläge. In der gemäßigten Zone wachsen zum Beispiel Laubbäume. Sie werfen ihre Blätter im Winter ab, denn diese vertragen keinen Frost.

Die meisten Nadelbäume hingegen tragen ihre Nadeln das ganze Jahr über. Sie können Frost vertragen.

In der kalten Zone wachsen nur Nadelbäume; hier ist es für Laubbäume zu kalt. In der warmen Zone schützen sich die Pflanzen gegen die Hitze im Sommer. Hier gibt es zum Beispiel Hartlaubgewächse. Diese haben kleine, von einer Wachsschicht überzogene Blätter; sie verhindern ein Austrocknen der Pflanzen. Andere Pflanzen sind Sukkulenten. Sie speichern Wasser für die trockene Jahreszeit im Stamm oder in den Wurzeln. Wieder andere Pflanzen sind Tiefwurzler.

Tundra
nördlicher Nadelwald (Taiga)
sommergrüner Laub- und Mischwald
Steppe
Hartlaubgehölze (Mittelmeerpflanzen)
Wüste und Halbwüste

0   1000   2000 km   4493EXa_4

M3 *Die Vegetation in Europa*

Merke
Der größte Teil Europas liegt in der gemäßigten Zone. Im Norden und Nordwesten herrscht Seeklima. Der Golfstrom wirkt wie eine Warmwasserheizung. Im Norden liegt die kalte Zone. Im Osten Europas herrscht Landklima.

Grundbegriff
• der Golfstrom

❸ a) Beschreibe die vier Klimadiagramme in M1.
b) Ordne die Fotos in M2 den Orten der Klimadiagramme zu.

❹ Erkläre den Zusammenhang zwischen Klima und Vegetation in Europa (M1–M3).

© westermann   5752EX_5

M1 *Italien heute und die Ausdehnung des Römischen Reiches im 3. Jahrhundert n. Chr.*

M2 *Städte, die es schon im Römischen Reich gab*

Rom wurde nicht an einem Tag erbaut

Rom ist heute die Hauptstadt von Italien. Vor 2800 Jahren entstand hier ein Bauerndorf. Es entwickelte sich allmählich zu der einflussreichen Stadt Rom. Sie wurde die Hauptstadt des Römischen Reiches. Viele Jahrhunderte lang war sie die reichste, mächtigste und größte Stadt im Mittelmeerraum. Um 750 v. Chr. war Rom bereits eine größere Siedlung; um Christi Geburt lebte hier fast eine Million Menschen.

Die **Römer** bauten ihre Macht immer weiter aus. Auch in Mitteleuropa eroberten sie Gebiete. Sie haben viele Spuren hinterlassen. Römische Münzen, Vasen oder Grabsteine sind auch in deutschen Museen ausgestellt.

Die Römer entwickelten eine Hochkultur. Sie bauten Häuser, Straßen und Brücken. Die Sprache der Römer war Latein. Lateinische Wörter wurden unter anderem ins Deutsche als **Lehnwörter** übernommen.

ℹ Lehnwort

Ein Lehnwort ist ein Wort, das aus einer anderen Sprache übernommen wurde. Die Sprache der Römer war Latein. Viele lateinische Wörter sind ins Deutsche übernommen worden. Manche veränderten sich dabei bis heute kaum. Aus „strata" wurde zum Beispiel „Straße".

I	=	1	IX	=	9	LXXX	=	80	DC	=	600
II	=	2	X	=	10	XC	=	90	DCC	=	700
III	=	3	XX	=	20	XCIX	=	99	DCCC	=	800
IV	=	4	XXX	=	30	C	=	100	CM	=	900
V	=	5	XL	=	40	CC	=	200	CMXC	=	990
VI	=	6	L	=	50	CCC	=	300	M	=	1000
VII	=	7	LX	=	60	CD	=	400			
VIII	=	8	LXX	=	70	D	=	500			

M3 *Römische Zahlen werden auch heute noch verwendet.*

Starthilfe zu ❶ a) ↗
Die Buchstaben in den Fotos sind die Anfangsbuchstaben der heutigen Städtenamen (M4).

❶ a) ↗ Ordne die Bilder in M2 den unterstrichenen Städten in M4 zu.
b) Bestimme die heutigen Staaten, in denen die Städte liegen.

❷ a) „753: Rom schlüpft aus dem Ei." Erläutere diesen Merksatz (M5).
b) Beurteile, ob die Aussage richtig ist.

M4 *Das Römische Reich*

Legend:
- Römisches Reich 264 v. Chr.
- Römische Erwerbungen
  - bis 133 v. Chr.
  - bis 117 n. Chr.
- Grenzbefestigung (Limes)
- Raetia römische Provinzen (in Auswahl)
- • römische Stadt (in Klammern heutiger Name)

0 — 500 km

4878EX_14   © **westermann**

Der Kriegsgott Mars und die Königstochter Rhea Silvia bekamen die Zwillinge Romulus und Remus. Deren Onkel entführte die Säuglinge und setzte sie in einem Weidenkorb auf dem Fluss Tiber aus, um sie dadurch zu töten. Der machtsüchtige Onkel wollte selbst König werden. Der Korb trieb ans Ufer. Eine Wölfin rettete die Kinder und säugte sie. So fand sie ein Schafhirte; er und seine Frau kümmerten sich um die Kinder. Als junge Männer erfuhren Romulus und Remus von ihrer Herkunft. Sie besiegten ihren Onkel und erhielten so ihr rechtmäßiges Königreich. Am Ort ihrer Rettung aus dem Tiber wollten sie eine prächtige Stadt bauen. Die Frage, wer von ihnen beiden Herrscher der Stadt sein sollte, ließen sie durch Vogelflug entscheiden: Derjenige, der die meisten Adler in seinem Bereich des Himmels zählen konnte, sollte Sieger sein. Romulus konnte den Wettbewerb für sich entscheiden und zog eine Mauer um seine Stadt Roma. Remus verspottete seinen Bruder und sprang immer wieder über die noch niedrige Mauer. Zur Strafe tötete Romulus seinen Bruder und schrie: „So soll es jedem gehen, der die Mauern meiner Stadt übersteigt." Dies war im Jahr 753 v. Chr.

M5 *Die Sage von der Gründung Roms, an die die Römer in der Antike glaubten*

❸ Schreibe folgende Zahlen als römische Zahlen (M3): 1099, 1580, 1800, 1999.

❹ Verfasse einen Kurzvortrag zur Sage von der Gründung Roms.

❺ Erkläre die Bedeutung folgender Sprichwörter:
a) Rom wurde nicht an einem Tag erbaut.
b) Lasst euch kein X für ein U (U=V) vormachen (M3).

Merke
Rom entwickelte sich von 800 v. Chr. vom Bauerndorf zum Mittelpunkt des Römischen Reiches. Die Römer eroberten auch Gebiete im heutigen Deutschland.
Das Römische Reich bestand bis 476 n. Chr.

Grundbegriffe
- die Römer (Plural)
- das Lehnwort

169

A
Die Römer hörten nicht auf zu kämpfen.
Sie drangen bis nach Germanien und Britannien vor.
Sie wurden eine Weltmacht.

B
Die Römer lernten den Bau von Kriegsschiffen. Sie eroberten viele Gebiete rund ums Mittelmeer.

C
Auf sieben Hügeln an einer seichten Stelle des Flusses Tiber siedelten sich Menschen an.
Sie errichteten Häuser und wurden Bauern.
Später zogen sie eine Steinmauer um die Siedlung.

D
Die Römer eroberten Gebiete im heutigen Italien. Schließlich beherrschten sie den ganzen „Stiefel".
Sie unterwarfen auch Sizilien.

M1 *Aussagen über Rom zu verschiedenen Zeiten*

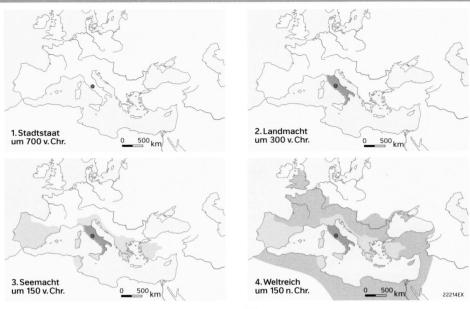

1. Stadtstaat um 700 v. Chr.   0 — 500 km

2. Landmacht um 300 v. Chr.   0 — 500 km

3. Seemacht um 150 v. Chr.   0 — 500 km

4. Weltreich um 150 n. Chr.   0 — 500 km   22214EX

M3 *Rom – vom Stadtstaat über die Land- und Seemacht zum Weltreich*

Aufstieg und Untergang des Römischen Reiches

Um 300 v. Chr. hatten die Römer einen großen Teil des heutigen Italiens erobert. Die besiegten Völker durften weitgehend selbstständig bleiben. Viele der ehemaligen Gegner wurden so allmählich zu Verbündeten. In den folgenden Jahrhunderten unterwarfen die Römer Gebiete im übrigen Europa, in Afrika und Asien. Die Römer machten viele Kriegsgefangene zu Sklaven. Im Rahmen der **Romanisierung** gliederten sie die besiegten Gebiete als **Provinzen** in ihr Reich ein. Als Grenzbefestigung bauten sie den **Limes** (siehe S. 172/173) und **Kastelle**. Schließlich war das Römische Reich so groß geworden, dass nicht mehr alle Grenzen gesichert werden konnten. Dies nutzten germanische Stämme für Eroberungen, wie zum Beispiel die Alemannen. Das Römische Reich verlor an Größe und Macht. Um 476 n. Chr. war das Römische Reich so geschwächt, dass es unterging.

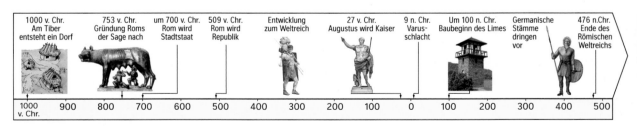

| 1000 v. Chr. Am Tiber entsteht ein Dorf | 753 v. Chr. Gründung Roms der Sage nach | um 700 v. Chr. Rom wird Stadtstaat | 509 v. Chr. Rom wird Republik | Entwicklung zum Weltreich | 27 v. Chr. Augustus wird Kaiser | 9 n. Chr. Varus- schlacht | Um 100 n. Chr. Baubeginn des Limes | Germanische Stämme dringen vor | 476 n. Chr. Ende des Römischen Weltreichs |

1000 v. Chr.   900   800   700   600   500   400   300   200   100   0   100   200   300   400   500

M2 *Zeitfries des Römischen Reiches*

Starthilfe zu ❸ ↗
Beachte folgende Punkte: fern der Heimat, Unterkunft im Kastell, Tagesablauf, Ausrüstung.

❶ Ordne den Karten in M3 die passenden Texte aus M1 zu.

❷ Ermittle die größte Länge und Breite des Römischen Reiches (Atlas).

❸ ↗ Stelle dir vor, dass du ein römischer Soldat bist. Schreibe einen Brief an einen Verwandten (M4–M6).

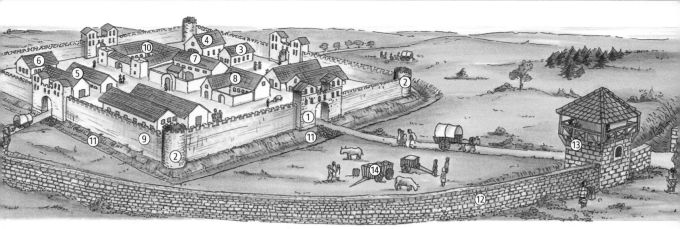

① Haupttor
② Wachturm
③ Krankenhaus
④ Kornspeicher
⑤ Ställe
⑥ Werkstatt
⑦ Leitung des Kastells
⑧ Wohnhaus des Leiters des Kastells
⑨ Unterkünfte für Soldaten
⑩ Badehaus
⑪ Verteidigungsgraben
⑫ Limes
⑬ Wachturm am Limes
⑭ Germanische Händler

M4 *Römerkastell am Limes (heutige Zeichnung)*

6.00 Uhr: Aufstehen
6.30 Uhr: Appell,
Verteilung der Aufgaben
7.00 Uhr: Frühstück
7.30 Uhr: Wachdienste,
Arbeitsdienste
12.00 Uhr: Mittagessen
12.30 Uhr: Waffenübungen,
Übungsmärsche,
Reittraining
18.00 Uhr: Abendessen, Freizeit
(Besuch einer nahe gele-
genen Stadt, Pferderen-
nen, Kampfspiele, Jagd)
21.30 Uhr: Zapfenstreich, Nachtruhe
22.00 Uhr: absolute Ruhe

(Quelle: C. Kotitschke: Auf die Plätze ... Römer los!
Köngen 1993, S. 12f)

M5 *Tagesablauf eines römischen Soldaten im Militärlager*

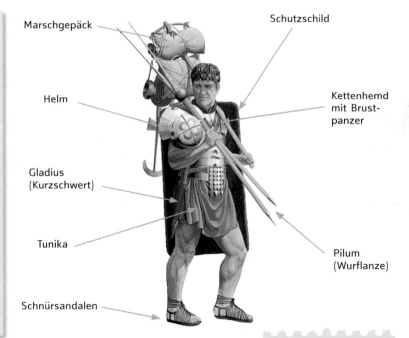

M6 *Römischer Soldat mit Ausrüstung (etwa 29 kg) und Marschgepäck (etwa 18 kg)*

Merke
Die Römer schützten ihr Reich durch den Limes. Die Soldaten waren in Kastellen untergebracht.

Grundbegriffe
• die Romanisierung
• die Provinz
• der Limes
• das Kastell

❹ Beschreibe die Ausrüstung eines römischen Soldaten (M6). Stelle dar, wozu sie diente.

❻ Schreibe einen Text über den Aufstieg und den Niedergang des Römischen Reiches.

❺ Betrachte M4 und erläutere den Aufbau eines Kastells am Limes.

M1 *Handel am Limes (heutige Zeichnung)*

M2 *Römischer Reisewagen (Relief 1. Jahrhundert n. Chr.)*

Der Limes – Grenze und Begegnungsstätte

Im 1. Jahrhundert n. Chr. griffen Germanen immer wieder das Römische Reich an. Deswegen schützten die Römer vor allem ihre Nordgrenze. In den offenen Gebieten zwischen dem Rhein und der Donau bauten sie eine bewachte Grenzmauer, den Limes. Ansonsten bildeten Berge und Flüsse eine natürliche Grenze. Der Limes war 550 Kilometer lang und über drei Meter hoch. Zwischen 100 und 200 n. Chr. wurden Palisadenzäune, Steinmauern, Gräben und 900 Wachtürme errichtet. Die Wachtürme aus Holz wurden Mitte des 2. Jahrhunderts n. Chr. von massiven Steintürmen abgelöst. Der Limes schützte das Römische Reich von 80 bis 260 n. Chr. Am Limes begegneten sich germanische Händler und römische Soldaten. Römische Kaufleute brachten Schmuck, Töpfe, Glasbecher und Silbergeschirr nach Germanien und erhielten dafür Honig und Felle von den Germanen. Um den Handel zu fördern, hatten die Römer ein dichtes Straßennetz angelegt. Dadurch konnten sie mit den verschiedensten Waren aus allen Gegenden des Römischen Reichs handeln. Personenreisewagen legten zur Römerzeit etwa 40 km am Tag zurück.

Häufig gingen römische Soldaten nach dem Militärdienst nicht nach Rom zurück, sondern blieben in Germanien. Sie bekamen ein Stück Land und heirateten germanische Frauen.

Einige Germanen lernten Latein. Im 2. und 3. Jahrhundert n. Chr. besaßen diese Germanen hohe öffentliche Ämter und hatten viel Einfluss.

Starthilfe zu ❷ ↗

Beschreibe die Menschen. Stelle dar, womit sie beschäftigt sind. Nenne die Waren, die von den Römern und die von den Germanen angeboten werden.

❶ a) Beschreibt den Verlauf des Limes (siehe S. 169 M4, Atlas).
b) Begründe, warum der Limes zwischen Regensburg und Wien unterbrochen war (S. 169 M4, Atlas).

❷ ↗ M1 zeigt eine Szene am Limes zu Friedenszeiten. Erläutere die dargestellte Situation. Nutze auch M4.

Baumeister
mit Gehilfe

Pflastersteine

Querschnitt durch eine Straße   Schotter, Kies

Regenrinne

flache Steine

M3 *Bau einer Römerstraße (heutige Zeichnung)*

ℹ Römische Straßen

Die Römerstraßen gelten als technische Meisterleistung. Sie waren genau vermessen und verliefen schnurgerade. Mithilfe von Brücken wurde hügeliges Gelände überwunden. Die Straßen waren geschottert oder gepflastert. So kamen Soldaten, Boten, Händler und andere Reisende auch bei schlechtem Wetter schnell vorwärts. Das war für die Sicherung des Römischen Reiches sehr wichtig. Wie ein Netz verbanden die Straßen Kastelle und Städte.

Gegenstände des gehobenen Bedarfs, sogar Luxusgüter, sind bis in die hintersten Winkel Germaniens gelangt. So werden germanische Stammesoberhäupter römisches Tafelgeschirr und andere Gegenstände feiner römischer Lebensart als Geschenke erhalten haben. Anderes mag aus der Beute germanischer Überfälle stammen, die in den römischen Gebieten vorgenommen wurden. Bestimmt haben auch germanische Krieger nach ihrem Militärdienst im Römerreich manches Stück mit nach Hause genommen.

Zu einem gewissen Teil dürften römische Produkte aber auch als Handelsgüter nach Germanien gelangt sein. Man fragt sich, wie germanische Waren den umgekehrten Weg zu den Römern genommen haben, zum Beispiel Pelze und Bernstein, nicht zu vergessen blondes Frauenhaar, das von vornehmen Römerinnen zur Verschönerung ihrer Frisur sehr geschätzt wurde. Auch Sklaven gelangten von Germanien über den Limes ins Römische Reich.

Wie der hohe Anteil römischer Keramik in germanischen Siedlungen nahe des Limes beweist, erstreckte sich hier der Austausch von Gütern auch auf Gegenstände des täglichen Gebrauchs.

(Quelle: Hermann Ament: Germanen: Unterwegs zu höherer Zivilisation. Der Brockhaus multimedial 2001 premium, www.novaesium.de, Zugriff: 11.12.2015)

M4 *Warenverkehr über den Limes*

M5 *Typische römische Handelsware (Fundstücke, 2. Jahrhundert n. Chr.)*

---

❸ a) „Der Limes war zugleich militärische und kulturelle Grenze." Erkläre.

b) Der Limes war weniger eine Grenze als vielmehr ein Ort des Austausches. Nenne Beispiele.

❹ Stelle dar, wie die Römer ihre Straßen gebaut haben (M3).

❺ Ein Fundstück in M5 soll für eine Ausstellung erläutert werden. Schreibe einen Erklärungstext.

Merke

Zwischen Rhein und Donau bauten die Römer eine Grenzmauer, den Limes. Hier begegneten sich germanische Händler und römische Soldaten.

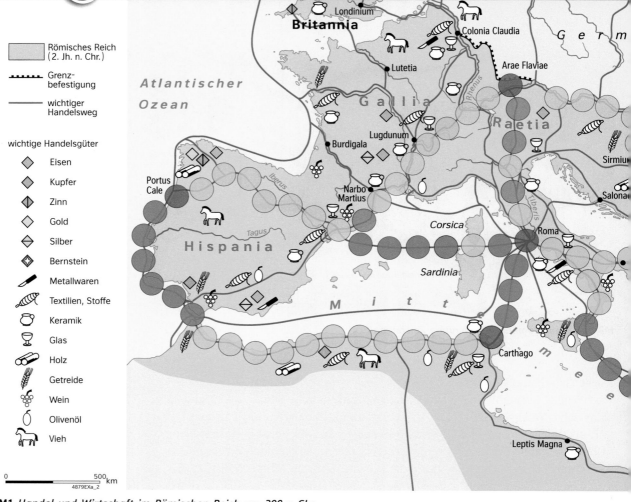

M1 *Handel und Wirtschaft im Römischen Reich um 200 n. Chr.*

Legende:

- Römisches Reich (2. Jh. n. Chr.)
- Grenzbefestigung
- wichtiger Handelsweg

wichtige Handelsgüter

- Eisen
- Kupfer
- Zinn
- Gold
- Silber
- Bernstein
- Metallwaren
- Textilien, Stoffe
- Keramik
- Glas
- Holz
- Getreide
- Wein
- Olivenöl
- Vieh

0 — 500 km
4879EXa_2

Spielstein	Ausgangsort	Name	Waren
	Alexandria	Gaius	Gewürze, Weihrauch, Edelsteine
	Byzantium	Severin	Seide, Gewürze, Elfenbein, Edelsteine
	Arae Flaviae (Rottweil)	Aurelius	Vieh, Pelze, Häute, Honig, Wachs
	Portus Cale	Octavian	Holz, Eisen, Zinn
	Carthago	Marcus	Elfenbein, Edelsteine

Das gut ausgebaute Verkehrssystem des Römischen Reiches lässt den Handel aufblühen und sichert die Versorgung der Bevölkerung mit Dingen des täglichen Bedarfs und mit Luxusgütern.

Als Händler verdienst du viel Geld, wenn du deine Waren schnell transportierst. Auf dem Weg der Waren gibt es Schwierigkeiten und Zwischenfälle.

Die Beförderung erfolgt über die Verkehrswege Straße (gelb), Fluss (hellblau), Meer (dunkelblau). Beim Wechsel der Transportmittel und beim Überqueren von Gebirgen (rot) kommt es zu Verzögerungen. Große Römerstädte sind mit der Farbe Lila gekennzeichnet.

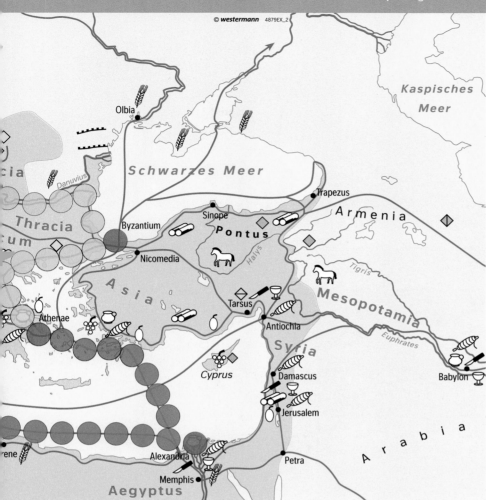

ⓘ Waren und Handel

Die meisten Menschen im Römischen Reich lebten auf dem Land und waren Bauern. Sie bauten Getreide, Wein, Oliven, Obst und Gemüse an; sie züchteten Schafe, Rinder, Pferde und Geflügel. Daneben gab es ein reichhaltiges Warenangebot aus Handwerk und Handel. Ein großer Teil der Waren wurde gegen andere Waren eingetauscht. Münzgeld wurde hauptsächlich im Fernhandel verwendet. Metalle gewann man in den Provinzen.

Ein dichtes Netz von Fernstraßen, Schifffahrtswegen, Häfen und Handelsplätzen bildete die Voraussetzung für einen regen Handel.

Für Reisende standen gut ausgebaute Land- und Wasserwege zur Verfügung. Allerdings gab es auch Räuber, die ihnen auflauerten, um ihnen Geld und Waren abzunehmen.

Das Spiel besteht aus drei Runden

1. Runde: Von deinem Ausgangsort sollst du so schnell wie möglich Waren in die Hauptstadt Rom bringen.

2. Runde: Von Rom aus bringst du Waren an deinen Ausgangsort mit, die dort dringend benötigt werden.

3. Runde: Bringe jetzt neue Handelsgüter so schnell wie möglich an den Ausgangsort eines deiner Mitspieler.

Wer als erster sein Ziel erreicht, ist Sieger und erhält drei Punkte.

Folgende Ereignisse bremsen oder beschleunigen das Spiel:
Wenn du eine 1 würfelst: Piraten/Räuber haben den Weg versperrt. Du musst ausweichen und eine andere Route wählen.
Wenn du eine 6 würfelst: Deine Handelsware wird knapp in Rom. Du darfst noch einmal würfeln. Farbwechsel: Wechsel des Verkehrsmittels oder Gebirge! Eine Runde aussetzen!

Spielzeit: 2 Spieler ca. 10 Min.; 5 Spieler ca. 25 Min.
1 Würfel und bunte Spielfiguren.
2 bis 5 Spieler können teilnehmen. Der jüngste Spieler wählt seinen Spielstein zuerst. Damit sind sein Ausgangsort und seine Waren bestimmt. Den zu gehenden Weg darf jeder selbst festlegen.

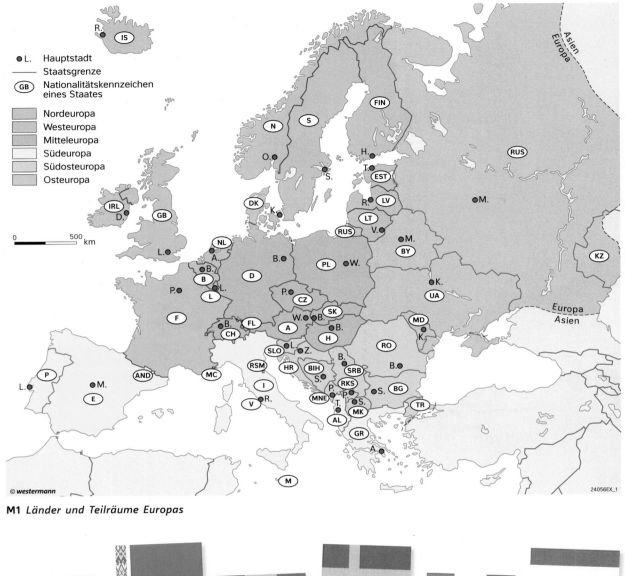

M1 *Länder und Teilräume Europas*

Legende:
- ● L. Hauptstadt
- — Staatsgrenze
- (GB) Nationalitätskennzeichen eines Staates
- Nordeuropa
- Westeuropa
- Mitteleuropa
- Südeuropa
- Südosteuropa
- Osteuropa

0 — 500 km

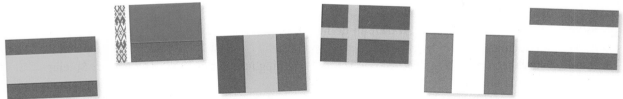

M2 *Sechs Flaggen aus sechs europäischen Teilräumen*

Starthilfe zu ❶ ↗
Schreibt in den Tabellenkopf: Nationalitätenkennzeichen, Ländername, Hauptstadt.

❶ ↗ Bildet Gruppen zu den sechs Teilräumen Europas. Notiert in einer Tabelle alle Länder, die in eurem Teilraum liegen. Ergänzt die Hauptstädte der Länder (M1; Atlas).

❷ Ermittle die Lage von Andorra: Teilraum Europas, Gebirge, angrenzende Länder (Atlas).

❸ Ordne die Flaggen in M2 Staaten und Teilräumen Europas zu (Atlas).

Die Staaten Europas – ganz unterschiedlich

Obwohl Europa ein kleiner Kontinent ist, besteht er aus 47 Staaten. Darunter sind Länder mit großer Fläche, wie Frankreich und die Ukraine. Das größte Land Europas ist Russland. Einige Staaten liegen sogar auf zwei Kontinenten. Auch gibt es Zwergstaaten, wie Liechtenstein und Vatikanstadt.

Die Menschen in den verschiedenen Ländern Europas haben unterschiedliche Sprachen und Lebensbedingungen. Es gibt arme und reiche Staaten.
Die Länder Europas lassen sich nach ihrer Lage sechs großen Teilräumen zuordnen. Danach gehört Deutschland zu Mitteleuropa.

A Mein Land liegt in Osteuropa. Es ist ein sehr großes Land. Es liegt auf zwei Kontinenten, die durch das Uralgebirge getrennt sind. Ich spiele gern mit der Holzpuppe Matroschka. Sie besteht eigentlich aus sieben Puppen, die ich alle ineinanderstecken kann.

D Mein Land liegt in Südeuropa. Neben dem Festland gibt es über 3000 Inseln. Deshalb sagt man auch: „Dieses Land ist das Land der Inseln." Sehr bekannt ist die Insel Kreta. Mein Opa ist dort Bauer. Er hat über 80 Olivenbäume. Daraus macht er ein tolles Olivenöl.

B Mein Land liegt in Westeuropa. Es hat zwei Nachbarländer, die in Südeuropa liegen. Auch grenzt es an zwei Zwergstaaten. Der Wein und der Käse meines Landes sind sehr bekannt. Es soll über 300 Käsesorten geben.

E Mein Land ist ringsum von Wasser umgeben. Hier gibt es Vulkane, heiße Quellen und Gletscher. Im Norden grenzt das Land an den Nördlichen Polarkreis. Mein Vater arbeitet in einer Fischfabrik. Besonders gern esse ich Lachs, der bei uns im Meer gefangen wird.

C Mein Land liegt in Südeuropa. Es hat die Form eines Stiefels. Im Sommer kommen viele Touristen, um sich an den Stränden meines Landes zu erholen. Mein Vater kocht die beste Tomatensoße, die ich kenne.

F Mein Land gehört zu Mitteleuropa. Der Fluss Weichsel durchfließt es von Süden nach Norden. Mein Land hat eine über 300 Kilometer lange gemeinsame Grenze mit Deutschland. Am liebsten esse ich Piroggen. Das sind Teigtaschen. Meine Mutter füllt sie mit Kartoffeln, Zwiebeln und Käse.

M3 Sechs Kinder berichten über ihr Land.

⁴ a) Ermittle, über welche Länder die sechs Kinder in M3 berichten.
b) Erarbeitet in Gruppen jeweils einen Text über ein anderes Land als in M3. Jede Gruppe liest ihren Text vor. Die anderen versuchen, als Erste die Lösung zu finden.

⁵ Im Teilraum Südosteuropa liegen die meisten Länder, im Teilraum Osteuropa die wenigsten. Überprüfe diese Aussage (M1).

Merke
In Europa gibt es 47 Staaten. Man kann sie sechs Teilräumen zuordnen.

Lebkuchen

Krapfen

Croissant

Amarettini

Schoko-Cookies

Hafermakronen

Zitronenwaffeln

Macarons

Zimtschnecken

M1 *Neben Brot, Torten und Kuchen haben die Bäcker auch typische Backwaren aus ihren europäischen Heimatländern gebacken. Ordne sie den Ländern zu. Orientiere dich dabei an den Flaggen.*

ⓘ „Sprachfamilie"
Das Wort „Vater" in
• Latein: pater
• Spanisch: padre
• Portugiesisch: pai
• Französisch: père
• Deutsch: Vater
• Englisch: father
• Schwedisch: fader

Kulturelle Vielfalt

Im Laufe der Geschichte entstanden in den verschiedenen Regionen Europas kulturelle Eigenheiten. Sie betreffen zum Beispiel Sprachen, Ernährung, Musik oder Religionen. Sie prägten die europäischen Völker.

Die Europäer standen immer auch in Kontakt mit anderen Völkern der Erde, zum Beispiel durch den Fernhandel. Auf diese Weise wurde die Kultur der ansässigen Bevölkerung beeinflusst. Die Vielzahl fremder Einflüsse bereicherte unsere Kultur. So stammen viele Gewürze und unsere Zahlen ursprünglich aus Asien.

Was Europa verbindet

Europa ist ein Kontinent mit einer Vielzahl an Ländern und Völkern. Dennoch gibt es nicht nur Unterschiede. Es gibt auch viele Ähnlichkeiten und Gemeinsamkeiten im alltäglichen Leben, in der Religion, in Bräuchen, in der Kunst und Architektur sowie auch bei den Sprachen.

Sprachen: Mehr als 90 Prozent der Einwohner Europas sprechen Sprachen, die zur indogermanischen Sprachfamilie gehören. Dazu gehören zum Beispiel Englisch, Deutsch, Französisch und Russisch. Zur uralischen Sprachfamilie gehören hingegen Finnisch, Ungarisch und Estnisch.

❶ Ordne den Spezialitäten in Europa (M1) das jeweilige Land zu.

❷ Suche nach verwandten Wörtern (z. B. Vater, Mutter, rot) in dir bekannten europäischen Sprachen und schreibe sie auf.

❸ ↗ Beschreibe die Verbreitung der Weltreligionen in Europa (M2).

❹ Notiere jeweils zwei Insel-, Halbinsel-, Küsten- und Binnenstaaten Europas (Atlas).

Starthilfe zu ❸ ↗
Beginne so: Im Norden wohnen vor allem ...

Religionen (weltweiter Anteil)

Katholiken (18,8%) }
Protestanten (11,2) } Christen (33,1%)
andere (3,1%)

Muslime (17,7%)

überwiegend ohne Konfession

● gotische Kirchen

0   500 km

2487EX_6
© westermann

M2 *Religionen und bedeutende gotische Kirchen in Europa*

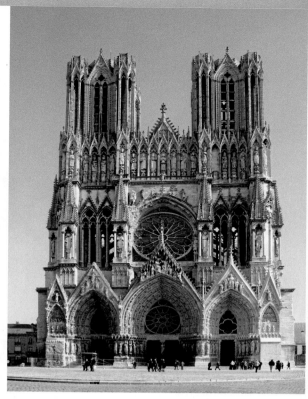

M4 *Die Kathedrale Notre-Dame von Reims (Frankreich)*

Ⓐ Die Verständigung zwischen den Völkern Europas ist oft nicht einfach.
In Europa werden mehr als 70 Sprachen gesprochen. Jedoch kann man bei vielen Sprachen eine Verwandtschaft erkennen.

Ⓑ Viele mittel- und südeuropäische Staaten haben eine gemeinsame Geschichte. Sie gehörten zum Beispiel zum Römischen Reich oder zum Reich von Karl dem Großen.

Ⓒ Die Vielfalt Europas spiegelt sich auch im Nebeneinander der christlichen, islamischen und jüdischen Religion wider. Überwiegend aber prägen der christliche Glaube und seine Wertvorstellungen den Kontinent, zumal fast 75 Prozent der Europäer sich zum Christentum bekennen.

Ⓓ Wenn man etwas für sehr unwahrscheinlich hält, dann sagt man in
· D: Eher geht ein Kamel durch ein Nadelöhr.
· GB: Eher fliegen Schweine.
· F: Eher kriegen Hühner Zähne.
· E: Eher wachsen Fröschen Haare.

Ⓔ Fast alle europäischen Staaten bekennen sich zur Achtung von Freiheit und Menschenrechten sowie zur Staatsform der Demokratie. Diese ist bereits vor 2500 Jahren in Griechenland entstanden.

M3 *Europa – Gemeinsamkeiten und Unterschiede*

❺ Lies die Texte in M3 und suche in Zeitungen, Zeitschriften und im Internet nach Informationen, in denen Gemeinsamkeiten oder Unterschiede in Europa deutlich werden. Schreibe die Ergebnisse auf.

❻ Die Kathedrale Notre-Dame von Reims in Frankreich (M4) und der Kölner Dom sind beide im Stil der Gotik gebaut. Suche im Internet Bilder des Kölner Doms und notiere Gemeinsamkeiten mit M4.

Merke
Europa besteht aus vielen Ländern und Völkern. Die Menschen haben viele kulturelle Eigenheiten, aber auch Gemeinsamkeiten in Geschichte, Religion, Kunst und Sprachen.

M1 *Feier zur EU-Erweiterung (Kroatien, 2013)*

❶ EU-Flagge

Die EU-Flagge ist das Symbol der Europäischen Union (M1). Der blaue Grund symbolisiert den Himmel. Zwölf goldene Sterne sind in der Mitte in einem Kreis angeordnet. Die Zahl zwölf steht für Vollkommenheit, Vollständigkeit und Einheit. Die Zahl der Sterne ist daher unveränderlich auf zwölf festgelegt.

Eine Idee setzt sich durch

Die Idee von einem geeinten Europa geht bis auf Karl den Großen im 9. Jahrhundert zurück. Alle politischen Bemühungen scheiterten jedoch an den unterschiedlichen Interessen einzelner Staaten. Erst nach dem Zweiten Weltkrieg wurde diese Idee Schritt für Schritt verwirklicht.

Die Geschichte der **Europäischen Union (EU)** begann 1951 mit der Unterzeichnung von Verträgen zur wirtschaftlichen Zusammenarbeit in der Stahlproduktion und der Steinkohlenförderung zwischen Frankreich, Deutschland, Italien, den Niederlanden, Belgien und Luxemburg. Diese Zusammenarbeit wurde im Laufe der Jahre auf viele Bereiche der Wirtschaft und Politik ausgeweitet. Mittlerweile gehören 28 Staaten der EU an (Stand Dezember 2015). Weitere Staaten bereiten sich auf einen EU-Beitritt in den nächsten Jahren vor. Diese Staaten werden Beitrittskandidaten genannt.

❶ ↗ Notiere die EU-Staaten mit ihren Hauptstädten (M2, Atlas).

❷ Die Flagge der EU hat zwölf Sterne (Info). Es gibt aber 28 Mitglieder. Erkläre.

❸ Nenne Gründe, die deiner Meinung nach für ein geeintes Europa sprechen.

Starthilfe zu ❶ ↗
Beginne im Norden und notiere die Staaten im Uhrzeigersinn.

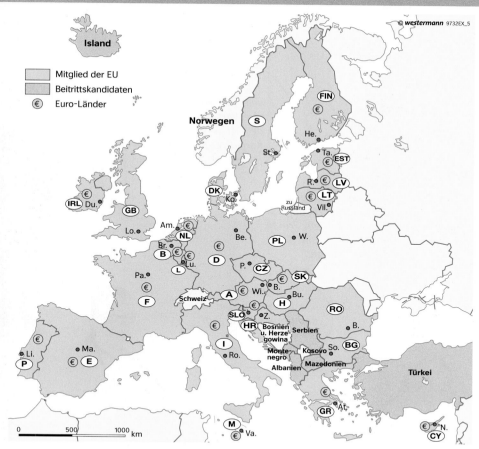

Island

☐ Mitglied der EU
☐ Beitrittskandidaten
€ Euro-Länder

© *westermann* 9732EX_5

Norwegen

FIN
€

S

He.

St.

Ta.
EST

R.
€
LT
LV

Vil.
zu Russland

DK

Ko.

IRL
€
Du.

GB

Lo.

Am.
NL
€

Be.

PL
€

W.

Br.
B
€
Lu.
€

D
€

P.
CZ
€

SK

Pa.
L

F
€

Schweiz

A
€
Wi.
B.
Bu.

H
€

RO

SLO
€
Z.

HR
€
Bosnien u. Herzegowina

Serbien

B.

Li.
€

Ma.
€

I
€

Ro.

Montenegro

Kosovo

So.
BG

P
€

E
€

Albanien
Mazedonien

Türkei

GR
€
At.

M
€
Va.

€
N.
CY

0   500   1000 km

M2 *Mitgliedsstaaten und Beitrittskandidaten der EU*

© *westermann* 2512EX_4

• Berlin

M3 *Lage der EU auf der Erde (2015)*

Was macht die EU?

Die wichtigsten Ziele der EU sind die Sicherung des Friedens, eine gemeinsame Umweltpolitik und ein gemeinsamer Binnenmarkt ohne gegenseitige Zölle. Schrittweise werden zwischen den Mitgliedsstaaten die Grenzkontrollen abgeschafft sowie eine gemeinsame Währung eingeführt, der Euro (siehe S. 182/183). Die EU verfügt über eine eigene Regierung, die EU-Kommission, und ein eigenes Parlament. Es wird von allen Bürgerinnen und Bürgern der Mitgliedsstaaten alle fünf Jahre gewählt und hat seinen Sitz in der französischen Stadt Straßburg. Es gibt 751 Parlamentsmitglieder, 96 davon kommen aus Deutschland.

Begegnungen zwischen Jugendlichen aus verschiedenen Ländern werden von der EU finanziell unterstützt. In Schulwettbewerben ruft die EU Schülerinnen und Schüler dazu auf, sich aktiv mit einem Europa-Thema zu beschäftigen.

Merke
Die EU ist ein Staatenbündnis in Europa. Sie hat unter anderem das Ziel, einen gemeinsamen Binnenmarkt aufzubauen.

Grundbegriff
• die Europäische Union (EU)

④ Stelle die Aufgaben der Städte Brüssel, Luxemburg, Straßburg und Frankfurt/Main für die EU zusammen (Internet).

⑤ Erstellt einen Ländersteckbrief zu einem EU-Land (siehe S. 184/185).

> Ich besitze zu Hause in Strasbourg eine Bäckerei und habe in Freiburg eine Filiale eröffnet. Nun brauchen die Freiburger nicht mehr über die Grenze zu fahren, um unsere Spezialitäten zu kaufen.

> Als Geschäftsführer einer Versicherung weiß ich: Wir können nun unsere Versicherungen überall in der EU verkaufen, aber die Konkurrenz ist auch viel größer geworden.

> Ich komme aus den Niederlanden und habe dort meine Ausbildung als Bürokauffrau beendet. Jetzt mache ich ein Praktikum in Rom. Das wird zum Teil von der EU bezahlt.

> Ich stamme aus Kopenhagen und habe vor Kurzem eine Praxis in Flensburg eröffnet.

M1 *Stimmen zur EU*

1. It's Partytime! Sarah bereitet ein Fest vor und muss dafür noch einiges im Supermarkt einkaufen. Beim Blick in den Einkaufswagen stellt sie fest, dass sie viele Lebensmittel aus europäischen Ländern eingepackt hat. Im Wagen befinden sich Schafskäse aus Griechenland, Oliven aus Italien, Tomaten aus Holland, Käse aus Frankreich, Paprika aus Ungarn und Orangensaft aus Spanien. Sarah achtet auch auf Verfallsdatum und Inhaltsstoffe der Lebensmittel. Alle Produkte weisen eine einheitliche Kennzeichnung auf.

2. Nach erfolgreichem Abschluss ihrer Ausbildung kann Lisa zwischen zwei Arbeitsplätzen wählen: als Reiseverkehrskauffrau bei einer großen Reiseagentur in Amsterdam oder bei einer Fluggesellschaft auf Mallorca. In London (Großbritannien), Paris (Frankreich), Budapest (Ungarn) oder in Prag (Tschechien) zu studieren, würde ihr auch gefallen.

3. Maximilian fährt in den Sommerferien mit seinen Eltern nach Spanien. Vor Antritt der Reise hatten sie keine Gelegenheit mehr, Geld von ihrer Bank abzuheben. Doch das ist kein Problem. Mit einer Euroscheckkarte (EC-Karte) können sie an jedem Geldautomaten Euros abheben. Maximilians Eltern sind Spanien-Fans. Fast jeden Urlaub verbringen sie dort. In diesem Jahr haben sie nicht wie sonst üblich einen Hotelplatz gebucht, sondern eine Ferienwohnung gemietet, die sie möglicherweise kaufen möchten.

M2 *Die EU und unser Alltag*

- -

> **Starthilfe zu** ❶ ↗
> *Denke auch an deine eigenen Erfahrungen.*

❶ ↗ Berichte über die Auswirkungen der EU auf unseren Alltag (M1, M2, M3).

❷ Ermittle die Länder, in denen der Euro eingeführt wurde (S. 181 M2, Atlas).

M3 *Grenze zwischen Deutschland und Dänemark (links: 1998, rechts: 2015)*

M4 *Rückseiten von 2-Euro-Münzen*

Euro – gemeinsame Währung für viele Bürger Europas

In der Silvesternacht zum Jahr 2002 wurde mit einem großen Feuerwerk am Sitz der Europäischen Zentralbank in Frankfurt am Main die Einführung des **Euro** gefeiert. Am 1. Januar 2002 wurden in zwölf Ländern der Eurozone die ersten Euro-Banknoten und Euro-Münzen in Umlauf gebracht. Zwei Monate später wurden bereits die Währungen der an der Eurozone beteiligten Länder aus dem Verkehr gezogen. Seitdem ist der Euro das einzige gesetzliche Zahlungsmittel für alle Barzahlungen und Bankgeschäfte in der Eurozone. Doch die Bürgerinnen und Bürger der Eurozone sahen die Einführung dieser Währung recht unterschiedlich. Einige dachten an zukünftige Urlaubsreisen und freuten sich, überall mit derselben Währung bezahlen zu können. Der zeitlich aufwendige Geldumtausch, die Gebühren beim Geldumtausch sowie das Umrechnen von Währungen waren Vergangenheit. Andere wiederum trauerten der D-Mark nach. Sie fürchten um die Stabilität des Euro, da die wirtschaftlich stärkeren Länder in der Eurozone die schwächeren Länder beispielsweise mit Krediten unterstützen müssen.

ⓘ Der Euro
Der Euro ist die Währung der EU in Europa. Die offizielle Abkürzung für Euro ist EUR. Meistens wird jedoch das Zeichen „€" benutzt. Es gibt Euro-Münzen und Euro-Scheine. Die Vorderseite der Euro-Münzen ist in allen Ländern gleich. Die Rückseite durfte jedes Land selbst gestalten (M4). Du kannst in allen Euro-Ländern mit jeder Euro-Münze bezahlen, egal aus welchem Land sie kommt und was auf ihrer Rückseite dargestellt ist.

Merke
Die EU erleichtert unseren Alltag. Die Währung in der EU ist der Euro. Viele Staaten haben ihn bereits eingeführt.

Grundbegriff
• der Euro

❸ Wähle eine Zwei-Euro-Münze aus (M4), erläutere was auf der Rückseite dargestellt ist und welchen Bezug dieses Bild zu dem jeweiligen Staat hat (Internet).

Ein Land unter der Lupe

In Europa gibt es 47 Staaten. Alle Staaten haben verschiedene Landschaften, Naturräume, Traditionen und Eigenheiten, eine eigene Sprache und Kultur. Sie sind unterschiedlich groß und haben eine unterschiedlich hohe Einwohnerzahl. Auf dieser Seite lernst du, wie man einen Ländersteckbrief erstellt und ihn auf einem Plakat vorstellt.

Topographie
Lage eines Landes auf der Erde; Umriss, Gebirge, Städte und Flüsse

Naturraum
Oberflächenformen, Vulkane, Erdbeben, Rohstoffe, Klima, Vegetation

Wirtschaft
Landwirtschaft, Industrie, Handel, Verkehr, Tourismus

Besiedlung und Bevölkerung
Ländliche Räume, Verdichtungsräume

Politik und Kultur
Staatsform, Sprachen, Lebensweisen

© **westermann** 2436EX_7

M1 *Viele Merkmale prägen ein Land.*

Die Tschechische Republik – ein Nachbar im Osten

„Das sind für mich böhmische Dörfer." Mit dieser Redensart meint man unverständliche, unbekannte Dinge. Die angesprochenen Dörfer liegen in der Landschaft Böhmen in der Tschechischen Republik, einem östlichen Nachbarstaat Deutschlands. Ein Beispiel für solch ein böhmisches Dorf ist Kroměříž (sprich: Kró-mjer-schiesch). Es ist schwierig, den Namen auszusprechen.

Dabei kennt und schätzt man auch in Deutschland tschechische Produkte schon viele Jahre. Kinder lieben die lustigen Abenteuer von „Pan Tau" oder die Geschichten von „Kater Mikesch", der sprechenden Katze aus Holleschitz.

Doch nicht nur die Kinderfilmindustrie aus Tschechien hat weltweit einen guten Ruf. Auch zahlreiche Industrieprodukte wie Autos, Unterhaltungselektronik, Glaswaren sowie Nahrungs- und Genussmittel sind Exportschlager.

Bei Mladá Boleslav produziert der Automobilhersteller Škoda jährlich Tausende Fahrzeuge, von denen eine Vielzahl nach Deutschland exportiert wird.

Olmütz (Olomouc) ist der Standort der Firma Project, einem Spezialisten für Unterhaltungselektronik. Project-Geräte, zum Beispiel Plattenspieler, werden in die ganze Welt exportiert.

Die Städte Budweis und Pilsen sind wegen des dort hergestellten Bieres weltweit bekannt geworden. Aus Karlsbad kennen wir die Oblaten, eine runde Vanille-Waffel.

M2 *Tschechische Produkte*

M3 *Prag – Blick auf die Altstadt*

Vier Schritte zur Untersuchung eines Landes

1. Wir bilden Arbeitsgruppen
- Wenn wir ein Land untersuchen wollen, dann halten wir uns an das Schema in M1. Jede Gruppe übernimmt einen Aspekt der dort angegebenen fünf Bereiche.

2. Wir beschaffen uns Informationen
- Wir überlegen, woher wir Informationen bekommen.
- Wir legen fest, wer welche Materialien besorgen soll.

3. Wir werten die Materialien aus
- Wir suchen uns aus den Materialien die passenden aus.

- Wir könnten einen Länderumriss zeichnen und dort wichtige Landschaften, Städte und Flüsse eintragen.
- Wir lesen Texte und fassen sie schriftlich zusammen.
- Wir ergänzen die Informationen mit passenden Bildern, Grafiken und Tabellen.

4. Wir stellen die Ergebnisse dar
- Wir beschaffen uns ein Plakat, auf dem die Ergebnisse präsentiert werden.
- Wir ordnen die Materialien sinnvoll an und kleben sie auf.

Die seit 1918 bestehende Tschechoslowakei löste sich am 1. Januar 1993 in zwei selbstständige Staaten auf. Die beiden Nachfolgestaaten sind die Tschechische Republik und die Slowakei. Beide Staaten sind heute Mitglieder der Europäischen Union.

M4 *Januar 1993 – die Tschechoslowakei löst sich auf.*

❶ Beschreibe die Lage der Tschechischen Republik (Atlas).

❷ Untersuche ein weiteres europäisches Land nach der Schrittfolge in M1.

❸ Bestimme weitere östliche Nachbarstaaten Deutschlands (Atlas).

❹ Entwirf eine einfache Kartenskizze der Tschechischen Republik. Berücksichtige: Gebirge, Flüsse, Städte, Industriestandorte.

M1 *Flüchtlinge besteigen einen Zug in Ungarn in Richtung Österreich.*

M2 *Karikatur*

Menschen verlassen ihre Heimat

Die Veränderung der Einwohnerzahl eines Landes ist abhängig von der Zahl der Geburten und Sterbefälle, aber auch von den Zu- und Abwanderungen, der **Migration**. In den letzten Jahrhunderten verließen Millionen Menschen ihre Heimatländer aus den verschiedensten Gründen. Manche wanderten aus, weil sie dadurch ihre Freiheit erlangen konnten. Andere gingen, um der Not in ihrem Heimatland zu entkommen. Viele Millionen Menschen wurden nach dem Zweiten Weltkrieg vertrieben oder zwangsweise umgesiedelt. Auch heute noch sind Kriege und Armut Ursachen für Migration. Die Gründe, warum Menschen aus einem Gebiet wegziehen, nennt man **Push-Faktoren**. Die Gründe, warum Menschen in ein bestimmtes Gebiet ziehen, nennt man **Pull-Faktoren**.

Ein weiterer Begriff, der oft im Zusammenhang mit Migration fällt, ist Flüchtling. Als Flüchtling gelten alle Migranten, die aus bestimmten Gründen ihr Land verlassen müssen. Sie gehen also nicht freiwillig. Zu diesen Gründen zählen Krieg sowie die Verfolgung aufgrund ihrer Religion, Nationalität oder politischen Überzeugung.

Starthilfe zu ❶ ↗
Übersetze die englischen Begriffe ins Deutsche und suche für die verschiedenen Punkte jeweils ein Beispiel.

❶ ↗ Die Gründe von Migration werden mit Push- und Pull-Faktoren beschrieben (M4). Erläutere, was man darunter versteht.

❷ Die Weltkarte der Migration (M3) zeigt einen Grund, warum Menschen ihr Heimatland verlassen. Nenne ihn sowie weitere Gründe.

❸ Bestimme in M3 drei Herkunftsländer von Migranten, die Westeuropa als Zielgebiet haben.

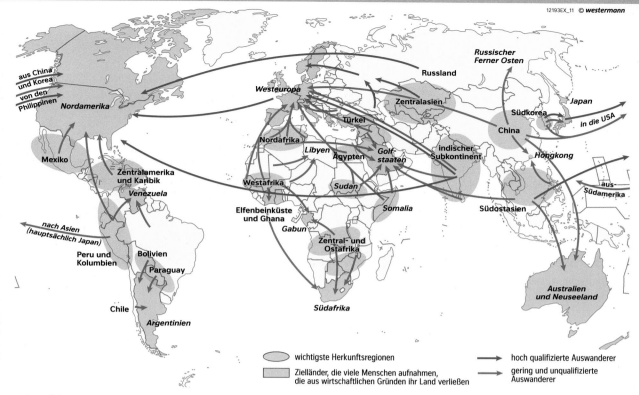

12193EX_11 © westermann

M3 *Weltkarte der Migration (Auswahl)*

Im Herkunftsland/-gebiet

Push-Faktoren

- geringes Einkommen, Armut
- Arbeitslosigkeit
- Hunger
- Bevölkerungswachstum
- fehlende Krankenversorgung
- fehlende Bildungs- und Ausbildungsmöglichkeiten
- Abhängigkeit, zum Beispiel von Großgrundbesitzern
- Bürgerkrieg, Verfolgung, Unterdrückung
- Natur- und Umweltkatastrophen
- …

Migration →

Im Zielland/-gebiet

Pull-Faktoren

- Arbeits- und Verdienstmöglichkeiten
- Verbesserung des Lebensstandards
- medizinische Versorgung
- Bildungs- und Ausbildungsmöglichkeiten
- wirtschaftliche und persönliche Unabhängigkeit
- Annehmlichkeiten des städtischen Lebens (Kino, Restaurant usw.)
- Rechtssicherheit
- Demokratie
- …

M4 *Gründe für Migration – Push- und Pull-Faktoren (Auswahl)*

🛈 Migration

Unter Migration versteht man Wanderungsbewegungen von Menschen innerhalb von Staaten oder über Ländergrenzen hinweg. Die Menschen wechseln dabei ihren Wohnsitz für längere Zeit oder für immer. Ursachen für die Migration sind Push-Faktoren und Pull-Faktoren.

Merke

Die Migration gehört zu den menschlichen Lebensweisen. Push- und Pull-Faktoren bestimmen, warum Menschen in ein anderes Land gehen.

Grundbegriffe
- die Migration
- der Push-Faktor
- der Pull-Faktor

④ Interpretiere M2. Denke daran, was die Ausdrücke „verwurzelt sein" oder „Wurzeln schlagen" bedeuten.

⑤ Nicht alle Migranten sind Flüchtlinge, aber alle Flüchtlinge sind Migranten. Begründe diese Aussage.

M1 *Deutsche Auswanderer auf dem Weg nach Amerika (um 1850)*

Auf nach Amerika!

ⓘ Industrialisierung
Das Zeitalter der Industrialisierung begann im 19. Jahrhundert nach der Erfindung der Dampfmaschine. Sie hatte den Vorteil, dass viele Arbeiten jetzt nicht mehr von Hand, sondern von Maschinen erledigt wurden. Sie verbreitete sich schnell. In den Städten entstanden Fabriken. Viele Menschen zogen in die Städte, deren Einwohnerzahl schnell anwuchs.

Im 19. Jahrhundert wanderten über fünf Millionen Deutsche nach Übersee aus. Die **Emigranten (Auswanderer)** gingen nach Australien, Brasilien und Argentinien, vor allem aber in die USA. Deutschland war ein Auswandererland. Bis zur Jahrhundertmitte wanderten vorwiegend Kleinbauern aus den südlichen und südwestdeutschen Kleinstaaten aus. In der zweiten Hälfte des 19. Jahrhunderts mit Beginn der Industrialisierung waren es vor allem Arbeiter aus Industrie und Handwerk, Dienstmädchen und Kaufleute, die nach Amerika aufbrachen. Die Löhne waren in Amerika viel höher als in den Industriebetrieben Deutschlands. Viele schafften es jedoch nicht, in den USA ihr Glück zu machen. Schätzungen gehen davon aus, dass etwa 20 Prozent wieder nach Deutschland zurückkehrten.

Kriege	Unterdrückung durch Fürsten	Religionsfreiheit
politische Freiheiten, z.B. Wahlrecht	höhere Löhne	Frieden
ausreichend Land, teilweise sogar kostenlos	hohe Abgaben	genug Nahrung
hohe Preise	Erfolgsgeschichten Armut	freie Gerichte

M2 *Push- und Pull-Faktoren für die deutsche Auswanderung in die USA im 19. Jahrhundert (Auswahl)*

Starthilfe zu ❶ ↗
Nutze die Push- und Pullfaktoren zur Beantwortung der Frage.

❶ ↗ Nenne Gründe, warum Deutsche im 19. Jahrhundert in die USA ausgewandert sind (M2, M4, M5).

❷ a) Ordne die Begriffe in M2 Push- oder Pull-Faktoren zu (siehe S. 187 M4).

M3 *Farm deutscher Auswanderer (1885)*

„Ich weiß, dass ich bei dem gegenwärtigen schlechten Verdienst und bei der großen Teuerung meine Familie nicht erhalten kann. Ich habe Nachricht von Verwandten in Amerika, welche es dort gut haben. Ein Vetter, der mit mir zieht, versorgt mich mit Geld."

„Hier gibt es täglich Fleisch. Das Brot ist so weiß wie bei euch die Kuchen. Ihr in Deutschland müsst arbeiten und eure Kartoffeln ohne Fleisch und Salz essen und den Verdienst den Herren geben. Amerika ist ein freies Land mit wenig Abgaben. Hier ist der Himmel und bei euch die Hölle."

M4 *Auszüge aus Briefen von Auswanderern*

Vereinigte Staaten von Amerika – Der Bundesstaat Virginia.

Dieser durch Lage und Klima vorteilhafteste Staat an der atlantischen Küste sucht vor allem Ackerbau treibende Siedler. Schönstes Farmland wird zu einem günstigen Preis angeboten. Die Nähe der größten Städte Amerikas sichert den Absatz aller Produkte zu den höchsten Preisen gegen bares Geld. Hierdurch wird den Immigranten (Einwanderern) eine Zukunft geboten, wie sie kein anderer Staat je in Aussicht hat stellen können. Die große Zuwanderung unserer eigenen Farmer, auf 25 000 seit 1865 geschätzt, bietet den Immigranten den besten Beweis dafür.

(Nach I. Schöberl: Amerikanische Einwandererwerbung in Deutschland 1845–1914. Stuttgart 1990, S. 178)

M5 *Anzeige des US-Staates Virginia am 11.11.1869 in einer deutschen Zeitung*

Warum sollen wir klaglos ertragen, dass die pfälzischen Bauerntrampel in unsere Siedlungen einfallen? Wieso sollte Pennsylvania, das doch von den Engländern gegründet wurde, eine Kolonie der fremden Ausländer werden? Diese Fremden werden in kurzer Zeit so zahlreich sein, dass sie uns germanisieren, anstatt dass wir sie anglisieren.

(Nach: B. Franklin: Observations concerning the Increase of Mankind. Boston 1755)

M6 *Auszug einer Rede von Benjamin Franklin (1706 – 1790) über die deutschen Einwanderer. Franklin war Mitunterzeichner der Unabhängigkeitserklärung.*

Merke
Im 19. Jahrhundert wanderten viele Deutsche nach Übersee aus.

Grundbegriffe
• der Emigrant (Auswanderer),
die Emigrantin (Auswanderin)

b) Benenne die Pull-Faktoren, die in der Werbeanzeige M5 genannt werden.

❸ Angst vor Zuwanderung ist keine neue Entwicklung. Begründe diese Aussage mithilfe von M6.

Europa-Netz – Verbundenheit der Staaten Europas

Das Europa-Netz verknüpft die Hauptstädte der Staaten Europas. Es zeigt uns, wie engmaschig die Völker Europas miteinander verbunden sind.

Das Kennenlernen der Menschen, der vielen Völker, Landschaften und Städte ist ein Weg zu diesem Ziel. Noch nie zuvor war es, dank unserer Medien wie Fernsehen, Internet, Zeitschriften und Zeitungen, so bequem und einfach, etwas über Europa zu erfahren. Europa-Netz – das heißt auch Reisen, zum Beispiel in die Hauptstädte unseres Kontinents.

Europa-Netz:
Ein Partnerspiel zu den Hauptstädten und Ländern Europas
Hilfsmittel: Atlas

Spielanleitung:
Ein Spieler zählt leise vor sich hin, ein anderer sagt: „Stopp!" „17!", sagt der Spieler, der gezählt hat. Diesmal muss die Europa-Netz-Masche Nummer 17 entschlüsselt werden. Beide Spieler suchen diese Zahl im Spielnetz. Die 17 liegt in der Masche B-K-A. Nun heißt es für die Spielpartner, flott im Atlas die Hauptstädte zu finden und damit die Masche zu entziffern.

① Benenne die Hauptstädte und Länder, die an den vier Eckpunkten des Netzes liegen (Atlas).

② Wo bilden die Hauptstädte ein besonders engmaschiges Netz? Benenne diese Hauptstädte und Länder (Atlas).

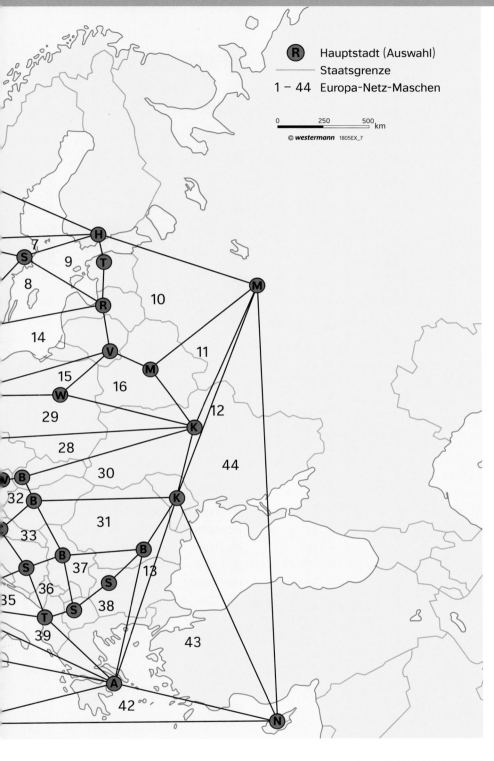

Hauptstädte von A bis Z
Amsterdam – NIEDERLANDE
Andorra – ANDORRA
Ankara – TÜRKEI (liegt in Asien)
Athen – GRIECHENLAND
Belgrad – SERBIEN
Berlin – DEUTSCHLAND
Bern – SCHWEIZ
Bratislava (Preßburg) – SLOWAKEI
Brüssel – BELGIEN
Budapest – UNGARN
Bukarest – RUMÄNIEN
Dublin – IRLAND
Helsinki – FINNLAND
Kiew – UKRAINE
Chişinau (Kischinau)– MOLDAU (MOLDAWIEN)
Kopenhagen – DÄNEMARK
Ljubljana (Laibach) – SLOWENIEN
Lissabon – PORTUGAL
London – GROSSBRITANNIEN
Luxemburg – LUXEMBURG
Madrid – SPANIEN
Minsk – WEISSRUSSLAND
Monaco – MONACO
Moskau – RUSSLAND
Nikosia (Lefkosia) – ZYPERN
Oslo – NORWEGEN
Paris – FRANKREICH
Podgorica – MONTENEGRO
Prag – TSCHECHISCHE REPUBLIK
Priština – KOSOVO
Reykjavik – ISLAND
Riga – LETTLAND
Rom – ITALIEN
San Marino – SAN MARINO
Sarajevo – BOSNIEN-HERZEGOWINA
Skopje – MAZEDONIEN
Sofia – BULGARIEN
Stockholm – SCHWEDEN
Tallinn (Reval) – ESTLAND
Tirana – ALBANIEN
Vaduz – LIECHTENSTEIN
Valletta – MALTA
Vatikanstadt – VATIKANSTADT
Vilnius (Wilna) – LITAUEN
Warschau – POLEN
Wien – ÖSTERREICH
Zagreb – KROATIEN

Legende:
(R) Hauptstadt (Auswahl)
— Staatsgrenze
1 – 44 Europa-Netz-Maschen

0   250   500 km
© **westermann** 1805EX_7

❸ Ermittle die Entfernungen zwischen folgenden Hauptstädten: Stockholm – Rom, Reykjavik – Athen, Lissabon – Moskau (Atlas).

❹ Nenne das Land, das geografisch nicht zu Europa gehört, aber Mitglied der Europäischen Union ist (Atlas, Internet). Tipp: Es ist eine Insel.

M1 *Besatzungszonen*

M3 *Bau der Berliner Mauer im August 1961*

M2 *Hinweisschild*

40 Jahre getrennt

Von 1939 bis 1945 herrschte in Europa der Zweite Weltkrieg, den Deutschland verlor. Die Sieger waren die Sowjetunion, die USA, Großbritannien und Frankreich. Diese Länder besetzten Deutschland: Der östliche Teil wurde von der Sowjetunion besetzt. Der westliche Teil Deutschlands wurde zwischen den USA, Großbritannien und Frankreich aufgeteilt. Berlin hatte eine Sonderstellung. Die Stadt lag in der sowjetisch besetzten Zone. Doch die Siegermächte einigten sich darauf, die Stadt, ähnlich wie das ganze Land, zwischen den Siegern aufzuteilen.

Die Sowjetunion war ein kommunistisches Land. Den **Kommunismus** lehnten die anderen Siegerländer ab. Die Spannungen zwischen beiden Lagern wuchsen an und endeten in Feindschaft.

Die östlichen und westlichen Landesteile Deutschlands übernahmen das politische System der jeweiligen Besatzer. So wuchsen auch die Feindseligkeiten zwischen beiden Landesteilen.

Bereits 1949 entstanden schließlich zwei deutsche Staaten: die Bundesrepublik Deutschland (BRD) im Westen und die Deutsche Demokratische Republik (DDR) im Osten. Deutschland war geteilt. Nach und nach wurden die Grenzen zwischen den beiden deutschen Staaten geschlossen. DDR-Bürger konnten nicht mehr frei in die BRD reisen.

Da Berlin auch zwischen den Besatzungsmächten aufgeteilt war, zog sich die innerdeutsche Grenze auch durch die Stadt. Die Besatzungszonen Berlins hießen Sektoren.

Starthilfe zu ❷ ↗
Das Wort Sektor gibt dir den entscheidenden Hinweis (siehe Text auf S. 192).

❶ a) Erstelle eine vierspaltige Tabelle. Trage in den Tabellenkopf die Namen der Besatzungsmächte ein. Ordne ihnen die deutschen Bundesländer zu (M1, Atlas).

b) Erstelle eine Tabelle wie in Aufgabe 1 a). Ordne die heutigen Berliner Stadtteile zu (M4, Atlas).

❷ ↗ Nenne den Ort in Deutschland, in dem sich das Schild M2 befand.

M4 *Sektoren Berlins (1945 – 1990)*

M5 *Sprung in die Freiheit*

„Niemand hat die Absicht, eine Mauer zu errichten!"

M7 *Aussage des Regierungschefs der DDR Walter Ulbricht.*

Der Mauerbau am 13. August 1961

Von 1945 bis 1961 flohen etwa 3,6 Mio. Menschen aus der DDR in den Westen. Das war ein ernsthaftes Problem für die Wirtschaft der DDR. Die DDR-Regierung ließ zwar schon 1952 die Grenze zur BRD absperren, doch die Grenze in Berlin war weiterhin offen. Das nutzten täglich Hunderte von Menschen zur Flucht.

In den frühen Morgenstunden des 13. August sperrte die Staatsmacht schließlich die Straßen entlang der 160 km langen Stadtgrenze ab. Sie zogen um den westlichen Teil der Stadt einen Stacheldrahtzaun. In den nächsten Tagen wurde eine zwei Meter hohe Mauer errichtet. Mitten in der Stadt wurden entlang der Grenze Straßen zerschnitten, Hauseingänge und Fenster zur Westseite hin zugemauert.

„Ich beobachtete, wie Betonpfeiler und Fertigteile abgeladen wurden. Dabei sagte ein Kamerad, dass jetzt wohl eine Mauer gebaut würde. Ich dachte: ‚Jetzt mauern die uns ein. Wenn du in den Westen fliehen willst, dann jetzt.'
Ich sah die anderen Wachposten und wartete einen günstigen Moment ab. Mit dem Fuß drückte ich an einer Stelle den Stacheldraht so weit runter, dass er nur noch kniehoch war. Dann habe ich das Magazin aus meiner Waffe genommen für den Fall, dass die beim Springen runterfällt oder ich aus Versehen an den Abzug komme. In der Sekunde, bevor ich losrannte, fühlte ich, wie meine Knie weich wurden, ich habe gezittert. Da sprang ich und rannte auf die Westberliner Polizisten zu. Einer von ihnen klopfte mir auf die Schulter und sagte: ‚Willkommen im Westen, junger Mann.'"
(Carola Stern: Ulbricht. Eine politische Biographie. Köln 1963, S. 231)

M6 *Bericht eines DDR-Soldaten, der 1961 flüchtete*

3 a) Der Soldat (M5, M6) hatte keine Möglichkeit mehr, in die DDR zurückzukehren. Zähle auf, was er möglicherweise alles zurückließ.
b) Erkläre, warum er geflohen sein könnte.

4 Begründe die Aussage von Walter Ulbricht wenige Wochen vor dem Mauerbau (M7).

Merke
Nach dem Zweiten Weltkrieg besetzten die Siegermächte Deutschland. 1949 entstanden zwei deutsche Staaten.

Grundbegriff
• der Kommunismus

M1 *Grenzsicherung der DDR in Berlin*

M2 *Mitarbeiter der Staatssicherheit (Stasi) bei einer Verhaftung*

Unzufriedenheit und Überwachung

Ein großes Problem in der DDR war die Wohnungsnot. Die Regierung konzentrierte sich daher auf den Wohnungsbau. Nahezu jede größere Stadt erhielt eine Plattenbausiedlung. Zumeist lag diese am Stadtrand. Die Häuser wurden kostengünstig nach einem Standard gebaut, waren gut ausgestattet und begehrt. Die Sanierung der Altbauten in den Stadtkernen wurden jedoch vernachlässigt. So verfielen die Städte.

Die DDR-Führung wusste, dass große Teile der Bevölkerung mit der wirtschaftlichen Situation und der Unfreiheit unzufrieden waren. Um Unruhen zu verhindern, wurde die Bevölkerung mithilfe einer Geheimpolizei (Stasi) überwacht. Bürger, die die Führung der DDR öffentlich kritisierten, wurden verhaftet. Auch eine kritische Äußerung am Arbeitsplatz, im Verein oder unter Freunden war gefährlich, denn die Stasi hatte viele Spitzel.

DDR-Bürger durften in der Regel nicht in die Bundesrepublik reisen. Bereits die Planung einer Flucht war strafbar. Für die DDR-Grenzsoldaten galt ein Schießbefehl bei „ungesetzlichen Grenzübertritten". Außerdem gab es an der innerdeutschen Grenze Tretminen und Selbstschussanlagen. Mehrere Hundert Menschen starben bei Fluchtversuchen an der innerdeutschen Grenze und an der Berliner Mauer. Tausende wurden wegen Fluchtversuchen oder deren Planung verhaftet.

Starthilfe zu ❶ ↗
Finde im Text Handlungen, die in der DDR verboten waren.

❶ ↗ Nenne mögliche Gründe für die Verhaftung in M2.

❷ Beschreibe die Grenzsicherung an der Berliner Mauer (M1).

❸ Stelle dir vor, es stellt sich heraus, dass dich jemand aus deinem Umfeld bespitzelt hat. Welche Gefühle würdest du verspüren?

M3 *Am Brandenburger Tor am 10. November 1989*

M4 *In Leipzig fanden Massendemonstrationen für einen friedlichen Wandel statt. Die Demonstranten bezeichneten Michail Gorbatschow als „Gorbi".*

„Vom großen Bruder lernen"

Jahrzehntelang galt die Sowjetunion in der DDR als Vorbild. 1985 wurde Michail Gorbatschow Regierungschef in der Sowjetunion. Er setzte sich für Offenheit ein und wollte die Gesellschaft reformieren. Die DDR-Führung sah keinen Anlass für Veränderungen und ging erstmals auf Distanz zum „großen Bruder". Die Bevölkerung hingegen erhoffte sich Reformen und mehr Freiheit in der DDR.

1989 steigerte sich der Unmut der Bevölkerung. Tausende flüchteten in die Botschaften der Bundesrepublik in Prag, Budapest und Warschau. Ungarn öffnete schließlich seine Grenzen. In Leipzig begannen die friedlichen **Montagsdemonstrationen** (M4).

Mauerfall am 9. November 1989

Völlig überraschend für die Menschen in aller Welt verlas Günter Schabowski, Mitglied der DDR-Führung, die Nachricht zur Öffnung der Grenzen. Sie breitete sich blitzartig aus. Noch in der Nacht eilten Tausende an die Berliner Mauer. Die verunsicherten Grenzsoldaten öffneten unter dem Druck der Menschen die Übergänge, fremde Menschen aus Ost und West fielen sich in die Arme.

Am folgenden Wochenende rollten Karawanen aus Trabbis und Wartburgs in die Bundesrepublik Deutschland (M5). Die Mauer war gefallen, die Grenzen offen. Am 3.10.1990 trat die DDR der Bundesrepublik bei. Deutschland war nach 40 Jahren wieder vereint.

M5 *DDR-Bürger auf dem Weg in die Bundesrepublik*

Merke
Am 9.11.1989 wurde die Grenze der DDR geöffnet. Am 3.10.1990 trat die DDR der Bundesrepublik Deutschland bei.

Grundbegriff
• die Montagsdemonstration

4 Auf die Berliner Mauer zu steigen, hätte noch am 8. November 1989 zum Einsatz von Schusswaffen führen können (M3). Formuliere Gedanken der Menschen in M3.

5 „Ohne Michail Gorbatschow wäre die Mauer nicht so schnell gefallen." Begründe die Aussage eines ehemaligen DDR-Bürgers.

Mitteleuropäisches Tiefland

Osteuropäisches Tiefland

Hohe Tatra

Pyrenäen

Karpaten

Apenninen

Zentralmassiv

Alpen

Donau-Tiefland

Schottisches Hochland

M1 *Landschaften in Europa*

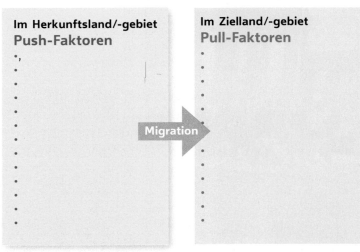

Im Herkunftsland/-gebiet Push-Faktoren

•,
•
•
•
•
•
•
•
•
•
•

Migration →

Im Zielland/-gebiet Pull-Faktoren

•
•
•
•
•
•
•
•

M5 *Push- und Pull-Faktoren*

M2 *Sechs Flaggen aus sechs europäischen Teilräumen*

M3 *Früher und heute an der Grenze*

M4 *Die Entwicklung des Römischen Reiches*

Italien (Rom) 264 v. Chr.

Römische Erwerbungen
bis 133 v. Chr.
bis 117 n. Chr

Grenz-befestigungen

Raetia römische Provinzen (in Auswahl)
römische Stadt (heutiger Name)

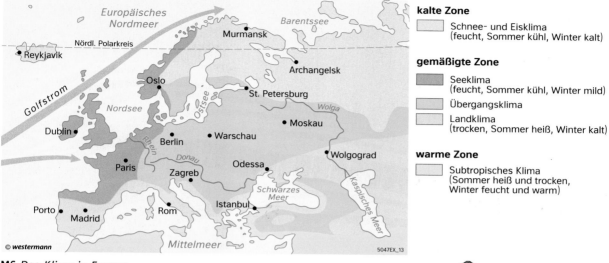

M6 *Das Klima in Europa*

kalte Zone

Schnee- und Eisklima
(feucht, Sommer kühl, Winter kalt)

gemäßigte Zone

Seeklima
(feucht, Sommer kühl, Winter mild)

Übergangsklima

Landklima
(trocken, Sommer heiß, Winter kalt)

warme Zone

Subtropisches Klima
(Sommer heiß und trocken,
Winter feucht und warm)

Schätze dich selbst mit dem Zeichensystem ein, das auf Seite 87 erklärt ist.

M7 *Handel am Limes (heutige Zeichnung)*

Was weiß ich?

① Wähle fünf Grundbegriffe aus der Liste, ergänze die Artikel und erkläre die Grundbegriffe.

② Lege eine Tabelle mit drei Spalten an: Hochgebirge, Mittelgebirge, Tiefland. Ordne die Namen in M1 zu. (Schülerbuch S. 162 M1)

③ Übertrage M5 in dein Heft und ergänze jeweils sechs Begriffe. (Schülerbuch S. 186/187)

Was kann ich?

④ a) Erkläre mithilfe von M4 die Entwicklung des Römischen Reiches.
b) Zeichne eine Skizze über die Ausbreitung des Römischen Reiches. (Schülerbuch S. 170/171)

⑤ Ordne die Flaggen in M2 europäischen Teilräumen zu. (Schülerbuch S.176)

⑥ Nenne die Klimazonen in denen Mailand, London, Potsdam und das Nordkap liegen (M6, Atlas). (Schülerbuch S. 166)

Wie entscheide ich?

⑦ Beurteile die Bedeutung der EU mithilfe von M3. (Schülerbuch S. 180–183)

⑧ Erörtere die Einführung des Euro für die Menschen in der EU. (Schülerbuch S. 183)

⑨ Beurteile, welche Folgen die Kontakte zwischen Römern und Germanen am Limes hatten (M7). (Schülerbuch S. 172/173)

Grundbegriffe

• Eurasien
• Klima
• Klimadiagramm
• Golfstrom
• Römer
• Lehnwort
• Romanisierung
• Provinz
• Limes
• Kastell
• Europäische Union (EU)
• Euro
• Migration
• Push-Faktor
• Pull-Faktor
• Emigrant (Auswanderer)
• Kommunismus
• Montagsdemonstration

Von Hamburg nach New York braucht ein Kreuzfahrtschiff etwa eine Woche. Ein Passagierflugzeug legt diese Strecke in wenigen Stunden zurück. Überlege, wohin du mit welchem Verkehrsmittel reisen möchtest.

Tourismus und Mobilität – schneller, weiter, klüger?

Am Ende des Kapitels kannst du:

– über die Geschichte des Reisens berichten

– Transportmittel vergleichen

– verschiedene Arten des Reisens charakterisieren

– Vorteile und Nachteile des Reisens unterscheiden

– Interessenkonflikte an einem Beispiel benennen

– den sanften Tourismus erläutern

– Bundesländer und ihre Besonderheiten darstellen

– die Großlandschaften Deutschlands beschreiben

M1 *Umgeworfen – Gemälde aus dem 18. Jahrhundert*

Von der Kutsche zum Auto

Bis in das 19. Jahrhundert war das Reisen eine langwierige und teure Angelegenheit mit vielen Gefahren.

Die Menschen reisten überwiegend zu Fuß, da sich nur Adlige und reiche Kaufleute das Reisen in einer Pferdekutsche oder mit dem Reitpferd leisten konnten. Die Reise in den ungefederten Kutschen war für alte und kranke Menschen sowie für Kinder und Frauen anstrengend, denn die Straßen waren meist nicht richtig gepflastert. Oft brach während der Fahrt ein Wagenrad und erschwerte das rechtzeitige Ankommen am Ziel.

Erst mit der Einführung der Eisenbahn in Europa im 19. Jahrhundert wurde das Reisen sicherer und bequemer.

Heute ist das Reisen für die Menschen aus dem Alltag nicht mehr wegzudenken. Die meisten Menschen fahren mit dem Auto. Ob mit dem Flugzeug, der Eisenbahn, dem Auto, dem Motorrad oder dem Kreuzfahrtschiff: Das Reisen mit den verschiedenen **Verkehrsmitteln** ist heute für die Menschen bequemer, einfacher und kostengünstiger. Die meisten Menschen verreisen, um sich zu erholen und um andere Länder zu entdecken. Durch das Fliegen spielt die Entfernung zum Urlaubsziel kaum mehr eine Rolle.

Zudem sind Planung und Buchung einer Reise heute einfacher. Suchmaschinen ermitteln im Internet die günstigsten Preise für Flug, Mietwagen oder Hotel innerhalb weniger Sekunden.

Im Pferdewagen saßen die Reisenden auf Holzbänken, die Füße auf dem Gepäck. Die Wagen rumpelten über staubige Wege. Bei Regenwetter waren viele Straßen von einer Schlammschicht überzogen. Zudem war das Reisen gefährlich. Diebe und Wegelagerer überfielen die Reisenden und raubten sie aus.

M2 *Unbequem und gefährlich*

Starthilfe zu ❶ ↗
Nutze das Register im Atlas.

❶ ↗ Herr Wald aus Potsdam reist im Jahr 1712 mit der Kutsche zu seiner Tante nach Cottbus. Erstelle einen Bericht über seine Reise (M1, M2, Atlas).

❷ Herr Bald aus Ludwigsfelde reist im Jahr 2016 mit dem Flugzeug nach Dubai. Erstelle einen Bericht über seine Reise (M4, Atlas).

M3 *Reisen mit dem Auto führt häufig zu Staus auf den Autobahnen.*

M4 *Reisen in der ersten Klasse im größten Flugzeug der Welt (Airbus A 380)*

Merke
Bis ins 19. Jahrhundert war Reisen anstrengend, langwierig, teuer und gefährlich. Mit der Einführung der Eisenbahn wurde Reisen sicherer und bequemer. Heute reisen die Menschen mit verschiedenen Verkehrsmitteln schnell und bequem.

Grundbegriff
• das Verkehrsmittel

❸ Du möchtest für deine Familie eine Reise planen. Ermittle mithilfe des Atlas Reiseziele für
a) eine Reise mit dem Auto (max. 200 km).
b) eine Reise mit dem ICE (z. B. in ein Nachbarland).
c) eine Reise mit dem Kreuzfahrtschiff.

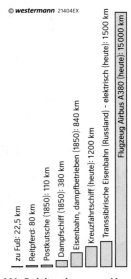

© **westermann** 21404EX

zu Fuß: 22,5 km
Reitpferd: 80 km
Postkutsche (1850): 110 km
Dampfschiff (1850): 380 km
Eisenbahn, dampfbetrieben (1850): 840 km
Kreuzfahrtschiff (heute): 1200 km
Transsibirische Eisenbahn (Russland) - elektrisch (heute): 1500 km
Flugzeug Airbus A380 (heute): 15000 km

M1 *Reichweiten von Verkehrsmitteln pro Tag im Vergleich (Auswahl)*

Warum der Mensch reist ...

Bereits in der Antike begaben sich Menschen auf Reisen. Später waren es vor allem Pilgerreisen frommer Christen, Muslime und Hindus zu ihren heiligen Stätten. In der Vergangenheit reisten die Menschen oftmals aber auch, um Handel zu treiben und etwas Neues zu entdecken. Zum Beispiel gilt Marco Polo (1254–1324) aus Venedig als ein großer Reisender und wurde durch seine Reiseberichte über China berühmt. Im Alter von 17 Jahren begann Marco Polo gemeinsam mit seinem Vater und seinem Onkel eine lange Reise auf dem Landweg nach Zentralasien. Erst 1275 kamen sie an ihrem eigentlichen Reiseziel in China (Schangdu) an.

Die Rückreise auf dem Seeweg begann 1291 und dauerte vier Jahre.

Heute reisen die Menschen aus unterschiedlichen Beweggründen. Zum Beispiel um zu wandern, sich zu erholen, Städte zu besichtigen, Abenteuer zu erleben oder Geschäfte zu tätigen. Auch Pilgerfahrten sind weit verbreitet. Die vielen unterschiedlichen Reisemöglichkeiten werden unter dem Begriff Tourismus zusammengefasst.

Der Tourismus stellt heute für viele Städte und Regionen eine wichtige Einnahmequelle dar. Deshalb versuchen viele Gemeinden, ihre Angebote für Touristen zu erweitern und attraktiver zu machen.

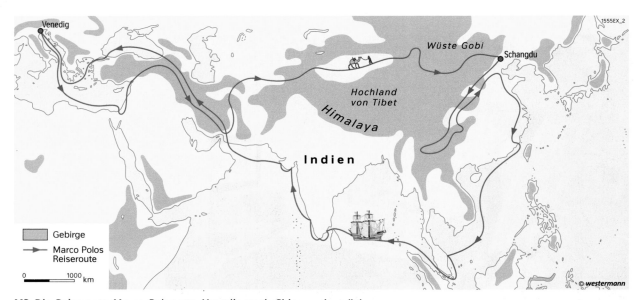

M2 *Die Reiseroute Marco Polos von Venedig nach China und zurück*

❶ ↗ Liste die Länder, Meere, Gebirge, Flüsse und Wüsten auf, die Marco Polo während seiner Reise durchquerte (M2, Atlas).

❷ Beschreibe das Reisen der Menschen in den unterschiedlichen Zeiten: 13. Jahrhundert (Marco Polo), 1860 (M3) und heute (M4, M5).

Starthilfe zu **❶** ↗
Lege eine Tabelle mit fünf Spalten an und nimm dort die entsprechenden Eintragungen vor.

M3 *Werbung des Hotels „Zum Anker" in Koblenz um 1860*

M4 *Werbung eines Wellnesshotels heute*

Sommersport
(Bergsteigen, Mountainbiking)

Gesundheits- und Wellnessreisen
(Kuren, Schönheitsfarmen)

Badeurlaub
(an Nord-, Ostsee, Mittelmeer)

Erholung
(in Hotels, Pensionen, Ferienanlagen)

Abenteuertourismus
(Trekking, Reisen z. B. in touristisch schlecht erschlossenen Gebieten)

Veranstaltungen
(Festspiele, Theater, Konzerte, Sport)

Flussfahrten, Seereisen
(Kanu, Rudern, Motorboot, Kreuzfahrtschiffe)

Wandern
(in reizvollen Landschaften)

Wintersport
(Ski, Schlittschuhlaufen, Rodeln)

Städtereisen
(Besichtigungen, Einkaufstouren)

Studienreisen
(ein Thema vor Ort erkunden)

© *westermann* 13775EX_2

M5 *Verschiedene Urlaubsmöglichkeiten im Überblick*

---

③ Informiere dich über eine Reise von Alexander von Humboldt (Internet). Erstelle einen kurzen Reisebericht.

④ Erstelle einen Bericht über deine letzte Reise und ordne diese einer Urlaubsmöglichkeit zu (M5).

⑤ a) Nenne wichtige Verkehrsmittel, die in M1 fehlen. Ermittle deren ungefähre Reichweite pro Tag.
b) Welche Verkehrsmittel würdest du für die einzelnen Urlaubsmöglichkeiten in M5 bevorzugen? Begründe deine Wahl.

Merke
Marco Polo gilt als Beispiel für einen großen Reisenden. Er reiste im Jahr 1271 auf dem Landweg von Venedig nach Asien bis nach China. Die Rückreise unternahm er auf dem Seeweg. Erst 1295 kam er wieder in Venedig an.

203

© *westermann*   9779EX_4

Berlin gilt als eine der meistbesuchten Städte des nationalen und internationalen Städtetourismus. In Berlin können heute pro Tag mehr als 111 000 Gäste übernachten. Dazu kommen die mehr als 80 000 Gästebetten in Brandenburg. In Berlin finden Reisende die modernste Hotellandschaft in Europa vor. Der durchschnittliche Übernachtungspreis ist mit 89 Euro (Jahr 2014) deutlich günstiger gegenüber den Metropolen Moskau (141 Euro), New York (187 Euro) und Dubai (174 Euro).

M1 *Berlin ist die beliebteste Reisestadt Deutschlands.*

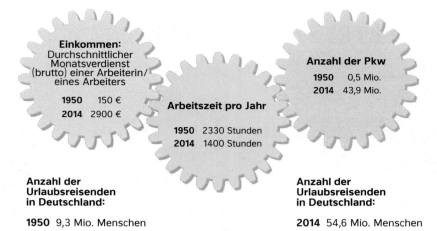

Einkommen: Durchschnittlicher Monatsverdienst (brutto) einer Arbeiterin/ eines Arbeiters

1950	150 €
2014	2900 €

Arbeitszeit pro Jahr

1950	2330 Stunden
2014	1400 Stunden

Anzahl der Pkw

1950	0,5 Mio.
2014	43,9 Mio.

Anzahl der Urlaubsreisenden in Deutschland:

1950   9,3 Mio. Menschen

Anzahl der Urlaubsreisenden in Deutschland:

2014   54,6 Mio. Menschen

M2 *Gründe für die Zunahme von Reisen in Deutschland*

Deutschland ist Reisevizeweltmeister

Die Anzahl der Reisen hat sich hierzulande gegenüber 1950 mehr als versechsfacht (M2). Somit sind auch die Geldausgaben der Deutschen in den Urlaubsländern gestiegen. 2014 gaben sie dort insgesamt 99 Mrd. Euro aus. Reiseweltmeister sind jedoch die Chinesen mit Ausgaben von über 100 Milliarden Euro.

Die beliebtesten europäischen Reiseziele der Deutschen im Ausland sind Spanien, Italien und Österreich, weltweit gesehen sind es die Türkei und die USA.

Das eigene Land ist jedoch das beliebteste Urlaubsziel der Deutschen, denn etwa jede dritte Reise wird innerhalb Deutschlands unternommen.

Küste, Mittel- und Hochgebirge sowie Städte laden zu vielfältigen Reisen ein. So verbringen jedes Jahr viele Deutsche ihren Urlaub in den deutschen Alpen. Sie nutzen die vielen Freizeit- und Sportmöglichkeiten des Hochgebirges. Dazu zählen unter anderem Wandern, Skilaufen und Mountainbiking. Beliebt sind ebenso die vielen Badeorte an den deutschen Küsten der Nord- und Ostsee. Etwa 348 Mio. Übernachtungen deutscher Gäste im eigenen Land wurden 2014 gezählt.

Viele entscheiden sich auch für eine Städtereise mit zwei bis vier Übernachtungen. Die Bundeshauptstadt Berlin ist hierfür ein beliebtes Ziel.

Städtereisen haben eine lange Tradition. Die Stadt Rom, auch Ewige Stadt genannt, war schon in der Antike ein Ziel von Reisenden.

Die beliebtesten Reiseziele weltweit sind Frankreich, die USA und Spanien. Deutschland belegt den siebten Platz. Insgesamt gab es 2014 etwa 75 Mio. Übernachtungen ausländischer Gäste in Deutschland.

***

Starthilfe zu ❷ ↗
Denke vor allem an das Einkommen und die Arbeitszeit.

❶ a) Erstelle für Berlin und Brandenburg eine Tabelle mit möglichen Reisezielen (Atlas).
b) Ordne den Reisezielen Urlaubsmöglichkeiten zu (siehe S. 203 M5).

❷ Nenne Gründe für die Zunahme von Reisen (M2).

❸ a) Liste mithilfe des Internets und von Reiseprospekten Attraktionen einer Reise nach Berlin oder Potsdam auf.

M3 *Reiseziele in Deutschland*

Jahr	Übernachtungen von Reisenden
1999	9,5 Mio.
2002	11,0 Mio.
2005	14,6 Mio.
2008	17,8 Mio.
2012	24,9 Mio.
2014	28,7 Mio.

M4 *Zahl der Übernachtungen in Berlin seit dem Jahr 1999*

von 100 Auslandsreisenden wählten im Jahr 2014 als Ziel für ihren Haupturlaub:

Spanien	14
Italien	7
Türkei	7
Österreich	4
Kroatien	3
Griechenland	3
Frankreich	2
Polen	2

21410EX_1
© *westermann*

M5 *Die beliebtesten Reiseziele der Deutschen im Ausland (Umfrageergebnis)*

b) M4 stellt die Entwicklung der Übernachtungen in der Bundeshauptstadt Berlin dar. Beschreibe die Entwicklung mit eigenen Worten.

❹ a) Ordne jedem Foto in M3 eine Urlaubsmöglichkeit zu (siehe S. 203 M5, Atlas).
b) Welche Ziele interessieren dich in Deutschland? Begründe.

Merke
Die häufigsten Reiseziele der Deutschen im Ausland sind Spanien, Italien und Österreich. In Deutschland werden die Küsten und die Gebirge gern besucht. Auch Städtereisen vor allem nach Berlin sind sehr beliebt.

M1 *Thomas Cook lebte von 1808 bis 1892 und war ursprünglich Prediger. 1841 war er erstmals auf die Idee gekommen, zum Festpreis von einem Schilling einen zweistündigen Bahnausflug mit Blaskapelle, einer Tasse Tee und einem Schinkenbrot anzubieten. Dieses pauschale Angebot nahmen 570 Menschen an und reisten mit.*

M2 *Von Thomas Cook geplante Ägyptenreise im Jahr 1912*

Vom Prediger zum Reiseführer

Reisen haben eine lange Tradition. Bereits im 19. Jahrhundert wurden vom Engländer Thomas Cook Reisen von England in die Alpen organisiert. In den ersten Jahren verreisten die Engländer überwiegend im Sommer und ließen dadurch eine Sommersaison entstehen.

Dies änderte sich 1864, als im Kulm-Hotel in St. Moritz in der Schweiz eine Eröffnung der Wintersaison gewagt wurde. Thomas Cook organisierte 1861 die erste **Pauschalreise** ins Ausland. Sie führte die Reisenden für einen Festpreis von London nach Paris. In diesem Pauschalpreis waren Hin- und Rückfahrt mit Bahn und Schiff, Übernachtungskosten, Mahlzeiten, Eintrittsgelder und die Organisation der Reise enthalten. Die Reisenden erhielten einen Reiseprospekt mit genauen Abfahrts- und Essenszeiten sowie den Besichtigungsterminen.

Auch der deutsche Kaiser Wilhelm II. buchte bei Thomas Cook eine Pauschalreise und ließ sich einen Staatsbesuch in den Nahen Osten ausrichten.

M3 *Thomas Cook ist heute das zweitgrößte Reiseunternehmen in Europa mit zahlreichen Reisebüros und mehreren Fluglinien. Für Thomas Cook arbeiten in Europa mehr als 30 000 Menschen.*

Starthilfe zu ❶ ↗
Denke nicht nur an den Festpreis, sondern auch daran, welche Leistungen er beinhaltet.

❶ ↗ Nenne die Merkmale einer Pauschalreise.

❷ Ermittle mithilfe des Atlas die Kontinente, die Thomas Cook anfliegt (M5).

❸ Würdest du lieber eine Pauschalreise unternehmen oder mit deinen Eltern auf eigene Faust ein Land bereisen? Begründe deine Entscheidung.

Weltreisebureau Thos. Cook & Son Wien

Stefansplatz Nr. 2, I. Stock (Aufzug).

Alle Arten Eisenbahn- u. Schiffahrts-Billets, Hôtelcoupons. Eigenthümer von Post- u. Touristendampfern auf dem Nil und der Vesuv-Eisenbahn. Spedition von Passagier-Gepäck von und nach allen Richtungen der Erde.

Gesellschafts-Reisen und Einzel-Reisen zur

Pariser Weltausstellung 1900

Preis per Person laut Special-Programm **200 fl.**

M4 *Werbeanzeige von Thomas Cook Tours zur Weltausstellung in Paris um 1900*

M6 *Frühes Werbeplakat einer Ägypten-Rundreise von Thomas Cook Tours*

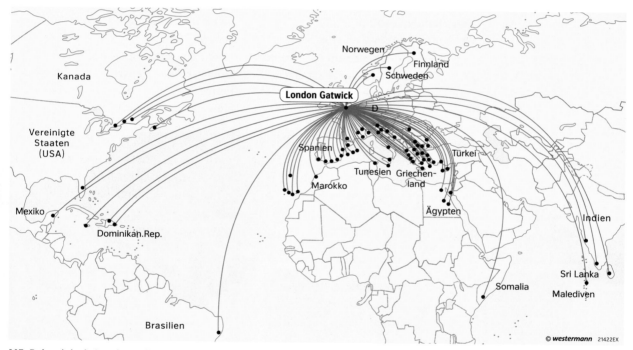

M5 *Reiseziel ab London mit der Thomas-Cook-Fluglinie (Auswahl)*

④ Überlege dir ein Reiseziel für eine Pauschalreise mit Thomas Cook und erstelle dafür ein Werbeprospekt (M4–M6). Achte dabei auf Angaben über Reisezeiten, Übernachtungsorte, Mahlzeiten und Attraktionen vor Ort.

⑤ Besorge dir einen Katalog von einem Reiseanbieter und erstelle ein Angebot mit Preis für eine Rundreise oder einen Hotelaufenthalt von zwei Wochen in einem Land deiner Wahl (siehe Seite 209).

Merke

1861 organisierte Thomas Cook die erste Pauschalreise. Sie führte zu einem Festpreis von England nach Paris.

Grundbegriff
• die Pauschalreise

Wer die Wahl hat, hat die Qual

Jedes Jahr verbringen Millionen Menschen ihren Urlaub an der Nord- und Ostsee, in den Alpen und am Mittelmeer. Sie wollen den Alltag vergessen, sich entspannen und erholen. Einige wollen auch interessante Sehenswürdigkeiten und andere Länder besuchen.

Viele Menschen haben das Bedürfnis, wenigstens einmal im Jahr zu verreisen. Dies hat mit gestiegenem Wohlstand, kürzeren Arbeitszeiten und damit längerem Urlaub zu tun.

Aber auch an den Wochenenden sind viele Menschen unterwegs. Sie besuchen die **Naherholungsgebiete** in der Nähe ihres Wohnortes. Um diese zu erreichen, fahren sie mit dem Auto, mit dem Fahrrad oder auch mit öffentlichen Verkehrsmitteln.

Für längere Urlaubsreisen oder weiter entfernte Reiseziele können verschiedene Transportmittel gewählt werden. Man kann mit dem Zug fahren oder ein Flugzeug nehmen; aber auch das Auto ist bei längeren Fahrten beliebt. Deshalb kommt es insbesondere in der Hauptsaison zu Verkehrsstaus. Viele Familien können nur in den Schulferien verreisen. Sie müssen Staus, Warteschlangen bei der Abfertigung auf den Flughäfen, Gedränge in den Urlaubsorten und höhere Preise in Kauf nehmen.

Die Freizeitangebote in den Erholungsgebieten sind vielfältig. Das Angebot reicht vom Badeurlaub bis zum Erlebnisurlaub. Durch die Nutzung dieser Angebote beeinflussen die Menschen die Erholungsräume, sie verändern sie. Oft geschieht dies zum Schaden der Natur.

ⓘ Hauptsaison und Nebensaison
Die **Hauptsaison** ist für einen Urlaubsort die Zeit des Jahres, in der die meisten Feriengäste kommen, z. B. in den Schulferien.
Die **Nebensaison** ist die Zeit des Jahres, in der in einem Urlaubsort nicht so viele Gäste sind.

M1 *Urlaubsfreuden?*

Starthilfe zu ❶ ↗
Lege eine Tabelle an:

Ort	Art

❶ ↗ Notiere, wo und wie du deine Freizeit gestaltest.

❷ Nenne mögliche Folgen von Urlaubs- und Freizeitaktivitäten für die Landschaft (M1).

Der Urlaub beginnt mit der Kostenplanung

Familie Frisch möchte in den Sommerferien zwei Wochen Badeurlaub machen. Vater Ivo (35), Mutter Petra (33) und Tochter Sarah (10) studieren einen Katalog und rechnen die Kosten der Reise aus. Sie vergleichen die Preise.

Rechenbeispiel Appartement:

3 Personen für je 850 €

3 x 850 € = 2550 €

Rechenbeispiel Hotel:

2 Personen für je 822 €

2 x 822 € = 1644 €

Sarah Frisch kann im Hotel auf einem Zustellbett im Zimmer der Eltern schlafen.

Dadurch ermäßigt sich der Reisepreis. Für Sarah braucht Familie Frisch nur die Hälfte des Erwachsenen-Preises zu zahlen:

822 € : 2 = 411 €

1644 € + 411 € = 2055 €

Flugtage, Reisezeiten						
Juli						
Köln	2 9 16 23 30					
	C E D D D					

© **westermann** 22400EX

Appartements Costa del Sol ☆☆☆			C			D			E	
Aufenthalt in Wochen			1	2	3	1	2	3	2	3
BD/WC/WO/BK/MB App.	3	ÜF	502	704	907	519	738	957	817	1075
BD/WC/WO/BK/MB App.	3	HP	558	817	1075	575	850	1126	924	1226
Hotel Marina Playa Park ☆☆☆										
BD/WC/BK Doppel	H	●	558	822	1087	519	822	1087	901	1205
BD/WC/BK Doppel	VP	●	586	879	1171	589	884	1179	957	1289
● Ermäßigung für 1 Kind 2–11 Jahre im Zustellbett bei 2 Vollzahlern			50 %			50 %			50 %	

M2 *Auszug aus dem Reisekatalog – Appartement oder Hotel? Das ist auch eine Kostenfrage.*

BD	Bad	HP	Halbpension (Frühstück und Mittag- oder Abendessen)	
WC	Toilette			
BK	Balkon	VP	Vollpension (Frühstück, Mittag- und Abendessen)	
WO	Wohnzimmer mit einer Kochnische			
		App.	Appartement	
MB	Meeresblick	3	drei Personen	
ÜF	Übernachtung mit Frühstück	2	zwei Personen	

M3 *Zeichenerklärung für den Reisekatalog*

Merke

Jedes Jahr fahren Millionen Menschen in den Urlaub. Dadurch wirken sie auf die Erholungsräume ein.

Grundbegriffe

• die Hauptsaison
• die Nebensaison
• das Naherholungsgebiet

❸ Berechne anhand von M2 den Reisepreis (3 Wochen, Reisezeit C) für eine andere Familie (2 Erwachsene, 2 Kinder). Sie benötigt zwei Zimmer im Hotel Marina Playa Park mit Vollpension (keine Kinderermäßigung).

Wohin soll die Reise gehen?

Familie Süderling plant den nächsten Urlaub. Sie haben sich verschiedene Reiseprospekte besorgt und schauen nun die Angebote an. Die erste Frage ist: Fahren wir in die Berge oder fahren wir ans Meer? Süderlings diskutieren zunächst einmal über das Urlaubsziel Meer.

Frau Süderling liest aus den Reiseprospekten vor und nennt Gründe, die für Ferien am Meer sprechen.

Herr Süderling möchte ins Gebirge. Er führt Argumente an, die die Nachteile eines Urlaubs am Meer beschreiben.

Timo und Eva sollen nun auch ihre Meinung äußern. Sie haben andere Vorstellungen.

Urlaub am Meer – das ist Erholung!

Glasklares Wasser, lange Sandstrände und Sonne. Hier können Sie schwimmen, surfen, tauchen oder einfach in der Sonne liegen. Für Kinder und Jugendliche bieten wir ein umfangreiches Programm: Strandspiele, Wettschwimmen, Wasserspiele, Boccia und Beach-Volleyball. Bei uns finden Sie moderne, komfortable Hotels mit Meerblick und Unterhaltungsangeboten oder kleine Pensionen und Ferienwohnungen.

Urlaub in den Bergen – das ist das Richtige für sportlich Interessierte!

Wandern Sie durch die wunderschöne Welt der Berge oder fahren Sie mit Mountainbikes bergauf und bergab. Genießen Sie den unvergleichlichen Blick von den Gipfeln der Berge. Sie können auch Klettertouren unternehmen oder sich von unseren Bergbahnen zu den Höhenwanderwegen bringen lassen. Traumhafte Bedingungen gibt es auch für Drachen- und Gleitschirmflüge.

M1 *Aus einem Reiseprospekt*

Starthilfe zu ❶ ↗
Lege eine Tabelle an:

Pro	Kontra

❶ ↗ a) Notiere die Pro-Argumente für einen Urlaub am Meer, die Frau Süderling vorliest (M1).
b) Überlege Kontra-Argumente, die Herr Süderling nennen könnte, und trage sie ein (M1).
c) Führt die Diskussion zwischen Herrn und Frau Süderling durch.

❷ Lege eine Tabelle mit Pro- und Kontra-Argumenten zu einem Urlaub in den Bergen an, die du für treffend hältst (M1).

❸ Notiere Pro- und Kontra-Argumente für eine Diskussion über das Urlaubsziel deiner Familie.

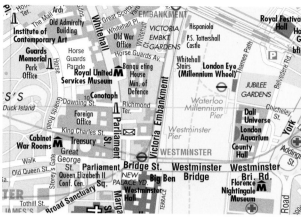

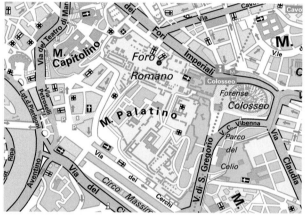

M2 *Collage zu Städtereisen nach Rom und London*

Was heißt Pro und Kontra?

Als *Pro-Argumente* bezeichnet man Gründe, die für eine Sache sprechen.

Als *Kontra-Argumente* bezeichnet man Gründe, die man dagegen anführen kann.

So legst du eine Tabelle für Pro- und Kontra-Argumente an.

In der Spalte „Pro" notierst du die Gründe, die für eine Sache sprechen. In die Spalte „Kontra" kommen die Gründe, die dagegen sprechen.

Pro	Kontra

❹ Im Urlaub kann man auch Städtereisen unternehmen. Rom und London sind beliebte Reiseziele (M2). Für welche Stadt würdest du dich entscheiden?

a) Arbeitet in Kleingruppen und notiert Gründe für ein Reiseziel.

b) Ermittelt auch Gründe, die gegen das ausgesuchte Reiseziel sprechen.

c) Legt als Gruppenergebnis eine Tabelle an, in der ihr eure Pro- und Kontra-Argumente festhaltet.

d) Stellt die Ergebnisse in der Klasse vor.

> **„Die Alpen sind ein Hochgebirge."**
> **Entwickelt dazu eine Präsentation und stellt sie in der Klasse vor.**

Aufenthalt im Hochgebirge

Zu den Hochgebirgen zählt man die Gebirge mit über 2000 m Höhe und oft schroffen Felsen. Für Wanderungen werden warme Kleidung, Wind- und Regenschutz, Sonnencreme mit hohem Lichtschutzfaktor sowie eine Sonnenbrille dringend empfohlen.

Im Hochgebirge ist es kälter als im Tiefland.

Der Wind bläst stärker, die Niederschläge nehmen zu, die Sonneneinstrahlung ist intensiver und der Anteil des für Haut und Augen schädlichen ultravioletten Lichts ist größer. Außerdem kann das Wetter im Hochgebirge rasch wechseln.

Höhenstufen der Pflanzenwelt

Die Pflanzen im Hochgebirge haben sich den Klimabedingungen angepasst. Es haben sich **Höhenstufen** der Pflanzenwelt ausgebildet. Am Nordrand der Alpen zum Beispiel können bis in 1300 m Höhe noch Laubbäume gedeihen, darüber findet man fast nur noch Nadelbäume. Ab der **Baumgrenze** in etwa 1700 m Höhe wachsen nur noch Zwergsträucher. In dieser Stufe der Grasflächen (der Matten) befinden sich auch die **Almen**, die der Mensch im Sommer als Viehweide nutzt. Ab etwa 2000 m Höhe gibt es nur noch Fels, Eis und Schnee.

Höhe ü. M.

Schnee, Gletscher

Der **Steinadler** baut seinen Horst (Nest) in unzugänglichen, steilen Felswänden.

-2°C
2500 m
2000mm

Fels, Schutt

1700mm
0°C
2000 m

Lebensraum der **Gämse** ist die Felsregion. Ein dichtes Fell schützt sie bei Frost.

Matten / Almen

1900 m

Das **Murmeltier** liebt sonnige Hänge. In tiefen, verzweigten Gängen hält es Winterschlaf.

1700 m

kleine Bäume, Latschenkiefern

Baumgrenze

+3°C
1500 m
1400mm

Nadelwald

1300 m

+5°C
1000 m
1200mm

Das **Auerhuhn** findet in ruhigen Nadel- und Mischwäldern Nahrung und Schutz.

Laub- und Mischwald

800 m

8736EX_1

M1 *Tiere, Pflanzen und Höhenstufen (Beispiel: Nord-Alpen) mit Temperatur- (rot) und Niederschlagsangaben (blau)*

Tipps für die Erarbeitung

❶ Die Alpen sind ein Hochgebirge. Begründet.

❷ Beschreibt die Höhenstufen in den Alpen (M1).

❸ Ordnet die in M1 abgebildeten Tiere den Höhenstufen zu. Informiert euch über ein Tier genauer und berichtet (Internet).

M2 *Wanderung über den Gletscher*

8399EX_30

Atlantischer Ozean

Garmisch-Partenkirchen

Mittel-

0   500   1000
km

meer

M5 *Die Lage der Alpen*

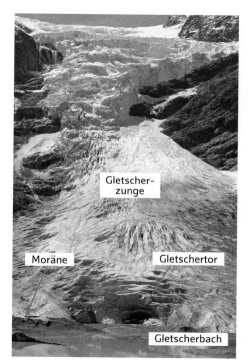

Gletscher-zunge

Moräne

Gletschertor

Gletscherbach

M3 *Gletscher in den Schweizer Alpen. Der Gletscher bildet sich, da in großer Höhe mehr Schnee fällt als wegschmilzt. Das Gletschereis wird langsam als Gletscher-zunge ins Tal gedrückt. Dabei schiebt es Schutt vor sich her. Diese Schuttwälle nennt man Moränen.*

Bei Tagesanbruch waren wir mit René, unserem Schweizer Bergführer, aufgebrochen. Unser Tagesziel war die Besteigung eines Gipfels der Bernina-Gruppe in fast 4 000 m Höhe. Von unserer Hütte aus mussten wir über 600 Höhenmeter überwinden. Vor uns lag der Gletscher – mit seinen Spalten ein gefährliches Hindernis. Zunächst wateten wir durch den eisigen Gletscherbach. Das Wasser sprudelte aus dem Gletschertor.

René erzählte: „Das Gletschereis bewegt sich pro Jahr rund 50 m talwärts. Der Schnee, der oben am Gletscher zu Eis wird, kommt erst in 20 Jahren am Gletschertor an." Nach einer Rast holten wir Eispickel und Seile aus den Rucksäcken. Wir setzten Schneebrille und Helm auf, bevor wir den Gletscher betraten.

M4 *Eine Gletscherwanderung in den Alpen*

ℹ️ Tiere im Hochgebirge

Auch die Tiere haben sich den harten Bedingungen im Hochgebirge angepasst. Schneehase und Schneehuhn sind zum Schutz vor Greifvögeln weiß gefärbt und damit dem Schnee angepasst. Steinbock und Gämse haben ein dichtes Fell, das vor Kälte schützt. Sie sind ausgezeichnete Kletterer, sodass sie auch noch Nahrung in steilem Gelände finden.

Auf dem Eis der Gletscher, die langsam talwärts fließen, lebt der Gletscher-floh. Er ernährt sich von Pflanzenteilchen, die der Wind angeweht hat.

④ Erklärt, warum viele Berge über 2 500 m vergletschert sind (M1).

⑤ Erstellt für die Klasse einen Merk-text über euer Thema. Erklärt darin auch die Grundbegriffe.

Grundbegriffe
- die Höhenstufe
- die Baumgrenze
- die Alm

213

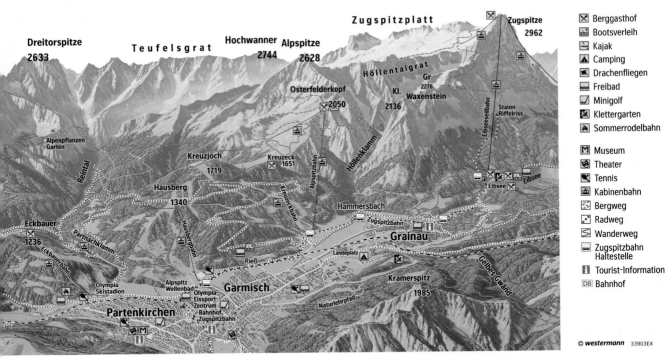

M1 *Sommerangebote ...*

„Garmisch-Partenkirchen – Urlaub im Sommer und im Winter"
Entwickelt dazu eine Präsentation und stellt sie in der Klasse vor.

Sommer- und Wintersaison – Ganzjahrestourismus in den Bergen

Jährlich besuchen Millionen Menschen die europäischen Hochgebirge. Deshalb ist es keine Seltenheit, dass selbst kleine Orte (z. B. Ischgl in Österreich mit 1 500 Einwohnern) weit über eine Million Übernachtungen pro Jahr zählen.

Die Besucher kommen im Sommer und im Winter. Sie gehören allen Altersgruppen an. Daher haben sie auch ganz verschiedene Interessen und Bedürfnisse: Die einen wollen Ski fahren und sich abends amüsieren, die anderen wollen wandern und die Ruhe der Berge genießen.

Um möglichst viele Urlauber anzulocken, haben die Touristenorte **Fremdenverkehrseinrichtungen** geschaffen: von der Seilbahn über das Schwimmbad und den Tennisplatz bis hin zur Großraum-Disko. Einige Orte organisieren auch attraktive Veranstaltungen zur Unterhaltung der Gäste: Folklore-Abende, Tennisturniere, Wettspiele für Kinder oder Feste zum Almabtrieb der Kühe.

Tipps für die Erarbeitung

❶ Beschreibt die Lage von Garmisch-Partenkirchen (Atlas).

❷ Die Alpen sind ein Tourismusmagnet. Erklärt.

❸ Notiert große Städte und Gebirge entlang einer Reiseroute von eurem Heimatort nach Garmisch-Partenkirchen (Atlas).

Legende:
- ⊠ Berggasthof
- ⛷ Curling
- ⛸ Eislaufen
- ⛹ Eisstockschießen
- ⛷ Rodelbahn
- 🪁 Drachenfliegen
- 🏊 Hallenbad
- M Museum
- 🎭 Theater
- 🎾 Tennishalle
- 🚠 Kabinenbahn
- 🚡 Sesselbahn
- ⧄ Skilift
- ⛷ Skiabfahrt
- ⛷ Skischule
- ⧄ Loipe
- ⛷ Tourenabfahrt
- 🚈 Zugspitzbahn Haltestelle
- ℹ Tourist-Information
- ⛷ Winterwanderweg
- ⛷ Winterwanderweg gespurt
- 🏔 Bergwacht
- DB Bahnhof

Map labels:
© **westermann** 33904EX

Z u g s p i t z p l a t t
Skibetrieb von Oktober bis Mai

Dreitorspitze 2633 · T e u f e l s g r a t · Hochwanner 2744 · Alpspitze 2628 · Zugspitze 2962

Osterfelderkopf ...050 · Höllentalgrat · Gr. 2276 · Kl. Waxenstein 2136 · Station Riffelriss

Kreuzjoch 1719 · Kreuzeck 1651 · Alpspitzbahn · Höllenklamm · Kreuzeckbahn

Häusberg 1340 · Häusbergbahn · Neueralm · Eibsee · Elbseesellbahn

Eckbauer ...236 · Partnachklamm · Eckbauerbahn · Hammersbach · Zugspitzbahn · Gelbes Gwänd

Rieß · Landeplatz · Grainau · DB

Olympia-Stützpunkt · Olympia Skistadion · Alpspitz Wellenbad · Olympia Eissport-Zentrum · **Garmisch** · Kramerspitz 1985

Partenkirchen · DB

M2 *... und Winterangebote im Hochgebirge – Beispiel Garmisch-Partenkirchen*

In Garmisch-Partenkirchen finden in jedem Jahr internationale Großveranstaltungen statt, wie das Neujahrsspringen und die Weltcuprennen im Skisport. Diese Events locken Gäste aus allen Kontinenten an.

Der Tourismusdirektor der Gemeinde erklärt: „Auf dem Zugspitzplateau kann man noch Ski fahren, wenn im Tal bereits die Bäume blühen. Selbst wenn zu wenig Schnee liegt, überlisten wir die Natur mit Schneekanonen. Für Gäste, die nicht Ski laufen, gibt es etwa 100 km geräumte Wanderwege. Durch unsere zahlreichen Urlaubsangebote begegnen wir der wachsenden Konkurrenz in den benachbarten Alpenländern."

M3 *Freizeitangebote in Garmisch-Partenkirchen*

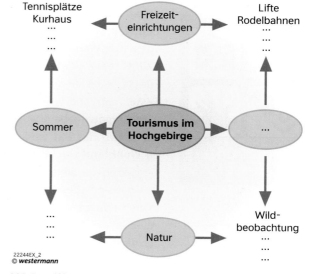

Tennisplätze Kurhaus ... → **Freizeit-einrichtungen** → Lifte Rodelbahnen ...

Sommer ← **Tourismus im Hochgebirge** → ...

... → **Natur** → Wild-beobachtung ...

22244EX_2
© **westermann**

M4 *Begriffsnetz – Tourismus im Hochgebirge*

⑷ a) Fertigt eine Liste von je fünf Angeboten an, die insbesondere für Kinder und Jugendliche im Sommer und Winter attraktiv sind (M1–M3).
b) Begründet eure Auswahl.

⑸ Vervollständigt das Begriffsnetz in M4.

⑹ Erstellt für die Klasse einen Merktext über euer Thema. Erklärt auch den Grundbegriff.

Grundbegriff
- die Fremdenverkehrseinrichtung

215

M1 *Blick in das Villnösstal*

> **„Der Tourismus ist eine Gefahr für die Naturlandschaft."**
> **Entwickelt dazu eine Präsentation und stellt sie in der Klasse vor.**

M2 *Hinweisschild im Vill-nösstal*

Förderung des Tourismus

Jedes Jahr fahren viele Urlauber in die Alpen. Sie wollen sich in der schönen Bergwelt erholen. Im Sommer kommen vor allem Wanderer, im Winter nutzen Skifahrer die Wintersportmöglichkeiten. Für die Touristen sind Hotels, Pensionen, Restaurants und viele Fremdenverkehrs-einrichtungen gebaut worden.

Der Tourismus hat zahlreichen Dörfern zu Wohlstand verholfen. In den meisten Gegenden verdienen die Menschen, die im Tourismus beschäftigt sind, mehr als in der Industrie und der Landwirtschaft. Aber ist der Tourismus wirklich ein Motor für das wirtschaftliche Wachstum und garantiert er auf lange Zeit Wohlstand?

Gefahr für die Naturlandschaft

Die Zahl der Gäste in den Alpen nimmt ständig zu. Immer mehr Täler und Berg-hänge werden bebaut. Autoabgase schä-digen die Bäume. Breite Skipisten sind in den Wald geschlagen. Skilifte durchziehen die Landschaft. Der von Schneekanonen erzeugte Kunstschnee verbraucht nicht nur große Wassermengen, er schädigt auch die Pflanzendecke. Die Landschaft verliert ihren Reiz.

In einigen Orten ist die Zahl der Urlau-ber bereits zurückgegangen. Nun sind Arbeitsplätze gefährdet. Es gibt jedoch eine Möglichkeit, die Naturlandschaft zu erhalten und den Tourismus zu fördern. Das ist der **sanfte Tourismus**.

Tipps für die Erarbeitung

❶ a) M5 zeigt, wie der Tourismus die Wirtschaft ankurbelt. Erläutert.
b) Erklärt, wodurch der Tourismus gefährdet wird (M3, M5).

❷ Viele Bewohner des Villnösstals sind Landwirte. Sie bieten Ferien auf dem Bauernhof an. Prüft, ob man diesen Tourismus als sanften Tourismus bezeichnen kann.

Ursache	Wirkung
Straßen- und Liftbauten	zerstören Wälder an Steilhängen (Bannwälder), die Wintersportorte in den Tälern vor Lawinen schützen.
Pistenraupen	beschädigen oder zerstören die Pflanzendecke, die den Boden festhält. Schmelzwasser spült dann den Boden ab.
Tiefschneefahrer	können Lawinen auslösen.
Schneekanonen, Skipisten	lassen Pflanzen unter gepresster Schneedecke absterben.
Mountainbiker, Motocrossfahrer	reißen mit groben Reifenprofilen die dünne Rasendecke auf.
Wanderer, die Wege verlassen	zertreten die Gras- und Krautschicht, die oberhalb 1 800 m Höhe jährlich nur einen Millimeter wächst.

M3 *Folgen des Tourismus und ihre Ursachen*

Das Villnösstal liegt in den Dolomiten in Südtirol. Es gibt sechs kleine Orte im Tal. Der Hauptort ist St. Peter. Der Talboden und die Hänge des Tals werden landwirtschaftlich genutzt. Für die Touristen wurde die Landschaft nur wenig verändert, sodass man die einzigartige Schönheit des Tales erhalten konnte. Ziel ist ein sanfter Tourismus. Die Umwelt soll geschont werden. Dazu gehört auch, dass für die Touristen ein Busdienst eingerichtet wurde.

M4 *Schutz für das Villnösstal*

M6 *Die Lage des Villnösstals in Südtirol (Italien)*

ℹ️ Sanfter Tourismus

Als sanften Tourismus bezeichnet man eine Form des Fremdenverkehrs, der die Umwelt wenig belastet und der auf das Leben und die Kultur der Einheimischen Rücksicht nimmt. Maßnahmen des sanften Tourismus sind z. B. Sperrungen für den Autoverkehr, Bauverbote für Hochhäuser und Begrenzung der Skipisten.

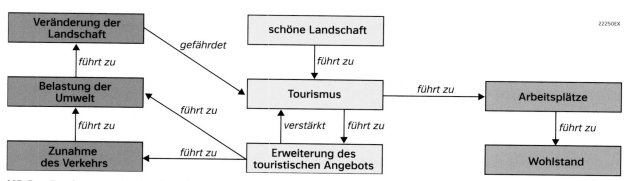

M5 *Der Tourismus und seine Auswirkungen*

❸ Zählt auf, für welche Tourismusformen und -gruppen das Villnösstal attraktiv ist und für welche nicht (M4).

❹ Erstellt ein Werbeplakat mit den Vorzügen des Villnösstals.

❺ Erläutert, wodurch der sanfte Tourismus die Natur erhalten und den Tourismus fördern kann.

❻ Erstellt für die Klasse einen Merktext über euer Thema. Erklärt auch den Grundbegriff.

Grundbegriff
• der sanfte Tourismus

217

M1 *Deutschland – politisch*

Bundesland	Fläche in km²	Einwohner in Mio. (2015)
Baden-Württemberg	35 800	11
Bayern	70 600	13
Berlin	890	3
Brandenburg	29 500	2
Bremen	400	1
Hamburg	760	2
Hessen	21 100	6
Mecklenburg-Vorpommern	23 200	2
Niedersachsen	47 600	8
Nordrhein-Westfalen	34 100	18
Rheinland-Pfalz	19 800	4
Saarland	2 600	1
Sachsen	18 400	4
Sachsen-Anhalt	20 400	2
Schleswig-Holstein	15 800	3
Thüringen	16 200	2
Deutschland gesamt	357 144	81

M2 *Bundesländer: Einwohner und Größe*

ℹ Deutschland

Die Bundesrepublik Deutschland ist ein **Staat**. Seine **Hauptstadt** heißt Berlin. Sie wird auch als **Bundeshauptstadt** bezeichnet. Deutschland besteht aus 16 Ländern, genannt **Bundesländer**. Die Bundesländer sind unterschiedlich groß.

13 Bundesländer bezeichnet man als Flächenstaaten mit einer größeren Landesfläche, einer eigenen **Landeshauptstadt**, einem Landtag und einer Landesregierung.

Weiterhin gibt es die drei Stadtstaaten Berlin, Hamburg und Bremen (mit Bremerhaven). Sie sind Bundesland und Stadt zugleich.

ℹ Dialekt

Ein Dialekt (griechisch: „miteinander reden") ist eine Sprache, die nur in einem bestimmten Gebiet gesprochen wird.

Er weicht von der deutschen Standardsprache, dem Hochdeutschen, ab. Trotzdem ist er mit ihr eng verwandt.

Wie heißen denn die Länderbausteine?

M3 *Bundesrepublik Deutschland: Länderbausteine*

Starthilfe zu ❷ ↗
Dazu gehören Bundesländer, aber auch ein Nachbarstaat.

❶ a) Nenne die drei größten und die drei kleinsten Bundesländer (M2).
b) Nenne die drei Bundesländer mit den meisten und die drei mit den wenigsten Einwohnern (M2).

❷ ↗ Bestimme die Nachbarländer von Brandenburg (Atlas).

❸ Ordne die Länderbausteine in M3 den Bundesländern zu (M1).

M4 *Spezialitäten aus neun Bundesländern*

Die Namen der Spezialitäten kannst du im Internet finden. Gib in eine Suchmaschine
(z. B. Google) ein: Name des Bundeslandes und das Wort „Spezialität".

Vielfalt in Deutschland

In Deutschland gibt es 16 Bundesländer und darin viele Gebiete mit unterschiedlichen Gewohnheiten, regionalen Spezialitäten, Feiertagen und Dialekten. An „Allerheiligen", am 1. November, zum Beispiel haben die Schülerinnen und Schüler in Baden-Württemberg, Bayern, Nordrhein-Westfalen, Rheinland-Pfalz und im Saarland schulfrei. In den übrigen Bundesländern müssen die Kinder zur Schule gehen.

Ein Hamburger versteht einen Bayern sehr schwer, wenn er Dialekt spricht. So heißt der Satz: „Schaug ma moi, dann seng ma scho." auf Hochdeutsch: „Schauen wir mal, dann werden wir schon sehen."

Außerdem werden mitunter für den gleichen Gegenstand in verschiedenen Regionen unterschiedliche Begriffe verwendet. So heißen Brötchen auch Semmeln, Schrippen, Wecken oder Rundstücke.
Natürlich gibt es heute überall in Deutschland Pizza und Döner, aber es gibt auch eine regionale Küche.
Bei besonderen Anlässen werden in einzelnen Regionen verschiedene Trachten getragen, zum Beispiel ein Dirndl und eine Lederhose in Bayern oder eine Bergmannstracht in Sachsen.

Merke
Deutschland ist ein Staat. Er besteht aus 16 Ländern, den Bundesländern. Die Bundesländer sind unterschiedlich groß. Es gibt Flächenstaaten und Stadtstaaten. Die Bundeshauptstadt heißt Berlin. Jedes Bundesland hat eine eigene Landeshauptstadt.

Grundbegriffe
- der Staat
- die Hauptstadt
- die Bundeshauptstadt
- das Bundesland
- die Landeshauptstadt

4 Ordne die Gerichte in M4 den Bundesländern zu. Die Zahlen entsprechen Ländern in M3.

5 Gestalte eine Seite in deinem Heft oder deiner Mappe zum Thema „Vielfalt in Deutschland".

M1 *Im Tiefland*

M3 *Im Mittelgebirge*

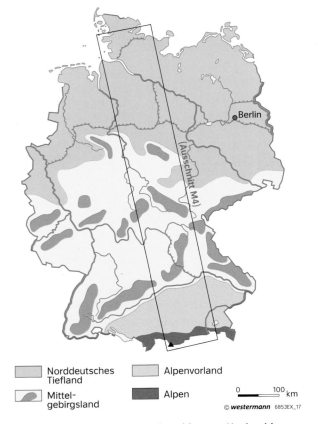

Norddeutsches Tiefland

Mittelgebirgsland

Alpenvorland

Alpen

0 — 100 km

© *westermann* 6853EX_17

M2 *Deutschland – von der Küste bis zum Hochgebirge Alpen: die vier Großlandschaften*

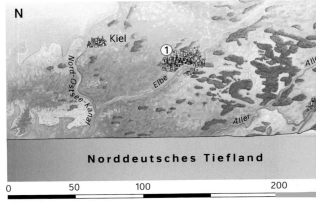

M4 *Schnitt durch Deutschland (links Norden: rechts Süden)*

Gliederung des Naturraums

In Deutschland gibt es von Norden nach Süden vier **Großlandschaften**: das Norddeutsche Tiefland, das Mittelgebirgsland, das Alpenvorland und die Alpen.

Das Norddeutsche Tiefland

Im Norden Deutschlands liegt das Norddeutsche **Tiefland**. Es ist eine tief gelegene Landschaft mit geringen Höhenunterschieden. Die Landhöhen liegen etwa zwischen zwei Meter unter dem Meeresspiegel und 200 m Höhe. Diese Landschaft erstreckt sich von der Küste im Norden bis an den Rand der Mittelgebirge.

Starthilfe zu ❷ ↗
Der Text und M1, M3, M5, M6 geben eine Hilfe.

❶ Bestimme die größte Nord-Süd-Ausdehnung und die größte West-Ost-Ausdehnung von Deutschland.

❷ ↗ Notiere die Namen der vier Großlandschaften Deutschlands und erläutere ihre Merkmale.

M5 *Im Alpenvorland*

M6 *In den Alpen*

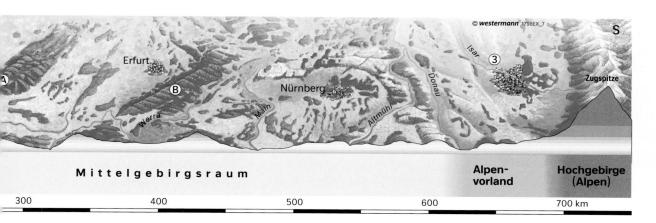

© *westermann* 1798EX_7

Das Mittelgebirgsland

In der Mitte Deutschlands befinden sich die **Mittelgebirge**. Es sind Bergländer mit abgerundeten Höhenzügen und langgestreckten Tälern. Sie sind bewaldet. Die Berge sind bis zu 1 500 m hoch. Steile Gipfel und hohe Felswände gibt es nicht.

Das Alpenvorland

Südlich der Donau beginnt das Alpenvorland. Es zeigt nur geringe Höhenunterschiede. Die sanft gewellte Landschaft steigt von 300 m südlich der Donau bis zum Rand der Alpen auf etwa 800 m Höhe an.

Die Alpen

Die Alpen sind ein **Hochgebirge**. Sie erreichen in Deutschland Höhen von fast 3 000 m. Die Alpen bilden die Südgrenze Deutschlands. Schroffe Berge, tief eingeschnittene Täler und schneebedeckte Gipfel sind für die Alpen als Hochgebirge kennzeichnend.

Merke
Deutschland gliedert sich in das Norddeutsche Tiefland, das Mittelgebirgsland, das Alpenvorland und die Alpen.

Grundbegriffe
- die Großlandschaft
- das Tiefland
- das Mittelgebirge
- das Hochgebirge

3 Finde die Namen der Städte (1–3) und der Gebirge (A, B) in M4 mithilfe des Atlas.

4 Ordne den Großlandschaften Deutschlands folgende Städte zu: Rostock, Reutlingen, Münster, München (Atlas).

In der Biosphäre Potsdam

Schloss Rheinsberg

Kloster Chorin

Schloss Ribbeck

Ein Bundesland – viele Regionen

Brandenburg setzt sich aus verschiedenen Regionen zusammen (M2). Die Grenzen zwischen diesen Regionen sind fließend. Landschaftlich gibt es zum Teil große Unterschiede. Das trifft auch auf die Geschichte und Zugehörigkeit dieser Regionen zu. So hat auch jede Region ihre eigenen kulturellen Besonderheiten. In der Spreewaldregion werden diese Traditionen und Bräuche besonders intensiv gepflegt. Zu den Festen der Einheimischen kommen Jahr für Jahr viele Tausend Touristen.

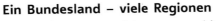

Burg Eisenhardt in Bad Belzig

- Wähle einen Zielort aus.
- Suche eine Karte des Weges und informiere dich über die Strecke.
- Packe einen Rucksack mit wichtigen Dingen (Essen, Getränke, Regenbekleidung, Telefon).
- Informiere dich über das Wetter, wenn es mit dem Fahrrad auf die Reise geht.

- Schaue nach, ob dein Fahrrad reisefertig und verkehrssicher ist (Reifendruck prüfen, Sattelhöhe einstellen, funktioniert die Lichtanlage).

Bei Fahrradausflügen zur Sicherheit immer einen Fahrradhelm tragen!

M1 *Checkliste für einen Ausflug*

1 a) Bearbeite die Übungskarte M2.
b) Finde mithilfe von M2 oder des Atlas heraus, in welcher Region du lebst.

2 Du siehst hier Fotos unterschiedlicher Sehenswürdigkeiten. Ergänze sie um Sehenswürdigkeiten aus deiner Region und deren Geschichte.

Schiffshebewerk Niederfinow

Nationalpark Unteres Odertal

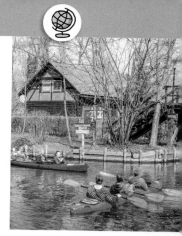

Im Spreewald

M2 Übungskarte Brandenburg

Legende:
- ● Landeshauptstadt
- ○ Lu. Stadt
- *a – v* Fluss, See, Kanal
- ═══ Autobahn

0 — 25 — 50 km

© **westermann** 32713EX

Tropical Island bei Brand

In der Niederlausitz

❸ Plane einen Ausflug zu einer der Sehenswürdigkeiten. Nutze hierfür alle dir zur Verfügung stehenden Informationsmöglichkeiten. Überprüfe deinen Plan mit der Checkliste (M1).

223

Höhe

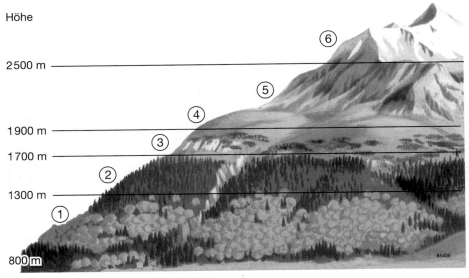

M4 *Höhenstufen der Alpen*

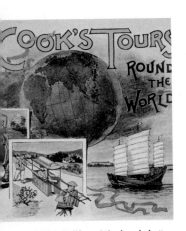

M1 *Frühes Werbeplakat von Thomas Cook Tours*

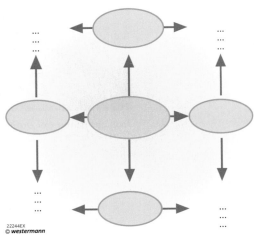

M2 *Begriffsnetz: Tourismus im Hochgebirge*

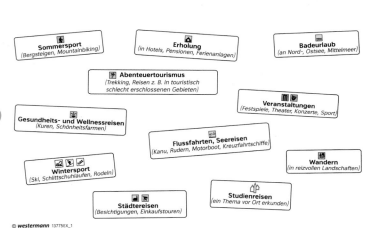

M5 *Verschiedene Reisemöglichkeiten*

M3 *Reisen früher und heute*

M6 *Bilder aus drei Großlandschaften Deutschlands*

Schätze dich selbst mit dem Zeichensystem ein, das auf Seite 87 erklärt ist.

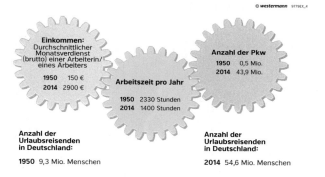

© **westermann** 9779EX_4

Einkommen:
Durchschnittlicher Monatsverdienst (brutto) einer Arbeiterin/ eines Arbeiters

1950   150 €
2014   2900 €

Arbeitszeit pro Jahr

1950   2330 Stunden
2014   1400 Stunden

Anzahl der Pkw

1950   0,5 Mio.
2014   43,9 Mio.

Anzahl der Urlaubsreisenden in Deutschland:

1950   9,3 Mio. Menschen

Anzahl der Urlaubsreisenden in Deutschland:

2014   54,6 Mio. Menschen

M7 *Gründe für die Zunahme von Reisen in Deutschland*

Was weiß ich?

1. Wähle fünf Grundbegriffe aus der Liste und erkläre sie.
2. Beschreibe das Reisen in der Vergangenheit und die Reisemöglichkeiten heute (M3). (Schülerbuch S. 200/201)
3. Erläutere die Geschichte von Thomas Cook (M1). (Schülerbuch S. 206/207)
4. Formuliere für jede Urlaubsmöglichkeit in M5 eine passende Überschrift. (Schülerbuch S. 202/203)

Was kann ich?

5. Ordne die Bilder (M6) den Großlandschaften zu. (Schülerbuch S. 220/221)
6. Übertrage das Begriffsnetz (M2) in dein Heft oder deine Mappe und ergänze die fehlenden Begriffe. (Schülerbuch S. 215)
7. Übertrage M4 vereinfacht in dein Heft oder deine Mappe, ergänze die Höhenstufen in den Alpen und erkläre, wie sie genutzt werden. (Schülerbuch S. 212)

Wie entscheide ich?

8. Nimm Stellung zu den Gründen für die Zunahme von Reisen in Deutschland (M7). (Schülerbuch S. 204)
9. a) Charakterisiere die Merkmale einer Pauschalreise.
   b) Belege sie durch Angebote eines Reiseveranstalters. (Schülerbuch S. 206–209)
10. Urlaub an der See oder in den Bergen? Wofür würdest du dich entscheiden? Begründe. (Schülerbuch S. 210/211)

Grundbegriffe

- Verkehrsmittel
- Pauschalreise
- Hauptsaison
- Nebensaison
- Naherholungsgebiet
- Höhenstufe
- Baumgrenze
- Alm
- Fremdenverkehrseinrichtung
- sanfter Tourismus
- Staat
- Hauptstadt
- Bundeshauptstadt
- Bundesland
- Landeshauptstadt
- Großlandschaft
- Tiefland
- Mittelgebirge
- Hochgebirge

Eine Abstimmung im Kinder- und Jugendparlament einer Stadt: Überlege, welches Thema in deiner Stadt dich persönlich interessieren würde.

Demokratie und Mitbestimmung – Gleichberechtigung für alle?

Am Ende des Kapitels kannst du:

– das Zusammenleben in der Familie charakterisieren

– Möglichkeiten der Mitbestimmung in der Schule darstellen

– über die Anfänge der Demokratie im alten Griechenland berichten

– die Merkmale unserer Demokratie erläutern

– überprüfen, welche Möglichkeiten du hast, dich in deiner Stadt zu engagieren

Demokratie – was ist das?

Den Begriff „Demokratie" hat der griechische Philosoph Aristoteles geprägt. Er meinte damit die „Herrschaft des Volkes". Sie galt aber nur für die freien Bürger. Frauen und Sklaven zum Beispiel gehörten nicht dazu. Für den amerikanischen Präsidenten Abraham Lincoln war Demokratie „die Regierung des Volkes durch das Volk und für das Volk".

Nicht alle Staaten, die sich demokratisch nennen, sind auch Demokratien. Eine echte Demokratie muss gewisse Mindeststandards erfüllen. Regelmäßig müssen freie, geheime, gleiche und allgemeine Wahlen stattfinden. So kann ein friedlicher Regierungswechsel stattfinden.

Zusammenleben in der Familie

Regeln und Entscheidungen
soziale Rollen
Rollenkonflikte

In diesem Kapitel erfährst du:

- wie Familien zusammenleben
- wozu Regeln helfen
- was Rollenkonflikte sind
- welche Möglichkeiten der Mitbestimmung in der Schule es gibt
- wie der Klassenrat entscheiden kann

Demokratie und Mitbestimmung

Probleme lösen
Entscheidungen im Klassenrat

Jeder hat unveräußerliche Rechte

Demokratie bedeutet nicht nur Volksherrschaft, sondern auch „Herrschaft des Rechts". Jeder Mensch hat grundlegende Rechte, die von niemandem angetastet werden dürfen. Dazu gehört zum Beispiel das Recht, frei seine Meinung sagen zu dürfen. Diese Rechte sind in unserem Grundgesetz festgeschrieben. Was heute ganz selbstverständlich ist,

hat sich im Laufe von vielen Jahrhunderten allmählich entwickelt.

Heute entsendet das Volk für eine begrenzte Zeit Vertreter ins Parlament, die seine Interessen vertreten sollen. Diese Volksvertreter sind in Parteien organisiert, die sich dann für bestimmte Ziele einsetzen.

- wie die Demokratie entstanden ist
- wie die Demokratie funktioniert
- Merkmale der attischen Demokratie
- Einrichtungen der attischen Demokratie
- wie ein Jugendparlament arbeitet
- Möglichkeiten der Bürgerbeteiligung

Demokratie und Mitbestimmung

Entstehung der Demokratie
Merkmale der Demokratie in Athen
Einrichtungen der Demokratie in Athen
Merkmale unserer Demokratie

Sich im lokalen Umfeld engagieren

Kinder- und Jugendparlament

M2 *Der Vater hatte das Recht, zu entscheiden. (1958)*

M3 *Kleinfamilie vor dem neuen Fernseher (um 1960)*

M1 *Die Großfamilie früher (1900)*

Von der Groß- zur Kleinfamilie

Noch im 19. Jahrhundert lebten auf dem Land drei Generationen (eine Generation umfasst Menschen eines Lebensalters) unter einem Dach: Großeltern, Eltern und Kinder.

Am Ende des 19. Jahrhunderts entwickelte sich in den Städten die Industrie. Fabriken entstanden. Daher verließen viele ihre Bauernhöfe und zogen vom Land zu den neuen Arbeitsplätzen in der Stadt. Die Zahl der **Großfamilien** nahm ab.

In den Wohnungen auf dem Land und in der Stadt lebten jetzt meist nur noch zwei Generationen zusammen. Die Zahl der **Kleinfamilien** nahm zu.

Die Ehepaare blieben in der Regel ein Leben lang zusammen. Mit der Geburt von zwei oder drei Kindern war die Kleinfamilie komplett. Die Rollen in der Familie waren eindeutig verteilt. Die Ehefrau und Mutter bildete das Herz der Familie. Ihre Aufgabe war es, den Haushalt zu führen und die Kinder zu erziehen.

Die Gleichberechtigung

„Männer und Frauen sind gleichberechtigt." Das steht in Artikel 3, Absatz 2 im **Grundgesetz**, das am 23. Mai 1949 in Kraft trat.

Doch die Wirklichkeit damals sah anders aus. Dafür sorgte schon das **Bürgerliche Gesetzbuch (BGB)**, das die Beziehungen zwischen Personen rechtlich regelt. Im BGB war damals die Autorität des Mannes in Familie und Beruf festgeschrieben. Der Mann hatte das „Letztentscheidungsrecht". Zum Beispiel konnte eine Ehefrau nur dann arbeiten, wenn ihr Mann einverstanden war. Auch konnte der Mann den Arbeitsplatz seiner Frau jederzeit kündigen.

Erst im Jahr 1958 trat das „Gesetz über die Gleichberechtigung von Mann und Frau" in Kraft. Allerdings behielt der Vater bei der Kindererziehung noch bis 1979 das letzte Wort.

Starthilfe zu ❶ ↗
Denke daran, was sie tun, wie sie gekleidet sind und wie das Zimmer oder der Garten ausgestattet ist

❶ ↗ Betrachte M1–M4 und beschreibe die Mitglieder der Familie.

❷ Beschreibe die Entwicklung von der Großfamilie zur Kleinfamilie.

❸ Bewerte das damalige Gesetz:
- Frauen dürfen ohne Zustimmung des Mannes nicht arbeiten.
- Die Väter haben bei der Kindererziehung das letzte Wort.

M4 *Familie in Frankfurt (1961)*

ⓘ **Grundgesetz**
Das Grundgesetz ist das oberste Gesetzeswerk der Bundesrepublik Deutschland; es ist unsere **Verfassung**. Es enthält die grundsätzlichen Regeln für das Zusammenleben der Menschen.
Der erste Abschnitt des Grundgesetzes enthält die Grundrechte. Sie lauten beispielsweise:
Die Würde des Menschen ist unantastbar.
Alle Menschen sind vor dem Gesetz gleich.
Die Freiheit des Glaubens ist unverletzlich.
Jeder hat das Recht, seine Meinung frei zu äußern.

Wie kann man die Frage der Berufsarbeit der Ehefrau lösen? Nichts einzuwenden ist gegen die Berufsarbeit der Ehefrau, solange keine Kinder da sind.
Anders sieht es aus, wenn Kinder kommen. Die moderne Kinderpsychologie weiß sehr genau um die Notwendigkeit der Nestwärme gerade für das Kleinkind. Deshalb sollte, solange die Kinder noch klein sind, die Mutter im Hause bleiben, falls nicht aus wirtschaftlichen Gründen ihre Mitarbeit unbedingt erforderlich ist. Sehr oft treibt nicht die finanzielle Notlage die Ehefrau zur Berufsarbeit, sondern der Dämon „hoher Lebensstandard".

(Quelle: „Die gute Ehe" von 1959. In: Spiegel Special 4/2007, S. 103)

M5 *Berufstätigkeit der Frau*

Eine Hausfrau soll ihrem Mann ein Heim schaffen, in dem er wirklich zu Hause ist, in das er nach des Tages Arbeit gern zurückkehrt. Dabei muss immer das im Vordergrund stehen, was ihm besonders am Herzen liegt, und das kann verschieden sein.
Der eine verlangt unbedingte Ordnung. Er liebt es, wenn alle Gegenstände immer am gleichen Platz liegen, damit er seinen Zigarrenabschneider oder eine bestimmte Krawatte auch im Dunkeln finden kann. Einem anderen Ehemann ist es wichtiger, dass seine Frau immer gepflegt aussieht und hübsch angezogen ist.

(Quelle: „Die gute Ehe" von 1959. In: Spiegel Special 4/2007, S. 103)

M6 *Ratgeber für eine gute Ehe*

Merke
Durch die Ausbreitung der Industrie nahm die Zahl der Großfamilien ab und die der Kleinfamilien zu. Nach dem Grundgesetz sind Frauen und Männer gleichberechtigt.

Grundbegriffe
- die Großfamilie
- die Kleinfamilie
- das Grundgesetz
- das Bürgerliche Gesetzbuch (BGB)
- die Verfassung

❹ Beurteile den Quellentext M5. Unterscheide die Ratschläge für eine Familie ohne und mit Kindern, sowie die Hinweise für eine Familie in „finanzieller Notlage" und den Dämon „hoher Lebensstandard".

❺ Schreibe einen Ratgeber für eine gute Partnerschaft oder Ehe. Vergleiche ihn mit M6.

M1 *Leyla und Mehmet Aslan mit ihren Kindern Cem, Selen und Murat. Leyla und Mehmet sind seit 18 Jahren verheiratet und leben in Berlin. Mehmet Aslan arbeitet als Kfz-Mechaniker in einer Autowerkstatt. Leyla Aslan ist stundenweise in einem Lebensmittelgeschäft tätig. Nachmittags hat sie Zeit, ihren Kindern bei den Hausaufgaben zu helfen. Bei schönem Wetter am Wochenende fährt die Familie gern an den Wannsee.*

M3 *Bärbel Lampe ist geschieden und lebt mit ihrer elfjährigen Tochter Leonie in Potsdam. Bärbel Lampe arbeitet ganztägig bei einer Versicherung. Leonie geht nach der Schule in den Hort. Sie wird um 16 Uhr von ihrer Mutter abgeholt. Donnerstags geht sie vom Hort zu ihrer Oma, da ihre Mutter einen langen Arbeitstag hat. Jedes dritte Wochenende fährt Leonie zu ihrem Vater.*

Familie – Freude, Hilfe, Streit und Stress

Die meisten Kinder und Jugendlichen wachsen in einer **Familie** auf. Hier machen sie die ersten Erfahrungen im Zusammenleben. In vielen Familien erleben die Kinder und Jugendlichen, dass andere für sie da sind, sie schützen und ihnen helfen.

In den letzten Jahren hat die Zahl der Familien, die aus einem Elternteil und Kind bzw. Kindern bestehen, stark zugenommen. Die alleinerziehenden Elternteile müssen Beruf und Kindererziehung miteinander vereinbaren. Dabei helfen Ganztagsbetreuung und Ganztagsschule.

ⓘ Familie
Eine Kleinfamilie, auch Kernfamilie genannt, ist die Gemeinschaft der Eltern oder eines Elternteils mit ihrem Kind oder ihren Kindern.
Zur Großfamilie gehören außerdem die Großeltern und weitere Verwandte.

ⓘ Patchwork-Familie
Wenn ein oder beide Partner Kinder aus einer früheren Beziehung in eine neue Partnerschaft mitbringen, spricht man von einer **Patchwork-Familie** oder Mischfamilie.

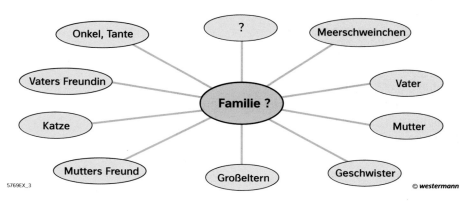

M2 *Wer gehört alles zur Familie?*

Starthilfe ❷ ↗
a) Passe die Vorschläge auf deine eigene Situation an.

❶ a) Beschreibe die Situation der Kinder in M1, M3 und M4.
b) Vergleiche mit deiner Situation.

❷ a) ↗ Beantworte die Frage in M2.
b) Ergänze weitere mögliche Mitglieder.

M4 *Marianne Müller wohnt mit ihrem Sohn Marco und ihrer Tochter Franziska in einem Haus in Bonn. Bevor Michael Bittner mit seiner Tochter Cecilia dort einzog, kannten sich die Familienmitglieder schon. Dennoch gab es anfangs Schwierigkeiten im Zusammenleben. Cecilia wollte sich mit den Regeln nicht abfinden, die im Haus von Marianne gelten.*

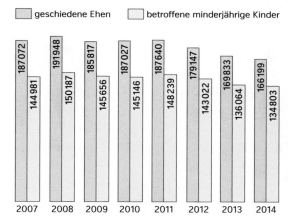

geschiedene Ehen   betroffene minderjährige Kinder

M6 *Ehescheidungen in Deutschland (Nach: BMFSFJ), Berlin 2012)*

15954EX_5 © westermann

Anna (11 Jahre):
... Liebe, Freunde, Streit, Stress, Lachen, Weinen, Ausflug, Arbeit.
Leon (12 Jahre):
... dass man sich gegenseitig unterstützt und den anderen vertrauen kann. Eine Familie ist schön, auch wenn es oft anstrengend ist.
Leyla (12 Jahre):
... durch dick und dünn gehen. Meine Eltern sollen sich nicht streiten. Dass wir zum Essen immer zusammensitzen und man sich gegenseitig zuhört.
Kevin (11 Jahre):
... nie wieder meinen Vater sehen zu können, weil er gestorben ist. Mit dem neuen Freund meiner Mutter streite ich mich sehr oft.

M5 *Schüleraussagen zum Thema: Was bedeutet mir Familie?*

Von 100 Jugendlichen zwischen 14 und 17 Jahren leben ...

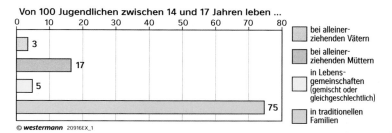

© westermann 20916EX_1

bei alleinerziehenden Vätern
bei alleinerziehenden Müttern
in Lebensgemeinschaften (gemischt oder gleichgeschlechtlich)
in traditionellen Familien

M7 *Familien in Deutschland (2013)*

Was bedeutet heute Familie, was macht sie in Deutschland aus? Typisch ist inzwischen die Vielfalt der Lebensformen. Eine Antwort beim Besuch von Zweitklässlern in Hamburg-Ottensen lautet: Familie ist da, wo man ohne zu fragen an den Kühlschrank gehen kann.
(Quelle: A. Dürr, B. Supp, C. Voigt, www.spiegel.de, 26.02.2007)

M8 *Auf der Suche nach der typisch deutschen Familie*

Merke
Die meisten Kinder wachsen in einer Familie auf.

Grundbegriffe
• die Familie
• die Patchwork-Familie

---

③ Familie ist vielfältig! Bewerte diese Aussage (M1, M3, M4–M8).

④ Diskutiert die Frage: „Sollen Eltern sich scheiden lassen?"

M1 *Links: Erzieher in einer Kita, rechts: Bundeswehr-Soldatin*

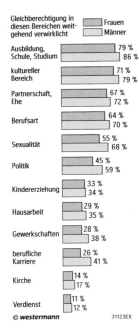

M2 *Einschätzung der aktuellen Situation der Gleichberechtigung (2012)*

Gleichberechtigung in diesen Bereichen weitgehend verwirklicht	Frauen	Männer
Ausbildung, Schule, Studium	79 %	86 %
kultureller Bereich	71 %	79 %
Partnerschaft, Ehe	67 %	72 %
Berufsart	64 %	70 %
Sexualität	55 %	68 %
Politik	45 %	59 %
Kindererziehung	33 %	34 %
Hausarbeit	29 %	35 %
Gewerkschaften	28 %	38 %
berufliche Karriere	26 %	41 %
Kirche	14 %	17 %
Verdienst	11 %	12 %

© *westermann*   31123EX

Die Rollen haben sich verändert

Immer mehr Männer übernehmen Tätigkeiten, die traditionell in der Verantwortung von Frauen lagen. Deutlich wird dies zum Beispiel bei der sogenannten Elternzeit. Im Jahr 2012 nahm rund ein Viertel aller Väter eine berufliche Auszeit von mindestens zwei Monaten, um sich um das Neugeborene zu kümmern.

Auch bei den Frauen lässt sich ein Wandel belegen. Von 2000 bis 2011 ist die Zahl der erwerbstätigen Frauen von 63 Prozent auf 72 Prozent gestiegen. Wobei zwei Drittel der Mütter 2011 in Teilzeit beschäftigt waren.

Das **Rollen**verständnis hat sich geändert. Doch gibt es zwischen Männern und Frauen auch eine **Gleichberechtigung**?

Während Frauen durchschnittlich 164 Minuten am Tag putzen, kochen oder bügeln, verbringen Männer nur gut halb so viel Zeit damit. Auch in Partnerschaften, in denen beide Partner Vollzeit arbeiten, bleibt der Großteil der Haushaltsarbeit an der Frau hängen. (...) Im Durchschnitt müssen Männer, die mit einer Partnerin zusammenleben, weniger im Haushalt arbeiten, als wenn sie alleine leben. Leben Frauen hingegen mit einem Partner zusammen, bringen sie mehr Zeit für den Haushalt auf, als wenn sie alleine wohnen.

(Koschnitzke, L., www.zeit.de, 17.10.2014)

M3 *Der Haushalt bleibt Frauensache.*

 M1 zeigt zwei Situationen, die in Deutschland noch nicht selbstverständlich sind. Begründe.

Starthilfe ❶ ↗
Denke an die traditionelle Rollenverteilung.

❷ a) Erkläre den Begriff Gleichberechtigung.
b) Nenne Bereiche, in denen die Gleichberechtigung nach Einschätzung der deutschen Bevölkerung bereits weitgehend verwirklicht ist und solche, wo man noch weit davon entfernt ist (M2).
c) Erläutere, wie es zu diesen Einschätzungen kommt.
d) „Wir sind auf einem guten Weg, aber von Gleichberechtigung kann

Karikaturen

Besonders in Tageszeitung und Zeitschriften trifft der Leser auf sogenannte Karikaturen. Eine Karikatur („caricare": lat. „überladen") ist eine Zeichnung, die ein bestimmtes Thema übertrieben, oft humorvoll darstellt. Sie soll den Betrachter auf ein Thema aufmerksam machen und ihn anregen, sich mit dem Thema zu beschäftigen.

Eine Karikatur stellt einen Sachverhalt nicht objektiv dar, sondern vertritt eine bestimmte Meinung. Oft hat die Karikatur noch eine Unterschrift, die die Aussage der Zeichnung ergänzt.

M4 *Karikatur 1*

Eine Karikatur auswerten

1. Beschreibe, was du siehst.
- Welche Situation ist dargestellt?
- Welche Personen siehst du?
- Welche anderen Gegenstände gibt es noch, wie sind sie dargestellt?
- Wie ist das Bild räumlich aufgeteilt?
- Welche Textteile gibt es?

2. Deute den Inhalt der Karikatur.
- Auf welches Problem, welchen Sachverhalt soll aufmerksam gemacht werden?
- Welche Meinung wird vertreten?
- Was soll beim Betrachter erreicht werden?

3. Nimm dazu Stellung.
- Bist du ausreichend informiert?
- Was sagst du zum Dargestellten?

M5 *Karikatur 2*

noch keine Rede sein." Bewerte diese Aussage eines Politikers.

❸ a) Interpretiere die Karikatur M4. Orientiere dich dabei an der Anleitung. Beginne folgendermaßen: Auf dem Bild sieht man ... Es gibt folgende Personen ...

b) Tauscht euch anschließend über die Aussage der Karikatur aus und nehmt dazu Stellung.

c) Interpretiere in gleicher Weise die Karikatur M5.

❹ Entwirf für beide Karikaturen eine Bildunterschrift.

Merke
Das Rollenverständnis von Männern und Frauen hat sich verändert.

Grundbegriffe
- die Rolle
- die Gleichberechtigung

M1 *Familie in den 1950er-Jahren*

Eine vorgegebene Arbeitsteilung zwischen Männern und Frauen

In vielen Kulturen, so auch bei uns, hatte sich über Jahrtausende hinweg folgende Arbeitsteilung durchgesetzt: Die Frau erzog die Kinder, pflegte alte und kranke Menschen und stellte die Nahrung bereit. Der Mann verdiente das Geld und sicherte so das Überleben der Familie. Durch diese Rollenverteilung war die Frau vom Mann abhängig.

Noch vor 100 Jahren war es für die meisten Menschen ganz selbstverständlich, dass sich die Aufmerksamkeit einer Frau ausschließlich auf die Familie, die Ehe und den Haushalt zu richten hatte.

Das ist heutzutage größtenteils anders. Einige Gründe dafür sind:

- Veränderung der Ansichten sowie der Werte- und Lebensvorstellungen,
- mehr persönliche Freiheiten, weniger strenge Regeln,
- schwindender Einfluss der Kirche,
- Berufstätigkeit der Frauen,
- bessere Bildung für mehr Menschen,
- Geburtenkontrolle.

Starthilfe zu ❶ ↗
Denke an deine eigenen Erfahrungen. Berücksichtige aber auch, dass sich in über 60 Jahren in den Familien viel verändert hat.

❶ ↗ Liste auf, was der Vater zum Sohn und die Frau zum Mann sagen könnte (M1).

❷ Vergleiche die Arbeitsteilung zwischen Männern und Frauen in der Vergangenheit und heute.

❸ Berichte, wie sich die rechtliche Stellung der Frauen in Deutschland 1896, 1958, 1977 veränderte (Text, M2).

„Du heiratest ja doch"

Noch in den 1960er-Jahren war das die gängige Redewendung, wenn sich Mädchen Gedanken über den richtigen Beruf machten. Sie sollten die Zeit bis zur Hochzeit überbrücken, danach waren sie dann versorgt durch den Ehemann. Sie bekamen Kinder und kümmerten sich um sie und den Haushalt.

Wenn sie unverheiratet blieben, wurden sie eine „alte Jungfer". Es war üblich, diese Frauen Zeit ihres Lebens mit Fräulein anzusprechen. Männer sollten beruflich erfolgreich sein, damit die Ehefrau nicht arbeiten gehen musste.

Ein erster Schritt zu einer Gleichberechtigung der Frauen in Deutschland war die Einführung des Frauenwahlrechts 1919. Ein weiterer erfolgte mit der Formulierung des deutschen Grundgesetzes 1949. Dort heißt es „Männer und Frauen sind gleichberechtigt".

Doch wie sah die Wirklichkeit für viele Frauen aus? Der Mann durfte noch immer den Wohnsitz bestimmen, den Job seiner Frau kündigen oder ihr Vermögen nach Belieben nutzen und verwalten.

Mit dem Gleichberechtigungsgesetz von 1957 wurden diese Regelungen abgeschafft. Danach verabschiedete der Bundestag noch eine Reihe von Gesetzen zur Gleichstellung von Mann und Frau.

Seit 1999 verfolgen deutsche Regierungen das „Leitprinzip der Geschlechtergerechtigkeit". Politische Entscheidungen müssen seitdem so gestaltet sein, dass sie zur Gleichberechtigung der Geschlechter beitragen.

2006 wurde das Allgemeine Gleichbehandlungsgesetz erlassen. Es erweitert die Vorgaben des Grundgesetzes (M2).

M3 *Elisabeth Selbert, eine Frau mit einer ungewöhnlichen Lebensgeschichte. Sie sorgte bei der Formulierung des Grundgesetzes für die Formulierung „Männer und Frauen sind gleichberechtigt".*

Fassung von 1896

§ 1354 BGB (Rechtsstellung der Frau)

Dem Manne steht die Entscheidung in allen das gemeinschaftliche eheliche Leben betreffenden Angelegenheiten zu; er bestimmt insbesondere Wohnort und Wohnung.

Fassung von 1958

§ 1356 BGB (Haushaltsführung)

Die Frau führt den Haushalt in eigener Verantwortung. Sie ist berechtigt, erwerbstätig zu sein, soweit dies mit ihren Pflichten in Ehe und Familie vereinbar ist.

Fassung von 1977

§ 1356 BGB

Die Ehegatten regeln die Haushaltsführung im eigenen Einvernehmen. Beide Ehegatten sind berechtigt, erwerbstätig zu sein.

M2 *Das Bürgerliche Gesetzbuch (BGB) im Wandel*

---

4 Gestaltet ein Rollenspiel (S. 239) zur Situation (M1) 1950 und heute. Überlegt eine Konfliktsituation (Sohn hat schlechte Note, will nichts essen, Zimmer nicht aufräumen). Denkt an die veränderten Rollen von Mutter und Vater.

5 Informiere dich über das Leben von Elisabeth Selbert (M3) im Internet. Stelle sie in der Klasse vor.

Merke
Die Rolle der Frau hat sich in den letzten 60 Jahren verändert.

M1 *Standbild zwischen Mutter und Sohn*

Was ist ein Standbild?

In einem Standbild wird eine Situation ohne Worte und ohne Bewegung gezeigt. Im Gegensatz zum Rollenspiel (siehe S. 239) gibt es im Standbild eine Regisseurin bzw. einen Regisseur und nur wenige Darstellerinnen und Darsteller. Sie müssen die wortlosen Anweisungen wie Marionetten befolgen.

Die anderen in der Klasse können Tipps geben, aber allein die Regisseurin oder der Regisseur entscheidet, wie sich die Darstellerinnen und Darsteller aufbauen müssen. Am Ende wirken sie wie erstarrt. Dann wird das Bild ausgewertet.

Drei Schritte beim Bau eines Standbildes

1. Schritt: Vorbereitung
- Es wird ein Stuhlkreis gebildet. Es wird genau festgelegt, welche Situation dargestellt werden soll.
- Ihr wählt außerdem eine Regisseurin oder einen Regisseur.
- Weiterhin bestimmt ihr die Darstellerinnen und Darsteller.

2. Schritt: Durchführung
- In der Mitte des Stuhlkreises entsteht das Bild.
- Jetzt darf kein einziges Wort gesprochen werden, auch nicht von der Regisseurin oder dem Regisseur.
- Die Darstellerinnen und Darsteller dürfen nur wortlos in die richtige Position gebracht werden. Der jeweilige Gesichtsausdruck muss vorgespielt werden.

- Wenn die Regisseurin bzw. der Regisseur fertig ist, wird das Bild „eingefroren".
- Alle Darstellerinnen und Darsteller sowie Zuschauerinnen und Zuschauer müssen sich in das Bild „einfühlen". Nach einer festgelegten Zeit gibt die Regisseurin bzw. der Regisseur das Zeichen zum Auflösen des Bildes.

3. Schritt: Auswertung
- Zuerst wird das Bild durch die Zuschauerinnen und Zuschauer, dann durch die Darstellerinnen und Darsteller beschrieben und gedeutet.
- Zum Schluss sagt die Regisseurin bzw. der Regisseur, warum sie bzw. er das Bild so und nicht anders gebaut hat.

Starthilfe zu ❶ a) ↗
Das kann eine nette Situation sein (z. B. Eltern sind stolz auf ihr Kind) oder auch eine weniger schöne (z. B. Eltern streiten sich vor den Kindern).

❶ a) ↗ Überlege dir eine typische Familiensituation. Schreibe die Situation möglichst genau auf einem Blatt Papier auf.
b) Suche dir eine Partnerin oder einen Partner. Tauscht euch über eure Ideen aus.

c) Gebt eure Vorschläge, die ihr für besonders geeignet haltet, der Lehrkraft für den Bau eines Standbildes im Stuhlkreis.
d) Baut ein Standbild nach der Schrittfolge.

Konflikte in der Familie

Ein Familienstreit kann Thema eines Rollenspiels sein. Schülerinnen und Schüler spielen dann verschiedene Personen der Familie.

„Immer muss ich auf Paul aufpassen"

Clara ist fast zwölf Jahre alt. Heute hat sie nach der Schule in ihrem Zimmer Musik gehört, mit ihrer Freundin Sandra telefoniert und die Hausaufgaben gemacht. Jetzt will sie wie jeden Donnerstag zum Training der Tischtennismannschaft gehen. Es beginnt um vier Uhr. Da kommt ihre Mutter. Sie teilt ihr mit, dass sie ab nächster Woche jeden Donnerstagnachmittag zwischen vier und sechs Uhr einen Spanischkurs besuchen möchte. Sie bittet Clara, das Training aufzugeben und während dieser Zeit auf ihren achtjährigen Bruder Paul aufzupassen.

M2 *Ausgangssituation für das Rollenspiel*

1. Schritt: Vorbereitung

- Bildet zu jeder Rolle drei Interessengruppen mit je drei bis vier Schülerinnen und Schülern.
- Besprecht den Verlauf der Geschichte. Überlegt mögliche Lösungen.
- Verfasst zu jeder Rolle eine Rollenkarte. Legt fest, wie sich die Personen verhalten müssten, damit sie ihr gewünschtes Ergebnis erreichen.
- Entsendet für eine der beteiligten Personen ein Mitglied in das Rollenspiel.
- Die Schülerinnen und Schüler, die nicht mitspielen, bilden Beobachtungsgruppen. Jede Beobachtungsgruppe legt fest, worauf sie während des Rollenspiels besonders achten will.

Beispiele: Welche Lösung wird vorgestellt? Ist diese Lösung glaubwürdig? Wer hat am besten argumentiert?

2. Schritt: Durchführung

- Das Rollenspiel wird in drei Durchgängen gespielt.
- Achte auf Folgendes: Sprich die Person, mit der du dich unterhältst, direkt an (Vorname, Mama ...). Benutze selbst die Ich-Form. Sprich in einfachen klaren Sätzen. Vermeide umgangssprachliche Ausdrücke wie „echt" oder „cool", wenn du einen Erwachsenen spielst. Greife die Argumente deines Vorredners auf und gehe auf sie ein.
- Die Beobachtungsgruppen machen sich Notizen.

3. Schritt: Auswertung

- Die Beobachtungsgruppen teilen den Spielerinnen und Spielern ihre Meinung zu den vorgetragenen Inhalten und zum Verlauf des Rollenspiels mit, z.B.:

Wurden die Rollen glaubwürdig vertreten? Wurde sachlich diskutiert? Sind die Spielerinnen und Spieler aufeinander eingegangen? Wurden Argumente kritisch bedacht? Wurde eine Lösung gefunden, die für alle nachvollziehbar ist?

Clara (12 Jahre)

spielt Tischtennis in der Mannschaft. Das Training findet nur einmal in der Woche statt. Clara nimmt gern am Training teil, denn im Training kann sie sich verbessern. Die Teilnahme am Training ist Voraussetzung, um in der Mannschaft zu spielen. Gelegentlich muss Clara auf ihren kleinen Bruder aufpassen, zum Beispiel, wenn ihre Mutter zum Elternabend geht.

Frau Weber (42 Jahre)

lebt allein mit ihren beiden Kindern. Sie arbeitet halbtags in einer Speditionsfirma. Nachmittags kümmert sie sich um die Kinder und den Haushalt. Sie möchte Spanisch lernen, weil die Firma viele spanische Kunden hat. Mit Spanisch-Kenntnissen wäre ihr Arbeitsplatz in der Firma viel sicherer und sie könnte auch eine anspruchsvollere Tätigkeit übernehmen.

M3 *Rollenkarten*

2 „Immer muss ich auf Paul aufpassen" (M2). Gestaltet ein Rollenspiel zu der Situation und nutzt dabei die Rollenkarten von M3.

3 Wählt einen anderen Konflikt aus und führt dazu ein Rollenspiel nach der Schrittfolge durch. Mögliche Themen können sein:
a) Mithelfen im Haushalt
b) Erhöhung des Taschengeldes.

M1 *Diskussion in der Klasse*

> Erarbeitet Vorschläge für eine Klassenordnung.
> Stellt eure Vorschläge in einer Präsentation der Klasse vor.

ℹ Regeln

Menschen brauchen Regeln, damit das Leben in der Familie, mit Freunden, im Alltag und in der Schule klappt. Aber auch Spielregeln, zum Beispiel beim Sport, sind notwendig.

Eine Regel ist eine Vorschrift, an die sich jeder halten muss. Wer dagegen verstößt, wird bestraft und notfalls ausgeschlossen. Er erhält die „gelbe" oder gar die „rote" Karte. In der Schule regelt eine Schulordnung das Zusammenleben. In der Klasse gibt es eine Klassenordnung.

Wir geben uns eine Klassenordnung

Die ersten Schulwochen sind vergangen. Laura und Yasemin kommen häufig zu spät aus der Pause in den Unterricht. Jan lässt keinen Mitschüler ausreden, sondern er ruft einfach in die Klasse.

Die Lehrerin, Frau Buchmann, versammelt die Klasse im Sitzkreis. Sie bespricht die Situation. Die Klasse beschließt, sich eine **Klassenordnung** zu geben.

Die Klassenordnung besteht aus **Regeln**, die jeder zu beachten hat. Frau Buchmann betont, dass auch Lehrerinnen und Lehrer sich an die Klassenordnung zu halten haben. Damit alle gerecht behandelt werden, muss auch festgelegt werden, was passiert, wenn jemand gegen die Klassenordnung verstößt.

Damit die Aufgaben in der Klasse gerecht verteilt werden, werden die **Klas-**

sendienste besprochen. Alle Dienste werden auf einem Plakat aufgelistet. Da es beliebte und weniger beliebte Klassendienste gibt, schlägt Frau Buchmann vor, dass die Dienste wöchentlich wechseln.

M2 *Wie soll die Schule sein?*

Tipps für die Erarbeitung

❶ a) Listet Klassendienste auf, die für euch notwendig sind.
b) Nennt Aufgaben der Klassendienste (z. B. beim Blumendienst: Blumen gießen, welke Blätter abzupfen, ...).

❷ In einer Schule gibt es immer Dinge, die man verbessern kann. Entwickelt Vorschläge, wie eure Traumschule aussehen könnte. Überprüft, welche sich davon verwirklichen lassen (M2).

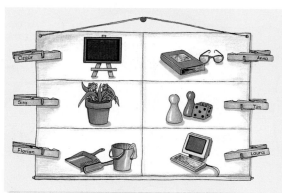

- Wählt für jeden Dienst in eurer Klasse ein Zeichen aus. Es soll die Aufgaben des Dienstes verdeutlichen.
- Malt ein Plakat mit den Zeichen.
- Jeder schreibt seinen Namen auf eine Wäscheklammer aus Holz.
- Die Wäscheklammern werden für den jeweiligen Dienst an das Plakat geklammert.
- Jeder kann jetzt gut erkennen, wer für den Dienst zuständig ist.

M3 *Plakat für die Klassendienste*

1. Ich nehme Rücksicht auf andere. ☺ ☺ ☹
2. Ich nehme anderen im Unterricht nichts weg. ☺ ☺ ☹
3. Ich lache andere nicht aus, wenn sie einen Fehler machen. ☺ ☺ ☹
4. Ich übernehme ohne Murren den Ordnungsdienst. ☺ ☺ ☹
5. Ich falle anderen nicht ins Wort. ☺ ☺ ☹
6. Ich lenke andere nicht vom Unterricht ab. ☺ ☺ ☹
8. Ich bin nicht frech und unhöflich zu anderen. ☺ ☺ ☹
9. Ich helfe anderen bei Schwierigkeiten. ☺ ☺ ☹
10. Ich verpetze niemanden. ☺ ☺ ☹
12. Ich erledige meine Aufgaben ordentlich. ☺ ☺ ☹
13. Ich gebe nicht mit Spielsachen oder tollen Klamotten an. ☺ ☺ ☹
14. Ich bin bereit, anderen zuzuhören. ☺ ☺ ☹
15. Ich will mich nicht streiten oder einen Streit anstacheln. ☺ ☺ ☹
16. Ich werde Schwächere nicht hänseln. ☺ ☺ ☹
17. Ich gehe mit allen Sachen im Klassenraum sorgsam um. ☺ ☺ ☹

☺ Fällt mir leicht
☺ Fällt mir schwer
☹ Muss ich noch lernen

M4 *Testbogen – Kannst du dich an Regeln halten?*

K L A S S E N O R D N U N G

Diese Regeln halten wir ein: **5b**

Wir lachen keinen aus.

Egal, ob wir uns zum Beispiel in Aussehen, Verhalten oder Herkunft unterscheiden, wir achten uns gegenseitig.

Keiner wird zum Außenseiter gemacht.

Wir sind im Flur leise, um andere nicht zu stören.

Wir wechseln uns mit den Diensten ab.

Wir werfen Abfälle in die richtigen Mülleimer, damit unsere Schule sauber bleibt.

Wir helfen uns gegenseitig bei schwierigen Aufgaben.

Wir halten zusammen.

Ich werde mich an unsere Regeln halten.

(Datum, Unterschrift) . . . .

Falls ich gegen die Regeln verstoße, weiß ich, dass

M5 *Vorschlag für eine Klassenordnung*

❸ Schreibt die Regeln (M4) an die Tafel und macht den Test.

❹ Überprüft die Vorschläge für Klassenordnung und -dienste (M3, M5) und passt sie für eure Klasse an.

❺ Stellt euren Vorschlag zur Diskussion. Ergänzt Änderungsvorschläge und lasst abstimmen. Erstellt einen Merktext und erklärt die Grundbegriffe. Dies überträgt die ganze Klasse ins Heft oder in den Ordner.

Grundbegriffe
- die Klassenordnung
- die Regel
- der Klassendienst

M1 *Wer hat Schuld?*

**Erarbeitet, wie man einen Streit schlichtet.
Stellt eure Ergebnisse in der Klasse vor.**

ℹ Streitschlichtung

Streitschlichtung ist eine Methode, um einen Konflikt zu lösen. Zunächst wird eine Streitschlichterin oder ein Streitschlichter ausgesucht. Die Konfliktparteien tragen anschließend ihre unterschiedlichen Standpunkte vor. Auch Zeugen melden sich zu Wort. Gemeinsam wird ein Lösungsvorschlag erarbeitet und schriftlich festgehalten. An einigen Schulen können sich Schülerinnen und Schüler zu Streitschlichtern ausbilden lassen.

Streitschlichtung – eine Lösung mit Gewinnern

Schulkinder streiten sich immer wieder. Oft reicht ein kleiner Anlass und eine Prügelei entsteht. Freundschaften können zerbrechen. Es muss jedoch bei einem Konflikt nicht zwangsläufig Verlierer und Gewinner geben.

Es gibt eine Möglichkeit, den Streit beizulegen: die **Streitschlichtung**. Die Streitschlichtung ist eine Gewinnerlösung. Der Streit wird so geschlichtet, dass beide Konfliktparteien mit der Lösung zufrieden sein können und wieder normal miteinander umgehen.

Heute in der GEWI-Stunde öffnet Fritz seine neue Mappe. Sorgfältig zeichnet er eine Kartenskizze auf ein Blatt. Hierbei gibt er sich Mühe. Sein Nachbar Artjom schraubt gelangweilt seinen Füller auf. Er nimmt die Patrone raus und schaut nach, ob noch genügend Tinte vorhanden ist. Dabei rutscht ihm die Patrone aus der Hand und landet auf Fritz' Blatt. Ein hässlicher Klecks verunstaltet seinen Eintrag. Fritz ist wütend, beleidigt Artjom und rammt ihm seinen Ellenbogen in die Rippen. Dies lässt sich Artjom nicht gefallen. Er schlägt Fritz ins Gesicht. Fritz' Lippe blutet. Jetzt greift der Lehrer, Herr Wolf, ein.

M2 *Der Tintenklecks – ein ganz normaler Streit*

Tipps für die Erarbeitung

❶ Schreibt die Geschichte „Der Tintenklecks" zu Ende (M2).

❷ Spielt die Geschichte „Der Tintenklecks" als Rollenspiel mit drei Personen: Artjom, Fritz, Streitschlichter/in (M2, M3).

- Erste Situation: Der Streit beginnt (M2).
- Zweite Situation: Der Streit verschlimmert sich auf dem Hof.
- Dritte Situation: Der Streit wird mit einer Streitschlichterin gelöst (M3).

1. Streitschlichterin oder Streitschlichter aussuchen

Die Schülerinnen und Schüler, die an dem Streit beteiligt sind, suchen eine Streitschlichterin oder einen Streitschlichter aus.

2. Standpunkte vortragen

Jeder hat das Recht, seine Auffassung vorzutragen. Die Streitschlichterin oder der Streitschlichter sorgt dafür, dass jeder über die Gründe, Gefühle und seinen Anteil am Streit sprechen kann.

3. Lösungen suchen

Die Beteiligten machen Vorschläge zur Lösung des Streits. Die Ideen werden gesammelt und besprochen.
Es wird ein geeigneter Vorschlag ausgewählt.

4. Lösungsvorschlag umsetzen und einhalten

Der Lösungsvorschlag wird in die Tat umgesetzt. Beide Parteien verpflichten sich, die Vereinbarungen einzuhalten.

M3 *Streitschlichtung*

1 **Das Problem sofort ansprechen**
Nicht zu lange warten, wenn sich ungute Gefühle aufstauen.

2 **In der Ich-Form sprechen**
Je mehr ich von meinen Gefühlen und Empfindungen spreche, umso besser lernt mich mein Gegenüber kennen und verstehen.

3 **Nicht unterbrechen**
Ich lasse mein Gegenüber ausreden und höre zu.

4 **Die betreffende Person ansprechen**
Wenn ich etwas mitteilen will, schaue ich die betreffende Person direkt an und spreche sie an.

5 **Die Ursache des Streits gemeinsam benennen**
Mit dem Gegenüber gemeinsam festlegen, worum es bei dem Streit geht.

6 **Beim Thema bleiben**
Ich selbst bleibe beim Thema. Ich lasse auch nicht zu, dass mein Gegenüber von einem Thema zum anderen springt.

7 **Beschuldigungen vermeiden**
Gegenseitige Vorwürfe helfen nicht weiter. Sie verhärten die Fronten.

M5 *Ohne Worte*

M4 *Sieben Regeln für erfolgreiches Streiten*

③ Gestaltet ein Plakat über den Ablauf einer Streitschlichtung und die Regeln für eine erfolgreiche Streitschlichtung (M3, M4).

④ Nutzt die Geschichte „Ohne Worte" (M5). Verwendet auch M4.

⑤ Ihr könnt bei der Präsentation einen aktuellen Konflikt in der Klasse aufgreifen.

⑥ Erstellt für die Präsentation einen Merktext. Diesen überträgt die ganze Klasse ins Heft.

Grundbegriff
• die Streitschlichtung

M1 *Logo der Organisation „National Coalition" zur Umsetzung der UN-Kinderrechtskonvention*

M2 *Kinder haben das Recht auf ...*

Erarbeitet Vorschläge zur Mitarbeit in der Gemeinde.
Stellt eure Ergebnisse mithilfe einer Präsentation in der Klasse vor.

Mitarbeit in der Gemeinde

Auch in deiner Gemeinde hast du Möglichkeiten zur Mitgestaltung deines Umfeldes. In vielen Städten gibt es ein **Kinder- und Jugendparlament** (M3). Du kannst deine Meinung vertreten und dich für einzelne Projekte einsetzen, auch für deine Schule. Denn für das Schulgebäude ist die Stadt zuständig.

Einmal im Jahr findet der Weltkindertag statt. Er wird auch in Berlin und Potsdam durchgeführt. Wenn eure Klasse mitmacht, könntet ihr vorher an eurer Schule eine Umfrage machen. In dieser Umfrage stellt ihr fest, welche Kinderrechte euch besonders wichtig sind (M5) und welche Rechte am meisten verletzt werden. Die Ergebnisse könnt ihr dann auf dem Weltkindertag vorstellen. Hierfür gibt es verschiedene Möglichkeiten (M4). Ihr könnt auch Vorschläge machen, wie Kinderrechtsverletzungen behoben werden können.

Tipps für die Erarbeitung

❶ a) Haltet einen Vortrag über die Mitarbeit in einem Kinder- und Jugendparlament (siehe auch S. 21).
b) Prüft, ob ihr Möglichkeiten der Mitarbeit in eurer Gemeinde seht.

❷ Stellt die Ergebnisse der Umfrage (M5) in der Klasse vor, bereitet einen eigenen Fragebogen vor, lasst die Klasse ankreuzen und vergleicht mit M5.

M3 *Aus einem Wahlaufruf zur Mitarbeit in einem Kinder- und Jugendparlament*

Das Recht, ...

dass alle Kinder ohne Gewalt aufwachsen
80

(von 100 Kindern)

dass alle Kinder spielen dürfen
78

dass alle Kinder so gesund wie möglich leben
75

dass Kinder besonders beschützt werden, wenn im eigenen Land Krieg ist
74

dass Kinder Mutter und Vater sehen dürfen, auch wenn Eltern nicht zusammen wohnen
74

dass alle Kinder die gleichen Rechte haben, also nicht wegen [...] benachteiligt werden
69

dass alle Kinder vor Kinderarbeit geschützt werden, die sie ausbeutet/krank macht
68

dass behinderte Kinder genauso behandelt werden und in die Schule gehen dürfen
62

dass alle Kinder sagen dürfen, was sie denken
60

dass alle Kinder zur Schule gehen und lernen dürfen
58

11723EX_3
© **westermann**

M5 *Ergebnis einer Umfrage unter 6 – 14-Jährigen auf die Frage: „Wie wichtig findest du diese Rechte?" Lesebeispiel: Für 80 von 100 Kindern war es sehr wichtig, dass alle Kinder ohne Gewalt aufwachsen (anzukreuzen war: sehr wichtig, wichtig, weniger wichtig).*

Welche Rechte haben Kinder, welche Rechte hast du? Wer hilft dir, deine Rechte umzusetzen? An diesem Nachmittag kannst du nach Herzenslust auf Entdeckertour rund ums Thema Kinderrechte gehen. Es wird gemalt, gebaut, interviewt, gespielt, gebastelt und vieles mehr. Es wird aber auch eine Entdeckertour zu deinen Stärken und dem, was dich besonders und einmalig macht, geben. Du kannst dabei deine eigene Schatzkiste gestalten und füllen – mit deinen Schätzen, Ideen, Talenten und Dingen, die dir Mut machen und dich stärken.

Am Sonntag heißt es wieder: „Platz da – Kinder spielen draußen". Anwohnerinitiativen können sich anmelden und ihre Wohnstraße für einen Tag in eine bunte Spiellandschaft umgestalten. Die Straße wird hierfür gesperrt und Autos anderswo geparkt.

(Quelle: Deutsches Hilfswerk: Weltkindertag 2015. www.weltkindertag.de)

M4 *Aktionsideen zum Weltkindertag*

❸ Lest die Aktionsideen zum Weltkindertag (M4) und überlegt, ob ihr eine dieser Ideen bei eurer Präsentation aufgreifen wollt.

❹ Erstellt für die Präsentation einen Merktext mit dem Grundbegriff als Hefteintrag.

Grundbegriff
• das Kinder- und Jugendparlament

245

M1 *Der Parthenon-Tempel auf der Akropolis in Athen (ab 447 v. Chr. errichtet)*

M3 *Das Brandenburger Tor in Berlin*

Urlaubsland und Land der Antike

Touristen fahren heute meist aus zwei Gründen nach Griechenland: Im Sommer ist es dort sehr warm und es regnet kaum. So erholen sich die Urlauber in der Sonne am Meer. Auch die griechischen Speisen sind beliebt.

Der andere Grund für Reisen nach Griechenland besteht in der jahrtausendealten Geschichte. Aus der Zeit der griechischen **Antike** kann man heute noch viele Zeugnisse dieser Hochkultur (z. B. Bauwerke, Statuen, Malereien) besichtigen.

In Europa hat man im 19. Jahrhundert zahlreiche Gebäude nach griechischem Vorbild errichtet. Auch in vielen Städten Deutschlands findet man Theater, Bahnhöfe und Museen, die an die Tempel der Griechen erinnern. Sie zeichnen sich aus durch Säulen und breite dreieckige Giebel, die von Säulen getragen werden. So wurde das Brandenburger Tor in Berlin nach griechischem Vorbild gestaltet.

M4 *Bauen nach griechischem Vorbild*

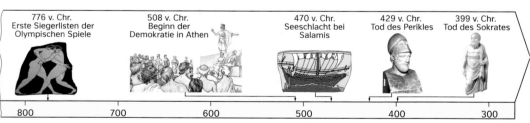

| Um 1200 v. Chr. Erste Stadtstaaten (Poleis) | 776 v. Chr. Erste Siegerlisten der Olympischen Spiele | 508 v. Chr. Beginn der Demokratie in Athen | 470 v. Chr. Seeschlacht bei Salamis | 429 v. Chr. Tod des Perikles | 399 v. Chr. Tod des Sokrates |

| 1200 v. Chr. | 800 | 700 | 600 | 500 | 400 | 300 |

M2 *Zeitfries zur griechischen Antike*

Starthilfe zu ❶ ↗
Denke an die Lage innerhalb Europas (Himmelsrichtung), die begrenzenden Meere und Staaten.

❶ ↗ Beschreibe die Lage von Griechenland (Atlas, M7).

❷ Vervollständige folgenden Satz: „Das antike Griechenland ist bedeutend, weil … ."

❸ Griechen schreiben ihr Land „ΗΕΛΛΑΣ". Übersetze (M5).

❹ Nenne Wissenschaften, die von den antiken Griechen begründet wurden.

A	α	Alpha	a		N	ν	Ny	n
B	β	Beta	b		Ξ	ξ	Xi	x
Γ	γ	Gamma	g		O	o	Omikron	o
Δ	δ	Delta	d		Π	π	Pi	p
E	ε	Epsilon	e		P	ρ	Rho	r
Z	ζ	Zeta	z		Σ	σ	Sigma	s
H	η	Eta	i, h		T	τ	Tau	t
Θ	υ	Theta	t (th)		Y	υ	Ypsilon	ü, u
I	ι	Iota	j, i		Φ	φ	Phi	f (ph)
K	κ	Kappa	k		X	χ	Chi	ch
Λ	λ	Lambda	l		Ψ	ψ	Psi	ps
M	μ	My	m		Ω	ω	Omega	o

M5 *Das griechische Alphabet*

M7 *Heutige Lage von Griechenland*

Der Beginn der wissenschaftlichen Forschung

Die Griechen begründeten die wissenschaftliche Forschung. Nun wurden erstmals geheimnisvoll erscheinende Dinge der Natur auf ihre Ursachen untersucht. Durch genaue Beobachtung fanden Gelehrte wissenschaftliche Erklärungen und machten wichtige Erfindungen. Viele ihrer Lehrsätze gelten noch heute. Der Gelehrte Eratosthenes (um 275–195 v. Chr.) zum Beispiel berechnete den Umfang der Erde auf 320 km genau. Er war auch als Geograf tätig und entwickelte eine Weltkarte. Auch in der Dichtkunst, beim Theater und im Sport waren die Griechen Vorreiter. Berühmte Philosophen (deutsch: „Freund der Weisheit", Denker) waren unter anderem Platon und Aristoteles. Sie erstellten Schriften zu vielen verschiedenen grundsätzlichen Fragen, zum Beispiel, was gut und was böse ist, zur Gerechtigkeit und zum Sinn des Lebens.

Pythagoras (um 570–510 v. Chr.) war Philosoph und Mathematiker. Er entwickelte den bekannten „Satz des Pythagoras" in der Mathematik.
Sokrates (469–399 v. Chr.), **Platon** (428–348 v. Chr.) und **Aristoteles** (384–322 v. Chr.) gehörten zu den einflussreichsten Philosophen.
Hippokrates (um 460–370 v. Chr.) gilt als Begründer der Medizin als Wissenschaft und war ein schon zu Lebzeiten hochverehrter Arzt.
Archimedes (287–212 v. Chr.) war Mathematiker, Physiker und Ingenieur. Er erfand den Flaschenzug, mit dem man schwere Lasten heben kann.

M6 *Berühmte Griechen der Antike*

Merke
In Griechenland hat sich vor etwa 3 200 Jahren eine Hochkultur entwickelt, die griechische Antike. Noch heute gibt es in Griechenland viele Zeugnisse aus dieser Zeit. In Europa hat man zahlreiche Gebäude nach griechischem Vorbild errichtet.

Grundbegriff
• die Antike (Altertum)

5 a) TECNH,
b) ΛΟΓΟΣ,
c) ΠΑΤΕΡΑΣ,
d) AQLHTHS,
e) MHTERA.

Diese Wörter bedeuten: 1) Athlet, Wettkämpfer, 2) Technik, 3) Logik, Vernunft, 4) Mutter, 5) Vater.
Ordne die Buchstaben a) bis e) den richtigen Zahlen 1) bis 5) zu (M5).

M2 *Die griechischen Poleis: Athen, heute die Hauptstadt Griechenlands, war einer der größten Stadtstaaten im Altertum. Die griechischen Poleis am Mittelmeer saßen „wie Frösche um den Teich". (Sokrates)*

Griechische Stadtstaaten = Poleis

Auf dem griechischen Festland gibt es über 2500 m hohe Gebirge. Die Menschen wohnten daher vor allem an der Küste oder auf den griechischen Inseln. Das Meer und das Gebirge bildeten natürliche Grenzen zu den Nachbarn. Deshalb entwickelte sich im antiken Griechenland kein einheitlicher Staat wie in Ägypten. Einzelne Städte und ihr Umland bildeten jeweils einen selbstständigen Stadtstaat, griechisch: **Polis**.

Die frühen Siedlungen entstanden auf Hügeln, wenn möglich mit steilen Hängen. Um sich besser verteidigen zu können, wurde dort eine Burg gebaut, Akropolis genannt. Die heute bekannteste Akropolis ist die der Polis Athen.

Die einzelnen Poleis lagen teilweise weit voneinander entfernt. Dennoch herrschte unter den meisten Griechen ein Gemein-

schaftsgefühl. Das lag zum einen an der gemeinsamen Sprache und Schrift. Zum anderen verehrten sie dieselben Götter; ihr Göttervater hieß Zeus. Schließlich gab es gemeinsame Feste wie die sportlichen Wettkämpfe in Olympia.

> Den Griechen war der Krieg heilig. Sie glaubten, ihre Götter verfolgen ihn mit Anteilnahme. Zog sich der Feind zurück, unternahmen sie alles, um ihm keine Überlebenschance zu lassen. Die Felder wurden verwüstet und die Ernten vernichtet. Eine eroberte Stadt wurde in Brand gesteckt und die Bevölkerung umgebracht oder versklavt.

M3 *Krieg im antiken Griechenland*

M1 *Griechische Kämpfer (Vasenbild, um 600 v. Chr.)*

----

1. a) ↗ Beschreibe die Landschaft Griechenlands.
   b) Stelle dar, welche Bedeutung sie für die Entstehung der Poleis hatte.

2. Benenne, was die Einwohner der verschiedenen griechischen Poleis miteinander verband.

3. Liste auf, welche landwirtschaftlichen Produkte in der Polis Athen angebaut wurden (M4).

Starthilfe zu 1 a) ↗
Informiere dich zunächst in der Legende über die Bedeutung der Farben.

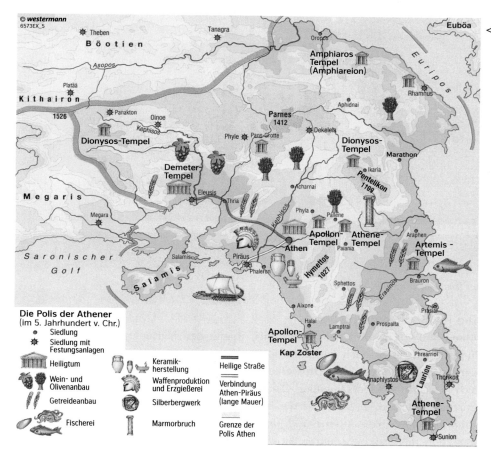

© westermann
6573EX_5

Euböa

M4 *Die Polis Athen: Besonders wichtig war die Straße von Athen zum Hafen Piräus. Sie war durch lange Festungsmauern geschützt, um den Verkehrsweg zwischen den beiden Städten zu sichern.*

ℹ Polis
(Plural: **Poleis**)
Als Polis bezeichnet man einen selbstständigen griechischen Stadtstaat in der Antike. Jede Polis hatte eine eigene Regierung und eigene Gesetze. Um 500 v. Chr. gab es etwa 700 Poleis. Die Begriffe Politik und Polizei stammen von dem Wort Polis ab.

Die Polis der Athener
(im 5. Jahrhundert v. Chr.)
● Siedlung
✳ Siedlung mit Festungsanlagen
Heiligtum
Wein- und Olivenanbau
Getreideanbau
Fischerei
Keramikherstellung
Waffenproduktion und Erzgießerei
Silberbergwerk
Marmorbruch
Heilige Straße
Verbindung Athen-Piräus (lange Mauer)
Grenze der Polis Athen

Die Polis Athen

Die größte griechische Polis war Athen. Sie umfasste die Halbinsel Attika und die Insel Salamis. In dieser Polis lebten im 5. Jahrhundert v. Chr. etwa 380 000 Menschen. Mit ihrer Flotte konnten die Athener im Jahr 470 v. Chr. einen Angriff der Perser bei der Insel Salamis zurückschlagen. Seit der Schlacht bei Salamis übten die Athener eine Vorherrschaft gegenüber anderen griechischen Poleis aus. Diese mussten den Athenern für den Schutz gegen die Perser oder andere Angreifer eine Schutzsteuer bezahlen.

Von 431 – 404 v. Chr. führten die Poleis Athen und Sparta gegeneinander Krieg. Athen unterlag Sparta und verlor dadurch seine Vorherrschaft gegenüber den anderen Poleis.

④ Die Bewohner der Poleis verehrten ihre Götter in Tempeln.
a) Suche Tempel in M4. Sie sind nach einzelnen Göttern benannt. Schreibe die Namen der Götter heraus.
b) Suche dir drei Götter aus und berichte (Internet).

⑤ Begründe, warum die Griechen sich trotz der Stadtstaaten als ein Volk fühlten.

⑥ Erläutere die Bedeutung des Krieges im antiken Griechenland (M3).

Merke
Die Griechen der Antike lebten in einzelnen Stadtstaaten (Poleis). Sie hatten eine gemeinsame Sprache, verehrten dieselben Götter und feierten dieselben Feste.

Grundbegriff
• die Polis (Plural: die Poleis)

249

M1 *Volksversammlung in Athen (heutige Darstellung)*

Das von der Volksversammlung abgehaltene Scherbengericht verbannte auch schlechte Politiker für zehn Jahre, wenn mindestens 6000 Tonscherben mit dem Namen des Politikers abgegeben wurden.

Tonscherbe mit dem Namen des griechischen Politikers Themisthokles (5. Jahrhundert v. Chr.)

M2 *Scherbengericht*

Starthilfe zu ② a) ↗
Links zeichnest du die Gruppen, die politisches Stimmrecht hatten, rechts diejenigen ohne Stimmrecht. Ein Kästchen soll 10 000 Personen entsprechen.

Die Mehrheit entscheidet

Athen 450 v. Chr.: Auf dem Versammlungshügel treffen nach und nach Tausende von Männern ein. Ob Perikles sich in dieser Volksversammlung wieder durchsetzen wird? Er ist einer der berühmtesten Politiker Athens und einer der zehn militärischen Führer. Er will, dass ein von Feinden zerstörter Tempel mit Staatsgeldern wieder aufgebaut wird. Plötzlich verstummen die Gespräche. Alle blicken zur Rednertribüne. Der Vorsitzende eröffnet die Versammlung. Sklaven mit rot eingeschmierten Seilen werden ausgeschickt, um Nachzügler herbeizutreiben. Wer einen roten Fleck auf der Kleidung hat, muss eine Strafe zahlen. Der Vorsitzende gibt Perikles das Wort. Dieser setzt den Myrtenkranz der Redner auf. Dann spricht er zur Versammlung. Doch so leicht sind die Männer nicht zu überzeugen. Eine Gruppe hat einen besonders begabten Redner bezahlt, der jetzt gegen Perikles spricht. Eine hitzige Redeschlacht entwickelt sich. Jeder Redner hat nur eine bestimmte Redezeit. Sie wird mit einer Wasseruhr kontrolliert. Schließlich ruft der Vorsitzende zur Abstimmung auf. Jeder Bürger wirft einen roten oder schwarzen Stein in eine Urne. Mit diesen Stimmsteinen wählen die Männer, wenn es auf jede Stimme ankommt. Normalerweise hebt man bei Abstimmungen nur den Arm, wenn man für eine Sache ist. Dann wird die Zahl der erhobenen Arme geschätzt.

---

① Spielt den Ablauf einer Volksversammlung in der Klasse nach.

② a) ↗ Zeichne auf kariertem Papier ein Schaubild zum Stimmrecht der Bevölkerung Athens (M3).
b) Nimm Stellung zur unterschiedlichen Verteilung der Stimmrechte.

③ Erläutere, was durch ein Scherbengericht erreicht werden kann (M2, M3).

④ a) Erläutere den Begriff Demokratie.
b) Nenne Unterschiede zur Herrschaft des Pharao.

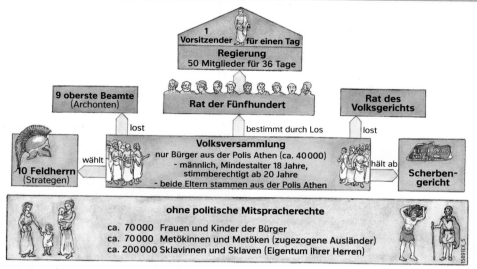

M3 *Mitbestimmung der Bürger in Athen im 5. Jahrhundert v. Chr.*

Anfänge der Demokratie

Im 5. Jahrhundert v. Chr. übernahmen in Athen die Bürger die Macht. Ihre Herrschaftsform nannten sie **Demokratie** (Volksherrschaft). Auch unsere heutige Staatsform stammt letztlich von der in Athen entstandenen Demokratie ab.
Mittelpunkt des Staates war die **Volksversammlung**. Jeder männliche freie Bürger über 18 Jahre durfte an der Volksversammlung teilnehmen und hatte das gleiche Stimmrecht.

Die Volksversammlung entschied über alles, was in Athen wichtig war, auch über Krieg und Frieden und die Ausgaben des Staates. Die Regierung führte die Beschlüsse der Volksversammlung durch. Die Männer für alle wichtigen Ämter wurden ausgelost oder gewählt.
Die Volksversammlung konnte einen unzuverlässigen oder bestechlichen Staatsmann absetzen oder verbannen; dies geschah durch das **Scherbengericht**.

Unsere Staatsform heißt Demokratie, weil bei uns nicht einer bestimmt, sondern die Mehrheit des Volkes entscheidet. Bei uns nennt man jemanden, der nicht an der Volksversammlung teilnimmt, nicht untätig, sondern unnütz.

(Quelle: Thukydides [5. Jh.v.Chr.]: Geschichte des Peloponnesischen Krieges. Übers. G.P. Landmann. Darmstadt 1993, S. 164)

M5 *Aus einer Rede des Perikles 431 v. Chr.*

Artikel 3 *Alle Menschen sind vor dem Gesetz gleich. Männer und Frauen sind gleichberechtigt. Niemand darf ... benachteiligt oder bevorzugt werden.*
Artikel 20 (2) *Die Staatsgewalt geht vom Volke aus. Sie wird vom Volke in Wahlen und Abstimmungen und durch besondere Organe der Gesetzgebung, der vollziehenden Gewalt und der Rechtsprechung ausgeübt.*
Artikel 38 (1) *Die Abgeordneten des deutschen Bundestages ... sind Vertreter des ganzen deutschen Volkes.*

M4 *Demokratie in Deutschland heute: Aus dem Grundgesetz*

5 Ermittle, wie viele Menschen in Athen abstimmen durften. Vergleiche ihre Zahl mit der Gesamtbevölkerung (M3).

6 Erläutere, warum Perikles jemanden, der nicht an der Volksversammlung teilnimmt, als unnütz bezeichnet (M5).

7 a) Liste Gemeinsamkeiten der Demokratie der Athener und der Demokratie in Deutschland auf (M3–M5).
b) Stelle Unterschiede zwischen der Demokratie der Athener und der Demokratie in Deutschland zusammen (M3–M5).

Merke
In Athen wurde im fünften Jahrhundert vor Christus die Demokratie eingeführt. Jeder freie männliche Bürger hatte eine Stimme. Die Mehrheit der Stimmen entschied über die Politik. Mit dem Scherbengericht konnte die Macht einzelner Politiker eingeschränkt werden.

Grundbegriffe
• die Demokratie
• die Volksversammlung
• das Scherbengericht

M1 *Im deutschen Parlament*

M2 *Karikatur*

Starthilfe zu ❷ ↗
*Suche zu den Kästen in
M4 Beispiele, um die
Aufgaben zu verdeut-
lichen.*

Politische Mitwirkung

Es gibt in der Demokratie zwei Möglichkeiten der politischen Mitwirkung. In einer
direkten Demokratie werden politische
Entscheidungen durch Abstimmungen
entschieden. In Deutschland leben etwa
82 Mio. Menschen. Solche Abstimmungen wären sehr aufwendig. Damit die
Menschen ihre politischen Vorstellungen
berücksichtigt finden, gibt es **Wahlen**. Die
wahlberechtigten Bürgerinnen und Bürger
wählen **Abgeordnete**, die ihre Auffassungen im **Parlament** vertreten sollen. Mit
ihrer Stimme entscheiden sie, wer in den
nächsten Jahren politische Entscheidungen trifft. Dies ist die indirekte Demokratie.

Bundestag und Bundesregierung

Die Abgeordneten bilden das Parlament,
das ist der Bundestag. Sie wählen die
Bundeskanzlerin oder den **Bundeskanzler**.
Bundeskanzler sowie Ministerinnen und
Minister bilden die Bundesregierung. Der
Bundestag beschließt die Gesetze. Dabei
ist die **Regierung** bei Abstimmungen auf
eine Mehrheit im Bundestag angewiesen.

M3 *Wahlen sind das wichtigste Kennzeichen demokratischer Länder.*

❶ Nenne den Unterschied zwischen
direkter und indirekter Demokratie.

❷ ↗ Aufgaben von Parteien: Erstelle
eine Liste (M4).

© *westermann* 5547EX_5

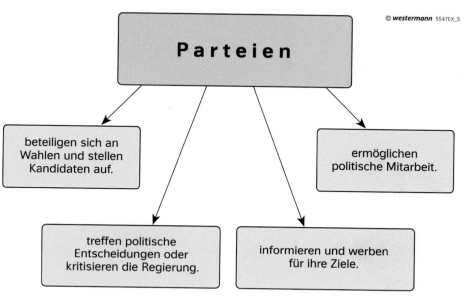

M4 *Aufgaben der Parteien*

M6 *Logos verschiedener Parteien*

Bunte Parteienlandschaft

Bürgerinnen und Bürger haben unterschiedliche Interessen und Ziele. Menschen mit ähnlichen politischen Ansichten und Zielen schließen sich in einer **Partei** zusammen, um die Politik in ihrem Sinne zu beeinflussen. Sie erstellen ein Parteiprogramm, in dem sie ihre Vorstellungen zusammenfassen.

Das Ziel jeder Partei ist es, möglichst viele Wählerstimmen zu gewinnen. In den Wochen vor einer Wahl stellen sich die Parteien mit ihren Kandidatinnen und Kandidaten den Fragen von Journalisten. Viele Bürgerinnen und Bürger stehen den Parteien aber kritisch gegenüber. Sie werfen ihnen vor, dass sie nur an sich den-

ken und sich gegenseitig gut bezahlte Stellen zuschieben. Die Bürgerinnen und Bürger fordern, dass sich die Parteien mehr um die Probleme in der Gesellschaft kümmern. Kritik ist wichtig, aber oftmals bequemer, als sich gesellschaftlich zu engagieren.

Artikel 21 [Parteien]
(1) Die Parteien wirken bei der politischen Willensbildung des Volkes mit. ...

M5 *Aus dem Grundgesetz für die Bundesrepublik Deutschland*

Merke
Die wahlberechtigten Bürgerinnen und Bürger können an Wahlen teilnehmen und Abgeordnete wählen. Diese vertreten im Parlament ihre Auffassungen.

Grundbegriffe
• die Wahl
• der/die Abgeordnete
• das Parlament
• die Bundeskanzlerin/ der Bundeskanzler
• die Partei
• die Regierung

❸ Begründet die Notwendigkeit von Parteien.

❹ Erkläre die Karikatur M2.

253

M1 *Familie um 1900 und heute*

M2 *Eine Familie 1958*

Familie ?

? ? ? ? ? ? ? ? ? ? ?

5769EX_4

© **westermann**

M4 *Wer gehört alles zur Familie?*

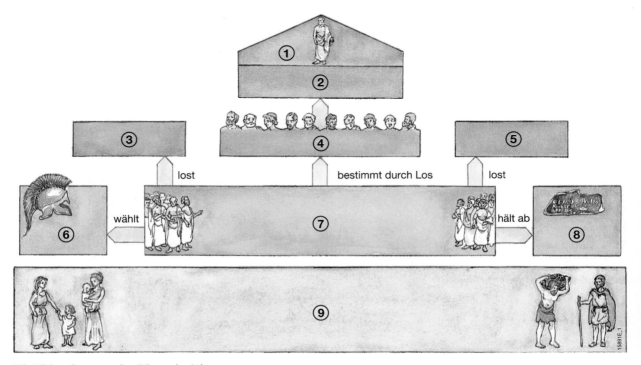

① ② ③ ④ ⑤ ⑥ ⑦ ⑧ ⑨

lost bestimmt durch Los lost

wählt hält ab

M3 *Mitbestimmung der Bürger in Athen*

M5 *Im antiken Athen (heutige Darstellung)*

Schätze dich selbst mit dem Zeichensystem ein, das auf Seite 87 erklärt ist.

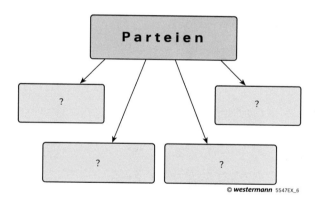

Parteien

? ? ? ?

© *westermann* 5547EX_6

◁ **M6** *Aufgaben der Parteien*

Grundbegriffe

- Großfamilie
- Kleinfamilie
- Grundgesetz
- Bürgerliches Gesetzbuch (BGB)
- Verfassung
- Familie
- Patchwork-Familie
- Rolle
- Gleichberechtigung
- Klassenordnung
- Regel
- Klassendienst
- Streitschlichtung
- Kinder- und Jugendparlament
- Antike (Altertum)
- Polis (Plural: die Poleis)
- Demokratie
- Volksversammlung
- Scherbengericht
- Wahl
- Abgeordnete/r
- Parlament
- Bundeskanzlerin/Bundeskanzler
- Regierung
- Partei

Was weiß ich?

❶ Wähle fünf Grundbegriffe aus der Liste, ergänze die Artikel und erkläre die Grundbegriffe.

❷ Erläutere die Veränderung der Rollen von Mann und Frau in der Familie (M1). (Schülerbuch S. 234-237)

❸ a) Berichte über die Anfänge der Demokratie in Athen.
b) Erkläre, was in M5 dargestellt ist. (Schülerbuch S. 250/251)

Was kann ich?

❹ Übertrage M3 in dein Heft und ersetze die Zahlen durch eine Beschriftung. (Schülerbuch S. 251)

❺ Beschreibe das Foto M2. Gehe dabei besonders auf die Rolle des Mannes in der Familie ein. (Schülerbuch S. 230)

❻ Übertrage M6 in dein Heft oder deine Mappe und ergänze die Aufgaben der Parteien. (Schülerbuch S. 253)

Wie entscheide ich?

❼ Vergleiche die Rolle des Mannes früher (M2) und heute. (Schülerbuch S. 230/231)

❽ Erstelle eine Zeichnung, wer alles zu deiner Familie gehört (M4). (Schülerbuch S. 232/233)

❾ Erkläre, wer an der Volksversammlung in Athen teilnehmen durfte und ein Stimmrecht hatte und nimm Stellung (Schülerbuch S. 250/251)

Sommer 1955. Stell dir vor, dass einer der Jungen dein Opa wäre. Welche Fragen würdest du ihm stellen? Was würdest du ihm von dir erzählen?

Kinderwelten –
heile Welten?

Am Ende des Kapitels kannst du:

– darstellen, wie Kinder im alten Rom lebten

– zum Leben von Familien früher Stellung nehmen

– über Kindern in einem reichen Land berichten

– die Notwendigkeit von Kinderrechten begründen

– den Einsatz von Kindersoldaten bewerten

– erklären, warum Kinder aus ihrer Heimat fliehen

M2 *Ein Vater und seine kleine Tochter. Die Frisur des Mädchens besteht wie bei Carilla aus einem schönen Haarknoten (Relief, 2. Jh.).*

Carilla ist gerade aufgestanden. Ihre Dienerin frisiert sie. Sie soll gut frisiert sein. Wenn Carilla mit aufgelöstem Haarknoten herumliefe, würde man darüber reden. Carilla lernt Flötespielen und das Haus zu führen. Sie braucht keine lange Schulausbildung. Sie muss eine untadelige Ehefrau werden, ihre Kinder ordentlich erziehen, die Dienerschaft leiten und Wolle spinnen.

(Quelle: Gérard Coulon: Das Leben der Kinder im alten Rom. Knesebeck, 2006)

M1 *Carilla – Tochter eines Weinhändlers*

Spielen und Lernen im Römischen Reich

Im alten Rom gab es auch Spielzeug: Puppen, Puppengeschirr, Tiere und Wagen aus Holz, Kreisel, Jojos, Reifen, Puzzles und Brettspiele.

Kinder von Sklaven oder aus armen Familien durften nicht zur Schule gehen, weil sie bei der Arbeit helfen mussten. Manche Kinder aus reichen Familien erhielten Unterricht von Hauslehrern, die oft gebildete griechische Sklaven waren. Die meisten Kinder besuchten mit sieben Jahren die Schule. Die Eltern hatten Schulgeld zu entrichten. Die Lehrer behandelten die Schüler liebevoll, aber auch sehr streng. Bei Fehlern oder falschem Verhalten bekamen sie Schläge mit der Zuchtrute. Der Unterricht in der Elementarschule (Grundschule) fand normalerweise in einem halboffenen Raum statt. Sitzend, ohne Tische, lernten die Schüler mit einem Griffel auf einer Wachstafel zu schreiben. Das Auswendiglernen spielte eine große Rolle. Rechenunterricht erteilte ein Fachlehrer, „Calculator" genannt.

Mit ungefähr 13 Jahren konnten die Jungen in die weiterführende Grammatikschule gehen. Dort lernten sie die Grammatik der lateinischen Sprache, lasen die Werke römischer Dichter und schrieben Aufsätze. Mädchen wurden nach der Grundschulzeit im Musizieren, Spinnen und Weben unterrichtet.

Starthilfe zu ❷ ↗
Lege eine Liste an:
Gemeinsamkeiten
Unterschiede

❶ Beschreibe, wie Carilla im alten Rom lebte.

❷ ↗ Stelle Gemeinsamkeiten und Unterschiede zwischen dem Schultag des römischen Schülers (Text, M4) und deinem eigenen dar.

© westermann
5752EX_6

M5 *Lage des Römischen Reiches um 100 n. Chr und Berlins heute*

M3 *Der Lehrer lässt einen Schüler lesen. Ein anderer Schüler hebt die Hand, um sich für seine Verspätung zu entschuldigen. Er trägt seine Schreibgeräte in der Hand (Relief, 3. Jh.).*

Bei Tagesanbruch wache ich auf. Ich bitte die Amme um Socken und Schuhe. Man bringt mir Wasser in einem Topf zum Waschen. Ich ziehe mein Nachthemd aus, nehme meine Tunika und binde einen Gürtel um. Darüber wird mein weißer Umhang festgebunden. Als ich das Zimmer verlasse, begrüße ich noch Papa und Mama. Ich suche mein Schreibzeug und gebe es dem Sklaven.

Dann mache ich mich, von meinem Sklaven gefolgt, auf den Weg in die Schule. Meine Kameraden kommen mir entgegen. Ich trete in das Zimmer ein und sage: „Salve. Ich grüße euch, mein Lehrer." Der Sklave reicht mir Täfelchen, Schreibzeug und Lineal. Ich setze mich hin und mache mich an die Arbeit.

M4 *Bericht eines römischen Schülers (um 100 n. Chr.); rechts: zum Schreiben dienten oft Stifte und Wachstafeln (Mosaik, 3. Jh.).*

ⓘ Das Römische Reich um 100 n. Chr.
Fläche geschätzt:
8 300 000 km²
(Deutschland: 357 000 km²)
Einwohner geschätzt:
62 Mio.
(Deutschland: 81,2 Mio.)
Hauptstadt: Rom
Lesen und Schreiben können:
nur ganz wenige Menschen

Merke
Im Römischen Reich durften Kinder von Sklaven und aus armen Familien nicht zur Schule gehen. Sie mussten bei der Arbeit helfen. Kinder reicher Eltern besuchten eine Privatschule.

❸ Begründe, warum die Schullaufbahn der Jungen nicht für Mädchen galt (M1).

❹ a) Zeige auf, mit welchen Hilfsmitteln und Methoden die Schüler lernten (Texte, M3, M4).
b) Vergleiche mit den heutigen Hilfsmitteln und Methoden.

„Ich stehe um 6.00 Uhr auf, ziehe mich an und lese in meinem Schreibzimmer bis etwa 7.30 Uhr. Anschließend nehme ich das Frühstück im Esszimmer ein. Dann gehe ich in die Küche und gebe Anordnungen für das Mittagessen. Um 12.30 Uhr gehen wir im Esszimmer zu Tisch. Um 14.00 Uhr wird im Salon Kaffee getrunken. Dann kommt die Post. Um 17.00 Uhr gehe ich wieder in die Küche und ordne an, wie das Abendessen gerichtet werden soll. Um 19.00 Uhr kommen meine Söhne. Mit denen mache ich Hausaufgaben, zum Beispiel Französisch, Geschichte und Erdkunde."

(Quelle: S. v. La Roche: Geschichte des Fräuleins von Sternheim. In: Ich bin mehr als Herz und Kopf. München 1983, S. 159)

M1 *Eine Hausfrau aus einer vornehmen Familie berichtet (1888)*

Starthilfe zu ➋ ↗
Überlege, ob du ihm rätst, nach Berlin zu kommen oder nicht.

M2 *Die Familie Begas 1821: Der Vater ist Richter. Er steht etwa in der Mitte des Bildes. Seine Frau sitzt auf einem Stuhl und stickt. Das Ehepaar hat sieben Kinder. Marianne (ganz links) und Helene (ebenfalls mit Stickarbeit) wenden sich der Mutter zu. Theresa hakt sich bei ihrem Vater unter, Gertrude hat eine Laute in der Hand. Louis spielt mit dem Hund, Josef lehnt sich über den Tisch. Rechts am Bildrand steht der älteste Sohn Karl.*

Ritterburgen und Puppenstuben

Im 19. Jahrhundert galten in den reichen Bürgerfamilien Spielzeug und Spiel als wichtige Vorbereitung auf das Erwachsenenleben. Dadurch sollten frühzeitig Interessen und Neigungen herausgebildet werden. So waren zum Beispiel Baukästen, Ritterburgen, Kaufmannsläden und Spielzeuggewehre für Jungen eine spielerische Hinführung zum Beruf des Geschäftsmanns oder des Soldaten. Puppen und Puppenstuben, Spielzeugbügeleisen und Nähmaschinen sollten die Mädchen auf ihre Rolle als Hausfrau und Mutter vorbereiten. In der Schule wurden den Kindern Fleiß, Disziplin und Ordnung beigebracht. Jungen bereitete man auf eine Karriere beim Militär vor, Mädchen lernten zusätzlich zu stricken, waschen und kochen, um sie auf die Rolle der Frau, wie sie in dieser Zeit üblich war, vorzubereiten.

➊ Betrachte M2 und beschreibe die Mitglieder der Familie Begas.
   a) Was tun sie?
   b) Wie sind sie gekleidet?
   c) Wie ist ihre Haltung?
   d) Wie ist der Raum eingerichtet?
   e) Baut ein Standbild der Familie Begas (siehe Seite 238).

➋ ↗ Verfasse einen Brief eines 12-Jährigen, der in Berlin lebt, an seinen Cousin auf dem Land.

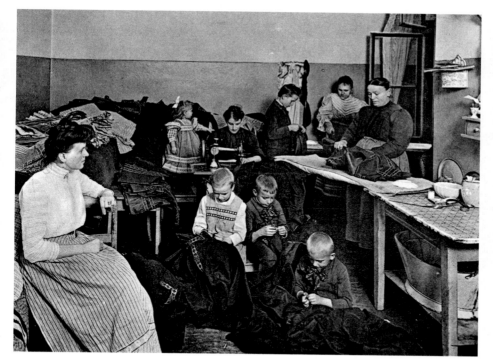

M3 *In einer Berliner Mietwohnung im Jahr 1917: Ein Ehepaar mit sechs Kindern, alle unter 14 Jahren, wohnt in dieser Stube. Tagsüber stellt die Mutter mit zwei Tanten Kleidungsstücke in Heimarbeit her. Der Raum ist 4,60 Meter lang, 3,40 Meter breit und 2,40 Meter hoch. – Das Foto gehört zu 175 Aufnahmen über die Wohnverhältnisse in Berlin um 1900. In den dunklen und feuchten Wohnungen wurden viele Menschen krank.*

§1 Vor zurückgelegtem neunten Lebensjahr darf niemand in einer Fabrik oder bei Berg-, Hütten- und Pochwerk zu einer regelmäßigen Beschäftigung angenommen werden. §3 Junge Leute, welche das 16. Lebensjahr noch nicht zurückgelegt haben, dürfen in diesen Anstalten nicht über zehn Stunden täglich beschäftigt werden.

(Quelle: Das „Regulativ von 1839")

M4 *Gesetz gegen Kinderarbeit*

Menschen ziehen vom Land in die Stadt

In der Zeit zwischen 1815 und 1915 ist die Bevölkerung in Berlin von 200 000 auf über zwei Millionen gewachsen. Viele Menschen in Deutschland sind vom Land in die Stadt gezogen. Hier fanden sie Arbeit in neu entstandenen Fabriken. Die Löhne waren niedrig. Mehr als die Hälfte des Einkommens war für den Kauf von Nahrungsmitteln erforderlich. Die Arbeiterfamilien wohnten in schlecht gebauten, überbelegten Häusern. Oft mussten mehrere Kinder in einem Bett schlafen. Auch Frauen und Kinder mussten mitarbeiten. Bereits im Alter von zehn Jahren mussten Kinder bis zu 14 Stunden in der Fabrik arbeiten. Sie waren so arm, dass sie tragen mussten, was gerade für sie bereitlag. Selten hatten sie Kleidungsstücke zum Wechseln. Viele Familien erwarben durch Heimarbeit ein zusätzliches Einkommen. Erst 1839 gab es ein erstes Gesetz gegen Kinderarbeit (M4).

3 Erläutere die unterschiedliche Erziehung von Jungen und Mädchen in einer reichen Bürgerfamilie.

4 Werte M3 aus entsprechend der Punkte a) bis e) in Aufgabe 1.

5 Erörtere, welche Folgen sich für das Familienleben ergeben, wenn acht bis neun Personen in einem Zimmer zusammenleben müssen.

Merke
Im 19. Jahrhundert wurden Kinder reicher Familien mit Spielzeug auf das Erwachsenenleben vorbereitet. Die Familien von Arbeitern und kleinen Angestellten lebten in sehr ärmlichen Verhältnissen. Die Kinder mussten oft mitarbeiten.

M1 *Nargis und ihr Bruder Amir bei der Arbeit*

M2 *Die Lage Indiens*

Nargis und Amir – zwei Schicksale in Indien

Indische Eltern sind oftmals froh über jede Rupie, die ihre Kinder mit nach Hause bringen. Viele Familien haben Schulden, weil sie wenig verdienen. So mussten Nargis´ und Amirs Eltern zur Hochzeit der älteren Tochter 50 000 Rupien (etwa 700 Euro) aufbringen. Das Geld besorgten sie sich von einem Geldverleiher. Er verlangte sehr hohe Zinsen.

Nargis verdient in einer Ziegelei umgerechnet 60 Cent am Tag. Nargis´ Bruder Amir arbeitet in einem Steinbruch. Er verdient umgerechnet 80 Cent am Tag. Ohne ihre Mithilfe könnten die Eltern die Schulden nie abbezahlen.

Nargis und Amir husten ständig. Das liegt an den Stäuben in der Luft. Viele ältere Kinder, die in der Ziegelei arbeiten, haben schon Haltungsschäden durch das krumme Sitzen im Schneidersitz. Im Steinbruch verletzen sich die Kinder oft an scharfen Kanten oder herabfallenden Steinen. Arbeitsschutz gibt es nicht. Nargis und Amir gehen nicht in die Schule. Sie werden nie lesen und schreiben lernen.

In Indien haben sich ganze Industrien auf **Kinderarbeit** eingestellt, auch wenn die Beschäftigung der Kinder gesetzlich verboten ist. Die wenigen staatlichen Kontrollen schrecken die Betreiber der Fabriken nicht davon ab, Kinder einzustellen.

Der Besitzer des Steinbruchs zeigt wenig Verständnis. Er sagt: „Ich beschäftige die Kinder nur, weil ich ein weiches Herz habe. Die Eltern flehen mich an, dass ihre Kinder bei mir arbeiten dürfen."

....

1 ↗ Errechne, wie lange Nargis arbeiten müsste, um ihr Geld für die Hochzeit aufzubringen.

2 a) Ordne den Fragezeichen in M3 die richtigen Aussagen (2 – 4) in den gelben Kästen zu.

b) Beschreibe den Kreislauf mit eigenen Worten.

3 Nenne Möglichkeiten, aus dem Kreislauf (M3) auszubrechen.

Starthilfe zu 1 ↗
Gehe davon aus, dass Nargis etwa an 300 Tagen im Jahr arbeitet.

1 keine Arbeit oder sehr schlecht bezahlte Arbeit

3 wenig Geld, Armut

4 Kinder müssen arbeiten

2 keine Schulausbildung oder Berufsausbildung

5134EX_6
© westermann

M3 *Kreislauf*

- Nach neuen Schätzungen arbeitet jedes sechste Kind zwischen fünf und 14 Jahren – weltweit sind das etwa 158 Mio. Viele dieser Kinder üben Tätigkeiten aus, die gefährlich sind oder ihre Entwicklung behindern.
- Rund 8,4 Mio. Mädchen und Jungen weltweit werden ausgebeutet – als Zwangsarbeiter, Schuldknechte oder Kindersoldaten. Mindestens eine Million Kinder werden allein jedes Jahr in Asien für die Prostitution missbraucht.
- Die meisten arbeitenden Kinder leben in Afrika südlich der Sahara: 69 Mio. Mädchen und Jungen im Alter von fünf bis 14 Jahren. In Süd- und Ostasien gibt es 66 Mio. Kinderarbeiter dieser Altersgruppe. In Südamerika arbeiten 12 Mio. Mädchen und Jungen. [...]
- Kinderarbeit ist oft kaum sichtbar. Zehntausende Kinder tauchen in keiner Statistik auf. Sie arbeiten im Haushalt, als Müllsammler, Schuhputzer oder als Drogenkuriere und sind nirgendwo registriert.
- Viele arbeitende Kinder erhalten keine Bezahlung. Vor allem Hausmädchen bekommen oft nicht mehr als Essen und eine Unterkunft.

(Quelle: Unicef: Kinderarbeit – grenzenlose Ausbeutung. www.younicef.de, Zugriff: 22.12.2015)

M4 *Kinderarbeit weltweit*

1. Das Recht auf Gleichheit
2. Das Recht auf Gesundheit
3. Das Recht auf Bildung
4. Das Recht auf Freizeit, Spiel und Erholung
5. Das Recht auf eine eigene Meinung
6. Das Recht auf gewaltfreie Erziehung
7. Das Recht auf Schutz vor Ausbeutung
8. Das Recht auf Schutz im Krieg und auf der Flucht
9. Das Recht auf elterliche Fürsorge und ein sicheres Zuhause
10. Das Recht auf Betreuung bei Behinderung

(Quelle: Das sind die 10 Kinderrechte. www.worldvision.de, Zugriff: 22.12.2015)

M5 *Kinder haben Rechte.*

④ Arbeite heraus, ob Nargis' Kinderrechte eingehalten werden (M5).

⑤ Stelle dir vor, dass Nargis ihre Freundin Suri trifft. Suri darf regelmäßig die Schule besuchen. Die Mädchen unterhalten sich über ihre aktuelle Situation und ihre Zukunft. Schreibe das Gespräch auf.

Merke
Weltweit arbeiten fast 160 Millionen Kinder.

Grundbegriff
- die Kinderarbeit

M1 *Die Lage Japans*

M3 *Miyuki in ihrer Klasse*

Wir fragen Herrn Saito nach seinem Beruf: „Ich bin seit 20 Jahren bei der Firma Sunoki."
Er ist stolz darauf, dort arbeiten zu dürfen. Dafür ist Herr Saito auch bereit, auf Urlaubstage zu verzichten: „Die Firma ist die Familie." Für ihn gab es wegen der vielen Überstunden fast kein Familienleben. Doch in den letzten Jahren verpflichtete ihn die Firma, jährlich seinen gesamten Urlaub zu nehmen.

Die neuen Veränderungen im Arbeitsleben, wie die Fünftagewoche, werden von den jungen Arbeitern bereitwillig angenommen, während die älteren sich nur widerwillig fügen. Herr Saito sagt: „Der Leistungswille hat Japan zu einer bedeutenden Industrienation werden lassen. Nur wer sich jeden Tag sehr anstrengt, wird erfolgreich sein. Das erwarte ich auch von meinen Kindern."

M2 *Japanischer Leistungswille*

Japan – Besuch bei Familie Saito

Wir besuchen die Familie Saito in Tokio. Vater, Mutter, Sohn und Tochter Miyuki leben in einer 45 m² großen Wohnung. Eine größere Wohnung kann sich die Familie nicht leisten. „Tokio hat alles, außer Platz", sagt Miyukis Vater. In der Wohnung steht die neueste Elektronik: Flachbildfernseher, Tablets, Blue-ray-Player, Computer und moderne Haushaltsgeräte. Jeder Platz wird optimal ausgenutzt. Die Betten sind im Schrank verstaut und werden am Abend zum Schlafen im Wohnzimmer ausgebreitet.

Nach dem Abendessen macht die zwölfjährige Miyuki noch ihre Hausaufgaben. Sie teilt sich das Zimmer mit ihrem Bruder Nori. Er ist 16 und verbringt die meiste Zeit vor dem Computer und spielt online Computerspiele. Um 22 Uhr fällt Miyuki todmüde ins Bett – morgen wartet wieder ein anstrengender Tag auf sie. Am Stadtrand könnten die Saitos eine größere und billigere Wohnung mieten. Dann müssten die Eltern jedoch viel Zeit in der überfüllten U-Bahn auf dem Weg zur Arbeit und zurück verbringen.

Starthilfe zu ❶ ↗
Denke daran, dass die Kinder den ganzen Tag in der Schule sind und erst abends nach Hause kommen.

❶ ↗ Berichte über die Lebensgewohnheiten japanischer Kinder am Beispiel der Saitos.

❷ Vergleiche dein Leben mit dem von Miyuki in Tokio.

M4 *Visual Kei – ein japanischer Jugendtrend*

ⓘ **Japan in deutschen Kinder- und Jugendzimmern**
Weltweit bekannt sind vor allem Mangas und Animes. Das sind japanische Comics und Filme, die mittlerweile auch den europäischen Markt erobert haben.
Unzählige Mangahefte erscheinen jährlich und eine Vielzahl von Animes laufen im deutschen Fernsehen.
Häufig werden zu den Serien erfolgreiche Sammelkartenspiele und andere Begleitprodukte angeboten. Bekannte Vertreter sind Pokemon und Yu-Gi-Oh.

Jugendkultur in Japan

Einen Großteil ihrer Zeit verbringen japanische Kinder und Jugendliche mit Lernen. Es herrscht ein großer Leistungsdruck. Schlechte Noten werden noch weniger akzeptiert als bei uns. In den Schulen sind Schuluniformen Pflicht. Der Einzelne soll nicht hervorstechen. Was zählt, sind traditionelle Werte wie Harmonie, Gehorsam und Unterordnung.

Immer mehr Jugendliche halten diese Werte allerdings für veraltet. Sie möchten keine Schuluniform tragen und sie versuchen, außerhalb der Schule anders zu leben. So entstand eine Vielzahl von Jugendtrends, die schrill und bunt sind. Sie nennen sich Ganguro, Cosplay oder Visual Kei. Einige dieser Trends sind mittlerweile auch in Europa angekommen.

Eine Möglichkeit, ihrem gleichförmigen Schulalltag zu entkommen, bieten die Unterhaltungsindustrie und das Internet. In keinem anderen Land verbringen Kinder und Jugendliche mehr Zeit im Netz als in Japan. Speziell das Smartphone ist wichtig, insbesondere für das Chatten und für Onlinespiele.

❸ Prüfe, ob Miyukis Kinderrechte eingehalten werden (siehe S. 263 M5).

❹ Erläutere die Einstellung japanischer Arbeitnehmer zu ihrem Unternehmen (M2).

Merke
Kinder in Japan haben einen langen Schultag und müssen abends noch Hausaufgaben machen.

M1 *Die Lage von Mali und der Côte d'Ivoire (Elfenbeinküste)*

M2 *Schwere Arbeit auf einer Kakaoplantage in der Côte d'Ivoire (Elfenbeinküste)*

ⓘ Côte d'Ivoire (Elfenbeinküste)
Fläche: 322 462 km²
(Deutschland: 357 000 km²)
Einwohner: 22 Mio.
(Deutschland: 81,2 Mio.)
Hauptstadt:
Yamoussoukro mit
200 000 Einwohnern
Größte Stadt: Abidjan mit
3,7 Mio. Einwohnern
Lesen und Schreiben können:
49 von 100 Menschen

Informationen zu
Côte d'Ivoire und
Deutschland könnt
ihr finden unter:
www.die-geobine.
de/cote.htm
www.die-geobine.
de/deutschland.htm

Einer Menschenhändlerin entkommen

Eine Bushaltestelle in Mali an der Grenze zur Côte d'Ivoire: Ein Mädchen steht neben einer Frau. Die beiden scheinen sich nicht zu kennen. Plötzlich ist die Frau verschwunden und ein Mann steht an ihrer Stelle. Er ist ein Sozialarbeiter. Er fragt das Mädchen, wie es heißt und woher es kommt. „Ich heiße Mariam Marico, bin zwölf Jahre alt und komme aus Ségou." Das ist ein Ort, viele Kilometer von der Bushaltestelle entfernt. Mariam ist von zu Hause weggelockt worden. Die fremde Frau hatte ihr Arbeit und Geld auf einer Kakaoplantage im Land Côte d'Ivoire versprochen. In Mali herrscht große Armut. Deswegen ist Mariam der fremden Frau gefolgt. Der Mann bringt sie zurück in ihr Dorf. Mariam hat Glück gehabt: Die Menschenhändlerin hat wohl den Sozialarbeiter an der Bushaltestelle entdeckt und ist geflohen, damit sie keinen Ärger mit der Polizei bekommt. Sonst hätte sie Mariam über die Grenze gebracht und verkauft: In der Côte d'Ivoire hätte das Mädchen auf einer Kakaoplantage arbeiten sollen, ohne Bezahlung und ohne Schutz – so wie Tausende anderer Kinder.

(Quelle: Dein Spiegel, 12/2010, S. 28)

M3 *Gerettet kurz vor der Grenze*

① a) Spielt die Geschichte von Mariam an der Bushaltestelle als Rollenspiel.
b) Ermittle im Atlas, wie viele Kilometer es von Ségou bis zur Grenze der Côte d'Ivoire sind (Atlas).

② a) ➚ Erläutere die Situation der Jungen in M2.
b) Prüfe, ob ihre Kinderrechte eingehalten werden (siehe S. 263).

③ Erstelle eine Präsentation über eine Hilfsorganisation zum Kinderschutz (z. B. www.kindernothilfe. de).

Starthilfe zu ② a) ➚
Berücksichtige, dass jede der Kakaofrüchte auf dem Boden etwa 500 Gramm wiegt.

Jeder Deutsche isst etwa elf Kilogramm Schokolade pro Jahr. Der meiste Kakao stammt aus der Côte d'Ivoire. Die Kakaobäume werden in **Plantagen** angebaut. Die Besitzer bekommen wenig Geld für ihren Kakao und können keine hohen Löhne zahlen. Sie beschäftigen zunächst ihre eigenen Kinder, dann ihre Verwandten und deren Kinder. Wenn das nicht reicht, beschäftigen sie fremde Kinder. Die Plantagenbesitzer zahlen ihnen wenig oder sie kaufen sie einfach. Kinderhandel ist weit verbreitet.

M4 *Schwarz und bitter*

In der Côte d'Ivoire bauen mindestens 600 000 Bauern Kakao an und rund sechs Millionen Menschen leben davon. Die meisten Plantagen sind nur ein bis drei Hektar groß. 1,8 Mio. ha sind mit Kakaobäumen bepflanzt. Kakao hat eine große Bedeutung für die Wirtschaft des Landes. Mehr als ein Drittel der weltweiten Kakaoernte stammt aus der Côte d'Ivoire. Fachleute gehen davon aus, dass viel Kakao aus der Côte d'Ivoire in die Nachbarstaaten geschmuggelt und von dort verkauft wird.

M7 *Die Bedeutung des Kakao-Anbaus für die Côte d'Ivoire*

Die Arbeiter auf den Plantagen müssten besser bezahlt werden. Dafür setzen sich Fair-Trade-Organisationen ein. Fair Trade bedeutet „Fairer Handel". Die Organisationen vergeben das Fair-Trade-Siegel. Nach ihm kann man im Supermarkt Ausschau halten. Für das Siegel gelten strenge Regeln: Kinder dürfen nicht ausgebeutet werden; die Bauern müssen angemessen bezahlt werden, damit sie ihre Familien ernähren und ihre Kinder zur Schule schicken können.

M5 *Fair Trade – man könnte etwas ändern.*

Miki Mistrati hat in Afrika den Film „Schmutzige Schokolade" gedreht. „Es war erschreckend einfach, Kinderarbeiter zu finden. Ich war auf 17 verschiedenen Plantagen und überall arbeiteten Kinder. Ein Kind kostet etwa 230 Euro. Ein Kakaobauer aus der Côte d'Ivoire sagt das, als ob Kinderhandel das Normalste auf der Welt wäre."

„Wenn ihr meinem Bruder sagt, wie viele ihr braucht, dann besorgt er sie euch." Der Mann spricht über Kinder zwischen 10 und 14 Jahren, die aus Mali und anderen Nachbarstaaten entführt werden, um auf den Plantagen der Côte d'Ivoire zu arbeiten.
(Quelle: Christian Teevs: Bittere Ernte. www.spiegel.de, 06.10.2010)

M6 *Schmutzige Schokolade*

④ Erkläre, welche Ziele mit der Vergabe des Fair-Trade-Siegels erreicht werden sollen (M5).

⑤ Schaut euch auf einem Internet-Videoportal (z. B. YouTube) den Film „Schmutzige Schokolade" von Miki Mistrati an und notiert, was ihr tun könnt, um die Situation der Kinder zu verbessern.

Merke
Bei Anbau und Ernte von Kakao in Afrika arbeiten viele Kinder. Sie werden schlecht bezahlt. Fair-Trade-Organisationen setzen sich für eine Verbesserung ein.

Grundbegriff
• die Plantage

M1 *Kindersoldaten in Myanmar*

und Zerstörung. Manche Kinder werden von den bewaffneten Gruppen von ihren Familien weggerissen und entführt. In Lagern werden sie zu Kindersoldaten und zum Umgang mit Waffen trainiert.

Andere Kinder werden mit falschen Versprechungen und Geld gelockt. Sobald sie bei den bewaffneten Gruppen sind, müssen die Kinder den Befehlen gehorchen.

Gewalt an Körper und Seele

Auf die Bedürfnisse und Gefühle der Kindersoldaten wird keine Rücksicht genommen. Die Kinder werden von ihren Anführern oft gezwungen, Verbrechen zu begehen. Diese Behandlung führt zur Abstumpfung gegenüber Gewalt. Kinder, die diesen Anforderungen nicht gewachsen sind, werden von ihren Vorgesetzten oft geschlagen, gequält oder sogar getötet. Ehemalige Kindersoldaten sind also in der Regel Opfer schwerer Kriegsverbrechen, sie haben Kriegsereignisse und großes Leid erleben müssen und tragen tiefe seelische Wunden davon.

Die UN-Friedenstruppe im Krisengebiet Katanga im Osten der Demokratischen Republik Kongo hat 82 Kinder aus den Händen von bewaffneten Milizen befreit. Einige von ihnen waren erst acht Jahre alt und wurden von der Rebellengruppe „Mai Bakata Katanga" als Kindersoldaten missbraucht. 40 der befreiten Opfer wurden wieder zu ihren Familien gebracht.

(Quelle: Kongo: Uno-Mission befreit 82 Kindersoldaten. www.spiegel.de, 17.08.2013)

M2 *Uno-Mission befreit Kindersoldaten*

Leidvolle Kindheit

Auch das kann zur Kindheit gehören: Tausende von Kindern in vielen Staaten der Erde erleiden ein besonders schweres Schicksal. Sie werden gezwungen, in der Armee eines Landes oder für aufständische Rebellen als **Kindersoldaten** zu kämpfen und sogar zu töten. Viele dieser Kinder wachsen in Kriegs- und Krisengebieten auf. Sie erleben Krieg, Gewalt

M3 *Kindersoldaten – weltweit im Einsatz (2014)*

Das Mädchen Hope

Gegen 22 Uhr treten schwere Militärstiefel gegen die Tür der Holzhütte. Die damals zwölfjährige Hope schreckt aus dem Schlaf. Und erkennt in der Dunkelheit Jungen in Militärhosen mit angelegten Gewehren. Auch Hope steht in dieser Nacht des 12. Dezembers 1996 das Schicksal einer Kindersoldatin bevor. Die Kindersoldaten töten Hopes Großvater. Dann verschleppen sie das Mädchen, ihren kleinen Bruder und den Vater zusammen mit 40 anderen Kindern in ein Lager.

200 km weit, zwei Wochen lang müssen die Gefangenen barfuß durch den Dschungel laufen, um das Hauptlager an der Grenze zum Südsudan zu erreichen. Den zweiwöchigen Marsch wird Hope nie vergessen. Denn sie muss mit ansehen, wie viele der Kinder vor Erschöpfung zusammenbrechen oder sterben.

Am 14. September 1998, nach fast zwei Jahren Gefangenschaft, gelingt Hope die Flucht. Ein Priester bringt das Mädchen daraufhin zu World Vision, einer Organisation, die ehemaligen Kindersoldaten hilft. Doch es dauert lange, bis Hope die schrecklichen Geschehnisse los wird. Verarbeitet hat sie sie bis heute nicht ganz. Aber es hat ihr geholfen, ihre Familie wiederzusehen.

(Quelle: Sönke C. Weiss: Das Mädchen und der Krieg. Die Geschichte einer Kindersoldatin. Brendow 2006; verändert)

M4 *Das Buch „Das Mädchen und der Krieg" beschreibt die wahre Geschichte der zwölfjährigen Hope, die von den Rebellen im Norden des Landes Ugandas verschleppt wurde.*

M5 *Die „Rote Hand" ist das Zeichen für den Kampf gegen den Einsatz von Kindersoldaten. Tausende Kinder, Jugendliche und Erwachsene weltweit protestieren jedes Jahr am 12. Februar.*

① Stelle dar, wie Kinder zu Soldaten werden.

② ↗ Bestimme in Karte M3 die Staaten der Erde, in denen Kinder als Soldaten eingesetzt werden (Atlas).

③ Erläutere, was dich an der Geschichte von Hope (M4) besonders bewegt.

④ Informiere dich über das Heimatland von Hope, Uganda. Verfasse einen Ländersteckbrief (Internet).

⑤ Begründe, warum Kindersoldaten zugleich Opfer und Täter sind.

Starthilfe zu ② ↗
Lege eine Liste an:

Kontinent	Staat
Südamerika	Kolumbien
...	....

Merke
In vielen Staaten werden Kinder als Kindersoldaten eingesetzt.

Grundbegriff
• der Kindersoldat

Zehntausende fliehen vor Hurrikan „Isabel". Notstand an der Ostküste der USA.

Grenzkrieg zwischen Äthiopien und Eritrea. 500 000 Menschen auf der Flucht.

Ausbruch des Vulkans Nyiragongo im Kongo. Bis zu 400 000 Menschen retten sich nach Ruanda.

Immer mehr Indonesier flüchten vor der Armut übers Meer.

M1 *Schlagzeilen aus Zeitungen*

M2 *Endlich in Deutschland – Hevi (vorn) und Haval (rechts) waren tagelang mit der kleinen Schwester Shirin (hinten) und den Eltern auf einer anstrengenden Flucht.*

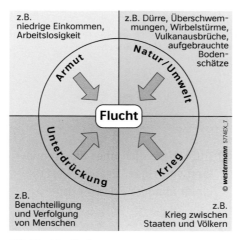

z.B. niedrige Einkommen, Arbeitslosigkeit

z.B. Dürre, Überschwemmungen, Wirbelstürme, Vulkanausbrüche, aufgebrauchte Bodenschätze

Armut

Natur/Umwelt

Flucht

Unterdrückung

Krieg

© westermann 574AEX_7

z.B. Benachteiligung und Verfolgung von Menschen

z.B. Krieg zwischen Staaten und Völkern

M3 *Fluchtgründe*

Die große Flucht

Sie kommen aus der ganzen Welt, aus Syrien, dem Irak, Afghanistan, Pakistan, Somalia, Serbien, Russland. 2015 sind fast 1,1 Mio. Menschen als Flüchtlinge und Asylsuchende nach Deutschland gekommen. Fast 480 000 haben einen Antrag auf **Asyl** gestellt.

Diese **Asylbewerber** haben ihre Heimat wegen Krieg, Verfolgung, Armut, Perspektivlosigkeit oder Hunger verlassen. Unter ihnen gibt es viele Kinder und Jugendliche.

Starthilfe zu ❶ ↗
Lege eine Liste an.

❶ ↗ Deine Familie müsste ins Ausland fliehen. Du darfst nur einen Koffer mitnehmen. Was würdest du einpacken?

❷ Liste auf, was Hevi und Haval alles in ihrer Heimat zurückließen.

In Syrien herrscht Krieg. Millionen Menschen müssen aus dem Land fliehen – wie Hevi (9) und Haval (12). Vor etwa zwei Wochen holten die Eltern ihre Kinder ins Wohnzimmer und sagten: „Wir gehen aus Syrien weg." Havals Mutter packte einen Koffer, legte Ausweise und Handy hinein. Zwischen den Falten der Kleidung versteckte sie alles Geld, das die Familie besaß. Abends quetschte sich die siebenköpfige Familie in das Auto und fuhr zur türkischen Grenze. Dort warteten Männer. Der Vater gab ihnen Geld, dafür sollten sie der Familie einen geheimen Weg in die Türkei zeigen. Nach einer Stunde kamen sie in der Türkei an. Dort wartete ein Lkw, sie kletterten in den Laderaum. Drinnen saßen schon fünf andere Männer und Frauen. Die Mutter breitete zwei Wolldecken aus, verteilte Wasserflaschen und in Plastik verpackte Kekse. Manchmal hielt der Laster nachts irgendwo an einem Feld. Wer mal musste, durfte nach draußen gehen. Wie der Lkw über die Grenzen kam,

haben die Kinder nicht mitbekommen – wahrscheinlich nahm der Fahrer Schleichwege. Nach zweieinhalb Tagen hielt der Lkw. Die Ladeklappe wurde geöffnet. „Aussteigen", sagten die Männer, „wir sind in Deutschland."
Der Laster stand in Bremen vor einem großen grauen Gebäude – dem Bundesamt für Migration und Flüchtlinge. Die Beamten dort schickten die Familie weiter: in eine Erstaufnahme-Einrichtung. So heißen die Lager, in denen Menschen untergebracht werden, die gerade nach Deutschland geflohen sind. Hevi, Haval und ihre Familie bekommen ein eigenes Zimmer mit Stockbetten. Außerdem erhielten sie: fünf Decken, fünf Kissen und fünf Laken, drei Flaschen Duschgel, zwölf Rollen Klopapier, fünf Zahnbürsten und vier Tuben Zahnpasta, fünf Teller und Tassen und fünfmal Besteck. Alle Menschen hier warten darauf, dass entschieden wird, ob sie Asyl bekommen – also in Deutschland bleiben dürfen.

(Quelle: Dein Spiegel, 7/2015, S. 28 – 29)

M4 *Die Flucht von Hevi und Haval*

M5 *Von Syrien nach Deutschland*

ℹ Asylbewerber
Menschen, die in ihrem Heimatland verfolgt werden, ins Ausland geflohen sind und Asyl beantragt haben, sind Asylbewerber. Asyl bedeutet Aufnahme und Schutz von Verfolgten.

Merke
In Deutschland suchen Menschen Zuflucht. Sie kommen aus verschiedenen Ländern.

Grundbegriffe
• das Asyl
• der Asylbewerber

❸ Lies den Text in M4 und schreibe einen Bericht über die Flucht aus der Sicht von Haval.

❹ Ordne die Schlagzeilen in M1 einzelnen Fluchtgründen zu (M3).

Mode und Konsum – mitmachen um jeden Preis?

nder und Jugendliche müssen sich Gedan- n machen, was sie kaufen und was sie ht kaufen können oder wollen. Aus Geld- ngel können sie sich viele Wünsche nicht üllen. Nenne Beispiele mithilfe der Bilder d aus eigenen Erfahrungen.

Am Ende des Kapitels kannst du:

- die Bedeutung von Mode und Markenkleidung einschätzen

- über Mode zu verschiedenen Zeiten berichten

- den Nutzen von Kleidung in verschiedenen Naturräumen erläutern

- den Umgang mit Taschengeld erörtern

- Werbeversprechungen bewerten

- die Rolle des Geldes erklären

- zu den Herstellungsbedingungen von Kleidung Stellung nehmen

M1

Was ziehe ich bloß an?

„Zeig mir, was du trägst, und ich sage dir, wer du bist." Damit ist gemeint, dass deine Kleidung dein Erscheinungsbild prägt. Freunde und Bekannte erkennt man oft schon von weitem an der Kleidung. Sie ist ein Zeichen für Individualität und für die Zugehörigkeit zu einer Clique (vgl. S. 311). **Accessoires** dienen der eigenen, ganz persönlichen Gestaltung. Denn einerseits möchte man dazugehören, andererseits aus der Masse herausstechen. Dafür eignet sich **Mode** besonders gut. Sie ist ein Mittel der Selbstdarstellung und Ausdruck des **Lifestyles**. Eine berühmte Sportlerin, die eine bestimmte Schuhmarke trägt, kann uns veranlassen, dass wir die gleichen Schuhe kaufen wollen.

Viele tragen gern Markenkleidung. Oft ist den Eltern die Markenkleidung zu teuer. Einige Kinder fühlen sich dadurch benachteiligt (M2).

ⓘ Accessoire
Accessoire bedeutet „Zubehör". Es ist das, was man zusätzlich zur Kleidung trägt, wie zum Beispiel Mützen, Tücher, Schmuck. Sie verändern das Körperbild und das Erscheinungsbild der Kleidung und seines Trägers. Accessoires unterstreichen den Lifestyle.

ⓘ Mode
Der Begriff „Mode" kommt aus dem Französischen und bedeutet Art und Weise, wandelnder Geschmack, Zeitgeschmack. Mode beschreibt die sich rasch ändernde Kleidung. Mode ist zeitlich begrenzt, immer in einer größeren Gruppe vorhanden und bezieht sich auf die gesamte Art und Weise des Lebens.

....

Starthilfe zu ❷ ↗
Denke an Form, Farbe und Gestaltung.

❶ a) Unterscheide die Begriffe „Mode" und „Lifestyle".
b) Suche eine passende Unterschrift für M1.

❷ ↗ Werte M1 aus. Ermittle Gemeinsamkeiten und Unterschiede in der Kleidung (Oberkörper, Beine, Füße, Accessoires).

Pro

„Marken sind ein Versprechen. Sie stehen für einen bestimmten Style und gleichbleibend hohe Qualität. Der Kunde weiß: Auf eine Marke kann er sich verlassen." (...)

Man sollte ein paar Euro mehr ausgeben und etwas Vernünftiges kaufen. Modemarken stellen gute Produkte unter guten Bedingungen her. Es wird viel Geld in Forschung und Design gesteckt. Sie verwenden bestes Material, interessante Farben und schicke Schnitte. Das ist nun einmal teuer. Denn die Kunden haben hohe Erwartungen an die Marke.

Unfair ist, dass die Anbieter von Billigmode die Vorbilder einfach kopieren und dann deutlich günstiger anbieten. Die Markenkleidung hält länger. Sie kann an andere Jugendliche weitergegeben werden, wenn die Besitzer herausgewachsen sind. Aus zweiter Hand bekommt man die Sachen oft zu niedrigeren Preisen. So können auch diejenigen sie bezahlen, die nicht so viel Geld haben.

(Quelle: Dein Spiegel 05/2015)

Kontra

„In vielen Schulklassen läuft es so: Wer teure Markenkleidung trägt, ist cool – wer keine hat, ist uncool und wird schnell ausgegrenzt."

Durch Kleidung entsteht richtiger Konkurrenzdruck unter den Schülern. Wer sich die teure Markenkleidung nicht leisten kann, ist klar im Nachteil. Das ist traurig und unfair. Die Kleidung sagt nichts darüber aus, ob jemand nett ist oder ein guter Freund wäre. Äußeres wie Kleidung, Schuhe oder Smartphone sollten nicht eine so große Rolle spielen.

Kinder wachsen sehr schnell. Warum soll deshalb so teure Kleidung für kurze Zeit gekauft werden? Man hört immer davon, dass teure Jacken und Schuhe in den Schulen geklaut werden. Es wäre gut, wenn Kinder auf Markenkleidung verzichten. Es müsste sich dann keiner mehr darum Sorgen machen. Eine Schuluniform ist auch nicht gut, denn die Jugendlichen sollten ihren eigenen Kleidungsstil finden können.

(Quelle: Dein Spiegel 05/2015)

M2 *Sollen Kinder und Jugendliche Markenkleidung tragen?*

Ansteckblume
Brille, Basecap, Beanie
Citybag
Diadem
Einsstecktuch
Fächer
Gürtel
Halstuch, Handschuh, Hut
Jockeykappe
Krawatte, Knöpfe
Manschettenknopf, Muff
Ohrring
Piercing
Rucksack
Schal, Schmuck, Schuhe
Tasche, Turban
Umhängetasche
Zipfelmütze

M3 *ABC der Accessoires*

ⓘ Lifestyle

Mit Lifestyle bezeichnet man die Art und Weise der Lebensführung. Damit sind auch Kleidungsstücke und Gegenstände verbunden, die einen Menschen von anderen abgrenzen oder mit anderen verbinden. Zum Lifestyle gehört auch, welche Musik man hört, wie man seine Freizeit verbringt und wie man spricht. Werbung beeinflusst den Lifestyle, der Verbraucher wird zu einem bestimmten Trend geführt.

Merke
Mit seiner Kleidung möchte man einerseits dazugehören, andererseits aber auch unverwechselbar und einzigartig sein.

Grundbegriffe
• das Accessoire
• die Mode
• der Lifestyle

❸ Erstellt in der Klasse ein Plakat zum Thema: „Unsere Accessoires" (M3).

❹ a) Werte M2 aus.
b) Führt eine Pro- und Kontra-Diskussion in der Klasse zum Thema: „Markenkleidung".

M1 *Wer gehört wozu?*

1. „Ich wohne mit meiner Frau und den Kindern in einem kleinen Fachwerkhaus in der Töpfergasse. Als Handwerker gehöre ich zur ...*schicht*.

2. „Ich bin Kaufmann und handle mit Gewürzen und Pelzen. Ich bin Angehöriger der ...*schicht*.“

3. „Ich gehöre zum fahrenden Volk und damit zu einer ... *gruppe*.

4. „Meine Frau und ich zählen zu den reichsten Familien der Stadt. Wir Patrizier bilden die oberste Gruppe: die ...*schicht*.

5. „Ich habe Glück, dass mich der Bäcker als Magd aufgenommen hat. Ich gehöre zur ...*schicht*.“

6. „Als Angehöriger einer nichtchristlichen Religion gehöre ich zu einer ...*gruppe*.

M1 *Wer gehört wozu?*

M2 *Einwohner in der Stadt*

Von 100 Menschen in der Stadt gehörten:

9 zur Oberschicht:
Patrizier und Großkaufleute

60 zur Mittelschicht:
Handwerker und Kleinkaufleute

20 zur Unterschicht:
Dienstboten, Tagelöhner, Kaufmannsgehilfen, Lehrlinge

11 zu den Randgruppen:
Bettler, Henker, Gaukler, Juden, Zigeuner, Aussätzige

M3 *Bevölkerungsschichten in der mittelalterlichen Stadt*

Kleidung im Mittelalter

Im Mittelalter (siehe S. 13) gehörten die Menschen unterschiedlichen **gesellschaftlichen Schichten** an. Die Zugehörigkeit erkannte man an der Kleidung. Wer welche Kleidung zu tragen hatte, war in einer **Kleiderordnung** geregelt. Die Kleidung unterschied sich nach Material, Farbe und Verzierung. Die Unterschicht trug einfache Kleidung aus Leinen und Schafwolle. Nur die Oberschicht konnte sich teure Tuche wie Samt und Seide leisten sowie teure Goldknöpfe und Spitzenkrägen als Verzierung verwenden. Für die Unterschicht war die gängigste Farbe Braun. Dieser Farbstoff wurde aus der Walnuss gewonnen. An den äußeren Zeichen der Kleidung, wie zum Beispiel Kopfbedeckung und Schürze, konnte man auch den Beruf ablesen.

ℹ Gesellschaftliche Schicht

In der Stadt im Mittelalter gab es drei Schichten: die Ober-, Mittel- und Unterschicht. Daneben gab es Randgruppen. Sie hatten keinen festen Wohnsitz oder wurden wegen ihres Berufes verachtet (z.B. Henker). Die Zugehörigkeit zu einer Schicht war, anders als bei uns heute, streng festgelegt.

ℹ Kleiderordnung

Die Kleiderordnung im Mittelalter war eine Vorschrift für die Mitglieder der verschiedenen Stände, welche Kleidung sie tragen durften. Sie stellte sicher, dass man die Zugehörigkeit zu einer Schicht sofort erkennen konnte.

Starthilfe zu ❶ ↗
Beginne so: Der Handwerker gehört zur ...

❶ ↗ Ordne die Aussagen 1.–5. in M1 den Personen auf den Bildern ⓐ – ⓕ in M2 zu.

❷ Erläutere die Bedeutung der Kleiderordnung im Mittelalter.

Mode zur Zeit von Ludwig XIV. (1638–1715)

Am Hof Ludwig XIV. herrschte eine strenge Kleiderordnung. Man konnte die Beine sehen. Strümpfe und Schuhe standen im Mittelpunkt. Der elegante Strumpf bestand aus Seide. Die Schuhe glichen kleinen Kunstwerken. Die Absätze wurden immer höher. Da der König sehr klein war, ließ er die Sohlen mit Kork unterlegen und mit rotem Leder überziehen. Rote Absätze wurden zum Vorrecht des Adels.

Unter Ludwig XIV. waren lange Haare Mode. Man trug Perücken. Der Kragen wurde überflüssig und es blieben vorn in Falten gelegte Streifen über, aus denen sich später Halstuch und Krawatte entwickelten.

◁ **M4** *Ludwig XIV. Das Bild wurde 1701 gemalt und ist 2,79 x 1,90 m groß Der König blickt von oben überlebensgroß auf die Anwesenden herab. Er zeigt sich voller Stolz mit seinem Krönungsmantel aus Samt, der mit kostbarem Hermelinpelz gefüttert ist. Die aufgestickten Lilien sind das Wahrzeichen seiner Königsfamilie. Die Krone als Zeichen seiner Herrschaft liegt neben ihm. Er rückt damit seine Person in den Mittelpunkt. Schwert und Zepter sind weitere Zeichen seiner Herrschaft.*

Mode zur Zeit von Kaiser Wilhelm II. (1859–1941)

Die Kleiderordnung wurde aufgehoben. Durch die Erfindung der Spinn-, Web- und Nähmaschinen konnte Kleidung schneller hergestellt werden. Kaiser Wilhem II. hatte eine besondere Vorliebe für das Militär und besonders die Marine. Er erhielt als Kind einen Matrosenanzug geschenkt. Er steckte auch seine Kinder in Matrosenanzüge. Die Begeisterung bei Adel und Oberschicht war nicht mehr aufzuhalten. Der Kaufmann Wilhelm Bleyle machte das blau-weiße Outfit massentauglich. Sein maschinell gestrickter Matrosenanzug war günstig, hielt lange und galt als gesund. Er verbreitete sich schnell. Die Kinder hatten ihre eigene Kleidung. Der Matrosenanzug wurde zum Ausdruck von Freiheit und Jugendlichkeit.

M5 *Junge im Matrosenanzug. Foto etwa von 1910*

> **Merke**
> Im Mittelalter bestimmte die Kleiderordnung, was die Menschen tragen durften.
> Auch unter Ludwig XIV. herrschte eine strenge Kleiderordnung.
> Mit der Erfindung von Maschinen konnte Kleidung schneller hergestellt werden.
>
> **Grundbegriffe**
> • die gesellschaftliche Schicht
> • die Kleiderordnung

3 Werte das Bild M4 aus (Oberkörper, Beine, Füße, Accessoires). Nutze Bildunterschrift und Text.

4 Erarbeite Argumente, warum sich Mode ab dem 19. Jahrhundert so schnell entwickeln konnte.

M1 *Lebensraum der Inuit*

M3 *Inuit in traditioneller Kleidung*

Inuit – Umgang mit Kälte

Die Inuit leben hoch im Norden in Grönland, Alaska, Nord-Kanada und Sibirien. Sie müssen sich in der großen Kälte immer warm anziehen. Felle von Rentieren, Robben und Bären werden zu Fellkleidern und Jacken verarbeitet.

Die traditionelle kältefeste Kleidung besteht aus mehreren Lagen von Kleidungsstücken, die lose am Körper liegen und eine isolierende Luftschicht einschließen. Die Grundkleidung besteht im Winter aus einer Jacke und Hose mit der Fellseite nach innen und darüber einem Parka und einer Hose mit der Fellseite nach außen. Die Jacken besitzen Kapuzen, die zusätzlich als Transportsack für Kleinkinder dienen. Die Füße werden mit Strümpfen, Socken und Stiefeln vor Kälte geschützt. Sie werden noch mit Gras, Federn und Kräutern ausgestopft. Heute benutzen die Inuit meistens moderne **Funktionskleidung** (M2, Info).

M2 *Inuit in Funktionskleidung*

ⓘ Funktionskleidung

Funktionskleidung hat besondere Eigenschaften und Funktionen. Sie besteht je nach Anforderung aus verschiedenen Materialien. Sie kann winddicht, wasserdicht, wärmend, kühlend, schmutzabweisend, flammhemmend, elastisch, strapazierfähig, pflegeleicht, leicht sein. Damit eignet sie sich auch für besondere Einsätze zum Beispiel von Feuerwehrleuten oder Sportlern.

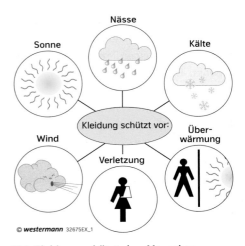

M4 *Kleidung schützt den Menschen.*

Starthilfe zu ❶ ↗
Vor Nässe schützt sich der Mensch mit ... .

❶ ↗ Beschreibe, womit sich der Mensch in den verschiedenen Naturräumen der Erde bekleiden muss, um zu überleben (M4).

❷ Charakterisiere die Kleidung der Inuit:
a) früher (Text und M3)
b) heute (M2)

M5 *Tuareg in typischer Kleidung*

32726EX

Algerien   Libyen

Mali   Niger

Verbreitungsgebiet
der Tuareg

0   200   400 km

© westermann

M7 *Lebensraum der Tuareg*

Tuareg – Umgang mit Hitze

Die Tuareg sind **Nomaden**, die seit Jahrhunderten in der Wüste Sahara leben. In dieser Wüste ist es am Tag sehr heiß und trocken, in der Nacht kann es kalt werden. Die Tuareg tragen lange, dunkle und mehrschichtige Gewänder aus Baumwolle oder Wolle. Die Kleidung fällt locker über den Körper. Ein Turban verhüllt zusätzlich Gesicht und Hals. Er lässt nur die Augenpartie offen und wird aus einer Stoffbahn gewickelt, die bis zu 15 Meter lang und einem Meter breit ist. Die dunkelblaue Kleidung schützt vor der Sonne. Wenn sich die lockere Kleidung im Wind bewegt, wird der Körper gekühlt, der Schweiß wird im Stoff gehalten. In der Nacht wärmt die Luftschicht zwischen Körper und Kleidung. Das Verhüllen des gesamten Körpers – bis auf die Augen – schützt vor Hautverletzungen durch den heißen Sand.

M6 *Menschen in Europa tragen zum Sport und in der Freizeit gerne Funktionskleidung.*

Der Mensch ist das einzige Lebewesen, das in allen Naturräumen der Erde überlebensfähig ist. Er kann sich mit Hilfe von Kleidung vor Kälte, Hitze, Sonne, Nässe und Wind schützen. Der Körper mit seinen Organen wie Herz und Nieren funktioniert nur dann gut, wenn er eine Temperatur von 37 Grad Celsius hat.

M8 *Der Mensch kann überall leben.*

Merke
Der Mensch kann sich mithilfe von Kleidung vor Kälte, Nässe und Hitze schützen.

Grundbegriff
• die Funktionskleidung
• der Nomade

❸ Entwickle eine Liste der Kleidungsstücke, mit denen du bei uns zu allen Jahreszeiten angemessen geschützt bist.

❹ Begründe, warum sich die Tuareg in der Wüste bei hohen Temperaturen verhüllen, wir uns jedoch im Sommer sehr leicht kleiden.

279

M1 *Karikatur*

Tina braucht mehr Taschengeld

Tina hat gerade 20 Euro Taschengeld bekommen. Sie wurde von ihren Eltern ermahnt, nicht gleich alles auszugeben.

Nun überlegt sie, was sie sich davon alles kaufen könnte. Im Kino läuft gerade ein Film, den sie zusammen mit ihrer Freundin anschauen möchte. Eis und Süßigkeiten isst sie auch sehr gern. Ein bestimmtes Paar Schuhe hat sie seit Längerem im Auge.

Da fällt ihr ein, dass ihr Handy-Guthaben verbraucht ist. Außerdem wünscht sie sich ein neues Fahrrad. Am besten wäre es, wenn sie das ganze restliche Taschengeld sparen würde. Tina wird bei ihren Überlegungen eines deutlich: Sie braucht mehr Taschengeld!

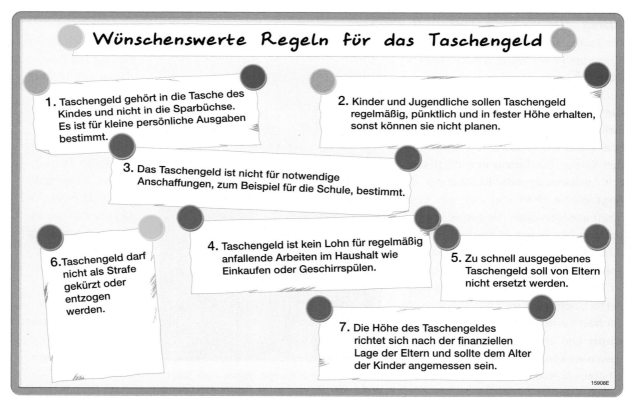

M2 *Zusammenstellung aus den Vorschlägen der Jugendämter (2013)*

Starthilfe zu ❶ ↗
Vergleiche die Situation von Tina mit deiner eigenen Situation.

❶ ↗ Sollte Tina mehr Taschengeld bekommen? Begründe deine Entscheidung.

❷ Nenne den wichtigsten Grund für dich, weshalb Kinder Taschengeld bekommen sollten.

Eigentlich bekomme ich nur 30 Euro Taschengeld monatlich; an das andere Geld komme ich ohnehin nicht ran.

Manchmal komme ich zwei Wochen mit meinem Taschengeld aus, manchmal noch länger.

Ich muss mir das Geld einteilen, damit es bis zum Monatsende reicht. Für größere Anschaffungen muss ich lange sparen.

Wenn ich oft beim Putzen und Abwaschen helfe, komme ich gut zurecht.

Leon erhält 50 Euro Taschengeld im Monat. Davon gehen 20 Euro direkt auf sein Sparbuch.

Laura erhält 20 Euro Taschengeld. Wenn sie das Geld ausgegeben hat, bekommt sie neues Taschengeld.

Ann-Sophie erhält 30 Euro Taschengeld pro Monat. Damit muss sie auskommen.

Tim bekommt im Monat 15 Euro Taschengeld. Wenn er im Haushalt hilft, erhält er jedes Mal noch zwei bis drei Euro.

M3 *Erfahrungen mit dem Taschengeld*

Kinder sollen regelmäßig Taschengeld erhalten

Fachleute sind davon überzeugt, dass es wichtig ist, Kindern regelmäßig Taschengeld zu geben. Sie sollen lernen, mit Geld sorgfältig umzugehen.

Als Gründe für ein Taschengeld werden genannt:

* Kinder fühlen sich ernst genommen, wenn ihnen zugetraut wird, dass sie das Geld für sinnvolle Dinge verwenden.
* Kinder lernen, was Geld wert ist.
* Kinder lernen, sich zu entscheiden, was sie haben möchten und worauf sie verzichten können.
* Kinder lernen, ihre Ausgaben selbst zu planen.

Die Höhe des Taschengeldes ist in erster Linie davon abhängig, über welches Einkommen die Eltern verfügen. Natürlich richtet sich die Höhe des Taschengeldes auch danach, was die Kinder und Jugendlichen davon bezahlen sollen.

Hier ein Beispiel (Empfehlung von den Jugendämtern):

10 bis 11 Jahre	13 € – 16 €
12 bis 13 Jahre	18 € – 22 €
14 bis 15 Jahre	25 € – 30 €
16 bis 17 Jahre	35 € – 45 €
18 Jahre	70 €

M4 *Orientierungswerte für das Taschengeld pro Monat 2013*

Merke
Taschengeld ist für Kinder und Jugendliche wichtig, um den Umgang mit Geld zu erlernen. Die Höhe des Taschengeldes kann nicht verbindlich festgelegt werden.

❸ Die Taschengeldhöhe bei Schülerinnen und Schülern, die gleich alt sind, kann unterschiedlich sein. Stelle Gründe dafür zusammen.

❹ Beurteile die Taschengeldregelungen in M3 mithilfe der Hinweise, die in M2 und M4 genannt werden.

Platz	Ware
1.	Süßigkeiten
2.	Zeitschriften, Comics
3.	Getränke
4.	Eis
5.	Essen unterwegs
6.	Spielzeug, Spiele
7.	Sticker, Sammelkarten
8.	Knabberartikel
9.	Kinokarten
10.	Handy-Kosten

M1 *Was sich Kinder von ihrem Taschengeld kaufen (Ergebnisse der Kids-Verbraucheranalyse 2012)*

„So verwenden wir unser Taschengeld."
Entwickelt dazu eine Präsentation und stellt sie in der Klasse vor.

Lukas hat viele Wünsche

Lukas wünscht sich einen Fußball, eine Zwei in der nächsten Mathearbeit, ein Mountainbike mit 24 Gängen, ein neues Handy. Die Liste seiner Wünsche ist lang. Jetzt möchte er erst einmal ein Eis essen. Das wird er sich von seinem Taschengeld kaufen.

Werbung beeinflusst

Kinder und Jugendliche sind eine interessante **Zielgruppe**. Sie bekommen Taschengeld und Geldgeschenke, die sie vor allem für den **Konsum** nutzen. Die Werbung wendet sich oft direkt an Kinder und Jugendliche. Sie versucht bei ihnen schon früh, den Wunsch nach Markenprodukten zu wecken. Das gelingt der Werbung besonders bei Kleidung und Spielzeug. Diese Dinge werden zwar meist von den Eltern bezahlt, aber ihre Kinder entscheiden mit, was gekauft wird.

Kinder und Jugendliche entscheiden auch mit, was zu Hause gegessen wird. Besonders wirkungsvoll ist es, wenn für ein Produkt lustige Werbung für Kinder gemacht wird und für die Eltern noch Gesundheitsargumente genannt werden. Auch beliebte Stars aus Sport, Film und Musik werden als Werbeträger genutzt.

M2 *Freude am Konsum*

Nicht alle haben gleich viel Geld

Im Durchschnitt haben Mädchen und Jungen heute mehr Geld zur Verfügung als vor zehn Jahren. Das darf aber nicht darüber hinwegtäuschen, dass es viele Kinder und Jugendliche gibt, die wenig Geld von zuhause bekommen. Der Anteil armer Kinder hat sich in den letzten Jahren vergrößert. Ein Grund könnte sein, dass Eltern wenig verdienen oder arbeitslos sind. Auch Krankheit und Schicksalsschläge spielen oft eine Rolle.

Tipps für die Erarbeitung

❶ Listet auf, wofür ihr euer Taschengeld ausgebt. Erstellt eine Rangfolge. Vergleicht mit M1.

❷ Gebt Gründe dafür an, warum viele Kinder wenig Geld zur Verfügung haben.

❸ Erklärt den Taschengeldparagrafen und nennt Beispiele für Waren, die von euch gekauft und die von euch nicht gekauft werden dürfen (M5).

Manche Eltern treibt es zur Verzweiflung, dem Einzelhandel macht es Freude: Wenn Teenager einkaufen, dann darf es nicht jede x-beliebige Jeans sein – Markenware ist Trumpf. Ist die Jugend von heute besinnungslos dem Konsumrausch verfallen? Ganz normal ist etwa, dass Jugendliche sich sowohl von den Kleineren als auch von den Erwachsenen abgrenzen wollen. Eine große Rolle spielt es darüber hinaus, dass sie sich in der Gruppe der Gleichaltrigen behaupten möchten. Wissenschaftler sagen dazu: „Dass Jugendliche auf Marken stehen, ist eine ganz natürliche Geschichte. Wer aber nicht mithalten kann, wird schnell zum Außenseiter. Um sich einer Gruppe zugehörig zu fühlen, braucht man aber Erkennungsmerkmale." Viele Eltern können die Kleidungsstücke, die ihre Kinder gern haben möchten, nicht bezahlen. Hier raten die Wissenschaftler: „Nicht jeder Wunsch muss kritiklos erfüllt werden. In solchen Fällen sollte geklärt werden, ob der Kauf tatsächlich notwendig ist."
(Quelle: Andreas Heimann: Die Marken-Macke. www.sz-online.de, 28.06.2000)

M3 *„Marken-Macke" nervt die Eltern.*

„Mir ist die Marke völlig egal. Wichtig ist, dass mir die Kleidungsstücke gefallen."
„Markenkleidung ist oft viel zu teuer."
„Mit manchen Markensachen sieht man aus wie ein Werbeplakat."

„Nur die Markensachen sehen richtig cool aus."
„Man wird oft gemobbt, wenn man keine teuren Sachen anhat."
„Wenn ich keine Markenkleidung trage, denken die anderen, ich kann mir das nicht leisten."

M4 *Verschiedene Ansichten*

Als Taschengeldparagraf wird der Paragraf 110 des **B**ürgerlichen **G**esetzbuches (BGB) bezeichnet. Der Paragraf lautet sinngemäß:
Ein Jugendlicher unter 18 Jahren kann nur dann ohne Zustimmung der Eltern selbstständig einkaufen, wenn sich der Preis der Ware in den Grenzen des Taschengeldes bewegt, das in seinem Alter üblich ist.

M5 *Der Taschengeldparagraf*

ⓘ Konsum
Unter Konsum versteht man den Verbrauch und die Nutzung von Gütern. Dazu gehören zum einen Güter, die lange halten, wie Autos, Möbel oder Smartphones. Zum anderen gehören dazu Güter, die schnell verbraucht werden, wie Lebensmittel, Benzin, Kleidung und Schuhe. Wir konsumieren auch Dienstleistungen, wenn wir zum Beispiel zum Frisör oder zum Zahnarzt gehen, ein Konzert besuchen oder ins Kino gehen.

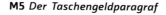

❹ Mit einer einheitlichen Schulkleidung wäre es mit der „Marken-Macke" in der Schule vorbei.
a) Notiert Gründe für eine einheitliche Schulkleidung und Gründe, die dagegen sprechen (M3).
b) Diskutiert nach eurer Präsentation dieses Thema in der Klasse.

❺ Erstellt für die Klasse einen kurzen Merktext über euer Thema. Erklärt darin auch die Grundbegriffe.

Grundbegriffe
• die Zielgruppe
• der Konsum

M1 *Kinder haben viele verschiedene Wünsche.*

Wonach du sehnlichst ausgeschaut,
es wurde dir beschieden.
Du triumphierst und jubelst laut:
Jetzt hab ich endlich Frieden.
Ach Freundchen, werde nicht so wild,
bezähme deine Zunge.
Ein jeder Wunsch, wenn er erfüllt,
kriegt augenblicklich Junge.

M2 *Ein erfüllter Wunsch (Gedicht von Wilhelm Busch)*

„Die Bedürfnisse der Menschen sind sehr unterschiedlich."
Entwickelt dazu eine Präsentation und stellt sie in der Klasse vor.

Verschiedene Arten von Bedürfnissen

Wünsche, die man sich erfüllen möchte, werden **Bedürfnisse** genannt.

Alle Menschen haben einige wichtige Bedürfnisse, damit sie überleben können: Sie brauchen ausreichend Nahrung, Wasser, Kleidung, Wohnraum und Sicherheit. Diese notwendigen Bedürfnisse nennt man **Grundbedürfnisse**.

Darüber hinaus gibt es Bedürfnisse, die dazu dienen, das Leben angenehmer zu machen. Man bezeichnet sie als **Luxusbedürfnisse**. Beispiele dafür sind die Tafel Schokolade, die Markenjeans, das schicke Handy und das Computerspiel.

Es gibt auch Bedürfnisse, die mit Geld nicht zu erfüllen sind, zum Beispiel Zuneigung, Freundschaft, Liebe, Erfolg, Glück, Anerkennung. Diese Bedürfnisse bezeichnet man als **soziale Bedürfnisse** (sozial: auf das Zusammenleben oder die Gemeinschaft bezogen).

Viele von euch haben auch häufig das Bedürfnis, Musik zu hören, einen Film anzusehen oder ein bestimmtes Buch zu lesen. Dies sind Bedürfnisse nach Unterhaltung und Bildung. Man nennt sie **Kulturbedürfnisse**.

Tipps für die Erarbeitung

1. Die Befriedigung der Grundbedürfnisse unterscheidet sich in verschiedenen Regionen der Erde. Erläutert mithilfe von M3 und M6.

2. Interpretiert M2.

3. Es gibt verschiedene Arten von Bedürfnissen.
a) Sortiert sie nach ihrer Dringlichkeit.
b) Stellt sie in einem Schaubild dar.
c) Diskutiert, welche Bedürfnisse Werbung bei euch anspricht (M7).

M3 *Bedürfnisbefriedigung in vielen deutschen Familien*

M6 *Bedürfnisbefriedigung zum Beispiel in Nigeria*

„Ein Cabrio, Papa, ich wollte ein Cabrio!"

M4 *Zu große Wünsche? (Karikatur)*

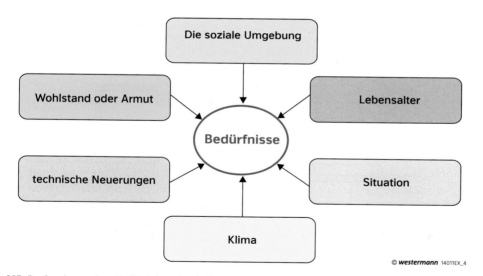

Die soziale Umgebung

Wohlstand oder Armut

Lebensalter

Bedürfnisse

technische Neuerungen

Situation

Klima

© **westermann** 14011EX_4

M5 *Dadurch werden Bedürfnisse beeinflusst.*

Die Werbebranche produziert speziell für Kinder besonders eingängige und lustige Werbespots und Zeitungsanzeigen. Sie sollen die Kinder beeinflussen. Die Kinder sollen glauben, dass sie bei anderen besonders beliebt sind, wenn sie zum Beispiel bestimmte Süßigkeiten essen oder mit einem bestimmten Smartphone telefonieren. Schon bei kleinen Kindern wird so das Bedürfnis nach Markenprodukten geweckt.

M7 *Werbung für Kinder*

· ·

4 Notiert bei den Bedürfnissen in M1, zu welcher Art sie gehören.

5 Viele Faktoren beeinflussen Bedürfnisse (M5). Notiert Beispiele für jeden Faktor.

6 Betrachtet M4 und erklärt, was der Zeichner mit dem Bild sagen möchte.

7 Erstellt für die Klasse einen Merktext über euer Thema. Erklärt auch die Grundbegriffe.

Grundbegriffe
· das Bedürfnis
· das Grundbedürfnis
· das Luxusbedürfnis
· das soziale Bedürfnis
· das Kulturbedürfnis

M1 *Paulina mit Freundin und neuem Fahrrad*

„Es gibt ganz unterschiedliche Güter."
Entwickelt dazu eine Präsentation und stellt sie in der Klasse vor.

Paulina wünscht sich ein neues Fahrrad

Paulinas Fahrrad ist kaputt; sie wünscht sich ein neues. Mit ihrer Freundin Ann-Sophie geht sie in verschiedene Fahrradgeschäfte. Am besten gefällt ihr ein bestimmtes rotes Mountainbike. In der nächsten Zeit spart sie eisern und wünscht sich auch zum Geburtstag Geld für das Rad. Schließlich hat sie das Geld zusammen.

Sie geht mit ihrem Vater in das Geschäft und kauft sich das Fahrrad. Zu Hause probiert sie es gleich aus und freut sich riesig. Das Rad ist rot-orange, es hat 21 Gänge und der Rahmen ist gefedert. Mit ihren Eltern plant sie für das nächste Wochenende eine Radtour an einen nahe gelegenen See.

Paulinas Geschichte aus der Sicht der Wirtschaft

Paulina hat kein Fahrrad für ihre Radtouren und benötigt ein neues. Sie hat ein Bedürfnis. Ein Bedürfnis ist ein Gefühl des Mangels und der Wunsch, ihn zu beseitigen.

Sie sucht sich aus dem **Angebot** ein Fahrrad aus, spart und hat schließlich genug Geld. Nun will sie das Mountainbike kaufen. Aus dem Bedürfnis entsteht Bedarf. Der Bedarf ist ein Wunsch, den man sich mit seinem Geld erfüllen kann. Sie geht in das Geschäft und kauft das Mountainbike. Es entsteht eine **Nachfrage** nach einem Wirtschaftsgut, in diesem Fall nach einem Mountainbike.

Die Nachfrage entsteht, wenn man das wirklich kauft, was man sich wünscht.

ℹ Güter

In der Wirtschaft werden die Dinge, mit denen man seine Bedürfnisse erfüllt, **Güter** genannt.
Freie Güter stehen kostenlos zur Verfügung. Ein Gut ist frei, wenn es in so großer Menge vorhanden ist, dass jeder Mensch so viel davon verbrauchen kann, wie er will. Beispiele dafür sind die Luft zum Atmen oder der Sand in der Wüste. Da freie Güter ausreichend zur Verfügung stehen, haben sie keinen Preis.
Wirtschaftsgüter sind knappe Güter. Sie stehen nicht in ausreichendem Maße zur Verfügung. Sie müssen durch die wirtschaftliche Tätigkeit von Menschen erzeugt werden. Man muss sie bezahlen.

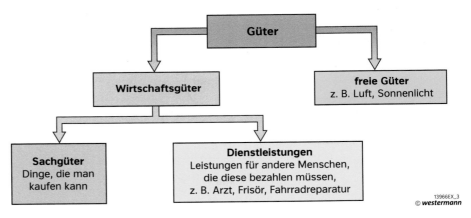

M2 *Die Arten von Gütern*

13966EX_3
© **westermann**

Tipps für die Erarbeitung

❶ Vom Bedürfnis zur Nachfrage nach Gütern. Erläutert an zwei Beispielen.

❷ a) Nennt Unterschiede zwischen freien Gütern und Wirtschaftsgütern.

b) Freie Güter gibt es immer weniger. Begründet.

c) Es gibt Güter, die sowohl Wirtschaftsgüter als auch freie Güter sind. Erläutert.

Busfahrt	Spaghetti	Theatervorstellung	Meerwasser
Cafébesuch	Fahrrad	Brötchen	Mineralwasser
Pilze im Wald	Taxifahrt	Äpfel	Haarschnitt
Tanken	Schulbuch	Möbel	Hose

© westermann 13965EX_3

M3 *Beispiele für Güter*

In Deutschland gibt es nicht viele freie Güter. Zwar ist die Luft zum Atmen frei, aber Firmen müssen viel Geld bezahlen, wenn sie die Luft verschmutzen. Wasser steht in Flüssen, Seen, im Meer und als Quellwasser frei zur Verfügung. Man kann es zum Baden umsonst benutzen. Trinken kann man es aber nur in wenigen Gegenden ohne Gefahr für die Gesundheit. Für das Wasser aus dem Wasserhahn muss man bezahlen, ebenfalls für das Abwasser. Am Strand und in manchen Seen muss man beim Baden Eintritt bezahlen.

M4 *Immer weniger Güter sind frei verfügbar.*

M5 *Auch das sind Güter.*

❸ Ordnet die Güter in M3 den verschiedenen Güterarten in M2 zu. Manche Güter lassen sich nicht so einfach zuordnen. Überlegt gemeinsam, wie man sie einordnen könnte.

❹ Erläutert an einem Beispiel, dass auch Dienstleistungen zu den Gütern gehören (M2).

❺ Erstellt für die Klasse einen Merktext über euer Thema. Erklärt auch die Grundbegriffe.

Grundbegriffe
- das Gut
- das freie Gut
- das Wirtschaftsgut
- das Angebot
- die Nachfrage

Die Geschichte von Nele und Max

Nele und Max sind sich fast einig: Nele besitzt genau das handsignierte Fußballtrikot, das Max gern hätte. Max hat eine Karte für das Konzert von der angesagten Band, das Nele sehr gern besuchen möchte. Die beiden wollen miteinander tauschen. Sie sind sich aber noch nicht einig, ob das Trikot und die Karte in etwa gleich viel wert sind. Schließlich will keiner von beiden ein schlechtes Geschäft machen. Sie schauen ins Internet.

Dort erfahren die Freunde, dass man für das Fantrikot etwa 75 Euro bezahlen muss, für die Konzertkarte dagegen nur 50 Euro. Max bietet an: „Du gibst mir das Trikot. Ich gebe dir meine Karte und – weil wir Freunde sind – 15 Euro dazu. Topp, der Handel gilt."

M1 *Getauscht statt gekauft*

Geld – eine praktische Erfindung

Damit Geld nützlich ist, müssen folgende Voraussetzungen vorhanden sein:

- Das Geld muss allgemein anerkannt sein. Jeder muss es als Zahlungsmittel akzeptieren.
- Das Geld muss wertbeständig sein. Die Menschen müssen sich auf einen stabilen Geldwert verlassen können.
- Das Geld muss teilbar sein. Das heißt, es muss aus verschiedenen Scheinen und Münzen bestehen.
- Das Geld muss leicht aufzubewahren und zu transportieren sein, z. B. im Portemonnaie.
- Das Geld muss schwer zu fälschen sein.

Wir alle nutzen Geld, aber was ist das eigentlich?

Nele und Max haben getauscht: Konzertkarte gegen Fußballtrikot. Trotzdem spielt auch bei diesem Tausch der Preis eine wichtige Rolle. Geld ist hier eine Recheneinheit. Durch Geld kann der Wert verschiedener Waren und Dienstleistungen miteinander verglichen werden. Das Trikot ist mehr wert als die Karte. Jede Ware hat ihren Preis und ist dadurch vergleichbar. Geld ist gleichzeitig ein Tauschmittel. Nele tauscht ihr Trikot gegen die Karte und etwas Geld.

In der Regel tauschen wir Geld gegen Güter. Früher wurden auf dem Markt Waren gegen andere Waren getauscht. Es war nicht immer einfach, den richtigen Gegenwert zu finden. Kaufen ist daher praktischer als Tauschen, Geld ist handlich und leicht zu teilen. In Deutschland gibt es Münzen von 1 Cent bis 2 Euro und Scheine von 5 Euro bis 500 Euro.

Dazu ist Geld auch ein Zahlungsmittel. Mit Banknoten und Münzen kann man fast überall auf der Welt bezahlen. Der US-Dollar wird in vielen Ländern der Erde gern angenommen. Der Euro gilt nicht nur in Deutschland, sondern in vielen Ländern Europas.

Geld ist auch ein Wertaufbewahrungsmittel. Geld kann man sparen, zum Beispiel, um später größere Anschaffungen zu machen. Man kann es in der Sparbüchse sammeln oder auf der Bank.

M2 *Bargeld und „Plastikgeld"*

Starthilfe zu ❹ ↗
Denke zum Beispiel an die Preise für Erdbeeren zu verschiedenen Jahreszeiten.

❶ Erläutere die Bedeutung des Geldes beim Handel von Nele und Max.

❷ Erläutere, was man in der Wirtschaft unter „Markt" versteht (M5).

❸ Nenne die Funktionen des Geldes.

❹ ↗ Erkläre die Wirkung von Angebot und Nachfrage auf den Preis (M3–M6).

M3 *Angebot und Nachfrage bestimmen den Preis.*

M4 *Großes Angebot und wenige Käufer*

M6 *Kleines Angebot und viele Käufer*

Ein gutes Beispiel für einen **Markt** ist der Wochenmarkt. Dort treffen sich Händler, die Obst und Gemüse verkaufen, und Käufer, die diese Dinge kaufen möchten. In der Wirtschaft wird jeder Treffpunkt von Verkäufern und Käufern als Markt bezeichnet, selbst wenn man sich gar nicht persönlich trifft, wie beim Einkaufen im Internet.

Auf einem Markt gibt es viele Händler, die ihre Produkte anbieten. Diese Waren bezeichnet man als Angebot. Demgegenüber stehen die Kunden, die diese Waren kaufen wollen. Sie alle zusammen bilden die Nachfrage. Die Anbieter möchten einen möglichst hohen Preis erzielen, die Nachfrager möglichst wenig für eine Ware bezahlen.

Im Zusammentreffen von Angebot und Nachfrage entscheidet sich die Höhe des Preises: Ist das Angebot höher als die Nachfrage, sinkt der Preis. Ist die Nachfrage größer als das Angebot, steigt der Preis.

M5 *Preise bilden sich auf dem Markt.*

Merke
Geld ist eine Recheneinheit, ein Tauschmittel, ein Zahlungsmittel und ein Wertaufbewahrungsmittel. Preise bilden sich auf dem Markt. Sie richten sich nach Angebot und Nachfrage.

Grundbegriff
• der Markt

5 a) Erkläre die Voraussetzungen dafür, dass Geld nützlich ist.
b) Beschreibe, welche mögliche Folgen es haben kann, wenn eine Voraussetzung nicht erfüllt ist.

6 Informiere dich in einer Bank über die dort üblichen Begriffe („Girokonto", „Dauerauftrag" usw.). Erstelle eine Liste über diese Bankbegriffe und ihre Bedeutung.

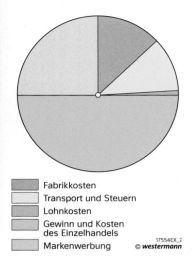

Legende:
- Fabrikkosten
- Transport und Steuern
- Lohnkosten
- Gewinn und Kosten des Einzelhandels
- Markenwerbung

17554EX_2 © *westermann*

M1 *So setzt sich der Preis eines T-Shirts zusammen (Beispiel).*

Konzerne sind global tätig

Viele bekannte Unternehmen wie Nike, Ikea und Apple zählen zu den sogenannten **Global Playern**. Diese Firmen haben überall auf der Welt Produktionsstätten. Sie regeln ihre Produktion und ihren Handel in einer Art globaler Arbeitsteilung. Sie lassen weltweit produzieren. Unter anderen dort, wo es preiswerte Rohstoffe gibt, billige Arbeitskräfte und günstige Kosten für Grundstücke, Energie und Kommunikation. Auch die Nähe zu möglichen Absatzmärkten spielt eine Rolle. Jede Ansiedlung eines Betriebes bringt einem Land Arbeitsplätze und höhere Steuereinnahmen.

Musterbeispiel Textilindustrie

Die Textilindustrie ist ein Musterbeispiel für die Globalisierung. Schau dir ein T-Shirt an. Auf dem Etikett steht zum Beispiel „Made in Bangladesch". Aber das ist nur teilweise richtig. Das T-Shirt hat einen langen Weg durch viele Länder hinter sich. Design und Werbung kommen aus Deutschland. Die Herstellung hingegen erfolgt in einem Land, in dem die Löhne sehr niedrig sind. Denn eine Textilfabrik benötigt nur wenig Kapital für Maschinen, jedoch viele Arbeitskräfte in den Nähereien. Wenn die Lohnkosten steigen, wandern die Industrien in ein anderes Land ab, in dem die Kosten niedriger sind. Dies nennt man **Karawanenwirtschaft**.

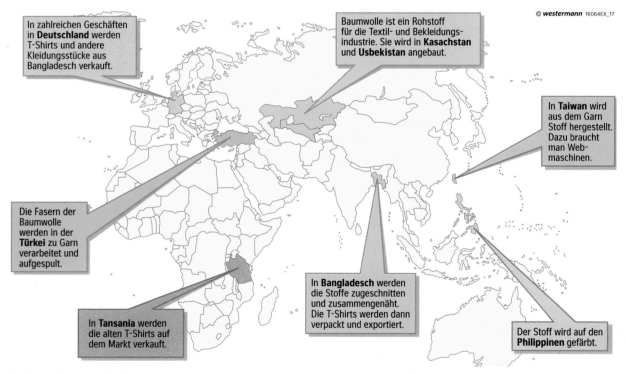

© *westermann* 16064EX_17

In zahlreichen Geschäften in **Deutschland** werden T-Shirts und andere Kleidungsstücke aus Bangladesch verkauft.

Baumwolle ist ein Rohstoff für die Textil- und Bekleidungsindustrie. Sie wird in **Kasachstan** und **Usbekistan** angebaut.

In **Taiwan** wird aus dem Garn Stoff hergestellt. Dazu braucht man Webmaschinen.

Die Fasern der Baumwolle werden in der **Türkei** zu Garn verarbeitet und aufgespult.

In **Tansania** werden die alten T-Shirts auf dem Markt verkauft.

In **Bangladesch** werden die Stoffe zugeschnitten und zusammengenäht. Die T-Shirts werden dann verpackt und exportiert.

Der Stoff wird auf den **Philippinen** gefärbt.

M2 *Weltreise eines T-Shirts*

> *Starthilfe zu* ❷ ↗
> *Beginne mit Kasachstan/Usbekistan und ende mit Tansania.*

❶ Erkläre, wie sich der Preis eines T-Shirts zusammensetzt (M1). Ordne vom größten zum kleinsten Anteil.

❷ ↗ Lege Transparentpapier auf M2 und zeichne mit Pfeilen die Stationen der Weltreise eines T-Shirts in der richtigen Reihenfolge ein.

M3 *Bei der Baumwollernte in Usbekistan*

M6 *Beim Einkaufen*

Usbekistan ist einer der weltweit größten Exportstaaten für Baumwolle.

Für die beschwerliche Ernte ab September verpflichtete der Staat früher vor allem Kinder und Jugendliche von sieben bis 15 Jahren. Die Schulen wurden für diese Zeit geschlossen: Bis zu einer Million Minderjährige arbeiteten acht Stunden pro Tag, über Wochen und Monate. Jetzt müssen Lehrer, Ärzte, Krankenschwestern und Postboten zehn oder 15 Tage als Baumwollpflücker auf den Feldern arbeiten. Der Arbeitseinsatz reißt Lücken. Kliniken bleiben in der Zeit geschlossen, Schulen sind ohne Lehrer. Manchmal fängt die Polizei einfach Leute auf der Straße ab und zwingt sie, zehn Kilogramm Baumwolle zu pflücken.

(Nach verschiedenen Zeitungsartikeln zusammengestellt.)

M4 *Erntezeit in Usbekistan*

1. **Rohstoffstufe**
- Von der Baumwollpflanze zum Stoffballen
- Betriebe: Plantagen, Spinnerei, Webereien; Transport

2. **Produktionsstufe**
- Herstellen der T-Shirts
- Betriebe: Designer, Färbereien, Nähereien; Transport

3. **Gebrauchsstufe**
- Kaufen, Tragen und Pflegen des T-Shirts
- Betriebe: Großhandel, Textilgeschäft, Haushalt; Transport

4. **Entsorgungs- und Wiederverwertungsstufe**
- Kleidersammlung in Deutschland und Verkauf nach Afrika
- Betriebe: Sammelstellen (Container), Abfallverwertung, Sortierbetriebe, Märkte in Afrika

M7 *Produktionsstufen eines T-Shirts*

In China steigen Löhne und andere Kosten. Weil viele Hersteller fürchten, dass China zu teuer wird, soll die Textilindustrie weiterziehen nach Afrika, wenn dort die Menschen noch bereit sind, unter menschenunwürdigen Bedingungen zu arbeiten. (Quelle: Film: Der Preis der Blue-Jeans, NDR, 05.03.2012)

M5 *Die Karawane zieht weiter.*

3 Ordne den Produktionsstufen eines T-Shirts in M7 die entsprechenden Länder in M2 zu.

4 Die Karawane zieht weiter. Erläutere diese Aussage (M5).

Merke
Die Textilindustrie ist ein Beispiel für die Globalisierung. Global Player regeln Produktion und Handel in einer Art weltweiter Arbeitsteilung.

Grundbegriffe
- der Global Player
- die Karawanenwirtschaft

Wichtige Personen stehen den Medien bei Fragen und Problemen Rede und Antwort. Überlege, was für ein Problem ein so hohes Medieninteresse hervorrufen kann.

Medien – immer ein Gewinn?

Am Ende des Kapitels kannst du:

– die heutige Medienvielfalt erläutern

– die Entwicklung der Medien darstellen

– die Rolle der Medien in der Demokratie erörtern

– Chancen und Gefahren des Internets beurteilen

– eine Befragung durchführen

– mit einem GIS arbeiten

– mit einem digitalen Globus arbeiten

Ⓐ   Ⓑ

M1 *Jugendliche nutzen verschiedene Medien.*

ⓘ Medien, Massenmedien

Der Begriff Medien ist eine Sammelbezeichnung für alle Mittel, die der Information, Kommunikation, Unterhaltung oder Werbung dienen. Medien, die sich an viele Menschen wenden, bezeichnet man als Massenmedien. Zu den Massenmedien zählen:

- die Printmedien (z.B. Druckerzeugnisse: Zeitungen, Zeitschriften, Bücher, Plakate),
- die elektronischen Medien (z.B. Rundfunk, Fernsehen, Telefon, Internet, Smartphone, E-Book, DVD, Computerspiel).

Vom Buch zum Internet

Früher erfuhren die Menschen wichtige Neuigkeiten vor allem durch Erzählungen. Wenige Menschen konnten lesen oder schreiben. Bücher wurden mühsam mit der Hand geschrieben. Erst 1452 erfand Johannes Gutenberg den Buchdruck. Von da an konnten Texte in großer Zahl gedruckt und verbreitet werden.

Im 17. Jahrhundert entstanden die ersten Tageszeitungen mit Texten und Zeichnungen. Nach der Erfindung der Fotografie im 19. Jahrhundert wurden auch Fotos in Zeitungen veröffentlicht. Um 1900 wurden die ersten Filme gedreht und 1922 nahm der erste deutsche Radiosender seinen Betrieb auf. Bis 1950 waren Radio und Zeitung die wichtigsten **Medien**. Danach entwickelte sich das Fernsehen zum beliebtesten **Massenmedium**.

Mitte der 1980er-Jahre begann das Computerzeitalter. Seitdem spielen die neuen elektronischen Medien, wie zum Beispiel das Internet und das Smartphone, eine immer wichtigere Rolle für die Menschen.

Medien prägen unser Leben

Unser Leben wird von verschiedenen Medien beeinflusst. Dazu gehören Handy, Fernsehen, Radio, Internet oder Zeitung. Die Menschen nutzen die Medien zur Kommunikation, zur Unterhaltung, als Freizeitbeschäftigung und zu vielem mehr. Eine wichtige Aufgabe der Medien ist es, die Menschen zu informieren.

Die Medien können aber auch gezielt die Meinung der Menschen beeinflussen, zum Beispiel indem Informationen einseitig oder Sachverhalte falsch oder unvollständig dargestellt werden. So können Menschen manipuliert werden.

Auch die Wirtschaft nutzt die verschiedenen Medien, um mithilfe von Werbung Interesse für ihre Produkte zu wecken.

Der verantwortungsvolle Umgang mit Medien muss gelernt werden. Denn es ist zum Beispiel bekannt, dass die übermäßige Mediennutzung auch abhängig oder krank machen kann. Die Verwendung und Nutzung von Medien kann also sowohl bereichernd als auch bedenklich sein.

. . . .

❶ a) ↗ Führe über das Wochenende ein Medientagebuch.
b) Ermittle, wie viel Zeit du für einzelne Medien genutzt hast. Vergleiche diese Zeit mit deiner gesamten Freizeit.

❷ Gestalte ein Bild zu deiner Mediennutzung: Zeichne dich oder klebe ein Foto von dir auf. Zeichne um das Bild Sprechblasen, in die du Aussagen über dein Medienverhalten schreibst (z.B.: Ohne mein Smartphone kann ich ...).

> **Starthilfe zu ❶ a)** ↗
> *Notiere, wann und wie lange du welches Medium nutzt.*

M2 *Wichtige Medien*

Für Kinder bleibt der Fernseher das wichtigste Medium. Der Computer spielt im Alltag aber eine immer wichtigere Rolle. Jedes zweite Kind von sechs bis sieben Jahren hat bereits Erfahrungen damit gesammelt.

Die Kinder nutzen den Rechner vor allem für Computerspiele, zum Arbeiten für die Schule und für das Surfen im Internet.

Das Internet dient Kindern in erster Linie als Informationsquelle. Insbesondere für Jungen sind auch Online-Spiele wichtig. Mit zunehmendem Alter wird das Netz häufiger dazu genutzt, mit anderen Menschen in Verbindung zu treten. Am wichtigsten sind hierbei das Schreiben und Empfangen von E-Mails und das Chatten.

(Quelle: JIM-/KIM-/FIM-Studie 2015, Medienpädagogischer Forschungsverbund Südwest, www.mpfs.de)

M3 *Kinder und Medien – aus einer Befragung von Kindern zur Mediennutzung (2015)*

❸ Erarbeite Unterschriften für die vier Bilder in M1.

❹ Erläutere an drei ausgewählten Erfindungen, wie sich das Leben der Menschen verändert hat (M2).

❺ a) Ermittle, wann die Medien in M2 erfunden wurden (Text).
b) Stelle für eine Erfindung dar, wie sie das Leben der Menschen verändert haben könnte.

❻ Bewerte die Situation in M3.

Merke
Unser Leben wird von verschiedenen Medien beeinflusst. Dazu gehören z. B. Smartphone, Fernsehen, Radio, Internet oder die Zeitung.

Grundbegriffe
• das Medium
• das Massenmedium

M1 *Öffentlich und privat: verschiedene Aufträge – verschiedene Sendungen*

Tages- und Regionalzeitungen

Zeitungen sind die ältesten Massenmedien. Am 1. Juli 1650 erschien in Leipzig die erste Tageszeitung der Welt. Der Begriff „Zeitung" stammt aus der Sprache des Mittelalters und wurde ursprünglich mit „Nachricht" gleichgesetzt.

Heute wird zwischen überregionalen und regionalen **Tageszeitungen** unterschieden. Die regionalen Zeitungen sind für viele Menschen als Informationsquelle wichtig, denn sie füllen die Lücke zu den überregionalen Berichterstattungen der Massenmedien.

Regionalzeitungen sehen ihre Aufgabe darin, auch über Ereignisse in der jeweiligen Region zu berichten. Sie bieten oft die einzige Möglichkeit, sich über das Geschehen vor Ort zu informieren.

Die Zeitungen finanzieren sich einerseits über die verkauften Exemplare und andererseits über Werbeeinnahmen. Zurzeit befinden sich allerdings viele Zeitungen in einer schwierigen Situation, weil immer weniger Menschen Zeitungen abonnieren. Unternehmen werben daher lieber im Internet als in Zeitungen.

ⓘ Werbung

Werbung dient der gezielten Beeinflussung des Menschen zu meist kommerziellen Zwecken. Teils durch gefühlsbetonte, teils durch informierende Werbebotschaften spricht der Werbende bewusste und unbewusste Bedürfnisse an oder will neue erzeugen. Werbung soll den Bekanntheitsgrad eines Produktes steigern und zum Kauf verführen.

ⓘ Einschaltquote

Stellvertretend für ganz Deutschland wird in über 5 000 Testfamilien festgestellt, wann die Familien welche Sendungen sehen. Es wird auch gemessen, wer von der Familie mitschaut. Die Auswertung dieser Daten ergibt dann die Einschaltquote und den Marktanteil für diese Sendung. Die Einschaltquote entscheidet darüber, wie viel ein Sender für einen Werbespot einnehmen kann.

* * *

Starthilfe zu ❶ ↗
Lege dazu eine Tabelle an.

❶ a) ↗ Stelle den Unterschied zwischen öffentlich-rechtlichen Sendern und Privatsendern dar.
b) Zeige anhand von M3 die Auswirkungen der Unterschiede auf das Programmangebot der Sender.

❷ a) Erstelle eine Liste, welche Werbung du bei welcher bekannten

Sendung zeigen würdest. Begründe deine Entscheidung.
b) Nimm Stellung zu der Aussage: Es ist immer besser, vor Ort zwei Regionalzeitungen zu haben.
c) Führt jeweils zu zweit ein Gespräch. Es beginnt mit der Aussage: „Mich nervt, dass auf Sat 1 immer an der spannendsten Stelle Werbung kommt."

The Big Bang
Theory
(Pro 7)
81 000 Euro

Formel 1 (RTL)
65 100 Euro

Sportschau
(ARD)
72 000 Euro

M2 *Werbeeinnahmen (So viel kosten 30 Werbesekunden in verschiedenen Sendungen.)*

Fernsehen und Radio sind öffentlich-rechtlich oder privat

Den Fernseh- und Radiomarkt teilen sich die **öffentlich-rechtlichen Sender** (ARD, ZDF und die dritten Programme) sowie die **Privatsender**. ARD und ZDF finanzieren sich überwiegend durch Rundfunk- und Fernsehgebühren, die pro Wohnung in Deutschland gezahlt werden müssen. Sie haben weniger Werbeeinnahmen. Dafür haben sie einen besonderen Auftrag: Sie sollen der Information, Bildung und Unterhaltung aller Menschen im Land dienen und möglichst viele Interessen berücksichtigen.

Bei den Privatsendern geht es in erster Linie um Gewinne. Ihre Einnahmequellen sind vor allem die Werbung und Telefonaktionen wie Gewinnspiele oder „Votings". Privatsender richten sich an diejenigen, die am ehesten auf Werbung ansprechen. Das ist die Gruppe der 14- bis 49-Jährigen.

Diese Sender stehen im harten Konkurrenzkampf untereinander. Die Sendung mit der höchsten Einschaltquote bringt die höchsten Werbeeinnahmen.

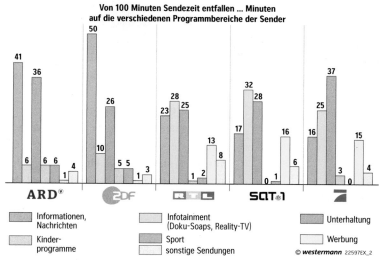

M3 *Anteile der Programmbereiche in Minuten der verschiedenen Sender 2015 im Vergleich*

- -

d) Nimm Stellung zur Aussage: Die Werbung bestimmt das Programm.
e) „Meine Oma schaut nie Pro 7." Welche Gründe könnte sie dafür haben?

❸ Bereitet ein Rollenspiel (Stichwortkarten) zum Thema „Werbung nervt und gehört abgeschafft!" vor. Verteilt folgende Rollen:

– Zeitungsverleger,
– Privatsender,
– öffentlich-rechtlicher Sender,
– Zuschauer,
– Moderator.

Merke
Zeitungen gehören zu den Massenmedien. Beim Fernsehen gibt es öffentlich-rechtliche Sender und Privatsender.

Grundbegriffe
- die Tageszeitung
- der öffentlich-rechtliche Sender
- der Privatsender

M1 *Das Smartphone – wichtigstes Kommunikationsmedium von Jugendlichen*

Lebensbereich Internet

Das Internet hat zu einer starken Veränderung der Mediennutzung geführt. Es entstehen ständig neue Möglichkeiten der Nutzung. Auch für Kinder und Jugendliche gehört das Internet mittlerweile zum Alltag. Es ist das wichtigste Massenmedium. Kein anderes Medium zuvor hat so schnell alle Lebensbereiche erfasst. Der größte Unterschied zu den klassischen Massenmedien ist aber, dass man im Internet nicht nur Bilder und Filme anschauen sowie Texte lesen kann, sondern selbst Texte, Bilder und Filme verfassen, erstellen und verschicken kann. Diese können dann von Millionen Menschen angeschaut und gelesen werden.

Qualität und Vielfalt im Internet

Zeitungsartikel werden von Reportern geschrieben. Vor dem Druck werden sie auf Richtigkeit geprüft.

Das Internet bietet die Möglichkeit, dass jeder schreiben kann, was er will. So kann man im Internet auch Dinge erfahren, die nie in einer Zeitung gestanden hätten. Vielleicht weil sie nicht interessant genug waren, um abgedruckt zu werden. Im Internet können leichter Unwahrheiten verbreitet werden. Es ist schwer einzuschätzen, ob die verbreiteten Informationen der Wahrheit entsprechen. Jeder Nutzer sollte daher eine kritische Grundhaltung besitzen und nicht alles glauben, was er dort sieht und liest.

> **Starthilfe zu ❶** ↗
> *Fertige eine Tabelle an, in der du die Art der Nutzung und die „Gefährdung" der einzelnen Jugendlichen einträgst.*

❶ a) ↗ Werte M2 aus.
   b) Schreibe einen Text über dein eigenes Nutzerverhalten im Internet.

❷ Erstelle eine Liste, welche Medien du besitzt und vergleiche mit M3.

Die meiste Zeit verbringe ich mit WhatsApp. Ich bin in fünf Gruppen und habe 53 Kontakte. Ich bekomme ununterbrochen Nachrichten. Meine Eltern sind davon total genervt. Aber es gibt eine Vereinbarung: Beim Essen und bei den Hausaufgaben stelle ich das Handy aus.
(Celine, 15 Jahre)

Nach der Schule spiele ich erst mal zwei Stunden online. Dort verabrede ich mich mit meinen Freunden auch mal spät abends. Wenn ich Hausaufgaben am Computer machen muss, dauert das lange, weil ich mir zwischendurch Youtube-Videos anschaue.
(Elias, 12 Jahre)

Pro Woche sitze ich bestimmt vier bis sechs Stunden am Computer, um meine Hausaufgaben zu machen und Bilder und Infos in meine Hausaufgaben einzubauen. Meine Eltern finden das gut. Oft schaue ich mir Klamotten in einem Online-shop an. Bestellen darf ich aber nicht.
(Nelly, 13 Jahre)

M2 *Hilfreich oder gefährlich? Jugendliche nutzen das Internet ganz unterschiedlich.*

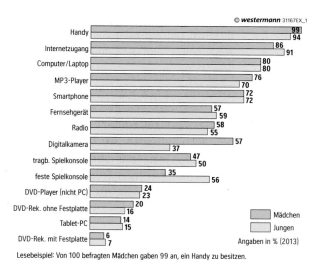

Lesebeispiel: Von 100 befragten Mädchen gaben 99 an, ein Handy zu besitzen.

M3 *Medienbesitz bei Jugendlichen 2013 (12 bis 19 Jahre)*

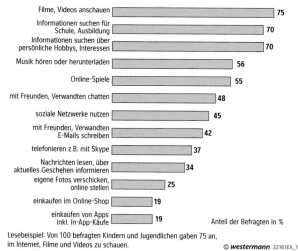

Lesebeispiel: Von 100 befragten Kindern und Jugendlichen gaben 75 an, im Internet, Filme und Videos zu schauen.

© **westermann** 32161EX_1

M4 *Internetnutzung von Kindern und Jugendlichen 2014*

③ Erläutere den Unterschied in der Glaubwürdigkeit eines Zeitungsartikels und eines Beitrags aus dem Internet.

④ Werte M4 aus. Wie nutzen über 50, 20 – 49 und unter 20 von 100 Kindern das Internet? Vergleiche mit dir.

Merke
Das Internet ist zum wichtigsten Massenmedium geworden.

M2 *Faceboock-Gründer Marc Zuckerberg verkündet, dass über eine Milliarde (englisch: Billion) Menschen seine App installiert haben.*

M1 *Der digitale Fußabdruck*

ⓘ Digitaler Fußabdruck

Unter dem digitalen Fußabdruck versteht man die Spuren, die du im Netz hinterlässt. Diese Spuren können andere jederzeit zurückverfolgen und so eine Menge über dich und deine Gewohnheiten erfahren.

Deine Daten im Internet

Viele Dinge, die wir mit den neuen Medien anstellen, sind kostenlos. Facebook, WhatsApp oder Google verlangen kein Geld. Das gefällt vor allem Jugendlichen. Im Jahr 2013 machte das Unternehmen Facebook von Mark Zuckerberg einen Gewinn von 1,5 Milliarden Dollar. Im Frühjahr 2014 kaufte Zuckerberg die Anwendung WhatsApp für 19 Milliarden Dollar. Damit zahlte er für jeden Nutzer 46 \$ (etwa 33 €). Warum nur, wo du doch für WhatsApp nichts bezahlst?

Solche Unternehmen verdienen ihr Geld damit, dass sie viel über dich wissen. Jedes Mal, wenn du dich im Internet bewegst, hinterlässt du eine Spur: einen **digitalen Fußabdruck**. Diese Firmen speichern deine Daten und wissen so, was du magst, welche Filme dir gefallen oder welche Produkte du dir ansiehst.

Das Wissen über dich ist ihre Ware. Diese Ware verkauft zum Beispiel Facebook anderen Firmen, die dann bezahlte Werbung auf deiner Facebook-Seite platzieren. Daher sind deine persönlichen Daten als Ware sehr wertvoll.

Nicht immer wirst du gefragt

Das Problem ist jedoch, dass du davon gar nichts mitbekommst. Denn oft wirst du nicht gefragt oder du hast zu etwas zugestimmt, von dem du nicht wusstest, was es bedeutet.

Manche Apps greifen automatisch auf dein Telefonverzeichnis zu und wissen so, mit wem du Kontakt hast. Sie können auch verfolgen, wo du dich gerade aufhältst. Viele Apps übertragen Daten und Aktivitäten ihrer Nutzer. Das kann unangenehme Folgen für dich haben.

❶ Nutzt du auch Facebook, WhatsApp oder andere soziale Netzwerke? Liste auf, was dir an ihnen gefällt.

❷ ↗ Stelle dar, wie Facebook (M2) mit deinen Daten Geld verdient.

❸ Erstelle einen „digitalen Fußabdruck" über eine bekannte Person.

❹ Untersuche, ob deine Lieblingsapp deine Daten sammelt und was sie mit deinen Daten macht.

❺ Erkläre, wie Firmen das Internet bei der Auswahl von Bewerberinnen und Bewerbern nutzen.

Starthilfe zu ❷ ↗
Eine beschriftete Zeichnung kann hilfreich sein.

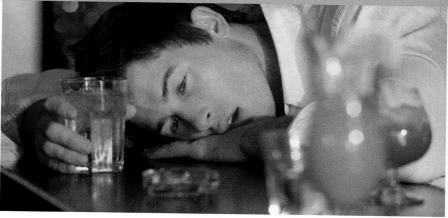

M3 *Im Internet sieht der Chef nicht nur das Bewerbungsfoto.*

Hättest du gedacht, dass du, wenn du Seiten einer großen Fastfood-Kette besuchst, automatisch auch bei Facebook gemeldet wirst?

M4 *Nützliche Hilfsprogramme*

Klicksafe vermittelt Internetnutzern Kompetenzen beim kritischen Umgang mit dem Internet und neuen Medien.

AdBlock Plus ist ein Programm, um die Werbung zu verbannen.

Nicht nur die Werbeindustrie ist interessiert an deinen Daten. Immer mehr Menschen versuchen, über das Internet etwas über andere herauszubekommen. Das macht auch ein Betrieb, der einen jungen Mitarbeiter sucht. Alles, was du im Internet postest und jedes Bild bleibt dort meist für immer. So kann es passieren, dass ein zukünftiger Arbeitgeber dich nicht nimmt, weil er deine Partyfotos nicht so lustig findet oder er deine Einstellung zu bestimmten politischen Themen nicht teilt. Politiker und ein Internetkonzern streiten darüber, ob es ein „Recht auf Vergessen" im Internet geben soll oder wie man seine Daten auch wieder verschwinden lassen kann.

M5 *Das Internet vergisst nichts.*

6 Erstellt gemeinsam ein Flugblatt, das über ein vernünftiges Verhalten im Umgang mit eurem „digitalen Fußabdruck" informiert.

7 Werbung auf Facebook passt genau zu dir. Notiere Vorteile für die werbenden Unternehmen im Vergleich zur Fernsehwerbung.

8 Diskutiert in der Klasse:
„Die Erwachsenen haben keine Ahnung von Internet und wollen uns nur unseren Spaß verderben, wenn sie immer von der Sicherheit reden."

Merke
Bei allem, was du im Internet machst, hinterlässt du einen digitalen Fußabdruck. Mit diesem Wissen über dich verdienen Firmen Geld.

Grundbegriff
• der digitale Fußabdruck

M1 *Tunesische Journalistinnen protestieren gegen eine Verschärfung der Überwachung durch die Regierung (2012).*

ℹ️ Pressefreiheit in Deutschland (Grundgesetz Art. 5)

(1) Jeder hat das Recht, seine Meinung in Wort, Schrift und Bild frei zu äußern und zu verbreiten und sich aus allgemein zugänglichen Quellen ungehindert zu unterrichten. Die Pressefreiheit und die Freiheit der Berichterstattung durch Rundfunk und Film werden gewährleistet. Eine Zensur findet nicht statt.

Die Aufgabe der Massenmedien

Menschen beziehen Nachrichten zumeist aus den Massenmedien. Aus diesen Informationen bilden die Menschen sich eine Meinung. Aufgrund dieser Meinung entscheiden sie beispielsweise, wen sie wählen oder was sie von ihrer Regierung halten.

Deshalb haben Medien für die Gesellschaft eine verantwortungsvolle Rolle. Das wissen natürlich auch die Machthaber in einem Staat. Politiker und Führer in undemokratischen Staaten versuchen, die Medien zu lenken. Sie wollen nicht, dass über sie Negatives berichtet wird und unterdrücken daher Nachrichten, die ihrem Ansehen oder ihrer Politik schaden könnten. Das nennt man **Zensur**.

Da die Medien besondere Aufgaben in einer Demokratie wie Deutschland haben (M3), sind sie besonders geschützt (Info). In einer Demokratie herrscht **Pressefreiheit**.

---

1 ↗ Erläutere die Rolle der Medien in der Demokratie.

2 Nenne Gründe, warum in Diktaturen zensiert wird.

3 Ordne folgende Funktionen den Aufgaben in M3 zu: persönliche Urteile ermöglichen, Information, Kontrolle.

4 Begründe, warum sich die Journalistinnen in M1 den Mund zugeklebt haben, um gegen Zensur und Einflussnahme der Regierung auf die Presse zu protestieren.

Starthilfe zu 1 ↗
Male dazu ein Bild mit der Pressefreiheit als „Regenschirm".

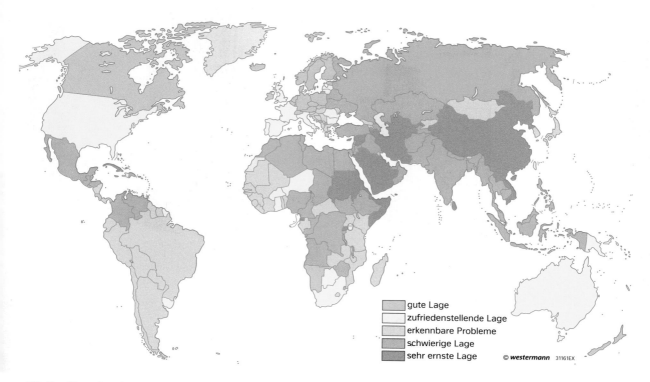

M2 *Zur Situation der Pressefreiheit weltweit (2014)*

Legende:
- gute Lage
- zufriedenstellende Lage
- erkennbare Probleme
- schwierige Lage
- sehr ernste Lage

© *westermann* 31161EX

a) Massenmedien sollen vollständig, sachlich, verständlich über Ereignisse berichten.

b) Massenmedien sollen Missstände aufspüren und politische Entscheidungen hinterfragen.

c) Massenmedien sollen mithilfe ihrer Informationen und Berichterstattungen an der Meinungsbildung jedes Einzelnen mitwirken.

M3 *Politische Aufgaben von Massenmedien*

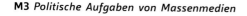

5 a) Ermittle den Kontinent mit der größten Pressefreiheit und den mit der geringsten Pressefreiheit (M2).
b) Versuche, dafür eine Erklärung zu finden.

6 Informiere dich über die Arbeit der „Reporter ohne Grenzen" und erstelle ein Infoplakat (Internet).

Merke
In der Demokratie haben die Medien eine verantwortungsvolle Rolle. Sie üben ein Wächteramt aus.

Grundbegriffe
- die Zensur
- die Pressefreiheit

M1 *Zeichnungen von Kindern, die täglich bis zu einer Stunde fernsehen*

M2 *Zeichnungen von Kindern, die täglich mindestens drei Stunden fernsehen*

Alter	Sehdauer
3 – 5	72 Minuten
6 – 9	91 Minuten
10 – 13	95 Minuten

M3 *Fernsehkonsum nach Altersklassen (2014)*

Merke
Fernsehen kann unterhalten, schädlich sein, aber auch klug machen.

Starthilfe zu ❶ ↗
Denke auch an passende Beispiele.

M4 *Vorm Fernseher*

Das Fernsehen bleibt die Nr. 1

Auch wenn Computer und Internet immer mehr zum Einsatz kommen, der Fernseher ist für Kinder bis zwölf Jahre nach wie vor das wichtigste Medium, das „Leitmedium". Nach einer Umfrage sitzt jedes Kind im Durchschnitt täglich länger als eine Stunde vor dem TV-Gerät. Viele Kinder haben einen eigenen Fernseher im Zimmer.

Zu viel Fernsehen kann schaden

Das unsortierte Fernsehschauen kann schädliche Folgen haben. Ein Wissenschaftler fasst zusammen: Zu viel Fernsehen macht dick, dumm und gewalttätig. Wer als Kind zu viel fernsieht, bewegt sich weniger, lernt schlechter lesen, ist weniger ideenreich und nimmt Dinge oberflächlicher auf.

Fernsehen kann klug machen

Neben vielen lustigen und spannenden Sendungen gibt es auch Programme für Kinder, bei denen man etwas lernen kann. Dazu zählen zum Beispiel „Wissen macht Ah!" (ARD) und „logo" (Kinderkanal). Auch „Die Sendung mit der Maus" (ARD) und „Löwenzahn" (ZDF) vermitteln Wissenswertes. So unterhält Fernsehen nicht nur die Zuschauer, sondern vermittelt Informationen, die das Wissen erweitern.

❶ ↗ Fernsehen kann ... . Ergänze drei Aussagen über die Wirkung von Fernsehen (Texte).

❷ a) Erinnere dich an TV-Erlebnisse, die dir Angst gemacht haben. Zeichne ein Bild der Situation mit einer Gedankenblase, in der du deine damaligen Gedanken einträgst.

b) Schreibe einen Brief an den Wissenschaftler (Text), in dem du ihm deine Meinung zu seiner These mitteilst.

c) Schreibe einen kurzen Elternratgeber zum Thema „Kinder und TV". Begründe deine Ratschläge auch mit M1 und M2.

METHODE: Eine Befragung durchführen

Auf einen guten Fragebogen kommt es an!

Führt eine Befragung durch, wie Kinder Medien nutzen. Dazu müsst ihr einen Fragebogen verfassen, bei dem die Fragen so gestellt sind, dass der Befragte sie versteht.

Es gibt verschiedene Formen von Fragen: Es gibt Ankreuzfragen. Oder es gibt Fragen mit eigenen Texten. Oder es gibt Bewertungen auf Skalen. Oder man kann Wichtigkeiten ordnen lassen.

Für eine bessere Lesbarkeit könnt ihr den Fragebogen mit dem Computer erstellen. Zum Erfolg einer Umfrage trägt ein freundliches Auftreten bei.

M5 *Eine Umfrage auswerten*

Sechs Schritte zur Durchführung einer Befragung

1. Ziele und Zielgruppe bestimmen
- Notiert, was ihr mit der Befragung herausfinden wollt und schreibt es auf ein Plakat. Legt fest, wen ihr befragen wollt. Für eine Befragung in eurer Schule müsst ihr die Schulleitung um Erlaubnis bitten.

2. Fragebogen erstellen
- Schreibt einen kurzen Einführungstext, in dem ihr euer Vorhaben erläutert. Danach folgen Angaben zur Person der Befragten. Dann kommen die Fragen. Formuliert sie so einfach und eindeutig wie möglich. Verwendet verschiedene Arten von Fragen. Legt eine sinnvolle Reihenfolge fest. Testet vorher, ob der Fragebogen verständlich ist.

3. Durchführung der Befragung
- Klärt, wann und wie ihr die Befragung durchführen wollt, ob ihr einzeln, zu zweit oder mit mehreren vorgeht. Ihr könnt auch die Fragebögen verteilen und am nächsten Tag einsammeln.

4. Auswertung der Befragung
- Entscheidet über die Art der Auswertung. Jeweils eine Gruppe könnte eine Frage auswerten. Dazu müsst ihr die Fragebögen so zerschneiden, dass jede Gruppe ihre Frage bekommt. Für die Auswertung ist eine Strichliste hilfreich. Zählt die Anzahl der Striche zusammen und notiert das Ergebnis.

5. Präsentation der Ergebnisse
- Präsentiert eure Ergebnisse als Wandzeitung. Zeichnet zum Beispiel ein Säulendiagramm, erstellt Tabellen oder formuliert einen Bericht.

6. Rückschau der Befragung
- Diskutiert, was gut und weniger gut geklappt hat. Was würdet ihr nächstes Mal anders machen?

Umfrage:
Deine Medienerfahrungen

Wir, die Klasse 6.2, machen eine Befragung zum Thema Medienerfahrung.
Bitte beantwortet alle Fragen ehrlich und gewissenhaft.
Danke!
Die Befragung ist anonym.

Du bist ein
a) ☐ Mädchen   b) ☐ Junge

Alter _____

Klasse _____

1. Wie viel Zeit am Tag verbringst du im Durchschnitt vor dem Ferseher?
a) ☐ weniger als 1 Std.
b) ☐ mehr als 1 Std.
c) ☐ mehr als 2 Std.
d) ☐ mehr als 3 Std.

2. ...

© *westermann* 22599EX_1

3 a) Führe eine Woche lang ein Fernsehtagebuch, in dem du den Tag, die Sendung und die Zeit aufschreibst.
b) Beurteile dann dein Fernsehverhalten nach Zeit und Qualität der Sendungen.

4 Führt eine Befragung zum Thema „Umgang mit dem TV" durch.

a) Überlegt gemeinsam, was euch am Fernsehverhalten und an den Fernseherfahrungen eurer Mitschülerinnen und Mitschüler interessiert.
b) Führt eine Befragung anhand der sechs Schritte durch.
c) Wertet eure Umfrage aus. Beachtet dabei auch die Unterschiede zwischen Jungen und Mädchen.

M6 *Umfragebogen*

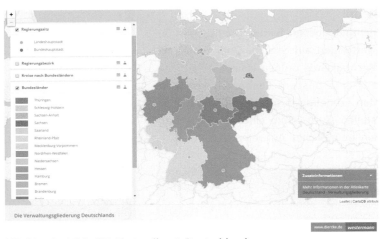

M1 *Diercke Web-GIS Kartendienst Deutschland*

Bundesländer erkunden mit dem Web-GIS

Die Namen der Bundesländer und die der Hauptstädte kannst du leicht im Atlas nachschlagen. Aber welches ist das größte und welches das kleinste Bundesland? Wie viele Menschen wohnen dort? Das erfährst du mithilfe des Web-GIS. Über das Web-GIS kannst du die unterschiedlichsten Informationen abrufen. Sie sind immer auf dem neuesten Stand. Ein Geografie-Web-GIS findest du unter: www.diercke.de/diercke-webgis.

ⓘ GIS

Ein **GIS (Geografisches Informationssystem)** kombiniert Daten von Räumen (z. B. Staaten, Bundesländer) mit Daten von Themen (z. B. Bevölkerungsdichte, Größe, Städte). Die Ergebnisse kann man als Karte, Diagramm oder Tabelle abrufen. Ein **Web-GIS** besteht aus elektronischen Daten im Internet. Daraus kannst du unterschiedlichste Informationen abrufen, zum Beispiel die Lage von Orten auf der Erde oder die Bevölkerungszahl von Ländern. Ein hilfreiches Web-GIS ist das Diercke WebGIS. Es liefert Daten zu allen Staaten der Erde.

Vier Schritte zur Arbeit mit einem GIS

1. **Schritt:** Gehe im Internet auf www.diercke.de/diercke-webgis und öffne den Link zum Kartendienst Deutschland – Verwaltungsgliederung.
2. **Schritt:** Über die Zoomfunktion kann die Kartenansicht vergrößert und verkleinert werden. Klicke dazu auf die Schaltfläche (+/-) oder benutze das Mausrad. Wenn du die Kartenansicht vergrößert hast, erscheinen automatisch Beschriftungstexte für die Bundesländer und Hauptstädte. Mit dem Handsymbol der Maus kannst du den Kartenausschnitt verschieben, zum Beispiel so, dass du Berlin und Potsdam sehen kannst.
3. **Schritt:** Klicke hierzu in das jeweilige Kästchen der ersten Spalte der Legende und aktiviere die Themen Städte, Regierungsbezirke und Kreise nach Bundesländern.
4. **Schritt:** Möchtest du nun zusätzliche Informationen über ein Bundesland erhalten, stelle zunächst nur das Thema Bundesländer sichtbar. Klicke dann in der Legende auf das Symbol Tabellenansicht öffnen neben dem

☑ Bundesländer	⊞ ⏶

Namen des Kartenthemas.
Es öffnet sich die Tabellenansicht, in der alle verfügbaren Informationen zu einem Bundesland in einer Zeile

Bundesländer	
ewz	name
10631278	Land Baden-Württemberg

dargestellt werden.
Nun kannst du den Namen eines Bundeslandes, die Bevölkerungszahl oder die Fläche (Angaben in Quadratkilometern) notieren. Schließe die Tabellenansicht über das X und überprüfe anhand der Kartenansicht, wo das Bundesland liegt
Das Web-GIS bietet natürlich noch viel mehr: Du kannst zum Beispiel die Tabellendaten abfragen und dadurch neue Karten entstehen lassen.

Starthilfe zu ❶ ↗
Du kannst in der Legende die Inhalte anklicken, die in der Karte gezeigt werden sollen.

❶ ↗ Ermittle die zwei Bundesländer mit der größten und die zwei mit der kleinsten Bevölkerungszahl.

❷ Ermittle die drei größten Bundesländer und das kleinste Bundesland.

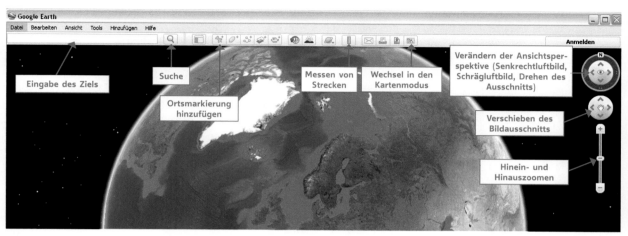

M2 *Startseite von Google Earth*

Google Earth – ein digitaler Globus

Google Earth ist ein bekannter digitaler Globus im Internet. Die kostenlos nutzbare Software kann dir z. B. den kürzesten Weg zwischen deinem Zuhause und deiner Schule zeigen. Dazu musst du dir zunächst die Software auf deinen Computer laden (http://earth.google.de).

M3 *Der Weg von der Wohnung zur Schule*

Sechs Schritte zur Anzeige deines Schulweges in Google Earth

1. Schritt: Öffne Google Earth.
2. Schritt: Gib in das Suchfeld die Adresse deiner Schule ein (z. B. Christophorusschule Elze, Dr.-Martin-Freytag-Str. 1).
3. Schritt: Durch einen Klick auf das Symbol „Suche" wird die eingegebene Adresse auf der Karte herangezoomt.
4. Schritt: Wechsle in den Kartenmodus (siehe M2).
5. Schritt: Klicke auf „Route berechnen"

und gib in die beiden Felder A und B deine Wohnadresse und die Adresse deiner Schule an (z. B. Feld A: Elze Bahnhofstr. 1; Feld B: Christophorusschule Elze Dr.-Martin-Freytag-Str. 1). Nach einem Klick auf „Route berechnen" wird die Route im Satellitenbild angezeigt und beschrieben (M3).
6. Schritt: Unter „Meine Orte" kann die Route gespeichert werden, wenn du dich zuvor anmeldest.

---

❸ Suche mithilfe von Google Earth Deutschland, Brandenburg oder Berlin, deinen Schulort und deine Schule. Speichere das Satellitenbild von deiner Schule mit „Datei" → „Speichern" → „Bild speichern"

❹ a) Lass dir von Google Earth deinen Schulweg anzeigen und die Route berechnen.
b) Vergleiche den angezeigten Schulweg mit deinem tatsächlichen Schulweg.

Grundbegriffe
- das GIS (Geografisches Informationssystem)
- das Web-GIS

Die Kinder auf diesem Bild gehen in eine Klasse.
Sie lernen, spielen und streiten zusammen.
Wie ist es in eurer Klasse?

Vielfalt der Gesellschaft – Herausforderung und/ oder Chance?

Am Ende des Kapitels kannst du:

– das Leben in einer Gruppe beschreiben

– über Konflikte und ihre Bewältigung berichten

– Vielfalt in der Gesellschaft charakterisieren

– Ausgrenzung früher und heute beurteilen

– darstellen, wie Menschen mit Behinderungen leben

M1 *Freunde werden ganz wichtig*

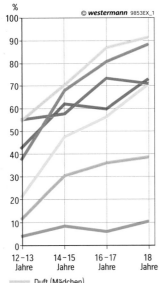

Duft (Mädchen)
schminken (Mädchen)
Haare stylen (Mädchen)
Haare stylen (Jungen)
Duft (Jungen)
Haare selbst tönen/färben (Mädchen)
Haare selbst tönen/färben (Jungen)
Quelle: Bravo Jugendstudie

M2 *In welchem Alter machen Jugendliche was?*

Was tut sich zwischen 12 und 18 Jahren?

Mit Beginn der **Pubertät** beginnt ein neuer Lebensabschnitt – aus Kindern werden Jugendliche. Als Jugendlicher orientiert man sich meist weg von den Eltern hin zu gleichaltrigen Freunden. Die meisten sind Mitglied einer Jugendgruppe bzw. **Clique** (Info).

Die Zugehörigkeit zu einer Gruppe zeigt sich häufig nach außen über das Tragen bestimmter Kleidung. „Klamotten" kann jeder sehen.

Viel Zeit verbringen Jugendliche in **sozialen Netzwerken**. Der Austausch von Nachrichten, Kommentaren, Fotos und Videos ist besonders unter Jugendlichen sehr stark verbreitet.

Die Zeit zwischen 12 und 18 Jahren ist die spannendste und gleichzeitig die schwierigste Zeit im Leben eines Menschen. Der Körper reift heran – äußerlich und innerlich, die Gefühlswelt steht Kopf und vieles erscheint plötzlich ungewohnt. Gleichzeitig beginnt der Abschied aus der Kindheit und die Suche nach einer eigenen, erwachsenen Persönlichkeit. Produkte aus dem Kosmetik- und Modebereich spielen dabei eine immer größere Rolle: Beauty, Styling und das richtige Outfit helfen den Jugendlichen, in dieser stürmischen Zeit des Wandels ihre Rolle im Leben zu finden und ihren eigenen Typ auszudrücken.

M3 *Beauty, Styling, Fashion*

Starthilfe zu ❷ ↗
Nutze dazu auch M3.

❶ Lies M3 und notiere, was sich bei dir im letzten Jahr verändert hat. Vergleiche mit M2.

❷ ↗ Erläutere anhand von M5, was für dich wichtiger und unwichtiger wird und nenne Beispiele.

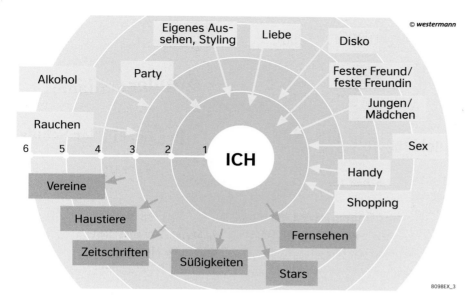

© westermann

8098EX_3

M5 *Was ändert sich für Jugendliche zwischen 12 und 18 Jahren?*
Die Zahlen 1 – 6 bezeichnen die Stärke der gefühlsmäßigen Nähe zu einem Produkt. Je weiter innen die Themen stehen, umso stärker ist die gefühlsmäßige Nähe. Die violetten Pfeile zeigen die Themen, die an Bedeutung verlieren. Die gelben Pfeile zeigen die Themen, die an Bedeutung gewinnen.

„Die anderen sind voll daneben!" – oder nicht?

In einem Projekt wurden 50 Schülerinnen und Schüler der Jahrgangsstufe sechs zum Thema Freizeit befragt. Die Jungen sollten sagen, wie ihrer Meinung nach die Mädchen die Freizeit verbringen. Die Mädchen sollten sagen, wie ihrer Meinung nach die Jungen die Freizeit verbringen. Das Ergebnis war verblüffend. Alle waren empört. Es wurde eine lebhafte Diskussion in den Klassen geführt.

ℹ️ Clique
Den Freundes- und Bekanntenkreis von jungen Leuten nennt man auch Clique. In der Clique gibt es oft eigene Werte, Einstellungen und Verhaltensweisen.

Typisch Junge?

Fußball	HHT HHT HHT HHT HHT HHT HHT HHT HHT HHT
Rauferei	HHT HHT HHT HHT HHT HHT HHT III
Computer	HHT HHT HHT HHT III
Skateboard	HHT HHT HHT II
Radfahren	HHT HHT HHT HHT HHT HHT HHT HHT HHT HHT
Fernsehen	HHT HHT HHT HHT HHT HHT HHT HHT HHT HHT IIII
Video	HHT HHT HHT HHT HHT HHT I
Streetball	HHT IIII

© *westermann* 4993EX_2

Typisch Mädchen?

Popzeitschriften	HHT HHT HHT HHT HHT HHT HHT IIII
Stadtbummel	HHT HHT HHT HHT HHT HHT HHT HHT
Musik	HHT HHT HHT HHT HHT HHT HHT HHT
Liebesromane	HHT HHT HHT HHT HHT I
Starposter	HHT HHT HHT HHT HHT HHT HHT HHT
Musikvideos	HHT HHT HHT HHT HHT HHT II
Mode	HHT HHT HHT HHT IIII
Schminken	HHT HHT HHT I

M4 *Umfrage-Ergebnis*

Merke
Im Alter zwischen 12 und 18 Jahren wird die Clique immer wichtiger.

Grundbegriffe
• die Pubertät
• die Clique
• das soziale Netzwerk

❸ Betrachte das Umfrageergebnis (M4). Überrascht es dich? Begründe deine Meinung.

❹ Ermittelt in einer Umfrage das Freizeitverhalten in eurer Klasse. Vergleicht mit M4.

ⓘ Eskalation

Der Begriff Eskalation kommt aus dem Französischen („Treppe", „Leiter"). Er bedeutet „stufenweise Steigerung, Verschärfung".

Im Verlauf eines Konflikts kann es zu einer „Eskalation der Gewalt" oder zu einem „Hochschrauben" der Gewalt kommen. Deshalb spricht man auch von einer **Gewaltspirale**. Sie ist ab einem bestimmten Punkt nicht mehr kontrollierbar.

Mobbing in der Grundschule

Zwei Schülerinnen ausgerastet

AUSEINANDERSETZUNG AUF DEM SCHULHOF

Schüler schlagen zu

Schlägerei im Klassenzimmer

Prügelei in der Schule

© *westermann* 3531EX_1

M2 *Schlagzeilen zum Thema „Gewalt in der Schule"*

Gewalt kann Gegengewalt erzeugen

Immer häufiger werden in der Gesellschaft **Konflikte** mit Gewalt ausgetragen. Auch in der Schule nehmen solche Konflikte zu. Wenn Menschen in einen Konflikt verwickelt sind, reagieren sie häufig nach dem gleichen Muster.

1. Stufe: Zunächst geht es um eine Sache oder eine Meinung.
2. Stufe: Dann kommen persönliche Angriffe hinzu.
3. Stufe: Es wird Gewalt angewandt.
4. Stufe (gegebenenfalls): Es kommt zu Gegengewalt.

Diese **Eskalation** kann überall passieren: in der Klasse, in der Familie, zwischen Kindern, zwischen Erwachsenen und zwischen Staaten. Im Lauf der Auseinandersetzung wird der Gegner nicht mehr als Mensch mit unterschiedlichen Empfindungen wahrgenommen. Das Gegenüber hat keine Seele, keine Gefühle. Es ist nur noch Zielscheibe der Gewalt bzw. der Gegengewalt. Der Konflikt endet oft so, dass alle Beteiligten einen großen Schaden haben.
Wichtig ist daher eine rechtzeitige **Deeskalation**.

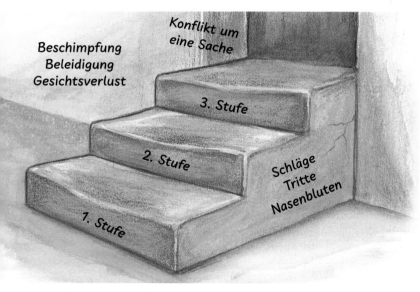

Beschimpfung
Beleidigung
Gesichtsverlust

Konflikt um eine Sache

3. Stufe

2. Stufe

Schläge Tritte Nasenbluten

1. Stufe

M1 *Eskalation der Gewalt*

- -

❶ Die Schlagzeilen in M2 berichten von Gewalt an Schulen. Vergleiche mit deiner Schule.

❸ Erläutere mit eigenen Worten die Begriffe Eskalation und Deeskalation (Info).

Starthilfe zu ❷ ↗
Schreibe die Begriffe so auf die Stufen, dass die Eskalation der Gewalt deutlich wird.

❷ ↗ Zeichne eine Treppe mit drei Stufen in deine Mappe oder dein Heft. Ordne den Stufen passende Formulierungen aus M1 zu.

❹ Erinnere dich an einen Streit, den du gehabt hast.

M3 *Schwerterkampf in der Klasse*

Der Schwerterkampf

Zwei aus eurer Klasse „kämpfen" mit Schwertern aus Zeitungspapier, ohne sich gegenseitig wehzutun. Die anderen bilden einen Kreis. Eine Runde dauert zwei Minuten (Stoppuhr, Kampfrichter).

1. Runde: Die Klasse beobachtet den Kampf. Sie gibt keine Kommentare.

2. Runde: Die Klasse feuert einen der beiden Kämpfer an.

3. Runde: Die Klasse feuert den anderen Kämpfer an.

4. Runde: Die Klasse ruft: „Aufhören", „Schluss".

Nach jeder Runde beantworten die Kämpfer folgende Fragen:

Wie habt ihr euch gefühlt?

Wie hat sich das Verhalten der Klasse auf euch ausgewirkt?

Wut baut sich auf. Sie ist wie ein Wirbelwind, der sich immer schneller dreht. Zuerst sind oft Kränkung, Enttäuschung, Angst oder Hilflosigkeit da. Dann entsteht Wut, die sich nach und nach steigert. Man muss sich bei einem Konflikt selbst beobachten. Dann ist es möglich, zu einem frühen Zeitpunkt aus der Gewaltspirale auszusteigen, bevor man der Wut freien Lauf lässt. So können Verletzungen von allen Beteiligten vermieden werden.

M4 *Wie entsteht Wut?*

Schreibe auf, was du gesagt und getan hast. Stelle dar, an welcher Stelle du noch aussteigen konntest und ab wann es kein Zurück mehr gab.

❺ Führt einen „Schwerterkampf" in der Klasse durch (M3). Arbeitet heraus, wann das Verhalten der Klasse eine Eskalation, wann eine Deeskalation bewirkte.

ⓘ Deeskalation
Die Auflösung von Spannungs- oder Gewaltsituationen nennt man Deeskalation. Man erreicht sie zum Beispiel durch Zurückweichen, ruhiges Sprechen oder Trennen der Streithähne. Für Deeskalation gibt es Trainingsprogramme, die von Pädagogen, Polizisten oder Psychologen durchgeführt werden. Wenn man Deeskalationsverhalten geübt hat, kann man es im Ernstfall anwenden.

Merke
Oft wird ein Konflikt mit Gewalt ausgetragen. Er endet dann mit einem großen Schaden für alle Beteiligten. Eine rechtzeitige Deeskalation ist daher sehr wichtig.

Grundbegriffe
• die Gewaltspirale
• der Konflikt
• die Eskalation
• die Deeskalation

M1 *Chinatown in New York City*

New York – die Vielvölkerstadt

New York City ist mit 8,2 Millionen Menschen die größte Stadt der Vereinigten Staaten von Amerika (USA) und eine der größten Städte der Welt. Sie ist seit ihrer Gründung Anlaufpunkt für Einwanderer aus der ganzen Welt. Die meisten New Yorker stammen daher von Einwanderern ab. Es gibt fast 200 verschiedene Volksgruppen. Viele Minderheiten leben in eigenen Wohnvierteln (M4).

New York ist aber auch das wirtschaftliche und kulturelle Zentrum des Landes. Die Stadt besitzt den größten Hafen der USA und die größte Börse. Die Stadt gliedert sich in fünf Stadtteile. Der älteste ist Manhattan. Hier liegt die eigentliche City der Stadt. Nirgendwo in der Welt finden sich so viele Kinos und Theater, so viele Wolkenkratzer auf so engem Raum.

Ich bin in New York aufgewachsen und um den Globus gereist, aber eine Stadt wie New York habe ich nirgends gesehen. Wenn du dort durch die Straßenschluchten gehst, siehst du Menschen aller Nationen, ganz unterschiedlich gekleidet und du fragst dich, aus welchem Land sie kommen. Unglaublich, was in dieser Stadt los ist: die vielen Gesichter, Sprachen und Gerüche und der ewige Autolärm. Am wohlsten aber fühle ich mich in meinem alten Stadtviertel Brooklyn – mancherorts keine ungefährliche Gegend – aber ich mag sie.

M2 *Ein New Yorker berichtet.*

Starthilfe zu ❷ ↗
Achte auf das Aussehen der Gebäude und der Menschen.

❶ „Eine Stadt wie New York habe ich nirgends gesehen." Erläutere diese Aussage (M2).

❷ ↗ Die Abbildung M3 zeigt Besucherinnen einer Modenschau in Manhattan, die sich vor dem Veranstaltungsort fotografieren lassen.
a) Gib der Abbildung eine kritische Überschrift.
b) Begründe, warum das Foto zur Seitenüberschrift passt.

M3 *Besucherinnen einer Modeschau lassen sich vor dem Veranstaltungsort fotografieren.*

Die reichen New Yorker leben überwiegend etwas außerhalb der Stadt beziehungsweise in dem teuren Stadtteil Manhattan. Arme Menschen wohnen häufig in Häusern, die von den Eigentümern nicht mehr renoviert werden.

M5 *New York – Licht und Schatten*

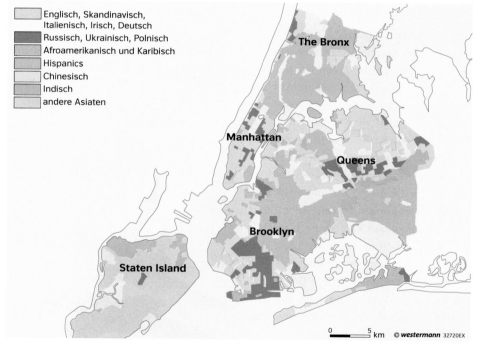

Englisch, Skandinavisch, Italienisch, Irisch, Deutsch
Russisch, Ukrainisch, Polnisch
Afroamerikanisch und Karibisch
Hispanics
Chinesisch
Indisch
andere Asiaten

The Bronx

Manhattan

Queens

Brooklyn

Staten Island

0   5 km   © *westermann* 32720EX

M4 *Mehrheitliche Abstammung der Einwohner bestimmter Wohngegenden New Yorks*

ⓘ Hispanics
Der Begriff „Hispanic" umfasst alle in den spanisch-sprechenden Ländern Mittel- und Südamerikas geborenen Amerikaner oder deren Nachfahren. Der Begriff wird aber meistens nur für die in den USA lebenden Mittel- und Südamerikaner benutzt.

③ New York wird auch als „Salad Bowl" oder „Schmelztiegel" bezeichnet. Begründe (M4).

④ Das Zusammenleben von Minderheiten hat Vorteile und Nachteile. Nimm Stellung zu dieser Aussage.

Merke
New York ist die größte Stadt der USA. Hier leben fast 200 verschiedene Volksgruppen.

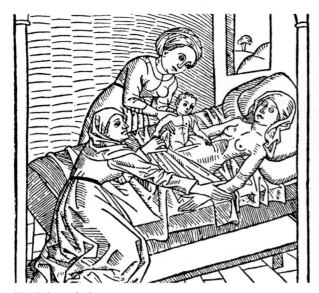

M1 *Kaiserschnitt*

M2 *Wasserprobe*

❶ Hexenproben

Im Mittelalter glaubte man, Hexen durch bestimmte Proben eindeutig überführen zu können. Man nannte sie Hexenproben. Bei der Wasserprobe ging man davon aus, dass diejenigen, die das heilige Wasser der Taufe abgeschüttelt hatten, vom Wasser abgestoßen werden. Die vermeintliche Hexe wurde an Füßen und Händen gefesselt und in einen Fluss oder See geworfen. Blieb sie an der Wasseroberfläche, war sie eine Hexe. Ging sie unter, war sie unschuldig.

Die Hexenverfolgung

Im Mittelalter glaubten viele Menschen in Europa an die Existenz von Hexen. Insbesondere weise Frauen, Hebammen und Kräuterkundige wurden für Hexen gehalten. Oft waren sie Krankenschwester, Ärztin und Apothekerin in einer Person. Sie erkannten und heilten Krankheiten, versorgten Wunden und stellten Medizin her. Man verließ sich auf die Heilkünste der sogenannten Hexen. Zu großen Hexenverfolgungen kam es noch nicht. Dies änderte sich im 15. Jahrhundert. Unzählige Frauen wurden verfolgt, weil sie für Hexen gehalten wurden. Grundlage hierfür war die Vorstellung, dass der Teufel mithilfe von Hexen eine Verschwörung gegen das Christentum plane.

Bei allen Hexenprozessen waren nur Belastungszeugen zugelassen. Geständnisse wurden durch **Folter** erzwungen. Auch Hexenproben (Info) galten als Beweis.

M3 *Beinschraube*

Starthilfe zu ❶ ↗
Denke an Kinderbücher, Hörspiele, Filme und Märchen.

❶ ↗ Notiere, wo dir Hexen schon begegnet sind. Ordne die Notizen in positive oder negative Hexendarstellungen.

❷ Erkläre, warum es zur Hexenverfolgung kam.

❸ Beschreibe, welche Chance eine als Hexe Angeklagte hatte.

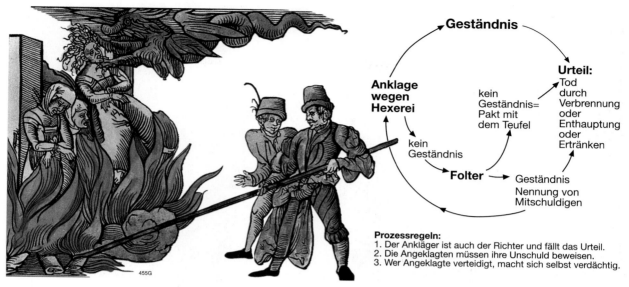

M4 *Hexenprozesse – Einbahnstraße in den Tod*

Ursachen der Hexenverfolgung

Zwischen dem 15. und 17. Jahrhundert gab es in Europa viele Kriege, Missernten, Krankheiten und Armut. Die Lebensbedingungen der Menschen verschlechterten sich. Eine neue Kältewelle brach über Europa herein. Lebensmittel wurden so teuer, dass große Teile der Bevölkerung Hunger leiden mussten. Schuld daran waren nach Meinung vieler Menschen die Hexen. Durch Predigten angestachelt, begann die Zeit der Hexenverfolgung. In vielen Ländern Europas erreichte sie in den Jahren zwischen 1570 und 1590 ihren Höhepunkt. Die Hexenprozesse erfüllten vor allem die Aufgabe, Sündenböcke für alle Leiden zu finden. Letztlich war die Hexenverfolgung auch noch ein lohnendes Geschäft, denn das gesamte Vermögen der Verurteilten wurde be-

Für die unzähligen Opfer steht auch das Schicksal der 67-jährigen Witwe Klara Geißlerin. Sie wurde 1597 in Gelnhausen in Hessen verhaftet. Eine andere Frau, die wegen Hexerei hingerichtet worden war, hatte unter Folterqualen Klara Geißlerin beschuldigt, mit drei Teufeln zusammenzuleben. Beim Verhör leugnete Klara Geißlerin ihre Schuld. Man begann sie zu foltern und sie gestand, was auch immer der Richter von ihr verlangte. Nach der Folter widerrief sie ihre Aussagen und wurde daraufhin wieder gefoltert. Dies wiederholte sich nochmals. Klara Geißlerin starb während der letzten Folter. Ihre Leiche wurde im gleichen Jahr verbrannt.

M5 *Klara Geißlerin – Schicksal einer Frau*

schlagnahmt und unter den am Prozess Beteiligten aufgeteilt. Das waren die Richter, Henker, Schreiber und Folterer. Bis zum Jahr 1710 wurden nach Schätzungen mehr als 250 000 Frauen umgebracht.

Merke
Vom 15. bis 18. Jahrhundert wurden in Mitteleuropa vor allem Frauen als Hexen verfolgt. 80 Prozent aller Prozesse wurden gegen Frauen geführt.

Grundbegriff
• die Folter

4 Erläutere den Verlauf eines Hexenprozesses (M4).

5 Begründe, warum ein Hexenprozess eine „Einbahnstraße in den Tod" war.

M1 *Wohnungslose Jugendliche*

M2 *Das Berliner Straßenmagazin „strassenfeger" ist eines von drei Straßenmagazinen in Berlin, die von Menschen in sozialer Not verkauft werden (M3).*

Menschen ohne Wohnung

Obdachlose haben keine eigene Wohnung oder kein eigenes Zimmer. Grundlegende Bedürfnisse wie Schlafen, Körperpflege, Entspannung und soziale Kontakte im privaten Raum sind nicht möglich. Wenn es dunkel wird, wissen sie oft nicht, wo sie die Nacht verbringen werden.

Sie schlafen unter freiem Himmel: über Heizungsschächten und auf Parkbänken, in Hinterhöfen oder Grünanlagen. Obdachlose sind damit vom allgemeinen gesellschaftlichen Leben ausgegrenzt. Ihnen haftet häufig das Vorurteil an, ihre soziale Lage selbst verschuldet zu haben.

Arme Menschen sollen nicht nur auf Almosen und Spenden angewiesen sein (...) sondern sollen selbstbestimmt arbeiten können. Und sie sollen selbst entscheiden können, was sie mit dem verdienten Geld anfangen. Die Straßenzeitung „strassenfeger" bietet nichts anderes als „Hilfe zur Selbsthilfe". Sie erscheint vierzehntägig montags mit 26 Ausgaben pro Jahr und erreicht eine durchschnittlich verkaufte Auflage von ca. 21 000 Exemplaren. Der Preis beträgt 1,50 Euro, davon behalten die Verkäufer 90 Cent, 60 Cent fließen in die Arbeit des Vereins.

(Quelle: www.strassenfeger.org, Stand: 01/2016)

M3 *Der „strassenfeger" stellt sich vor*

Starthilfe zu ❷ ↗
Erstelle eine Liste mit Dingen, die dir am meisten fehlen würden.

❶ Nenne Gründe, die dazu führen, dass Menschen obdachlos sind. Ergänze die Informationen mithilfe des Internets (www.motz-berlin.de).

❷ ↗ Nenne Schwierigkeiten, die sich aus der Obdachlosigkeit ergeben.

M4 *Ein Sozialarbeiter vom Berliner Kältebus bietet einer Frau Hilfe an (es sind -8 °C).*

ℹ️ Kältebus

Mit dem Kältebus und der Kälte-Notübernachtung will die Berliner Stadtmission Kältetote in Berlin verhindern. Vom 1. November eines jeden Jahres bis zum darauffolgenden 31. März sucht der Kältebus mit seinem Team nach hilflosen Wohnungslosen, die nicht mehr aus eigener Kraft eine Kälte-Notübernachtung aufsuchen können. Das Kältebusteam sucht die Wohnungslosen regelmäßig auf der Straße auf und fährt sie auf ihren Wunsch zu einem sicheren Übernachtungsplatz. Die Kältebus-Mitarbeiter versuchen zunächst mit ihnen ins Gespräch zu kommen, bieten ihre Hilfe, eine Tasse heißen Tee oder einen warmen Schlafsack an.

(Quelle: www.berliner-stadtmission.de)

Aufmerksamkeit und Liebe? David kennt das nicht. Trotzdem ist er Optimist. Seine Mutter starb, als er ein Jahr alt war. Sein Vater war überfordert. Er flüchtete sich in den Alkohol. David kam in ein Heim. Wechselnde Betreuer konnten David die Familie nicht ersetzen. Er suchte den Kontakt zu seinem Vater. Er schrieb ihm Briefe, bekam aber nie eine Antwort.

Mit zehn Jahren kam David in eine WG der Evangelischen Jugendhilfe. Doch nach Abschluss seiner Ausbildung zur Fachkraft für Lagerlogistik wurde er arbeitslos. Die WG musste er verlassen. Das Jugendamt zahlte nicht mehr. Was ihm blieb, waren ein Koffer und ein Zettel mit der Adresse einer Notunterkunft. Dort konnte David schlafen, den Tag verbrachte er auf der Straße. Seine Geldsorgen löste er mit Betrügereien.

Heute lebt David wieder in Berlin, in einem 16-Mann-Zimmer einer Notunterkunft, und verkauft das Straßenmagazin „motz". Auf die Frage, was er sich von der Zukunft wünscht, antwortet er ganz spontan: „Eine eigene Familie in einem Einfamilienhaus, nichts Protziges, nur eben genügend Platz für eine Familie. Und einen Job in meinem Ausbildungsberuf."

(Nach einem Zeitungsbericht)

M5 *David berichtet*

Merke
Obdachlose haben keine eigene Wohnung. Sie sind vom gesellschaftlichen Leben ausgegrenzt. Straßensozialarbeiter und gemeinnützige Vereine helfen.

---

③ Stelle dir vor, du wärst in der Situation der Frau in M4. Notiere mögliche Gedanken und Gefühle.

④ a) Nenne deine Zukunftswünsche und vergleiche sie mit Davids (M5).
b) Bewerte Davids Möglichkeiten, seine Wünsche zu erreichen.

M1 *Im Straßenverkehr*

ⓘ Inklusion

Inklusion heißt wörtlich übersetzt Zugehörigkeit, also das Gegenteil von Ausgrenzung. Wenn Menschen mit Behinderungen überall dabei sein können, z.B. in der Schule, am Arbeitsplatz, im Wohnviertel oder in der Freizeit, dann ist das gelungene Inklusion.

Mit Beeinträchtigungen leben

Einige Menschen sind körperlich beeinträchtigt. Ursache kann eine Erkrankung, eine angeborene Schädigung oder ein Unfall sein. Sie sitzen im Rollstuhl, können nicht oder nur sehr schlecht sehen, sind taubstumm oder haben andere Einschränkungen. Auch geistig beeinträchtigte Menschen gibt es in unserer Gesellschaft. Umgangssprachlich werden sie oft als Behinderte bezeichnet. Doch behindert werden sie oft auch von ihrer Umwelt (M2).

So wie es kleine, große, dicke oder dünne Menschen gibt, so selbstverständlich sollte es sein, dass jemand im Rollstuhl sitzt, sich mit einem Blindenstock orientiert oder ein Hörgerät trägt. Eine Beeinträchtigung sagt nichts über den Charakter aus. Jeder kann fröhlich, zufrieden oder hinterhältig sein.

Im Gegensatz zu früheren Zeiten, wo körperlich und geistig beeinträchtigte Menschen oft von der Gesellschaft ausgeschlossen wurden, gehören sie heute zu unserem Alltag. Die **Inklusion** in der Schule ist sogar gesetzlich verankert. Die **Integration** körperlich und geistig beeinträchtigter Menschen ist eine wichtige Aufgabe.

Starthilfe zu ❷ ↗
Denke an Ampeln, Bahnhöfe, öffentliche Toiletten usw.

❶ Bewerte die Gedanken der Menschen in M1. Ordne sie jeweils einem Begriff zu: Mitleid, Bewunderung, Aggression, Verlegenheit, Verständnislosigkeit, Gleichgültigkeit, Neugier, Ablehnung.

❷ ↗ Liste auf, wie versucht wird, körperlich beeinträchtigten Menschen den Alltag zu erleichtern.

M2 *Wer behindert wen?*

Silke Kuwatsch ist an Muskelschwund erkrankt

Im Laufe der Jahre sind meine Muskeln immer weiter geschwunden. Ich kann kaum noch eine Treppe ohne Hilfe hochgehen. Dies macht mich nach der Definition zu einer Behinderten. Ich muss ehrlich gestehen, ich mag es nicht, wenn ich „die Behinderte" bin. Nicht, weil ich meine Behinderung verleugne, vielmehr weil mich dieser Titel auf eben diese Behinderung reduziert, sie in den absoluten Vordergrund setzt. Ich bin ein Mensch mit einer Behinderung, das trifft es eher. Behindert sein, behindert werden. Was macht das für einen Unterschied? Meine Behinderung würde weniger eine Rolle spielen, gäbe es an jeder Treppe ein Geländer, würden neben Stufen Schrägen existieren, hätte man beim Bau öffentlicher Gebäude Menschen wie mich nicht vergessen.

(Quelle: Behinderung. www.silkekuwatsch.de, Stand: 12/2015)

M3 *Quellentext*

∙∙

❸ Versetze dich in die Rolle des Mannes oder der Frau in M2 und schreibe einen Text über die Situation.

❹ Lies die Quelle M3. Erörtere, was Silke Kuwatsch über „behindert sein – behindert werden" schreibt.

Merke

Menschen mit einem dauerhaften gesundheitlichen Schaden gelten als behindert. Sie werden häufig ausgegrenzt. Ihre Integration ist eine wichtige Aufgabe.

Grundbegriffe

- die Inklusion
- die Integration

Kathedrale von León

Petersdom in Rom

Weltreligionen

Religionen sind Weltanschauungen, in denen überirdische Kräfte sowie heilige Orte und Objekte eine wichtige Rolle spielen. Folgende fünf Religionen gelten als Weltreligionen: Christentum (etwa 2,3 Mrd. Anhänger) Islam (etwa 1,6 Mrd. Anhänger) Hinduismus (etwa 940 Mio. Anhänger) Buddhismus (etwa 460 Mio. Anhänger) Judentum (etwa 15 Mio. Anhänger)

M1 *Von oben: Judentum, Christentum und Islam sind Buchreligionen*

Die Entstehung von Judentum, Christentum und Islam

Das Judentum, das Christentum und der Islam sind monotheistische Religionen. Monotheistisch bedeutet, dass die Anhänger dieser Weltreligionen (Info) jeweils nur an einen Gott glauben. Als Urvater aller drei Religionen gilt Abraham, der im Islam Ibrahim genannt wird. Er soll vor mehr als 3000 Jahren auf dem Gebiet des heutigen Staates Israel bzw. Palästina gelebt haben. Seine Nachkommen Jisrael (Jacob) und Ismaïl gelten als Stammväter des Judentums und des Islams.

Der Glaube an nur einen Gott war damals neu. Zuvor glaubten die Menschen an viele verschiedene Gottheiten. Abraham war bereit, sich dem Willen Gottes bedingungslos zu unterwerfen. Hätte es Gott verlangt, hätte er ihm seinen eigenen Sohn geopfert. Eine solche Form der Hingabe hatte es bislang nicht gegeben. Die Nachkommen Jisraels besiedelten den Nahen Osten. Verschiedene Propheten schufen zunächst die Grundzüge der jüdischen Religion. Eine wichtige Rolle spielte dabei die Person des Moses. Dieser Prophet und politische Führer befreite das jüdische Volk aus der ägyptischen Gefangenschaft. Er ließ sich dabei von Gott leiten und empfing durch ihn den jüdischen Grundlagentext, die Thora. Später gingen alle Überlieferungen in den Text des heiligen Buches Talmud ein.

Die Nachkommen Ismaïls lebten auf dem Gebiet der Arabischen Halbinsel. Die Araber waren zunächst keine Monotheisten. Die „Zeit der Unwissenheit" wurde durch den Propheten Muhammad beendet. Er ist der Begründer des Islams. Ab dem Jahr 610 n. Chr. empfing er die göttlichen Offenbarungen, die im Koran zusammengefasst sind. Muhammad predigte in Mekka und Medina die neue Religion. Das Jahr 622 gilt als Beginn des Islams und der islamischen Zeitrechnung. Rasch

❶ Zeichne ein Zeitfries, auf dem du die Entstehung des Judentums, des Christentums und des Islams einträgst.

❷ a) Nenne heilige Orte und Gebäude der drei Religionen.
b) Gestalte danach eine Posterkarte des Mittelmeerraumes.

Kloster von Athos

İstanbul

Athos

Hagia Sophia in Istanbul

Klagemauer und Felsendom in Jerusalem

Jerusalem

Bethlehem

verbreitete sich die Religion über den Mittelmeerraum, über Nordafrika und weite Teile Asiens.

Auch die christliche Religion beginnt bei Abraham und bezieht sich auf die jüdische Geschichte. In der jüdischen Religion spielte der Glaube an die Ankunft eines Messias eine wichtige Rolle. Jesus, der Stifter des Christentums, wurde vor rund 2000 Jahren in Bethlehem geboren. Er predigte die Liebe zu Gott und den Menschen. Er umgab sich mit Menschen, denen Unglück widerfahren war, und half ihnen. So wurde er zum Messias. Nach seinem gewaltsamen Tod am Kreuz ging seine Botschaft in die Heilige Schrift, die Bibel, ein. Seine Gefährten verbreiteten die neue Religion im Römischen Reich. Dort wurde sie im 4. Jahrhundert n. Chr. Staatsreligion. Heute hat das Christentum weltweit die meisten Anhänger und ist auf allen Erdteilen verbreitet.

Kaaba in Mekka

Medina

3 a) Erläutere die Rolle, die Moses, Jesus und Muhammad bei der Entstehung der drei Religionen spielten.

b) Recherchiere die Lebensgeschichte der drei Personen.

© **westermann** 33906EX

Mekka

Minakshi-Tempel

Mathura ●
Pushkar ●
Lum
Ay
Vara
Allahabad
Sanchi ●

● Ajanta

Waschung während des hinduistischen Festes Kumbh Mela in Allahabad

Stupa von Sanchi

● Mahabalipu

❶ Weltkulturerbe

Einzigartigen und besonders schützenswerten Natur- und Kulturstätten verleiht die Organisation UNESCO den Titel „Welterbe". In 161 Ländern gibt es 779 Kulturdenkmäler und 197 Naturdenkmäler mit diesem Titel. Die Liste wird immer wieder überprüft und erneuert. Unter den 779 Kulturdenkmälern befinden sich viele, die einen Bezug zu einer bestimmten Religion aufweisen. Unter den Gebäuden, die als Welterbe geführt werden, befindet sich beispielsweise der Aachener Dom, die Selimiye-Moschee in Edirne, die Altstadt von Jerusalem, der buddhistische Stupa von Sanchi und der Tempelbezirk von Mahabalipuram in Indien.

Hinduismus und Buddhismus

Die Wörter Hindu und Inder leiten sich von dem Fluss Indus ab, der durch das heutige Pakistan fließt. Das gesamte südliche Asien bildete zwischen 1858 und 1947 die Kronkolonie Britisch-Indien. In diesem riesigen Gebiet lebten Hunderte Millionen Menschen. Es wurden viele unterschiedliche Sprachen gesprochen und die Menschen gehörten unterschiedlichen Religionen an. Die britische Kolonialverwaltung unterschied Muslime und Christen. Doch beide Gruppen bildeten nicht die Mehrheit. Die Mehrheit fassten die Briten unter der Religionsbezeichnung Hinduismus zusammen.

Der Hinduismus ist eine Sammelbezeichnung für verschiedene, ähnliche religiöse Vorstellungen und Praktiken. Die ältesten Überlieferungen stammen aus der Zeit vor mehr als 3000 Jahren. Im Unterschied zu den Anhängern der monotheistischen Religionen verehren die Hindus mehrere Götter, zum Beispiel Rama, Brahma, Shiva und Vishnu. Um jeden Gott rankt sich eine Geschichte. Viele Götter sind verheiratet. Je nach Region werden einzelne Götter besonders geachtet. Danach unterscheiden sich Traditionen und Rituale. Die Mehrzahl der Hindus glaubt an eine Ewige Ordnung (Sanatana Dharma). Nach ihrer religiösen Vorstellung werden die Menschen nach ihrem Tod wiedergeboren. Wie ein Mensch wiedergeboren wird, richtet sich danach, wie er im Laufe seines Lebens die religiösen Vorschriften einhält. Diese Form der Tatvergeltung wird als Karma bezeichnet.

Bis heute leben die meisten Hindus in Südasien, besonders in Indien. Dort bilden sie die Bevölkerungsmehrheit. Die hinduistische Kunst und Kultur hat aber auch das Leben in Südostasien stark geprägt. Hindus leben inzwischen auch in anderen Regionen der Erde.

❶ Nenne Unterschiede zwischen den monotheistischen Religionen einerseits sowie dem Hinduismus und dem Buddhismus andererseits.

❷ Erläutere, warum heute in aller Welt Buddhisten und Hindus leben.

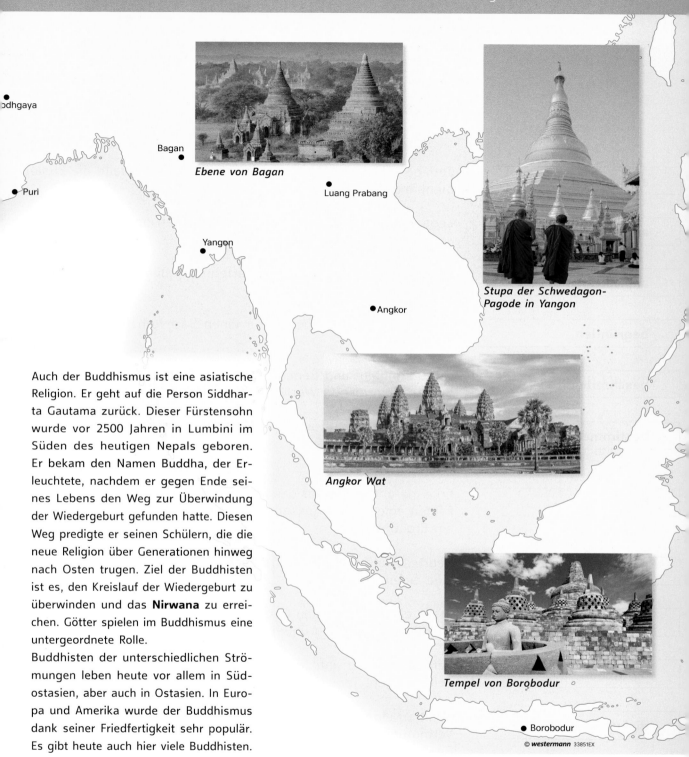

Ebene von Bagan

odhgaya

Bagan

Puri

Luang Prabang

Yangon

Stupa der Schwedagon-Pagode in Yangon

Angkor

Angkor Wat

© **westermann** 33851EX

Tempel von Borobodur

● Borobodur

Auch der Buddhismus ist eine asiatische Religion. Er geht auf die Person Siddharta Gautama zurück. Dieser Fürstensohn wurde vor 2500 Jahren in Lumbini im Süden des heutigen Nepals geboren. Er bekam den Namen Buddha, der Erleuchtete, nachdem er gegen Ende seines Lebens den Weg zur Überwindung der Wiedergeburt gefunden hatte. Diesen Weg predigte er seinen Schülern, die die neue Religion über Generationen hinweg nach Osten trugen. Ziel der Buddhisten ist es, den Kreislauf der Wiedergeburt zu überwinden und das **Nirwana** zu erreichen. Götter spielen im Buddhismus eine untergeordnete Rolle.

Buddhisten der unterschiedlichen Strömungen leben heute vor allem in Südostasien, aber auch in Ostasien. In Europa und Amerika wurde der Buddhismus dank seiner Friedfertigkeit sehr populär. Es gibt heute auch hier viele Buddhisten.

❸ Viele buddhistische und hinduistische Bauwerke zählen heute zum Weltkulturerbe.
  a) Begründe.

b) Wähle anhand der Fotos ein Bauwerk aus. Recherchiere seine Entstehung und Bedeutung.
c) Fertige dazu ein Plakat an.

Hilfe zur Lösung

in alphabetischer

analysieren	Zerlege schwierige Aussagen in Teilthemen, erarbeite die Zusammenhänge und zeige sie auf.
auflisten	Lege eine Liste an mit Aussagen, Tatsachen oder Gegenständen.
auswerten	Finde die Inhalte von Texten, Karten oder Bildern heraus und stelle sie zusammen.
begründen	Finde Gründe und Beispiele für einen Sachverhalt und schreibe sie auf.
beschreiben	Gib die Inhalte und Bedeutungen von Texten, Karten oder Bildern mit eigenen Worten richtig wieder.
bestimmen, ermitteln	Finde in Texten und anderen Materialien wichtige Begriffe heraus.
beurteilen	Erkenne und prüfe auf der Grundlage von Fachwissen und Fakten eine Sache, Aussage oder ein Geschehnis und formuliere ein Ergebnis.
bewerten	Beurteile und begründe eine Sache oder Aussage und bilde dir eine eigene Meinung.
charakterisieren	Stelle ein Thema, einen Gegenstand, einen Raum mit entsprechenden Worten begründet vor.
darstellen	Verdeutliche den Inhalt von Texten, Karten, Bildern mit Worten, Zeichnungen, Tabellen oder Diagrammen.
diskutieren	Stellt zu einer Sache oder einem Thema Aussagen, Kenntnisse, Vermutungen zusammen und entwickelt eine begründete Bewertung.
einordnen	Stelle einzelne Gesichtspunkte einer Sache in einen Zusammenhang.

ler Aufgaben

eihenfolge

entwickeln	Stelle Vorschläge und Maßnahmen vor, um eine Sache inhaltlich und anschaulich zu verbessern.
erarbeiten	Mache Bedeutungen und Zusammenhänge in Texten, Karten und Bildern deutlich.
erklären	Zeige Regeln, Vorgänge und Zusammenhänge einer Sache oder eines Themas auf und veranschauliche sie.
erläutern	Erkläre eine Sache und verdeutliche sie mit Beispielen.
erörtern	Betrachte eine Sache aus unterschiedlichen Sichtweisen. Stelle die verschiedenen Standpunkte gegenüber und bilde dir dann eine eigene Meinung.
interpretieren	Stelle einen vielfältigen Sachverhalt verständlich dar, erfasse den Sinn und bewerte ihn.
lokalisieren	Finde eine Stadt, einen Staat, einen Fluss usw. auf und beschreibe die Lage (z.B. Himmelsrichtung, Kontinent, Gebirge).
nennen, benennen	Gib Inhalte, Themen, Aussagen wieder.
prüfen, überprüfen	Untersuche mit und ohne Hilfsmittel, ob Inhalte oder Aussagen richtig sind.
Stellung nehmen	Schätze Sachverhalte mit Fachkenntnissen und der Analyse von Materialien ein und formuliere eine eigene begründete Meinung.
vergleichen	Arbeite Gemeinsamkeiten und Unterschiede zwischen zwei Sachverhalten oder Räumen heraus.

Abgeordneter (Seite 252)
Ein Abgeordneter ist ein gewähltes Mitglied eines Parlaments oder eines Gemeinderates.

Accessoire (Seite 274)
Accessoire bedeutet „Zubehör". Es ist das, was nicht notwendig ist, was man aber zusätzlich zur Kleidung trägt, wie zum Beispiel Mützen, Tücher, Schmuck. Accessoires sind ebenfalls der Mode unterworfen. Sie verändern das Körperbild und das Erscheinungsbild der Kleidung und ihres Trägers. Accessoires unterstreichen den Lifestyle.

Ackerbau (Seite 56)
Beim Ackerbau werden Nutzpflanzen (z. B. Weizen, Zuckerrüben) angebaut. Die Landwirte legen Felder an, um Ernteerträge zu gewinnen. Der Ackerbau ist neben der Viehhaltung ein Teil der Landwirtschaft.

Alm (Seite 212)
Eine Alm ist eine Bergweide in der Wald- und Grasflächenzone der Alpen, auf der im Sommer Nutztiere gehalten werden.

Altsteinzeit (Seite 42)
Den ersten Abschnitt der Steinzeit nennen wir Altsteinzeit. Sie begann vor ungefähr drei Millionen Jahren und dauerte bis circa 10000 v. Chr. Die Menschen lebten in der Altsteinzeit als Jäger und Sammler in Gruppen bis 50 Personen zusammen.

Angebot (Seite 286)
Ein Angebot entsteht durch das Interesse am Verkauf eines Gutes. Wenn viele Menschen eine Ware veräußern wollen, dann ist das Angebot groß. Wenn gleichzeitig die Nachfrage für diese Ware klein ist, ist der Preis in der Regel niedrig.

Antike (Seite 13, 246)
Die Antike (Altertum) ist die Bezeichnung für das griechisch-römische Altertum von ca. 1500 v. Chr. bis zum Untergang des römischen Kaiserreiches (ca.

400 n. Chr.). Sie war die Blütezeit der griechischen und römischen Kultur.

Äquator (Seite 29)
Der Äquator ist der größte Breitenkreis der Erde. Er ist etwa 40000 km lang. Er trennt die Erde in eine Nordhalbkugel und eine Südhalbkugel.

Archäologe (Seite 50)
Ein Archäologe oder Altertumsforscher ist ein Wissenschaftler. Durch Bodenfunde und Ausgrabungen erforscht er, wie Menschen früher gelebt haben. Seine Untersuchungen umfassen einen Zeitabschnitt, der von den ersten Steinwerkzeugen vor etwa 2,5 Mio. Jahren bis in die junge Vergangenheit reicht.

artgerechte Tierhaltung (Seite 68)
Diese Viehhaltung berücksichtigt das natürliche Verhalten der Tiere. Sie wird bei der ökologischen Landwirtschaft beachtet. Rinder erhalten z. B. Bewegungsfreiheit und können ihr Futter frei aufnehmen. Schweine dürfen im Dreck wühlen und ihre Umgebung erkunden.

Asyl (Seite 270)
Unter Asyl versteht man die zeitlich begrenzte Aufnahme von Menschen, die in ihrem Land verfolgt werden. Sie können in einem anderen Land einen Asylantrag stellen, um dort Schutz zu finden.

Asylbewerber (Seite 270)
Menschen, die in ihrem Heimatland verfolgt werden, ins Ausland geflohen sind und Asyl beantragt haben, sind Asylbewerber. Asyl bedeutet Aufnahme und Schutz von Verfolgten.

Atlas (Seite 30)
Kartensammlung mit physischen Karten und thematischen Karten sowie einem Register.

Auenwald (Seite 102)
Ein Auenwald ist ein Wald im Überschwemmungsbereich großer

Flüsse in Mitteleuropa. Durch Flussregulierungen wurden diese Wälder weitgehend vernichtet.

Baumgrenze (Seite 212)
Oberhalb dieser Grenze können aufgrund der Klimabedingungen keine Bäume mehr wachsen.

Bedürfnis (Seite 284)
Bedürfnis ist ein anderes Wort für Verlangen. Bedürfnisse lösen meist ein direktes Handeln aus. Das Ziel ist dabei die Befriedigung des Bedürfnisses.

Bewölkung (Seite 92)
Bewölkung ist ein Ausdruck für die Zahl und Dichte der Wolken, die man am Himmel sehen kann. Je mehr Wolken zu sehen sind, desto stärker ist die Bewölkung.

Bildquelle (Seite 16)
Eine Abbildung aus der Vergangenheit, die wichtig für das Verständnis der Geschichte ist, nennt man Bildquelle. Zu den Bildquellen gehören z.B. Höhlenmalereien, Fotos oder Karten.

Binnenmeer (Seite 94)
Ein Meer, das fast vollständig von Festland umgeben ist und nur einen schmalen Zugang zum offenen Ozean hat (z. B. die Ostsee), heißt Binnenmeer.

Biosphärenreservat (Seite 102)
Biosphärenreservate sind großflächige Landschaften, die dem Schutz von Pflanzen und Tieren sowie der Bewahrung einer naturnahen Bewirtschaftung dienen.

Bodden (Seite 99)
Bodden sind flache Meeresbuchten mit unregelmäßigem Umriss. An der Ostseeküste von Mecklenburg-Vorpommern gibt es viele solcher Bodden. Daher heißt diese Küste auch Boddenküste.

Börde (Seite 56)
Landschaft am nördlichen Rand der Mittelgebirge, die aufgrund ihrer guten Lössböden und ihres milden Klimas besonders fruchtbar ist (Magdeburger Börde).

Brauchwasser (Seite 93)
Brauchwasser ist Wasser, das in großen Mengen in der Industrie genutzt wird, z. B. zur Kühlung oder zur Reinigung. Es muss nicht so sauber sein wie Trinkwasser. Daher kann auch Flusswasser oder Grundwasser als Brauchwasser genommen werden, ohne dass es vorher gründlich gereinigt werden muss.

Breitenkreis (Seite 29)
Breitenkreise werden vom Äquator aus nach Norden und Süden von 0° bis 90° gezählt. Sie verbinden die Punkte auf der Erde, die die gleiche geographische Breite haben. Der längste Breitenkreis ist der Äquator.

Bundeshauptstadt (Seite 218)
Die Hauptstadt der Bundesrepublik Deutschland nennt man Bundeshauptstadt. Ihr Name ist Berlin.

Bundeskanzler (Seite 252)
Der Bundeskanzler ist der Regierungschef in Deutschland. Er wird vom Bundestag gewählt und bestimmt die Richtlinien der Politik.

Bundesland (Seite 218)
Deutschland besteht aus 16 eigenständigen Bundesländern, zwei davon sind Berlin und Brandenburg.

Bürgerliches Gesetzbuch (BGB) (Seite 230)
Das Bürgerliche Gesetzbuch enthält die Rechte der Bürgerinnen und Bürger, z. B. das Familienrecht oder das Schuldrecht, und die Gesetze, an die sie sich halten müssen.

Clique (Seite 310)
Den Freundes- und Bekanntenkreis von jungen Leuten nennt man auch Clique. In der Clique gibt es oft eigene Werte, Einstellungen und Verhaltensweisen.

Deeskalation (Seite 312)
Deeskalation ist eine Bezeichnung für den stufenweisen Abbau von Gewalt während eines Konflikts.

Delta (Seite 104)
Eine Flussmündung mit zahlreichen Seitenarmen nennt man Delta. Ein Delta bildet sich dadurch, dass ein Fluss viel Material (z. B. Schlamm) mitführt und im Mündungsgebiet ablagert.

Demokratie (Seite 20, 251)
Demokratie heißt Volksherrschaft. Im Gegensatz zur Monarchie gibt es nicht nur einen Herrscher, sondern das ganze Volk entscheidet mit, wenn auch in der Regel nicht direkt. Es werden Vertreterinnen und Vertreter gewählt, die z. B. Gesetze verabschieden.

digitaler Fußabdruck (Seite 300)
Als digitaler Fußabdruck wird die Menge an Daten bezeichnet, die wir als Nutzer im Internet hinterlassen. Mit dem digitalen Fußabdruck werden Informationen über unser digitales Verhalten gespeichert. Hiermit können dann z. B. Unternehmen gezielt Werbung platzieren.

Düne (Seite 94)
Eine Düne ist eine Sandablagerung. Sie wird durch Wind aufgeschüttet. Dünen gibt es vor allem an Küsten (z. B. auch auf den Nordseeinseln) und in Wüsten (z. B. in der Sahara in Nordafrika). Bei einer Düne ist die dem Wind zugewandte Seite flacher, die vom Wind abgewandte Seite steiler.

Ebbe (Seite 94)
Das regelmäßige Zurückweichen des Meerwassers nennt man Ebbe. Große Teile des küstennahen Meeresbodens fallen trocken, die vorher überflutet waren. Dieser Vorgang dauert etwas mehr als sechs Stunden. Dann kommt die Flut.

Eine Welt (Seite 80)
Auf der Erde gibt es arme Länder und reiche Länder. Der Begriff soll deutlich machen, dass auch die reichen Länder für die armen Länder mit verantwortlich sind.

Eiszeit (Seite 43)
Eiszeiten sind Abschnitte der Erdgeschichte, in denen es durch weltweit niedrige Temperaturen zum Vorrücken von Gletschern kam. Die letzte Eiszeit in Europa endete um 10 000 v. Chr. Die Zeiträume zwischen den Eiszeiten nennt man Warmzeiten.

Emigrant (Auswanderer) (Seite 188)
Ein Emigrant ist ein Mensch, der in ein anderes Land reist, um dort auf Dauer zu wohnen und zu arbeiten. Im 19. Jahrhundert sind Millionen von Europäern zum Beispiel nach Amerika ausgewandert.

Epoche (Seite 13)
Epochen sind verschieden lange Abschnitte in der Geschichte. Die Grenzen der Epochen gehen oft ineinander über. Beispiele für bedeutende Epochen sind die Antike, das Mittelalter und die Neuzeit.

Eskalation (Seite 312)
Bezeichnung für die stufenweise Steigerung eines Konflikts. Die beiden Konfliktparteien verschärfen dabei die Auseinandersetzung von der sachlichen Auseinandersetzung bis zur Anwendung von Gewalt z. B. durch Beschimpfung oder Bedrohung. Man spricht auch von Gewaltspirale.

Eurasien (Seite 160)
Bezeichnung für die Landmasse, die sich aus den Kontinenten Europa und Asien zusammensetzt.

Euro (Seite 183)
Der Euro ist die Währung der EU in Europa. Die offizielle Abkürzung für Euro ist EUR. Meistens wird jedoch das Zeichen „€" benutzt. Es gibt Euro-Münzen und Euro-Scheine. Die Vorderseite der Euro-Münzen ist in allen Ländern gleich. Die Rückseite durfte jedes Land selbst gestalten. Man kann in allen Euro-Ländern mit jeder Euro-Münze bezahlen, egal aus welchem Land sie kommt und was auf ihrer Rückseite dargestellt ist.

Europäische Union (Seite 180)
Die Europäische Union ist ein Zusammenschluss von europäischen Staaten mit dem Ziel der wirtschaftlichen und politischen Vereinigung.

Fairer Handel (Seite 82)
Fairer Handel ist der Versuch, in armen Ländern die Einnahmen der Bauern zu steigern. Ihre Einkünfte sind vergleichsweise gering. Organisationen wie Transfair sorgen dafür, dass sich die Einkünfte der Bauern erhöhen. Faire Produkte sind deshalb etwas teurer. Transfair verteilt Gütesiegel, die auf den Produkten platziert werden. Fairtrade-Produkte werden oft in ökologischer Landwirtschaft produziert.

Familie (Seite 232)
Eine Familie ist die häufigste Form des Zusammenlebens in einer Gruppe. Sie besteht häufig aus der Mutter, dem Vater und mindestens einem Kind. Die Mitglieder sorgen in der Regel füreinander und finden Geborgenheit, Hilfe und Verständnis.

Fangbeschränkung (Seite 129)
Eine Fangbeschränkung hat das Ziel, die Überfischung in den Meeren zu verringern, sodass sich die Fischbestände wieder erholen können.

Faustkeil (Seite 45)
Der Faustkeil war das Allzweckgerät der Steinzeit zum Schneiden, Schlagen, Hacken. Die Menschen stellten den mandelförmigen Keil her, indem sie kleine Splitter von einem Feuerstein abschlugen.

Findling (Seite 152)
Ein Findling ist ein Gesteinsblock, der von Gletschern der Eiszeit zum Teil über eine weite Strecke transportiert wurde. Die Findlinge Norddeutschlands stammen aus Nordeuropa.

Flussoase (Seite 106)
Eine Flussoase ist eine durch einen Fremdlingsfluss bewässerte Oase.

Flut (Seite 94)
Das regelmäßige Ansteigen des Meerwassers ist die Flut. Große Teile des küstennahen Meeresbodens werden überflutet, die vorher trockenlagen. Dieser Vorgang dauert etwas mehr als sechs Stunden. Darauf folgt die Ebbe.

Folter (Seite 316)
Bei einer Folter wird einem Menschen durch einen anderen Menschen körperliches oder seelisches Leid zugefügt.

fossiler Brennstoff (Seite 151)
Fossile Brennstoffe sind Energieträger, die durch langwierige Prozesse aus organischem Material entstanden sind und aus denen der Mensch Energie gewinnt. Dazu gehören Erdöl, Erdgas und Braunkohle.

freies Gut (Seite 286)
Ein Gut, das nahezu unbegrenzt vorhanden ist und daher kostenlos ist, wie z. B. die Luft zum Atmen oder Sonnenstrahlen.

Fremdenverkehrseinrichtung (Seite 214)
Dies ist ein Gebäude oder eine Anlage, die in Fremdenverkehrsorten der Beförderung, Erholung und Unterhaltung der Gäste dient, z. B. Liftanlage, Hallenbad, Bücherei.

Fruchtbarer Halbmond (Seite 46)
Ein sehr altes und wichtiges Landwirtschaftsgebiet der Erde. Es liegt halbkreisförmig westlich, nördlich und nordöstlich um die Syrische Wüste. Hier begann bereits vor rund 10000 Jahren Ackerbau und häusliche Viehzucht.

Funktionskleidung (Seite 278)
Funktionskleidung hat besondere Eigenschaften. Sie besteht je nach Anforderung aus verschiedenen Materialien. Sie kann winddicht, wasserdicht, wärmend, kühlend, schmutzabweisend, flammhemmend, elastisch, strapazierfähig, pflegeleicht, leicht sein. Damit eignet sie sich auch für besondere Einsätze zum Beispiel von Feuerwehrleuten oder Sportlern.

Gäu (Seite 56)
Ein Gäu ist eine fruchtbare Landschaft mit guten Böden. In Norddeutschland heißen diese Landschaften Börden.

Gesamtschülervertretung (Seite 22)
Die Gesamtschülervertretung ermöglicht den Schülerinnen und Schülern, ihre Interessen an der Schule und das Schulleben mitzugestalten. Stimmberechtigte Mitglieder sind alle in einer Schule gewählten Sprecherinnen und Sprecher.

Geschichte (Seite 13)
Geschichte ist die Wissenschaft, die sich mit der Vergangenheit beschäftigt. Es wird unterschieden zwischen der Vorgeschichte und der Geschichte. Als den Beginn der Geschichte bezeichnet man den Zeitpunkt, ab dem schriftliche Aufzeichnungen der Menschen vorliegen.

gesellschaftliche Schicht (Seite 276)
Bevölkerungsgruppe in einer Stadt des Mittelalters. Es gab drei Schichten: die Oberschicht (Großkaufleute), die Mittelschicht (Handwerker und Kleinkaufleute) und die Unterschicht (Lehrlinge, Gehilfen, Tagelöhner). Nur die Oberschicht und Mittelschicht besaßen Bürgerrechte.

Gewächshaus (Seite 64)
Ein Gewächshaus ist ein Glashaus, in dem ein für das Pflanzenwachstum besonders günstiges Klima erzeugt wird.

Gewaltspirale (Seite 312)
Bezeichnung für die Steigerung eines Konflikts von der sachlichen Auseinandersetzung bis zur Anwendung von Gewalt, z. B. durch Beschimpfung oder Bedrohung.

Gezeiten (Seite 94)
Das regelmäßige Heben und Senken des Meeresspiegels nennt man Gezeiten. Ebbe und Flut dauern zusammen etwa zwölfeinhalb Stunden.

GIS (Geographisches Informationssystem) (Seite 306)
Ein GIS kombiniert Daten von Räumen (z. B. Staaten) mit Daten von Themen (z. B. Bevölkerungsdichte). Die Ergebnisse kann man als Karte, Diagramm oder Tabelle abrufen.

Gladiator (Seite 138)
Ein Kämpfer, der im alten Rom zur Unterhaltung des Volkes auftrat, heißt Gladiator. Bei den Gladiatorenkämpfen ging es um Leben und Tod. Sklaven, Kriegsgefangene und Verbrecher wurden in Gladiatorenschulen für den Kampf ausgebildet.

glaziale Serie (Seite 70)
Abfolge von typischen Landschaften, die in Kaltzeiten durch das Eis oder Wasser in Gletschernähe geschaffen wurden.

Gleichberechtigung (Seite 234)
In Deutschland haben Frauen und Männer die gleichen Rechte. 1957 wurde das Gesetz über die Gleichberechtigung von Mann und Frau verabschiedet. In der Praxis gibt es allerdings bis heute Benachteiligungen für Frauen, z.B. auf dem Arbeitsmarkt. So bekommen sie oft deutlich weniger Gehalt als Männer in gleichen Positionen.

Gletscher (Seite 70, 46)
Gletscher sind Eispanzer, die sich bei dauerhaft niedrigen Temperaturen bilden. Sie entstehen aus verdichtetem Schnee. Gletscher bewegen sich vorwärts und bilden in Gebirgen oder im Flachland typische Formen. Als während der letzten Eiszeit mächtige Gletscher aus Nordeuropa bis ins heutige Nordostdeutschland vorstießen, bildeten Sie die glaziale Serie.

Global Player (Seite 290)
Ein Global Player ist ein weltweit agierendes multinationales Unternehmen, das Produktionsstandorte in der ganzen Welt hat und den Weltmarkt beliefert. Beispiele: IBM, Apple, Toyota, Nike, Deutsche Bank.

Golfstrom (Seite 166)
Der Golfstrom ist eine warme Meeresströmung. Er kommt aus dem Golf von Mexiko, durchzieht den Atlantik in nordöstlicher Richtung und trifft auf die Küsten in West- und Nordeuropa. Hier sorgt er für milde Temperaturen. Dadurch ist die Küste von Norwegen das ganze Jahr über eisfrei.

Gradnetz (Seite 29)
Das Gradnetz dient der Ortsbestimmung auf der Erde. Es besteht aus einem Netz von Linien. Die Längenhalbkreise verlaufen von Norden nach Süden, die Breitenkreise von Westen nach Osten.

Großfamilie (Seite 230)
Zur Großfamilie gehören neben den Eltern und den Kindern auch die Großeltern und weitere Verwandte.

Großlandschaft (Seite 220)
Eine Großlandschaft ist durch einheitliche Höhenlagen und Oberflächenformen gekennzeichnet. Deutschland lässt sich in vier Großlandschaften unterteilen: das norddeutsche Tiefland, das Mittelgebirgsland, das Alpenvorland und die Alpen.

Grundbedürfnis (Seite 284)
Zu den Grundbedürfnissen zählen Dinge, die ein Mensch zum Überleben benötigt, z. B. Nahrung, Trinkwasser, Kleidung, Unterkunft, Arbeit und ärztliche Versorgung.

Grundgesetz (Seite 230)
Das Grundgesetz der Bundesrepublik Deutschland ist eine Sammlung wichtiger Gesetze. Es enthält z. B. die Grundrechte der Bürgerinnen und Bürger.

Grundwasser (Seite 93, 150)
Wasser, das sich durch Niederschläge in den Hohlräumen der tieferen Erdschichten und Gesteine gesammelt hat, heißt Grundwasser. Es kann auf einer wasserundurchlässigen Gesteinsschicht viele Kilometer unterirdisch fließen.

Grünlandwirtschaft (Seite 57)
Eine weit verbreitete Form der Landwirtschaft ist die Grünlandwirtschaft. Auf Weiden wird Viehzucht (Rinder, Milchkühe) betrieben. Wiesen werden gemäht; das Gras dient als Viehfutter.

Gut (Seite 286)
In der Wirtschaft werden Dinge, mit denen man seine Bedürfnisse erfüllt, Güter genannt.

Hafen (Seite 126)
Ein Hafen ist eine Anlege- und Liegestelle für Schiffe. Er hat meist mehrere Becken. Es gibt Kräne, Lagerhäuser, Pipelines und Silos. Man unterscheidet Binnen- und Seehäfen.

Hauptsaison (Seite 208)
Die Hauptsaison ist die Zeit des Jahres, in der viele Menschen in den Urlaub fahren. Die Preise sind dann hoch und die Urlaubsorte voll. Das ist oft in den Schulferien der Fall. Man unterscheidet zwischen Haupt- und Nebensaison.

Hauptstadt (Seite 146)
Die Hauptstadt eines Landes ist die Stadt, in der die Regierung und zahlreiche Botschaften ausländischer Staaten ihren Sitz haben. Die Hauptstadt von Deutschland ist Berlin.

Hieroglyphe (Seite 105)
Die Schrift im alten Ägypten (ab 3000 v. Chr.) besteht aus Hieroglyphen. Das sind Bildzeichen und Deutzeichen.

Himmelsrichtung (Seite 28)
Wenn du mit dem Fahrrad fährst, zu Fuß gehst oder dich sonst auf der Erde in eine Richtung bewegst: Du bewegst dich immer in eine bestimmte Himmelsrichtung. Die Haupthimmelsrichtungen sind Norden, Süden, Westen und Osten. Auf Karten ist in der Regel oben Norden.

Hochgebirge (Seite 221)
Hochgebirge haben hohe Felswände, steil aufragende Gipfel (in den deutschen Alpen: Zugspitze 2962 m) und tief eingeschnittene Täler. Auf den höchsten Erhebungen liegen Eis und Schnee. Alpen, Skanden, Karpaten sind Beispiele für Hochgebirge in Europa.

Hochkultur (Seite 118)
Eine besonders weit entwickelte Kultur nennt man Hochkultur. Kennzeichen einer Hochkultur sind Arbeitsteilung und in der Regel die Entwicklung einer Schrift. In Ägypten gab es bereits um 3000 v. Chr. eine frühe Hochkultur.

Hochseefischerei (Seite 129)
Als Hochseefischerei wird die Art der Fischerei bezeichnet, die auf „hoher See", auf den Ozeanen stattfindet. Die Schiffe sind größer als die der Küstenfischerei und die Boote sind meist mehrere Wochen oder sogar Monate auf dem Meer unterwegs. In Tiefkühlgeräten werden die Fische frisch gehalten.

Höhenangabe (Seite 35)
Die Höhenangabe in einer Karte gibt Auskunft darüber, wie hoch sich ein Ort oder eine Fläche über dem Meeresspiegel befindet (z. B. 150 m ü. M.).

Höhenlinie (Seite 34)
Eine Höhenlinie verbindet auf einer Karte alle Punkte in gleicher Höhe über dem Meeresspiegel. Mithilfe von Höhenlinien werden die Oberflächenformen (Berge und Täler) einer Landschaft dargestellt. Je enger die Höhenlinien nebeneinander liegen, umso steiler ist das Gelände.

Höhenstufe (Seite 212)
Durch die Änderung des Klimas mit der Höhe (besonders die Abnahme der Temperatur um ca. 0,5 °C je 100 m Höhe) verändern sich auch die Böden, die Vegetation und die landwirtschaftliche Nutzung. Daher unterscheidet man verschiedene Höhenstufen.

Höhlenmalerei (Seite 42)
Höhlenmalereien sind wichtige Zeugnisse der Kunst in der Steinzeit. Die Menschen haben vor allem Tiere auf die Wände von Höhlen gemalt. Die bisher ältesten Höhlenmalereien sind über 37 000 Jahre alt. Man hat sie in einer Höhle in Frankreich gefunden.

Inklusion (Seite 320)
Inklusion heißt wörtlich übersetzt Zugehörigkeit, also das Gegenteil von Ausgrenzung. Wenn Menschen mit Behinderungen überall dabei sein können, z.B. in der Schule, am Arbeitsplatz, im Wohnviertel oder in der Freizeit, dann ist das gelungene Inklusion.

Integration (Seite 320)
Menschen, die in ein fremdes Land gezogen sind, haben oft Probleme bei der Eingliederung, d. h. der Integration, in die Gesellschaft. Eine wichtige Voraussetzung für eine erfolgreiche Integration ist die Kenntnis der Sprache im Einwanderungsland.

Intensivtierhaltung (Seite 66)
Bei der Intensivtierhaltung werden Tiere wie Schweine, Rinder und Hühner in großer Zahl auf engem Raum gehalten.

Jäger und Sammler (Seite 44)
So bezeichnet man Völker, die nur von der Jagd, dem Sammeln von essbaren Pflanzen und der Fischerei leben.

Jungsteinzeit (Seite 46)
Den zweiten Abschnitt der Steinzeit nennen wir Jungsteinzeit. Sie dauerte von ca. 10 000 – 2 500 v. Chr. In dieser Zeit wurden die Menschen sesshafte Bauern.

Karawanenwirtschaft (Seite 290)
Wenn Unternehmen in andere Länder abwandern, weil dort die Lohnkosten niedriger sind als im Heimatland, nennt man dies Karawanenwirtschaft.

Kastell (Seite 170)
Ein Kastell ist eine römische Befestigungsanlage innerhalb des Limes. Dort lebten Soldaten, um die Grenzen des Römischen Reiches zu schützen. Im Lauf der Zeit entwickelten sich viele Kastelle zu Städten.

Kinderarbeit (Seite 262)
Es ist typisch für viele Entwicklungsländer, dass Kinder unter 14 Jahren arbeiten müssen, um den Lebensunterhalt ihrer Familie zu sichern. Kinder, die arbeiten, haben neben hohen Gesundheitsrisiken nur eine minimale Schulbildung.

Kinder- und Jugendparlament (Seite 244)
In einem Kinder- und Jugendparlament kannst du aktiv das Umfeld in deiner Stadt mitgestalten, indem du deine Meinung vertrittst und dich für Projekte einsetzt.

Kindersoldat (Seite 268)
Kinder, die gezwungen werden, an einem Krieg teilzunehmen, nennt man Kindersoldaten.

Klassendienst (Seite 240)
Die Aufgaben, die in einer Klasse erledigt werden müssen, wie z. B. der Tafeldienst, heißen Klassendienste.

Klassenkonferenz (Seite 22)
Eine Klassenkonferenz wird von der Klassensprecherin oder dem Klassensprecher bzw. seiner Vertretung geleitet. Sie wird einberufen zur Klärung von Fragen und Problemen in der Klasse.

Klassenordnung (Seite 240)
Eine Klassenordnung enthält die wichtigsten Regeln, an die sich jeder in der Klasse halten soll. Die Regeln werden gemeinsam erarbeitet und im Klassenzimmer ausgehängt.

Kleiderordnung (Seite 276)
Die Kleiderordnung im Mittelalter war eine Vorschrift für die Mitglieder der verschiedenen Stände, welche Kleidung sie tragen durften. Sie stellte sicher, dass man die Zugehörigkeit zu einer Schicht sofort erkennen konnte.

Kleinfamilie (Seite 230)
Eine Kleinfamilie ist die Gemeinschaft der Eltern oder eines Elternteils mit einem oder mehreren Kindern.

Kliff (Seite 94)
Ein Kliff ist ein steiler Küstenabschnitt, der durch die Brandung des Meeres geformt wird. An seinem Fuß bildet sich eine Brandungshohlkehle. Das feine Material wird vom Meer weggeschwemmt, sodass ein steiniger und kiesiger Strand entsteht.

Klima (Seiten 56, 164)
Das Klima eines Ortes ergibt sich aus den 30-jährigen Durchschnittswerten der Elemente des Wetters (z. B. Temperatur, Niederschlag, Wind und Bewölkung). Viele Gebiete der Erde haben ähnliche Durchschnittswerte und daher ähnliche Klimate.

Klimadiagramm (Seite 164)
Ein Klimadiagramm ist eine zeichnerische Darstellung von Temperatur und Niederschlag eines Ortes. Die langjährigen Durchschnittswerte der Monatsmitteltemperaturen (°C) werden in roten Kurven dargestellt. Die langjährigen monatlichen Niederschlagssummen (mm) werden in blauen Säulen dargestellt.

Kommunismus (Seite 192)
Der Kommunismus strebt die Form einer Gesellschaft an, in der der einzelne zugunsten der Gemeinschaft auf privates Eigentum verzichtet; alle sollen alles besitzen. Die Anhänger eines kommunistischen Systems sehen vor allem im privaten Besitz eine Ursache für den Gegensatz von Armut und Reichtum.

Kompass (Seite 28)
Ein Kompass ist ein Gerät zur Bestimmung der Himmelsrichtungen. Er enthält eine längliche Nadel, die nach Norden in Richtung Nordpol zeigt. Unter der Kompassnadel ist eine Windrose. Mit ihrer Hilfe kann man die übrigen Himmelsrichtungen bestimmen.

Konflikt (Seite 312)
Bei einem Konflikt treffen gegensätzliche Interessen aufeinander und es kommt daher oft zum Streit. Sinnvoll ist es, Konflikte friedlich zu lösen.

Konsum (Seite 282)
Den Verbrauch von Gütern und Dienstleistungen nennt man Konsum.

Kontinent (Seite 36)
Ein Kontinent ist eine Festlandsmasse, die von anderen Kontinenten durch eine natürliche Abgrenzung (z. B. ein Meer, ein Gebirge oder eine Landenge) getrennt ist. Die Kontinente heißen Europa, Asien, Afrika, Nordamerika, Südamerika, Australien und Antarktis.

Kulturbedürfnis (Seite 284)
Dies sind Bedürfnisse, die sich auf Unterhaltung und Bildung beziehen: Lesen, Musik hören oder ins Theater gehen.

Küstenfischerei (Seite 129)
Die Küstenfischerei ist die Art der Fischerei, die entlang der Küsten betrieben wird. Die Schiffe sind höchstens 16 Meter lang, haben nur wenig Besatzung und laufen nur wenige Tage aus. Meist kehren die Boote noch am selben Tag zurück und die frischen Fische werden direkt auf dem Markt verkauft.

Landeshauptstadt (Seite 218)
Die Bundesrepublik Deutschland besteht aus 16 Bundesländern. Die Stadt, in der die Regierung des jeweiligen Landes ihren Sitz hat, bezeichnet man als Landeshauptstadt. Meistens ist sie auch die größte Stadt des Bundeslandes.

Landwirtschaft (Seite 56)
Landwirtschaft ist ein Oberbegriff für die Herstellung aller pflanzlichen und tierischen Produkte durch den Menschen. Erzeugnisse sind z. B. Getreide, Gemüse, Wein, Fleisch, Eier.

Längenhalbkreis (Meridian) (Seite 29)
Längenhalbkreise sind Teile des Gradnetzes der Erde. Durch Greenwich (London) verläuft der Nullmeridian. Er teilt die Erdkugel in eine westliche und eine östliche Hälfte. Längengrade werden jeweils von 0° bis 180° nach Osten und Westen gezählt.

Lebensmittelskandal (Seite 84)
Wenn Verbraucher verdorbene oder falsch gekennzeichnete Lebensmittel kaufen und dies an die Öffentlichkeit gerät, gibt es einen Lebensmittelskandal.

Lebensmittelstandard (Seite 84)
Lebensmittelstandards geben an, wie Lebensmittel hergestellt werden müssen und was sie enthalten dürfen. Sie sollen sicherstellen, dass Lebensmittel für den Endverbraucher zum Verzehr geeignet sind und von ihnen keine gesundheitlichen Beeinträchtigungen oder Schädigungen ausgehen können. Schon in der Antike wurden Bier und Wein auf ihre Reinheit überprüft.

Legende (Seite 34, 144)
Die Legende ist die Zeichenerklärung einer Karte. Alle Farben und Signaturen (Kartenzeichen), die in der Karte benutzt werden, sind hier erklärt, sodass man die Karte verstehen kann.

Lehm (Seite 47)
Lehm ist ein Gemisch aus Sand und noch kleinerem Gesteinsmaterial. Er ist im nassen Zustand formbar und im getrockneten Zustand fest und ist ein traditioneller Baustoff.

Lehnwort (Seite 168)
Ein Wort, das aus einer anderen Sprache entlehnt ist, nennt man Lehnwort. Im Deutschen gibt es viele Lehnwörter. Z. B. ist das Wort Karren vom römischen Wort „carrus" entlehnt.

Lifestyle (Seite 274)
Mit Lifestyle bezeichnet man die Art und Weise der Lebensführung. Damit sind auch Kleidungsstücke und Gegenstände verbunden, die einen Menschen von anderen abgrenzen oder mit anderen verbinden. Zum Lifestyle gehört aber auch, welche Musik man hört, wie man sich schminkt, welchen Sport man betreibt, wie man seine Freizeit verbringt, wo man sich aufhält und wie man spricht. Auch die Berufswahl ist vom Lifestyle abhängig.

Limes (Seite 170)
Der Limes war die Grenzbefestigung der Römer gegen die Germanen. Er war 550 km lang und etwa drei Meter hoch. Er bestand teils aus Holz, teils aus Stein und wurde durch Wachtürme gesichert.

Lössboden (Seite 62)
Lössböden gehören zu den fruchtbarsten Böden. In Norddeutschland befinden sie sich am Rand der Mittelgebirge, in den Börden. In Süddeutschland liegen sie in den Gäuen.

Luftfeuchtigkeit (Seite 92)
Als Luftfeuchtigkeit bezeichnet man den Anteil des Wasserdampfs in der Luft.

Luxusbedürfnis (Seite 284)
Dinge, die der Mensch nicht unbedingt zum Überleben benötigt, gehören zu den Luxusbedürfnissen. Dazu zählen alle Dinge, die nicht Grundbedürfnisse sind, z. B. Handy, Mikrowelle oder Auto.

Markt (Seite 289)
Der Markt war im Mittelalter ein Kennzeichen der Stadt. Auf dem Markt kauften und verkauften die Menschen Waren der Handwerker der Stadt, landwirtschaftliche Güter aus der Umgebung und Fernhandelsgüter. Heute bezeichnet man als Markt einen Ort des Handels, z. B. den städtischen Wochenmarkt, die Einkaufsplattform im Internet oder die Aktienbörse. Hier treffen Angebot und Nachfrage zusammen und es bildet sich der Preis.

Massenmedium (Seite 294)
Als Massenmedien werden diejenigen Medien bezeichnet, die einen besonders großen und weit verstreuten Personenkreis erreichen.

Massentourismus (Seite 130)
Wenn eine große Zahl an Menschen an einem Ort Urlaub macht, spricht man vom Massentourismus. Skigebiete in den Alpen (z. B. Sölden in Österreich) und Badeorte am Mittelmeer (z. B. El Arenal auf Mallorca) sind bekannte Stätten für Massentourismus.

Maßstab (Seite 32)
Auf Karten ist eine Landschaft kleiner als in Wirklichkeit dargestellt. Der Maßstab gibt an, wie stark die Inhalte einer Karte gegenüber der Wirklichkeit verkleinert wurden. Er ist ein Maß für die Verkleinerung. Ein kleiner Maßstab (z. B. 1 : 1 000 000) zeigt weniger Einzelheiten als ein großer (z. B. 1 : 100).

Medien (Seite 294)
Medien dienen der Verbreitung und dem Austausch von Informationen. Die Medien lassen sich unterteilen in Printmedien (z. B. Bücher, Zeitungen oder ein Plakat) und elektronische Medien (Radio, Fernsehen oder die CD). Mithilfe des Mediums Internet wird der Informationsaustausch immer schneller.

Migration (Seite 186)
Wanderung von Menschen, die mit einem Wechsel des Wohnsitzes verbunden ist. Gründe für die Migration können die Suche nach einem Arbeitsplatz, aber auch die Flucht vor Hunger und Krieg sein.

Milchwirtschaft (Seite 60)
Milchwirtschaft ist eine Art der Landwirtschaft, bei der Kühe gehalten werden, um deren Milch an Molkereien zu verkaufen (typisch für die Almwirtschaft).

Mindmap (Seite 121)
Mit einer Mindmap (Gedankenkarte) lassen sich viele Teilfelder eines umfangreichen Themas sammeln, ordnen und darstellen. Sie ist eine gute Vorbereitung für ein Referat.

Mittelalter (Seite 13)
Als Mittelalter wird die europäische Geschichte von 500 bis 1500 n. Chr. bezeichnet. Allerdings gibt es auch andere Einteilungen. Die Zeit vor dem Mittelalter nennt man Altertum, die Zeit danach Neuzeit.

Mittelgebirge (Seite 221)
In den Mittelgebirgen sind die höchsten Berge in der Regel nicht höher als 1500 m. Steile Gipfel und hohe Felswände gibt es kaum. Die Berge sind abgerundet und häufig bewaldet. Beispiele in Deutschland sind: Eifel, Rothaargebirge, Schwarzwald, Taunus, Harz.

Mode (Seite 274)
Der Begriff Mode kommt aus dem Französischen und bedeutet Art und Weise, wandelnder Geschmack, Zeitgeschmack. Das bedeutet, dass eine bestimmte Gruppe von Menschen bestimmte Dinge tut, bestimmte Dinge benutzt, die ziemlich rasch wieder durch andere ersetzt werden. In der Alltagssprache wird Mode für die sich rasch ändernde Kleidung benutzt.

Montagsdemonstration (Seite 195)
Die Montagsdemonstrationen waren friedliche Massendemonstrationen, die am 4. September 1989 in Leipzig begannen und sich später auch auf andere Städte ausdehnten. Die Menschen wollten mit den Demonstrationen ihre Unzufriedenheit mit dem politischen System der DDR zum Ausdruck bringen.

Mumie (Seite 114)
Nach dem ägyptischen Glauben mussten die Körper der Toten erhalten bleiben, damit die Seelen im Jenseits einen Wohnort hatten.

Mit einer besonderen Methode wurden die Körper der Verstorbenen haltbar gemacht und in Binden gewickelt. Viele solcher Mumien sind bis heute erhalten.

Nachfrage (Seite 286)
Die Nachfrage entsteht durch das Interesse am Kauf eines Gutes (für die Erfüllung eines Bedürfnisses). Wenn viele Menschen eine Ware haben wollen, dann ist die Nachfrage groß. Wenn gleichzeitig das Angebot für diese Ware klein ist, ist der Preis in der Regel hoch.

Naherholungsgebiet (Seite 208)
Ein Naherholungsgebiet ist ein Gebiet in der Nähe großer Städte, das für Kurzerholung (z. B. an den Wochenenden) wegen seiner landschaftlichen Schönheit (z. B. Berge, Seen, Wälder) genutzt wird.

Nationalpark (Seite 98)
Ein Nationalpark ist ein Gebiet mit seltenen Naturlandschaften. In Deutschland gibt es 14 Nationalparks. Es gelten besondere Schutzbestimmungen, um die Tier- und Pflanzenwelt zu erhalten. Durch die Einteilung in Zonen mit unterschiedlich strengen Bestimmungen werden Naturschutz und Nutzung durch den Menschen geregelt.

Naturpark (Seite 98)
Ein Naturpark ist ein großes Gebiet, in dem auf den Schutz der Umwelt und den Erhalt der Landschaft geachtet wird. Naturparks dienen überwiegend der Erholung. Innerhalb der Naturparks gibt es spezielle Gebiete. Diese stehen unter strengem Naturschutz.

Nebensaison (Seite 208)
In Fremdenverkehrsgebieten nennt man die Zeit des Jahres, in der wenige Besucher kommen, Nebensaison. Dann sind die Preise niedriger als in der Hauptsaison. Die Nebensaison liegt häufig außerhalb der Ferienzeiten.

Nehrung (Seite 99)
Eine Nehrung ist eine schmale Landzunge, die an Küsten durch Verfrachtung von Sand in der Hauptwindrichtung entsteht.

Neuzeit (Seite 13)
Die Neuzeit ist eine Epoche in der Geschichte und schließt an das Mittelalter an. Sie begann ungefähr mit der Entdeckung Amerikas durch Christoph Kolumbus und hält bis heute an.

Niederschlag (Seite 92)
So nennt man das Wasser, das aus der Luft auf die Erde fällt. Der Niederschlag kann als Regen, Nebel, Tau, Raureif, Schnee oder Hagel fallen.

Nomade (Seite 279)
Ein Nomade ist der Angehörige einer Volksgruppe, der (z.B. in der Wüste oder Savanne) mit Viehherde von Weideplatz zu Weideplatz zieht. Nomaden haben auf ihrer Wanderschaft ihren Besitz dabei.

Nordhalbkugel (Seite 29)
Die Nordhalbkugel ist der Teil der Erde, der nördlich des Äquators liegt.

Nordpol (Seite 29)
Der Nordpol ist der nördlichste Punkt auf der Erde. Er ist der am weitesten entfernte Punkt vom Äquator auf der Nordhalbkugel. Am Nordpol gibt es nur eine Himmelsrichtung: Alle Wege führen nach Süden.

Nullmeridian (Seite 29)
Der Nullmeridian ist ein Längenhalbkreis (Meridian), den man durch Greenwich (Ortsteil von London) gelegt hat. Er ist der Längenhalbkreis, bei dem die Zählung der Meridiane beginnt.

Nutzpflanze (Seite 56)
Eine Nutzpflanze ist eine Pflanze, deren Teile als Nahrungsmittel oder für die Herstellung von Produkten genutzt werden, wie z. B. Weizen, Erdbeere, Kakaobaum, Baumwolle, Kautschuk.

Nutzungskonflikt (Seite 96)
Unterschiedliche Nutzungen in einem Gebiet können zu Problemen und Auseinandersetzungen zwischen den Beteiligten führen. Dann spricht man von einem Nutzungskonflikt.

Oberflächenwasser (Seite 93)
Das gesamte Wasser auf der Erde, das kein Grundwasser ist (Flüsse, Seen, Meere), gehört zum Oberflächenwasser.

öffentlich-rechtlicher Sender (Seite 297)
ARD, ZDF, die dritten Programme u.a. sind öffentlich-rechtliche Sender. Sie finanzieren sich aus Gebühreneinnahmen und staatlichen Geldern. Für das Programm ist der Rundfunkrat verantwortlich. In ihm sind die Bundesländer, Parteien, Verbände, Vereinigungen und Kirchen vertreten.

ökologische Landwirtschaft (Seite 68)
Bei dieser Form der Landwirtschaft werden nur natürliche Einsatzstoffe zum Anbau von Pflanzen oder zur Aufzucht von Tieren genutzt. Es werden Naturdünger (z. B. Kuhmist), biologische Schädlingsbekämpfung und weniger Zusatzstoffe im Tierfutter eingesetzt.

Ozean (Seite 36)
Die einzelnen durch Kontinente voneinander getrennten Teile des Weltmeeres. Sie heißen Atlantischer, Indischer und Pazifischer Ozean. Auch die gesamte Wassermasse des Meeres wird Ozean genannt.

Papyrusrolle (Seite 115)
Die Papyrusrolle war eine Schriftrolle und Vorläufer des Buches. Im alten Ägypten sollte sie das Überleben des Verstorbenen im Jenseits sichern, indem sie dem Totengericht sein tadelloses Leben schilderte.

Parlament (Seite 252)
Das Parlament ist die Vertretung des Volkes in einer Demokratie. Die Mitglieder heißen Abgeordnete und werden vom Volk gewählt. Zentrale Aufgaben des Parlaments sind die Gesetzgebung, die Festlegung des Haushalts und die Kontrolle von Regierung und Verwaltung.

Partei (Seite 253)
Menschen mit gleichen politischen Zielen schließen sich in einer Partei zusammen. Die Ziele werden in Partei- und Wahlprogrammen veröffentlicht.

Patchwork-Familie (Seite 232)
Familienform, bei der mindestens ein Partner ein oder mehrere Kinder aus einer früheren Partnerschaft in die neue Beziehung mitbringt.

Pauschalreise (Seite 206)
Eine Reise, bei der ein Reiseveranstalter verschiedene Leistungen wie z.B. Beförderung, Verpflegung und Unterkunft zu einem Gesamtpreis anbietet, nennt man Pauschalreise.

Pharao (Seite 108)
Dies ist eine Bezeichnung für den Herrscher im alten Ägypten. Ursprünglich wurde die Bezeichnung nur für den Palast des Königs benutzt. In Einzelfällen gab es auch weibliche Pharaonen.

physische Karte (Seite 34)
Die physische Karte ist ein wichtiges Hilfsmittel, um sich zu orientieren. Sie enthält u.a. Landhöhen (Farbgebung in Grün, Gelb und Braun), Oberflächenformen (Schummerung), Höhenangaben, Gewässer, Orte, Verkehrslinien, Grenzen sowie Signaturen (Berg, Stausee, Kirche).

Plantage (Seite 267)
Plantagen sind große landwirtschaftliche Betriebe in Afrika, Südamerika und Asien. Auf Plantagen wird meistens nur ein Produkt angebaut (z.B. Bananen, Kakao), das in der Regel für den Weltmarkt bestimmt ist.

Polis (Seite 248)
Stadtstaat in der griechischen Antike. Er bestand aus einem städtischen Zentrum und dem umliegenden Gebiet. Die größte Polis war Athen.

Politik (Seite 20)
Das Wort Politik kommt aus dem Griechischen und bedeutet „Kunst der Staatsführung". Es geht um die Bewältigung von Aufgaben und das Lösen von Problemen im Zusammenleben der Menschen.

Pressefreiheit (Seite 302)
Wichtiges Grundrecht in einer Demokratie. In Deutschland ist es mit Artikel 5 des Grundgesetzes geschützt. Es umfasst
1. das Recht der Medien, die Öffentlichkeit zu informieren,
2. die Pflicht des Staates, einseitige Meinungsverbreitung zu verhindern,
3. die vertrauliche Behandlung von Informationen (Redaktionsgeheimnis),
4. das Verbot, sich Informationen rechtswidrig zu verschaffen, z.B. durch Abhören.

Privatsender (Seite 297)
Ein Privatsender finanziert sich ausschließlich aus Werbeeinnahmen. Die Privatsender konkurrieren auf dem Fernsehmarkt mit den öffentlich-rechtlichen Sendern.

Provinz (Seite 170)
Eine Provinz ist ein Gebiet, das unter einer anderen Verwaltung steht. Die ersten Provinzen entstanden in der römischen Antike, nachdem fremde Völker besiegt worden waren.

Pubertät (Seite 310)
Der Lebensabschnitt zwischen 12 und 18 Jahren wird als Pubertät bezeichnet. In dieser Phase werden Jugendliche zu Erwachsenen.

Pull-Faktor (Seite 186)
Pull-Faktoren sind auslösende Ursachen für die Wanderung von Menschen aus Räumen mit geringer Attraktivität in Räume mit vermeintlich hoher Attraktivität. Pullfaktoren sind Anziehungskräfte des Zuwanderungsgebietes (z. B. Hoffnung auf Arbeit, auf Einkommen).

Push-Faktor (Seite 186)
Push-Faktoren sind auslösende Ursachen (z. B. keine Arbeitsmöglichkeiten, geringes Einkommen) für die Wanderung von Menschen aus Räumen mit geringer Attraktivität in Räume mit vermeintlich hoher Attraktivität.

Pyramide (Seite 104)
Pyramiden sind Grabstätten der ägyptischen Herrscherinnen und Herrscher. Die Pyramiden gehören zu den größten Steinbauten der Welt.

Recycling (Seite 151)
Recycling nennt man die Wiederverwertung von Müll. Viele Abfälle enthalten neu zu verwendendes Material: Glas, Aluminium, Papier, Kunststoffe. Sie müssen getrennt gesammelt werden. In vielen Städten gibt es für diesen sogenannten Wertmüll gesonderte „Grüne Tonnen", „Gelbe Tonnen" sowie Kunststoff- und Altglascontainer.

Regel (Seite 240)
Eine Regel ist eine Vorschrift, an die man sich halten muss. Wer sich nicht daran hält, wird bestraft. Es gibt z.B. Verkehrsregeln, Klassenregeln.

Regierung (Seite 252)
Die Regierung eines Staates leitet, lenkt und beaufsichtigt die Politik. Sie besteht aus einem Regierungschef und Ministern.

regionales Produkt (Seite 65)
Ein regionales Produkt, z. B. Gemüse, stammt aus der Region, in der es verkauft wird.

Revolution (Seite 46)
Gewaltsame oder friedliche grundlegende Veränderung. Es ist oft ein Umsturz der bestehenden politischen und/oder sozialen Ordnung in einem Staat. Dieser wird im Allgemeinen von den Teilen der Bevölkerung durchgeführt, die mit der jeweiligen Situation unzufrieden sind.

Rolle (Seite 234)
Im Leben übernimmt man unterschiedliche Rollen: So ist z. B. ein Junge gleichzeitig Schüler, Sohn und Sportler. Oft sind an diese Rollen Erwartungen anderer Personen (z. B. der Eltern) geknüpft. Eine Erwartung zu haben, bedeutet, dass jemand ein bestimmtes Verhalten oder eine besondere Leistung sehen will.

Romanisierung (Seite 170)
Dies ist ein Begriff für die Unterwerfung und Angliederung von Gebieten in Europa, Afrika und Asien durch die Römer. Es entstanden Provinzen.

Römer (Seite 168)
Als Römer bezeichnet man die Bevölkerung des Römischen Reiches, das ca. 2 000 Jahre bestand. Ab etwa 50 v. Chr. drangen die Römer bis an den Rhein und die Donau vor. Ihre Sprache war Latein.

Sachquelle (Seite 16)
Sachquellen sind Gegenstände aus der Vergangenheit, die wichtig für das Verständnis der Geschichte sind. Hierzu zählen beispielsweise Bauwerke, Werkzeuge, Kleidung oder Schmuck.

sanfter Tourismus (Seite 216)
Der sanfte Tourismus ist eine besondere Form des Tourismus. Er soll die Natur schonen, z.B. durch ein gutes Angebot von öffentlichen Verkehrsmitteln, damit auf das Auto verzichtet werden kann.

Scherbengericht (Seite 251)
In der Antike wurde in Athen auf der Volksversammlung auch das Scherbengericht abgehalten. Die Athener konnten jemanden verbannen, indem sie seinen Namen in eine Tonscherbe ritzten.

Sesshaftigkeit (Seite 48)
Die Menschen gaben in der Jungsteinzeit ihre Wanderungen auf, wurden Bauern und bauten Häuser. Dies war der Beginn der Sesshaftigkeit.

Sonderkultur (Seite 73)
Sonderkulturen sind Nutzpflanzen, die mit hohem Aufwand an Arbeitskraft und Geld meist auf kleinen Flächen angebaut werden (z. B. Obst, Wein oder Gemüse).

soziales Bedürfnis (Seite 284)
Soziale Bedürfnisse sind Wünsche, die nicht mit Geld zu erfüllen sind, z. B. Freundschaft, Zuverlässigkeit, Spaß, Geborgenheit oder Liebe.

Soziales Netzwerk (Seite 310)
Ein soziales Netzwerk bietet Menschen die Möglichkeit, über das Internet mit Freunden (auch mit denen, die sehr weit entfernt wohnen) Informationen auszutauschen (z.B. Erlebnisse und Fotos). Oft werden Netzwerke auch zum Zweck der Werbung genutzt.

Staat (Seite 218)
Ein Staat ist ein abgegrenztes Gebiet auf der Erde. Er stellt eine politische Einheit dar, die von einer Staatsregierung geführt wird.

Steinzeit (Seite 42)
Steinzeit nennt man einen Abschnitt der frühen Menschheitsgeschichte, weil in dieser Zeit hauptsächlich Stein als Material für Werkzeuge und Waffen benutzt wurde. Die Steinzeit begann vor circa drei Millionen Jahren und dauerte bis ungefähr 2500 v. Chr. Man unterteilt die Steinzeit in Alt- und Jungsteinzeit.

Streitschlichtung (Seite 242)
Um einen Konflikt zu lösen, hilft die Methode der Streitschlichtung. Es wird eine Streitschlichterin oder ein Streitschlichter ausgesucht; anschließend werden die unterschiedlichen Standpunkte vorgetragen und ein Lösungsvorschlag erarbeitet. An vielen Schulen gibt es die Möglichkeit für Schülerinnen und Schüler, sich zu Streitschlichtern ausbilden zu lassen.

Südhalbkugel (Seite 29)
Die Südhalbkugel ist der Teil der Erde, der südlich des Äquators liegt.

Südpol (Seite 29)
Der Südpol ist der südlichste Punkt auf der Erde. Er ist der am weitesten entfernte Punkt vom Äquator auf der Südhalbkugel. Am Südpol gibt es nur eine Himmelsrichtung: Alle Wege führen nach Norden.

Tagebau (Seite 122)
Bodenschätze, die nicht sehr tief unter der Erde liegen (z.B. Braunkohle) und daher direkt von der Erdoberfläche aus abgebaut werden, gewinnt man im Tagebau.

Tageszeitung (Seite 296)
Eine Tageszeitung ist ein mehrmals in der Woche erscheinendes Druckerzeugnis, das unter anderem über aktuelle Themen aus der Region berichtet.

Textquelle (Seite 16)
Ein schriftliches Dokument aus der Vergangenheit, das wichtig für das Verständnis der Geschichte ist, nennt man Textquelle. Hierzu zählen Bücher, Handschriften, Briefe oder Urkunden.

thematische Karte (Seite 34)
Dieser Kartentyp behandelt immer ein spezielles Thema. Nahezu alles, was räumlich verbreitet ist, lässt sich hier darstellen. So gibt es z. B. thematische Karten zur Bevölkerungsdichte, zur Wirtschaft oder zum Luftverkehr.

Therme (Seite 138)
Thermen waren in der römischen Antike öffentliche Bäder. Sie waren beliebte Treffpunkte der Römer. In eine große Therme kamen an einem Tag bis zu 5 000 Besucher.

Tiefland (Seite 220)
Flaches Land mit geringen Höhenunterschieden nennt man Tiefland. Im Norddeutschen Tiefland betragen die Landhöhen zwischen 2,3 m unter dem Meeresspiegel und wenige Meter über 200 m.

Toteisloch (Seite 152)
Toteislöcher sind rundliche Hohlformen, die darauf hinweisen, dass eine ehemalige Vergletscherung vorhanden war. Sie entstanden durch Eisblöcke, die sich vom bewegenden Gletscher abtrennten und später schmolzen.

Totengericht (Seite 115)
Die alten Ägypterinnen und Ägypter glaubten an die Möglichkeit, nach dem Tod im Jenseits weiterzuleben. Dies entschied ein Totengericht, das prüfte, ob sie frei von Sünden waren.

Trinkwasser (Seite 93)
Als Trinkwasser bezeichnet man Wasser, das (im Gegensatz zu Brauchwasser) in einem Wasserwerk oder einer Kläranlage so gereinigt wurde, dass es Menschen bedenkenlos trinken können.

Überernährung (Seite 80)
Die Überernährung ist eine Art der Nahrungsaufnahme, die den täglichen Joule-Bedarf übersteigt und daher zum Fettansatz mit Übergewicht führt. Sie schädigt auf Dauer die Gesundheit. Vor allem Menschen in Industrieländern leiden daran.

Überfischung (Seite 129)
In einem Fanggebiet sind so viele Fische gefangen worden, dass nicht mehr genügend junge Tiere nachwachsen können. Der Fischfang kommt zum Erliegen.

Unterernährung (Seite 80)
Eine unzureichende Versorgung mit Nahrungsmitteln wird Unterernährung genannt. Der tägliche Joule-Bedarf kann nicht gedeckt werden. Unterernährung führt auf Dauer zu einer erheblichen Schwächung des Körpers, zu Krankheit oder gar zum Tod. Vor allem Menschen in den Entwicklungsländern leiden daran.

Verarbeitung (Seite 61)
Rohstoffe sind Stoffe, die in der Natur vorkommen. Sie können verarbeitet werden. Holz wird z. B. zu Möbeln verarbeitet. Zuckerrüben verarbeitet man zu Zucker.

Verfassung (Seite 231)
Die Verfassung ist die rechtliche Grundordnung eines demokratischen Staates. Sie hat Vorrang vor allen anderen Gesetzen und ist nur schwer zu ändern.

Verkehrsmittel (Seite 200)
Nach ihrer Nutzung wird zwischen öffentlichen (z. B. Bus, Bahn, Fähre oder Flugzeug) und privaten Verkehrsmitteln (z. B. Pkw, Motorrad, Fahrrad) unterschieden. Verkehrsmittel benötigen verschiedene Verkehrswege (Straße, Schiene, Wasser, Luft).

Viehhaltung (Seite 56)
Viehhaltung ist ein wichtiger Teil der Landwirtschaft, zu dem Haltung, Nutzung und Züchtung von Vieh gehören.

Villa (Seite 140)
Während der Römerzeit war dies ursprünglich ein großes Bauernhaus auf dem Land. Später bauten auch Adlige und Reiche innerhalb der Stadtmauer diese luxuriös ausgestatteten und geräumigen Einfamilienhäuser.

Volksversammlung (Seite 251)
In der griechischen Antike gab es eine Volksversammlung, die alle politischen Entscheidungen traf. An ihr konnte jeder freie männliche Bürger Athens über 20 Jahren teilnehmen. Durch Abstimmung wurden hier viele Ämter im Staat vergeben. Die Volksversammlung gilt als Ursprung der Demokratie.

Vorgeschichte (Seite 13)
Die Vorgeschichte ist die Zeit bis zur Überlieferung schriftlicher Aufzeichnungen. In Ägypten wurde die Schrift um 3000 v. Chr. erfunden. Dort endet zu dieser Zeit die Vorgeschichte. Bei uns in Europa kam die Schrift erst nach Christi Geburt auf. Hier dauerte die Vorgeschichte also viel länger.

Wagenrennen (Seite 138)
Das Wagenrennen fand im alten Rom in einem riesigen Stadion zur Unterhaltung des Volkes statt. Die Streitwagen wurden von Pferden gezogen. Die Wagenlenker konnten sich gegenseitig am Überholen hindern.

Wahl (Seite 252)
Bei einer Wahl entscheiden Menschen, die Wahlberechtigten, über die Auswahl von Personen für ein Amt. Aus Wahlen gehen z. B. bei Landtags- und Bundestagswahlen Abgeordnete in den Parlamenten hervor.

Wahlrecht (Seite 22)
Das Recht, jemanden zu wählen, der eine bestimmte Aufgabe übernimmt, heißt Wahlrecht.

Warmzeit (Seite 43)
Die Zeiträume zwischen den Eiszeiten heißen Warmzeiten. Das Klima der Warmzeiten ist vergleichbar mit dem heutigen Klima.

Wasserkreislauf (Seite 92)
Der ständige Kreislauf des Wassers vom Meer zum Land und von dort wieder zurück ins Meer wird Wasserkreislauf genannt.

Wattenmeer (Seite 94)
Das Wattenmeer (auch Watt) ist der Teil des Meeresbodens, der bei Ebbe trockenfällt und bei Flut vom Meer überschwemmt wird. In Deutschland liegt das Watt zwischen den Nordseeinseln und dem Festland. Bei jeder Flut bleiben im Wasser mitgeführte Schwebstoffe zurück und lagern sich auf dem Meeresboden ab.

Web-GIS (Seite 306)
Ein Web-GIS besteht aus elektronischen Daten im Internet. Daraus kann man unterschiedlichste Informationen abrufen, zum Beispiel die Lage von Orten auf der Erde oder die Bevölkerungszahl von

Ländern. Ein hilfreiches Web-GIS ist das Diercke WebGIS. Es liefert Daten zu allen Staaten der Erde.

Wirtschaftsgut (Seite 286)
Ein Gut, das im Gegensatz zum freien Gut nicht unbegrenzt vorhanden ist (also knapp ist) und daher käuflich erworben werden muss.

Zensur (Seite 302)
Mit einer Zensur wird das geschriebene oder gesprochene Wort im Land kontrolliert. Oftmals versuchen staatliche Behörden, mit einer Zensur die Massenmedien und den persönlichen Informationsaustausch zu beeinflussen bzw. zu kontrollieren, um so unerwünschte Meinungen und Kritik zu unterdrücken.

zentrale Funktion (Seite 148)
Zentrale Funktionen erfüllt eine Stadt, wenn sie sowohl die einheimische Bevölkerung als auch Menschen aus dem Umland versorgt. Zu dieser Versorgung gehören z.B. Arbeitsplätze, Supermärkte, Schulen oder Ärzte.

Zeitfries (Seite 14)
Ein Zeitfries zeigt von links nach rechts wichtige Ereignisse einer bestimmten Zeitspanne.

Zielgruppe (Seite 282)
Die Menschen in einer Zielgruppe haben ähnliche Bedürfnisse oder Eigenschaften. Die Werbung versucht, bestimmte Zielgruppen zu erreichen, um Interesse an Waren zu erwecken.

akg-images, Berlin: 24 M1, 49 M7 außer Gefäß, 111 M7 Gefäß, 122 M3, 161 M4 re.u., 248 M1, 258 M2 (Lessing), 259 M4, 261 M3, 277 M4 (Erich Lessing), 277 M5, 317 M4; alamy images, Abingdon/Oxfordshire: 297 M2 li. (Moviestore collection Ltd); Ansichtskartenverlag GesmbH. & Co KG, Villach: 172 M2; Appenzeller, Holger, Stuttgart: 20 M1; Arbeitsgemeinschaft für die Reinhaltung der Elbe (ARGE-Elbe), Hamburg: 103 M5; Arbeitsgemeinschaft für Kinder- und Jugendhilfe - AGJ, Berlin: 244 M1 (© National Coalition); Archäologische Staatssammlung – Museum für Vor- und Frühgeschichte, München: 16 M1.4 (M. Eberlein); Archiv der sozialen Demokratie – Friedrich-Ebert-Stiftung, Bonn: 7.1 und 256/257 (J.H. Darchinger); Arena Verlag, Würzburg: 173 M3 (Mike Corbishley: Das Buch vom Alten Rom); Arend, Jörg, Wedel: 97 M2; Artbox Grafik & Satz, Bremen: 28 M1, 140 M1 und 155 M4; Asisi Visual Culture GmbH, Berlin: 138 M1 (Asisi); Astrofoto, Sörth: 5 u. und 156/157; Atelier Wild Life Art Germany, Breitenau: 51 M5; Augustinus Museum, Freiburg: 316 M3; Baaske Cartoons, Müllheim: 235 M4 (Thomas Plassmann), 280 M1 (Detlef Kersten), 285 M4 (Kai Felmy); Bäuerliche Erzeugergemeinschaft Schwäbisch Hall, Wolpertshausen: 67 M7 (Eymann Himmel); Bayerisches Landesamt für Denkmalpflege, München: 50 M1; Berghahn, Matthias, Bielefeld: 54 M1, 54 M2, 55 M3, 55 M4, 142 M1, 142 M2, 143 M4, 143 M5; Berlin Partner GmbH, Berlin: 205 M3 re.u.; Bezirksamt Tempelhof-Schöneberg von Berlin, Jugendamt, Berlin: 245 M3; Bildarchiv Foto Marburg, Marburg: 141 M2; Bioland e.V., Mainz: 84 M2; Bioland Verlags GmbH: 77 M2 m.li.; Biosphäre Potsdam GmbH, Potsdam: 222 o.li. (©Agentur Kraftstoff); Blickwinkel, Witten: 291 M3 (Rutkiewicz); bpk - Bildagentur für Kunst, Kultur und Geschichte, Berlin: 12 M1, 16 M1.3, 30 M1, 85 M7, 118 M3 (Vorderasiatisches Museum, SMB); Breinl, Lothar, Reisbach: 50 M3; Brendow Verlag + Medien, Moers: 269 M4; Bridgeman images, Berlin: 42 M2 (Cave paintings, Jackson, Peter/Private Collection/© Look and Learn); Bundeswehr Mediendatenbank, Berlin: 234 M1 re. (Detmar Modes); BÜNDNIS 90/DIE GRÜNEN, Berlin: 253 M6; CDU-Deutschlands, Berlin: 253 M6; Clipdealer, München: 41 re.o./li. und 80 M2 (stu99); Colditz, Dietmar, Leipzig: 163 M3.1; Colorphoto Hinz, Allschwil/Basel: 52 M1; Colourbox.com, Odense: 301 M3 re. (Monkey Business Images); Condor Flugdienst GmbH, Frankfurt/M.: 206 M3; CSU - Christlich-Soziale Union in Bayern e.V., München: 253 M6; Das Luftbild-Archiv, Biere: 100 M1, 225 M6 B; Demeter e.V., Darmstadt: 84 M2; Derichs, Johannes, Göttingen: 14 M1.3; Deutsche Stiftung Weltbevölkerung, Hannover: 41 re.o./re. und 81 M4; Deutsche Welthungerhilfe e.V., Bonn: 285 M6 re. (Schmid); Deutscher Bundestag, Berlin: 10/11 m.u. und 252 M1 (Marc-Steffen Unger); Deutscher Taschenbuch Verlag GmbH & Co. KG - DTV, München: 52 M2; Deutsches Architekturmuseum, Frankfurt/Main: 136 M2; Dexigner, USA-Walnut: 201 M4; Diercke WebGIS: 306 M1, 306 m.; DIG PLUS GmbH Berlin: 253 M6 o.li.; DLG e.V., Frankfurt/Main: 84 M2; Doering, Svenja, Köln: 14 M1.1; dreamstime.com, Brentwood: 26 M2 (Giovanni De Caro), 60 M2 (Terry Ryder), 87 Ampel (Fotovika), 116 M1 o.re. (Gunold Brunbauer), 116 M1 u.m. (Mohamed Elsayyed), 116 M1 u.re. (Baloncici), 167 M2 B (Mypix), 182 M1 re.u. (Ivan Danik), 209 o.re. (Fotomicar), 222 u. (Peter probst), 224 M3 re. (Casadphoto), 228 li.o. und 233 M4 (Frenk und Danielle Kaufmann), 297 M2 m. (Mohdhaka), 314 M1 (Stuart Monk), 322 M1 Symbole (© Melissad10), 323 re.o. (Juergen Schonnop), 324 Symbole (© Melissad10), 324 u.li. (Ajijchan); Druwe & Polastri, Cremlingen/Weddel: 289 M4; Eastblockworld.com, Elmenhorst: 100 M6 (Jürgens); Eck, Thomas, Berlin: 70 M1 o.li., 100 M2; Exile Kulturkoordination, Essen: 186 M2; Eyeo GmbH, Köln: 301 M4 re.; Fabian, Michael, Hannover: 72 M1, 117 M4; Falk Verlag, Ostfildern: 211 M2 li.u.; Falk, D., Braunschweig: 163 M3.2; FDP-Bundespartei, Berlin: 253 M6; Flussgebietsgemeinschaft Elbe, Magdeburg: 100 M5; foodwatch e.V., Berlin: 85 i.; Forschungsstelle Osteuropa an der Universität Bremen: 195 M5 (Walter Hanel); fotolia.com, New York: 23 M2 und 74 M1 (Markus Bormann), 26 M4 (© Mapics), 27 M7 (webartworks.de), 40 li.u. und 62 M3 (Marco Borchardt), 57 M4 (Stanie), 58 M4 (Cornelia Pithart), 61 M5 (HighwayStarz), 61 M7 (volff), 65 M7 (Farina3000), 73 M6 (Bergringfoto), 75 M4 (Pavel Losevsky), 76 M1 (Christian Schwier), 77 M2 m.re., 77 M2 o.re. (Ebel), 78 M1 (Marco2811), 87 Smileys (Jan Engel), 90 li.o. und 94 M4 (Conny Hagen), 90 li.u. und 112 M1 (Dan Breckwoldt), 103 M7 (M. Johannsen), 104 M2 o.li. (Dan Breckwoldt), 124 M1 (Jan Reichel), 131 M5 li. (Andres Rodriguez), 131 M5 re. (Hunor Kristo), 143 M3 (pete pahham), 146 M1 (armvector), 147 M4 li. und 154 M1 A (Max), 147 M4 re. und 154 M1 B (Philip Lange), 148 M1 A (K. Xenikis), 149 M4 G (rolandrossner), 149 M4 H (Bernd Kröger), 149 M4 I (fhmedien.de), 149 M4 K (ladybird), 149 M4 M (150 (pia-pictures), 163 M3.6 (Alex Ishchenko), 167 M2 A (Mykola Mazuryk), 167 M2 C (lavizzara), 168 M2 I (juli_bel), 168 M2 L (steffenw), 168 M2 P (Marco Bonan), 168 M2 R (nicomax), 179 M4 (Cordier), 182 M1 li.o. (auremar), 182 M1 li.u. (Picture-Factory), 182 M1 re.o. (Picture-Factory), 201 M3 (Mihai Musunoi), 203 M4 li.u. (Valua Vitaly), 203 M4 re.u. (moodboard), 205 M3 re.m. (dieter76), 208 M1 re. (Alexandra Gl), 209 o.li. (Nataly Gor), 210 M1 re. (ARochau), 211 M2 li.o. (Jenifoto), 222 m.li. (Udo Kruse), 222 o.m. (christiane65), 222 o.re. (meseberg), 223 o.m. (Tilo Grellmann), 223 o.re. (pure-life-pictures), 228/229 m.u. (Christian Schwier), 149 M4 F und 246 M1 (DeVice), 252 M1 (Christian Schwier), 254 M1 re. (Kadmy), 7.2 und 272 li.m. (Pavel Losevsky), 273 o. (Shestakoff), 273 u. (ChantalS), 274 M1 (Rawpixel.com), 279 M5 (chattango), 279 M6 (xalanx), 281 M3 (Gelpi), 283 M4 li. (Armin Staudt), 283 M4 re. (Robert Kneschke), 285 M5 li. (adpePhoto), 285 M3 re. (eyeQ), 294 M1 A (mirpic), 295 M1 D (emese73), 299 M2 m. (Peredniankina), 299 M2 re. (lithian), 301 M3 li. (Picture-Factory), 321 M2 re. (goodluz), 322 M1 Torah (alexrow), 322 o.re. (refreshPIX), 323 re.u. (ayazad), 324 o. (saiko3p), 324 u.re. (saiko3p), 325 o.li. (happystock), 325 u. (saiko3p), 325 m. (lena_serditova); Frambach, Timo, Braunschweig: 74 M3; Fremdenverkehrsbüro Benidorm: 131 M3; Gaffga, Peter, Eggenstein-Leopoldshafen: 64 M2, 77 M2 u.; Garmisch-Partenkirchen Tourismus: 214 M1, 215 M2; Getty Images, München: 163 M3.4 (Buddy Mays), 236 M1 (Bettmann), 262 M1 re. (Elbaz), 278 M2 (Layne Kennedy), 7.4 und 308/309 (Edith Held); Ghostery Inc., New York: 304 M4 li.; Google Earth: 307 M2, 307 M3; Hansisches Verlagskontor, Essen: 304 M1 und M2 (aus: Kinder- und Jugendarzt, Heft 4/2006, S. 205 ff.); Haus der Geschichte, Bonn: 235 M5 (Peter Leger); HHLA - Hamburger Hafen und Logistik AG, Hamburg: 91 re.o. und 127 M3; Hoh, Eugen, Leutkirch im Allgäu: 58 M1; Hottle, Jenny: 300 M1 (http://jennyhottle.wordpress.com); Imago, Berlin: 14 M1.4 (Felix Jason), 195 M3 (imagebroker); IPON, Berlin: 264 M3; iStockphoto.com, Calgary: 10 M2 (Antonio D'Albore), 10 m.li. (SDbT), 41/41 m.u. (fcafotodigital), 45 M4 (Foto: GlobalP), 73 M4 (fotobauer), 5 o. und 88/89 (sumnersgraphicsinc), 90/91 m.u. (Serg_Velusceac), 92 M1 li. (Anna Minkevich), 97 M6 (PicturePartners), 102 M4 (Musat), 104 M2 o.re. (LuisPortugal), 104 M2 u. (Alex Stepanov), 106 M1 (standby), 108 M1 o. (zakazpc), 116 Flagge (pop_jop), 116 M1 o.m. (LUke1138), 116 M1 u.li. (Miguelito), 148 M1 B (thehague), 148 M1 C (Jchambers), 148 M1 D (tichr), 149 M4 J (Nellmac), 159 re.u. und 186 M1 (csakisti), 168 M2 J (Fred Froese), 176 M2 (Physicx), 185 M3 (BondMatia), 6 o. und 198/199 (Joel Carillet), 198 M3 (Joel Carillet), 203 M4 li.o. (Kevin Miller), 205 M3 li.m. (danbreckwoldt), 205 M3 li.o. (Relax-Foto.de), 208 M1 li.u. (ewg3D), 210 M1 li. (roset), 211 M2 re.u. (Sergey Borisov), 213 M3 (rest), 216 M1 (sabrina72), 223 o.li. (Kerstin Waurick), 246 M1 (Richmatts), 272 re.u. (Imgorthand), 282 M2 (GlobalStock), 284 M1 (Johnny Greig), 285 M6 li. (saintho), 291 M6 (pastorscott), 294 M1 B (kall9), 295 M1 C (monkeybusinessimages), 298 M1 (Antonio Diaz), 299 M2 re. (SergiyN), 310 M1 (william87), 314 M2 (Yuri_Arcurs), 322 M1 Koran (bora ucak), 322 o.li. (Jorisvo), 323 o.li. (luoman), 323 re.m. (Andrey Novikov), 325 o.re. (Alan Tobey); Kaps, Bernhard: 14 M1.5; Karneval der Kulturen, Berlin: 147 M6; Kesper, Ingrid, Salzkotten: 40 li.m. und 44 M3, 48 M3, 109 M3, 276 M2; Keystone, Frankfurt/M.: 193 M7; Keystone Pressedienst, Hamburg: 289 M6 (Becker&Bredel); Keßler,

Timo Michael, Kettig: 37 M3; Kirschen, G. , Waldkirchen: 225 M6 C; Klapp Cosmetics GmbH, Hessisch Lichtenau: 203 M4 re.o.; Kreuzberger, Norma, Lohmar: 205 M3 li.u.; Krügler, Hamburg: 91 re.m. und 129 M2; Kuhli, Martin, Oerlingshausen: 167 M2 D; laif, Köln: 4 u. und 38/39 (Fokuhl/stern), 139 M3 (Klammer), 262 M1 li. (Marie Dorigny), 322 M1 Bibel (SARA KRULWICH/NYT/Redux); Landesmedienzentrum Baden-Württemberg, Karlsruhe: 225 M6 A; Landesmuseum Württemberg, Stuttgart: 173 M5 (Franken-stein/Zwietasch); Landeszentrale für Medien und Kommunikation (LMK), Ludwigshafen: 301 M4 m.; Landkreis Lüchow - Dan-nenberg, Lüchow (Wendland): 70 M1 u.re.; Landkreis Uckermark, Prenzlau /ICU Investor Center Uckermark GmbH, Schwedt/Oder: 222 Logo; Leibing, Peter, Hamburg: 193 M5; Leue, M., Lüneburg: 74 M2; Liepe, J., Berlin: 105 M7; List, Jean-Luc, L-Rollin-gen: 91 re.u. und 130 M1; Lohrey-Zwick, Monika, Wildau: 158 li.u. und 172 M1 u. 197 M7, 312 M1; LOOK-foto, München: 101 M9 (Bernard van Dierendonck); Lotos Film, Kaufbeuren: 111 M4 (Thiem), 111 M7 Kragen (Thiem), 111 M7 Messer (Thiem), 111 M7 Schere (Thiem), 111 M7 Spiegel (Thiem), 114 M1; Marine Stewardship Council (MSC), Berlin: 84 M2; Marth, Uwe, Berlin: 69 M3, 69 M5, 152 M1 und 154 M3 C, 152 M2 und 154 M3 A, 152 M3 und 154 M3 B; mauritius images, Mittenwald: 66 M2 (Lehn), 84 M1 (imagebroker), 102 M1 (Lange), 163 M3.3 (Thonig); Max-Planck-Gesellschaft zur Förderung der Wissenschaften e.V., München: 51 M4 (Frank Vinken); mediacolors Bildagentur & -Produktion, Zürich: 14 M1.6 (dia); Menz, Lars, Hannover: 16 M1.2; Mizzi, An-gelo, Buxtehude: 48 M1, 48 M4; Montag, Sascha, Kloster Lehnin: 270 M2; Müller, Bodo, Bartensleben: 229 re.o. und 250 M1 und 255 M5; Museum Herxheim: 47 M3 (Rekonstruktionszeichnung des Museums Herxheim); Mussil, Felix: 252 M2; Naturland - Ver-band für ökologischen Landbau e.V., Gräfelfing: 84 M2; Nebel, Jürgen, Muggensturm: 32 M1, 86 M1, 144 M2; NetzNutz GmbH, Mahlow: 144 M1 (luftbilder.aero); Neuhof, N., Braunschweig: 139 M2; Nußbaum, Dennis, Koblenz: 15 M3, 22 o.li., 37 M5, 37 M7, 37 M8, 137 M4 und 155 M5, 178 M1, 184 o.re., 242 M1, 295 M2; OKAPIA Bildarchiv, Frankfurt/M.: 278 M3 (Fred Bruemmer); Pan-ther Media (panthermedia.net), München: 58 M2 (Bernhard Wolfgang Schneider), 60 M3 (Reinhard Bruckner), 123 i (Niklaus Höpfne), 208 M1 li.o. (Harald H.), 220 M1 (Monika Wendorf); Pauly, Friedrich, Erfurt: 18 o., 19 o., 19 u., 53 M3 (Corinna Gampe), 232 M3; Peter Wirtz Fotografie, Dormagen: 4 o. und 8/9, 313 M3; Pflügner, Matthias, Berlin: 30 M2, 62 M4; Photocase, Berlin: 230 M1 und 254 M1 li. (senior); photothek.net, Radevormwald: 75 M6 u. (Grabowsky); Picture Press Bild- und Textagentur, Hamburg: 120 M1, 136 M1 (GEO); Picture-Alliance, Frankfurt/M.: 16 M1.6 (akg-images), 16 M1.7 (akg-images/E.Lessing), 21 M4 (dpa/Erich Ruhl), 26 M3 (Cara Pezza), 27 M5 (Sodapix), 41 re.u. und 82 M2 (moodboard), 64 M3 (Westend61), 72 M3 (Salome Kegler), 73 M5 (Patrick Pleul/Zentralbild), 118 M1 (akg-images/E. Lessing), 128 M1 (YPS collection), 132 M1 (dpa/dpaweb/Ingo Wagner), 145 M3 (dpa-ZB/euroluftbild.de/bsf swissphoto), 151 M4 (dpa-infografik), 158/159 m.u. und 180 M1 (PIXSELL), 161 M4 li.o. (dpa/Peter Steffen), 161 M4 li.u. (Bildagentur Huber/Römmelt), 161 M4 re.m. (dpa/RIA Nowosti), 161 M4 re.o. (dpa/lehtikuva/Jaakko Avikainen), 192 M3 (akg-images), 195 M4 (dpa), 206 M1 (Mary Evans Picture Library), 6 u. und 226/227 (dpa/Friso Gentsch), 229 re.u. und 244 M2 (dpa/R. Jensen), 230 M3 (akg-images), 234 M1 li. (Bernd Wüstneck), 268 M1 (AFP/Pornchai Kittiwongsakul), 7.3 und 292/293 (dpa/Maurizio Gambarini), 296 M1 re. (Joerg Sarbach), 297 M2 re. (GES-Sportfoto/Werner Eifried), 300 M2 (AP/Ben Margot), 302 M1 (Nicolas Fauque/Images de Tunisie/ABACAPRESS.COM), 319 M4 (Paul Zinken/dpa), 321 M2 li.; Piratenpartei Deutschland, Berlin: 253 M6; pixelio media, München: 205 M3 re.o. (st.ahler), 221 M5 (Martin Ostheimer); PRO-JECT AUDIO SYSTEMS, Wien: 184 M2 u.li.; Quenzel, Nada, Frankfurt/Oder: 223 u.; Rathaus der Stadt Trier: 168 M2 T; Reichenau-Gemüse eG, Reichenau: 65 Logo; Redaktion strassen I feger, Berlin: 318 M2; Reporter ohne Grenzen e. V., Berlin: 303 Logo; Restaurant Brückenterrassen, Rendsburg: 102 M2 (Stefan Fuhr); Reuters, Berlin: 183 M3 li. und 196 M3 o., 265 M4 (Kim Kyung Hoon), 315 M3 (Lucas Jackson/United States - Tags: Fashion Society Poverty); Rheinisches Bildarchiv, Köln: 260 M2; Rheinisches Landesmuse-um, Trier: 259 M3; Richter, Ulrike , Malsch: 92 M1 m.; Römisch-Germanisches Museum, Köln: 171 M6; Rostock Port: 126 M1 (nordlicht); Rüdersdorfer Kultur GmbH, Rüdersdorf bei Berlin: 123 Logo u.; Sasse, H., Mannheim: 62 M2; Schäfer, Jutta, Euskir-chen: 177 M3, 272 li.o., 272 li.u., 272 re.o., 280 Tina, 286 M1, 288 M1, 288 M2; Schlemmer, Herbert, Berlin: 149 M4 E; Schnare, C.-D., Braunschweig: 56 M2; Schön, Carola, Chemnitz: 220 M3; Schönauer-Kornek, Sabine, Wolfenbüttel: 24 M2, 25 M3, 28 M2, 28 M3, 97 M4, 101 M7, 160 M1, 171 M4, 218 M3, 219 M4, 224 M3 li., 241 M3, 243 M5, 287 M5, 289 M3; Schwarzstein, Yaroslav, Hannover: 239 M3; Scrimstraw Press /Darius Kinsley, San Francisco: 189 M3; Shutterstock.com, New York: 75 M6 o. (auremar), 109 M5 (photo-oasis), 5 m. und 134/135 (Sergey Kohl), 169 M5 (Lagui); Siebert, J., Braunschweig: 228 li.u. und 238 M1, 240 M1; SKODA AUTO Deutschland GmbH, Weiterstadt: 184 M2 o.; SPD / Archiv der sozialen Demokratie (AdsD), Bonn: 230 M2 und 254 M2 (J.H. Darchinger), 231 M4 (J.H. Darchinger); SPD-Parteivorstand, Berlin: 253 M6; Staatliche Museen zu Berlin - Preußischer Kulturbesitz: 119 M5 (Vorderasiatisches Museum, Foto: Bernd Weingart); Stadler, Katrin, Landshut: 232 M1; Stiftung Neanderthal Museum, Mettmann: 51 M6; Strohbach, Dietrich, Berlin: 70 M1 o.re.; Studio Schmidt-Lohmann, Gießen: 304 M1; Süddeutsche Zeitung, München: 194 M1 (Ilona Burghardt /Ausgabe 3. Oktober 2010); Tanck, Birgit, Hamburg: 96 M1; Tekülve, R., Essen: 116 M1 o.li.; terre des hommes Deutschland e.V., Osnabrück: 269 M5; © The Trustees of the British Museum, London: 110 M1, 114 M2; Thetis, Hannover: 128 i; Thomas Cook AG, Oberursel: 206 M2, 207 M6; Thomas Cook UK & Ireland, Peterborough: 224 M1; Tönnies, Uwe , Laatzen: 70 M1 u.li.; Tourismusverband Elbe-Elster-Land e.V., Bad Liebenwerda: 222 Logo; Tourismusverband Havelland e.V., Nauen/OT Ribbeck: 222 Logo; Tourismusverband Lausitzer Seenland e.V., Senftenberg: 222 Logo; Tourismusver-band Prignitz e.V. , Perleberg: 222 Logo; Tourismusverband Seenland Oder-Spree e. V., Bad Saarow: 222 Logo; Tourismusver-band Spreewald, Vetschau/Spreewald: 222 Logo; TransFair e.V., Köln: 82 i, 267 M5; Trebels, Rüdiger, Düsseldorf: 36 M1; Tropical Islands Holding GmbH, Krausnick-Groß Wasserburg: 223 m.re.; TV-yesterday, München: 203 M3; ullstein bild, Berlin: 188 M1 (Archiv Gerstenberg), 192 M2, 237 M3 (HDG, Bonn); UNICEF Deutschland, Köln: 266 M2; vario images, Bonn: 26 M1 (Glowima-ges); Varusschlacht im Osnabrücker Land GmbH, Bramsche-Kalkriese: Titel; Vattenfall Europe AG, Berlin: 150 M1; Vertretung der Europäischen Kommission in Deutschland, Berlin: 68 M1; Visum Foto, Hannover: 77 M2 o.li. (Achenbach + Pacini), 129 M3 (Scharnberg), 318 M1 (C&M Fragasso); Wagner, Hanna, Woerth: 163 M3.5; Wenzel, Christine, Witten: 221 M6; Wenzel, V., Löhne: 305 M5; Westpfälzer Musikantenmuseum, Mackenbach: 16 M1.1; Wiech, A.: 194 M2; Wiegand, Alice (Lyzzy)/wikimedia.org - GNU Lizenz für freie Dokumentation, Version 1.2: 184 M2 u.re.; Wikimedia.org: 137 M3; wikipedia.commons: 123 M5 (Volker Thies); Wilhelm Busch - Deutsches Museum für Karikatur und Zeichenkunst, Hannover: 25 M5; WInTO GmbH - Niederlassung Ziegeleipark, Zehdenick OT Mildenberg: 123 Logo o., 123 M4 (Mildenberg); WITO Barnim GmbH, Eberswalde: 222 Logo; Wojsyl/ wikimedia.org - GNU-Lizenz für freie Dokumentation, Version 1.2: 162 M1; www.wissenskarten.de, Muehlacker: 10 M1; ZDF-Bilderdienst, Mainz: 296 M1 li. (Kerstin Bänsch © ZDF); Zehrfeld, Heike, Berlin: 98 M1, 118 M2; Zeilsheimer Heimat- und Ge-schichtsverein e.V., Frankfurt/Main: 18 M1; Zeriadtke, Jan: 183 M3 re. und 196 M3 u.

Europäisches

Nordmeer

Island

Thjorsá
▲1491 ▲2119 ▲Öræfajökull
Hekla

Nördlicher Polarkreis 3860

▲2111

Atlantischer

Färöer

Shetland-
Inseln

Skandinavische Halbinsel

Lofoten
Vestfjord

Lappland

▲2470

Stockholm

Schottland
▲1343
Glasgow
Newcastle
upon Tyne

Hebriden
Orkney-
Inseln
238

Nordsee

Skagerrak
Jütland
Kopenhagen
Katte-
gat

Väner-
see
44
Vätter-
see
89
459
Öland
Gotland

Ostsee

Ozean

Irland
Carrauntoohil
▲1041
Dublin
Liverpool
Manchester
▲1085
Sheffield
Leeds
Birmingham
Wales
England
London

St.-Georgs-Kanal

Land's End

Der Kanal Straße von Dover

Bornholm

Britische Inseln

50°

Bremse
Themse

Kanalinseln
Bretagne

Normandie
Loire
Seine
30
Paris

Amsterdam
Rotter-
dam
Antwerpen
Brüssel
Lille
Köln

Hamburg
Hannover
▲1142
Ruhr-
gebiet
Düssel-
dorf
Frankfurt
98

Norddeutsches Tiefland

Berlin
Oder
Warschau
Łódź
86

Weichsel

Baltisch

Mosel
Mam
187
1603
Prag

Sudeten
GOP

Deutsche Mittelgebirge

Rhein
Nürnberg
Donau

Französisches Tiefland

Golf von
Biscaya

Zentral-
Mt.-Dore ▲1886
massiv

Lyon

Stuttgart
München
Bodensee
Inn
Jura
Ortler
▲3899
Großglockner
▲3798
Wien
Budapest
115

2654
Kar

Kap Finisterre

Porto

Kantabrisches Gebirge
▲2648
Bilbao

Duero

Pyrenäen-

Madrid

Tejo

Halbinsel
Tajo

Sierra Morena
Sevilla
Guadalquivir
Betische Kordillere
▲3478

Garonne
Rhône
Montblanc
▲4807
Pyrenäen
3404
Ebro
Golfe du
Lion
Marseille

Valencia
Barcelona

Balearen
Mallorca
Menorca

Korsika

Sardinien

Turin
Mailand
Po
Po-ebene
Gran Sasso
2914
Rom
Apennin
2710
Neapel
▲3785

Alpen

Adriatisches Meer

Dinarisches Geb.

Belgrad
75

Ungarisches
Tiefland

Save
Drau

Pindo

Apenninen-Halbinsel

Tyrrhenisches
Meer

Ionisches
Meer

Halbi
Pelopo
5121
Kap Tä

M   **i**

Madeira

Straße von
Gibraltar

Er-Rif
Rabat
Algier
Oran
Tellatlas
3737
Hoher Atlas
Hochland der Schotts
Sahara-atlas
▲2328
Schott
Melghir
-30

Kanarische
Inseln

0°
10° West
Kap Blanc

Tunis

Malta
Ätna
▲3323

Sizilien

t   **e**

I

m
20°

30°

Tripolis

Große Syrte
Syrtika

Tripolitanien

Jabal al-A

Erg Chech

Tademait-
Plateau

Westlicher Großer Erg

Östliche
Große Sandwüste

Hamadah
al-Hamra

Hamada   von   Tinghert